JOSE MARTI

SUS MEJORES PÁGINAS

JOSE MARTI

HOMBRE APOSTÓLICO Y ESCRITOR

SUS MEJORES PAGINAS

ESTUDIO, NOTAS Y SELECCIÓN
DE TEXTOS POR

RAIMUNDO LAZO

*Profesor de la Escuela de Letras de la Universidad de La Habana.
De la Academia Cubana y de la Academia Mexicana de la Lengua,
correspondientes de la Academia Española.*

Quinta edición

EDITORIAL PORRÚA, S. A.
AV. REPÚBLICA ARGENTINA, 15
MÉXICO, 1982

Primera edición en la Colección "Sepan Cuantos...", 1970

EDITORIAL PORRÚA, S. A.
Av. República Argentina 15, México 1, D. F.

Queda hecho el depósito que marca la ley

ISBN 968-432-197-X

IMPRESO EN MÉXICO
PRINTED IN MEXICO

INTRODUCCIÓN AL ESTUDIO DE MARTÍ Y DE SU OBRA LITERARIA

INTRODUCCION AL ESTUDIO DE MARTI Y DE SU OBRA LITERARIA

1. *Martí y la exégesis. Unidad de persona y pluralidad de estilo. Cuestiones de diacronía estilística.*

La historia de la crítica y de la difusión del conocimiento de la vida de José Martí, de su persona y su personalidad, y de su obra política y literaria, es muy probablemente la más vasta, compleja y creciente de todos los escritores y hombres de acción y de pensamiento de Hispanoamérica. Es ya un largo e intrincado proceso en el que se pueden observar flujos y reflujos, el auge efímero de un presente, algunas de las nebulosidades y errores propios de un pasado inmediato; pero al fin la germinación, encauce y continuo crecimiento de una corriente caudalosa de investigaciones y análisis, de difusión y de exégesis. Victorioso al pasar la prueba decisiva del tiempo, la fama del hombre, del patriota —cubano, hispanoamericano, humano— y la del gran artista de la palabra, al ser exaltado así a la vida histórica del renombre perdurable, tiene no sólo la gloria de ella, sino también los peligros del juicio heredado, rutinario y no personalmente adquirido, y los de varias mitificaciones erróneas, en suma, la secuela frecuente del renombre.

Las etapas de esos cambios de visión y de juicio de todo lo martiano pueden distinguirse al primer examen de conjunto. En vida, la difusión del conocimiento de sus ideas, de su personalidad y de su estilo alcanzó a toda Hispanoamérica, gracias al poderoso atractivo de su periodismo, brillante y original, que fue capaz de vencer la indiferencia y el consuetudinario aislamiento, profundizados por la distancia y el ciego localismo, que separó siempre a los pueblos hispanoamericanos. Al morir heroicamente por la libertad de Cuba, dejando tras sí el recuerdo de una obra de abnegada organización revolucionaria, de liberación y de sacrificios callados que le mereció el título consagratorio de *Apóstol*, a la desaparición del escritor acompañan los efectos de la singularidad de su conducta de héroe de la libertad, y con ello hubo un deslumbramiento que no dejó ver por mucho tiempo lo que en él había de gran escritor, orador y hombre de pensamiento. A partir de los años 20 de este siglo, primero en Cuba y después lenta y esporádicamente en varias regiones de América —sin excluir a la América del Norte— y alguna vez en España, comenzó a examinarse y valorarse en la totalidad de lo martiano al artista de la palabra y al hombre de ideas, y comenzaron a ser motivo de atracción principal, rica en grandes descubrimientos, los altos valores de creador de un nuevo estilo que es como ancho y rebosante cauce que lleva la vida y un iluminado espíritu de solidaridad humana y de libertad genuina a la literatura. En Cuba, dos generaciones de finiseculares que comparten los tiempos azarosos de la intervención norteamericana y de las dos primeras décadas de la tambaleante república que le sigue, recuerdan al compañero de emigración en los Estados Unidos o al organizador y al héroe romántico de la guerra de independencia contra España, y hablan oratoria, convencionalmente de él. Pero ya algunos especializan en diferenciar en sus referencias al personaje de las letras y al de la guerra, confundidos en todas las evocaciones —los hermanos José Manuel, Néstor y Miguel Ángel Carbonell, Arturo R. de Carricarte—. Naturalmente el que prestó mejor servicio fue el discípulo predilecto, el *albacea literario* del evocado Apóstol, Gonzalo de Quezada y Aróstegui, a quien se debe la publicación de la primera colección de las obras de Martí (1900-1919). Para la polemizadora e hipercrítica generación cubana que aparece por los años 20 y 30, ya hay una clara y consciente diferenciación del artista y el héroe en Martí, y desde entonces comienza a trabajarse en el estudio sistemático de su obra literaria en sí, labor de biógrafos y críticos: Jorge Mañach, Juan Marinello, Félix Lizaso, nombres a los que hay que asociar el de un escritor de la generación precedente, Luis Rodríguez Embil, y el de un ferviente martiólogo y martiano español vinculado a Cuba, M. Isidro Méndez, y al del bibliógrafo cubano Peraza. Como consecuencia de estos trabajos y de los de muy numerosos investigadores y comentaristas más ocasionales o de obra menos sobresaliente, lo martiano, mejor conocido en sus diversos aspectos, se convierte en uno de los básicos, omnipresentes motivos de la vida cultural y política de la época. Y algo de esto trasciende a otros países americanos. De este modo, superando lentamente las dificultades del persistente aislamiento interamericano, Martí se presenta fuera de Cuba como valioso caso de viva americanía, de original y valiosísima creación cultural humanista y humanizadora. Entre quienes lejos de Cuba han profundizado en el estudio sistemático de Martí, de su vida, de su arte, de su pensamiento, sobresalen por dejar obra perdurable, críticos e investigadores como Manuel Pedro González, nacido en las islas Canarias para ser cubano, quien a lo largo de más de cuatro décadas, desde California, no ha cesado en acumular noticias y esclarecimientos originales y necesarios sobre Martí y su obra; el desaparecido maestro argentino del ensayo Ezequiel Martínez Estrada, infatigable autor de *Martí, revolucionario;* y norteamericanos que han estudiado a Martí en el cuadro de la ciencia política, Richard Butler Gray, autor de *José Martí: Cuban Patriot,* o en el de la filología, en lo que sobresale *Símbolo y color en la obra de José Martí,* el erudito y provechoso estudio del profesor Ivan A. Schulman, quien asociado a su maestro Manuel Pedro González, ha publicado con éste una obra de escudriñador análisis y enciclopédicas proporciones, *José Martí, Esquema ideológico.* Y ocasionalmente pasaron junto al tema de lo martiano, y dejaron su aporte, eminentes autores de varias nacionalidades dentro de lo anchamente hispánico: Gabriela Mistral, Fernando de los Ríos, Alfonso Reyes, los hermanos Henríquez Ureña, Raimundo Lida.

Tras este prolongado proceso, Martí es ya tema de exégesis filológica. Ello naturalmente presupone un progreso de capital importancia en el profundo dominio del tema; pero aquí no puede olvidarse que todo progreso tiene sus responsabilidades, término tantas veces sinónimo de peligro. Era y seguirá siendo necesario su estudio de acuerdo con las estrictas exigencias de la ciencia filológica; pero con el atendido propósito de discutir y verificar las conclusiones al aire libre de la observación sicológica y del encadenamiento de circunstancias económicas, políticas, sociales, enlazadas con el ser y el quehacer martianos, para que nunca salga de tales trabajos de análisis, estadísticas y cotejos doctrinales, un Martí, producto de laboratorio, tan teóricamente congruente como antimartianamente artificial. Convertido Martí en sujeto de muy laboriosa exégesis, no debe confinarse el estudio del escritor dentro de los límites de las disciplinas, la estética y la crítica e historia literarias, las más relacionadas con este aspecto de su obra. Así, y es sólo un ejemplo entre muchos posibles, el crítico literario tiende a descubrir en cualquier estilo el curso de una evolución lineal. Transportando y aplicando, más o menos implícitamente, un concepto lingüístico, podemos pensar que se trata de una especie de estilística diacrónica, diacronía, en cualquiera de los dos campos, en el de la inasible existencia teórica, y en la práctica, sujeta a verificables reservas. En efecto, se ha dicho que en el estilo de Martí hay una evolución —una sincronía podría decirse— y sobran las razones para afirmarlo; pero también pueden descubrirse y señalarse las reservas con que hay que aceptar aquella afirmación. Es cierto, aunque hasta hace poco tiempo parecía ignorarse, que, a partir del año 1882, se despliega un nuevo estilo en su obra, que indudablemente significa la profunda renovación de la prosa en la expresión literaria de los pueblos hispánicos, a la que se acostumbra designar con el ambiguo nombre de *modernismo.* Lo que no parece igualmente aceptable es el carácter absoluto, de general aplicación de esas conclusiones, sustituibles por otras, debidas al influjo de orden social y sociológico. La persona de Martí, transparente y sólida, es de unidad diamantina, pero sus personalidades, sus modos de expresión, su estilo, parece presentar una especie de multiplicidad de frentes sincrónicos en cada época, porque, si en los primeros años de la década del 80 se muestra libre de superfluo barroquismo y de gastados artificios románticos, dominador de una prosa directa y ágil, excepcionalmente dotada de fuerza y cromatismo, en la que lo leve o lo armonioso o lo pintoresco no perturban nunca la naturalidad, singular virtud, como en algunos de sus ensayos de aquel tiempo, como en su programa de la efímera *Revista Venezolana,* o en sus excelentes *Cartas de Nueva York* a *La Opinión Nacional,* de Caracas, y a *La Nación,* de Buenos Aires, si esto es evidente, entonces, en la década siguiente, o hay que reconocer un retroceso en ese estilo nuevo, y la vuelta a exaltaciones románticas y a abundancias barrocas, o con criterio realista reconocer la influencia de circunstancias y situaciones de orden sicológico y social que determinan la vuelta a la abundancia verbal, al párrafo largo y complicado, y a la vehemencia y a las imágenes verbales, en las que, más bien por excepción hay impresionante sencillez y naturalidad, estilo frondoso y exaltado que en el año 1891 domina en sus discursos patrióticos y elegiacos a los cubanos emigrados de Tampa, en el epistolario de aquel tiempo, o en el discurso de poco antes, al finalizar la década anterior, de 1889, ante los delegados a la primera Conferencia Americana, lo mismo que en el discurso de fecha tan avanzada como 1893, en homenaje a Simón Bolívar, más naturalmente propicio a la grave elocuencia de la evocación histórica.

Ejemplos convincentes y numerosos como los anteriores prueban lo inconsistente de confiar demasiado en la aparente evolución rectilínea del estilo, para cuya determinación se atiende de modo exclusivo a eruditos criterios y comparaciones de estética y de teoría e historia excluyentemente literarias. Por el contrario, parece que debe atenderse a un conjunto numeroso y variadísimo de motivos de cambios de estilo, a circunstancias y situaciones de orden económico, sicológico y social que, al influir en cualquier época, obstaculizan e impiden el establecimiento de normas generales de rectilínea diacronía estilística.

2. *El yo y sus circunstancias. Persona, personalidades y estilos ante las circunstancias y el público.*

Añadiendo muchos casos a los antes citados, y extendiéndose en el análisis de los mismos, obvias consecuencias conducen a reconocer la necesidad de globalizar los motivos muy heterogéneos de los cambios de estilo en Martí, y en general en toda su creación literaria, lo mismo que en cualquier autor en la medida de su sensibilidad y de la vigilancia y penetración de su juicio. Sobrepasando, por consiguiente, los límites de lo recortadamente estético e histórico-literario, se evidencia la necesidad de la totalizadora amplitud del análisis y de sus puntos de vista. En Martí, la obra literaria se construye siempre, más que sobre lo movedizo e inconsistente de un temperamento, sobre la broncínea firmeza de un carácter; pero, a la vez, su talento es flexible y agudamente analítico y comprensivo, y bien asociado a una fina y siempre tensa sensibilidad, por lo que la unidad firme y bien definida de su persona se diversifica en una rica y viva pluralidad de personalidades y de estilos correspondientes a la constante variación de las circunstancias y al carácter del destinatario de cuanto habla o escribe, para él siempre de fundamental y bien atendida importancia. En esa inagotable variedad de su quehacer literario, lo básico algunas veces es el motivo de inspiración, como le sucede ante la Naturaleza, o como cuando se siente movido por sus emociones intensas de la amistad o el amor o del drama de la libertad y de las grandes desgracias humanas o de su dolorida y recatada intimidad. A cada uno de esos motivos capitales corresponde un aspecto básico y una específica variedad de estilo en su obra extensa e intensa. Otras veces lo determinante de esta impresionante pluralidad está fuera de él, en las circunstancias de orden económico, social, cultural, sicológico, que junto a él descubre o evoca, o bien está el motivo —para él siempre de básica importancia entonces— en el alma y las situación material y espiritual de su público, del destinatario de su obra, ya sea éste una colectividad, un hombre, una mujer, un niño o una niña. Sólo brotando de esta opulenta conjunción de factores, sin encerrar la visión dentro de ningún teoricismo, es dable acercarse a la explicación total y cabal de la obra martiana, uniendo en la explicación sus lecturas a sus vivencias, su ser y el contorno que sobre él gravita, el texto y el contexto, y recelando siempre de la cita aislada y de todas las temibles disecciones de lo antológico que no esté en función de la totalidad.

De esta manera es más seguro descubrir y precisar líneas caracterizadoras del proceso vasto y diverso de su creación literaria, sin fundar las conclusiones en vacíos sicológicos, ni incurrir peligrosamente en la eliminación o postergación de lo definidor biográfico y de las poderosas y heterogéneas influencias del ámbito familiar y de lo social con su cultura, su economía, su estructura y su acontecer político. Se argumentará que usualmente el estudio de Martí y la obra martiana mira hacia todos esos aspectos; pero precisamente la exégesis especializada tiende muy acentuadamente a disgregarlos con el bien traslucible propósito de agotar el examen de un aspecto, desde un aislado punto de vista científico con su correspondiente técnica y su correspondiente erudición, como si en algo cada una de las partes fueran cabalmente comprensibles separadas de la totalidad, de la estructura dentro de la cual pueden ser objeto de preciso y completo conocimiento. El drama personal, íntimo, de su vida familiar deshecha, hogar paterno y hogar matrimonial, el destierro, la soledad y la incertidumbre, y más allá de lo personal, la crueldad, la incomprensión, porfiada torpeza e injusticias humillantes de España colonial, y la frecuente indisciplina social y las pequeñas pasiones de los grandes hombres que hacían sangrar su espíritu de unificador y organizador de la Revolución libertadora de su patria, son vivencias dolorosas que se acumulan y pesan sobre su ánimo y su capacidad de creación artística, y la conforman y perfilan tanto y más que sus enciclopédicas lecturas, afanosamente examinadas, clasificadas y estéticamente valoradas por los críticos. Si la literatura que lee y la información histórica, filosófica que recibe matizan su estilo, su vida y el cuadro dramático de sus circunstancias dan contenido, fuerza, alma a su obra, en la que los *ismos* literarios tienen secundaria significación. Viene él de la literatura, no al revés. A él no pueden explicarlo esos *ismos,* tendencias, escuelas. Es él quien, con su vida y con su obra, sirve para explican mejor esos movimiento finiseculares del XIX. Literaria e ideológicamente conoce y comprende todo lo de su tiempo y de las antigüedades clásicas, renacentistas, dieciochescas, y con esa cultura asimilada, no repite sino que añade, y renovando e innovando, crea lo que en su tiempo es lo moderno, lo nuevo. Pero si él inicia esos *ismos* artísticos, parece problema de imposible solución empeñarse en que su persona, su personalidad literaria compleja y su obra de esencias y rico y palpable contenido se acomoden a los caracteres de esos *ismos* en los cuales la forma tiende a absorber el contenido.

Ese poner la vida sobre la literatura que tan intensa y cabalmente sentía y comprendía, debe ser noción que siempre vaya abriendo camino a la crítica de lo martiano. Hay que tener presente siempre el estrecho relacionamiento entre su obra y el drama y la elegía de su vida, social, humanamente identificada con lo entrañablemente doloroso e incierto de un período oscuro de la historia de su pueblo, cuya reivindicadora, liberadora liquidación se había impuesto como misión del humanísimo heroísmo. Ahí está la más fuerte, la más honda raíz de su obra de escritor de arte original que trasmuta lo estético en solidaria actividad de servicio en favor del hombre. De ahí se origina y de eso vive el poder carismático de su palabra, sus auténticos acentos de humana elegía, su intensidad dramática, el colorido, la plural armonía, la fuerza de su expresión y de su pensamiento desde su juvenil relato de *El presidio político en Cuba* hasta el *Diario* postrero del viaje final hacia el sacrificio de su vida en Dos Ríos. Entre esos dos extremos se desenvuelve el hilo de sus discursos y de su epistolario, de sus versos, de sus alegatos patrióticos, de sus patrióticas exhortaciones, de sus polémicas, de sus apuntes y manifiestos. Y es por cierto el más desconocido de sus sacrificios por la libertad y el bienestar de su pueblo el de lo más esencial y entrañado de su vocación literaria, la del poeta y la del ensayista, que el absorbente cumplimiento de los deberes patrióticos no le permitió que fructificaran libremente, sino más bien de modo ocasional, y no en la medida de su vocación y su excepcional capacidad para la poesía y para el ensayo. Paralelamente a este sacrificio de artista, es no menos admirable y también actitud no diferenciada ni justamente enaltecida por la crítica en lo que la reacción significa, su acomodación a un embellecido realismo gracias al cual la crónica, en sus manos, se convierte en síntesis viva de arte e historia, poblada de hechos e ideas, de paisajes y retratos, en sus *Cartas de Nueva York,* en cuyo vasto conjunto se teje con habilidad y perspicacia, con arte ágil sin frivolidad, variadísimos tonos, rebosante de humana vitalidad, la más fiel y movida, la más abarcadora y perfecta historia de la vida norteamericana en las últimas décadas del siglo XIX, en la cual, como coronación de aquellas cualidades, abundan las observaciones de original agudeza y, raro mérito, los actos de serena justicia histórica al pesar virtudes y defectos de un pueblo de heterogénea formación, de lengua y costumbres extrañas, y de cuyo creciente poder era uno de los primeros en temer amenazadoras consecuencias para los pueblos divididos, inermes y queridos del rezagado Sur.

Esta interpretación fija en sus justos límites la intervención en la obra de Martí de la literatura, que es para él fuente de placer de conocimiento, de superación espiritual y de creación artística. Para él no es el artista servidor obediente de la literatura, que de ella recibe orientaciones que son mandatos imperativos. Por el contrario, la literatura, como toda especie de arte, es creación del artista en la que éste se refleja, instrumento de intercomunicación y de solidaridad humanas. Una ingeniosa observación de atractiva apariencia, sugiriendo la existencia de una literatura creadora de literatura, afirma que hay libros que nacen de libros. La idea es cierta; pero el ejemplo que alguna vez se ha ofrecido es lamentablemente erróneo, el del *Quijote* como nacido de los libros de caballería. En el *Quijote,* como en los libros de caballería, hay caballeros y gigantes, y lo mismo en aquellos libros de fantasía que en la obra cervantina podía haber molinos de viento que se convirtieran en gigantes; pero en el *Quijote,* nacido de la vida para reflejarla naturalmente en toda su anchura, su profundidad y sus contrastes, aquellos fantásticos objetos son instrumentos imaginativos para expresar el significado de la vida real. Como la obra de Cervantes, la obra de Martí, aunque dotada de elaborados instrumentos literarios de expresión, no nace de la literatura sino de la vida, y así hay que verla para comprenderla. Viviendo intensamente y siéndole el tiempo siempre escaso, dio fin a una obra excepcionalmente vasta, variada y valiosa, a una acumulación gigantesca de hechos e ideas en el que no hay elemento que no haya sido intensamente pensado, sentido, vivido. Sus copiosas y variadísimas lecturas y la rápida y feliz captación que de ellas hacía tienen que añadirse a la no menos captadora y profunda visión de hombres y pueblos, de paisajes y situaciones, y primera y finalmente, la intensidad y la siempre dramática tensión de su vivir, entrañablemente entrelazado con su obra, y en ella siempre directa y capitalmente influyente. Si la literatura en varias lenguas le sugiere novedades, ideas, modos de expresión, su expresión es siempre personal, y tanto y más que sus lecturas sus vivencias, rica en situaciones dramáticas, en anhelos fervientes, en violentos y perturbadores contrastes, en intuiciones y previdencias proféticas, en proyectos titánicos, influyen y conforman cuanto dice o escribe. Posee talento literario en grado de genialidad de comprensión y creación, y el talento singular para adaptar ese talento suyo a los caracteres y exigencias de la realidad. No es vocacionalmente polemista, y por deberes patrióticos o de americana o humana solidaridad, polemiza; y por análogos motivos, deja de desplegar libremente su magnífica capacidad de poeta y de ensayista, la que sólo punto menos que a hurtadillas deja que fructifique en muestras ya espléndidas, ya de vigor y hondura, o ya de ternura y fino lirismo. Uno de los casos más admirables de la natural adaptación de un talento superior y flexible a la traducción fiel y expresiva de una realidad heterogénea, cambiante y extraña, de pueblo, hombres, instituciones y tropel de sucesos, es el caso excepcional de sus *Cartas de Nueva York,* primer órgano de comprensión de Norteamérica y también de Europa, en lengua española, para los pueblos hispanoamericanos. Lector de ávida curiosidad, de ágil y penetrante crítica, reconociendo él mismo que *nadie se libra de su tiempo,* en él tenía que haber y efectivamente hay resonancias de grandes escritores contemporáneos, particularmente franceses, ingleses y norteamericanos y de algún romántico español, mezclado a veces, a pesar de profundas divergencias de actitudes mentales, con algún clásico de los tiempos áureos o de la precipitada decadencia hispánica, como Gracián. Pero es más fácil y atractivo cotejar formas literarias que seguir penosamente el curso de una vida no sólo en sus magnos episodios sino también en el fatigoso discurrir de los días grises de incertidumbre y soledad, de pequeñas y rutinarias luchas de un vivir tantas veces materialmente limitado y difícil. Se aduce que lo francés le sugiere la breve levedad del párrafo en español; pero se olvida o se deja entre líneas cuánto influyen en el estilo del hombre sentidor y pensador las dramáticas situaciones de su vida. En sus ocios inevitables de la vida lugareña en Guatemala, atenaceado por incomprensiones de familia y por angustias de patria, y herido por malignas y mezquinas envidias y deslealtades, la ocasión y el tiempo sobrante determinan y explican el moroso discurrir cruzado de relámpagos de inspiración lírica y de seguras y brillantes premoniciones, tanto como el párrafo largo de las admirables cartas a Manuel Mercado. Y es la vida, dejada muy atrás la caudalosa cultura literaria, lo que llega a él y le hace sentir profundamente, en tiempos de generalizados artificios literarios, la pura Naturaleza en *el bosque de laurel* y en *el arroyo de la sierra* de tierras lejanas, lo mismo que ya en los azares de la guerra en suelo patrio, impulsado por ese amor suyo de mundo virgen, halla tiempo y tiene ánimo presto a la emoción para sentir las *estrellas cariñosas a las tres de la madrugada,* o para mirar amorosamente una paloma que cruza volando en el azul de una mañana en el amado paisaje de la que es todavía la patria irredenta.

No se debe, pues, en nombre de ninguna especialización, separar en Martí persona y vida de su pensamiento y su obra artística, lo que es claro que no significa inferiorizar ninguno de esos elementos, sino, por el contrario, al no prescindir de ninguno de ellos, al examinarlos y valorarlos, conservar siempre la validez básica de la estructura a la que pertenecen y dentro de la cual adquieren su verdadero y cabal significado. Evidentemente, así hay que ver, sentir y juzgar lo literario que hay o que influye en Martí. Este punto de vista es particularmente necesario en el estudio de su estilo. Hay en éste una evolución; pero no de superficiales raíces literarias, sino de mucho más ancho y profundo origen. Esa evolución se debe tanto a la acumulación de experiencias e información del escritor como a la del hombre. Es, por eso, una evolución que no deshace la unidad estructural de lo martiano, sino que se funda en ella. Así se puede comprobar que la formación y evolución del estilo de Martí no es simplemente diacrónica, sino que en cualquier tiempo responde a una plural acomodación a la constante diversidad de aspectos de la realidad vivida a la par por el hombre y por el artista.

3. *Martí y el Modernismo hispánico*

Como lógica y muy natural consecuencia de la sobresaliente originalidad y de la estructural integración de lo martiano, las muy polemizadas relaciones de Martí con el Modernismo hispánico tienen que limitarse a los caracteres de un problema secundario propio más bien de las exigencias de la investigación erudita de propósitos exhaustivos. En Martí, recordando al hombre, su carácter y su enciclopédica cultura, a lo más positivamente valioso a que puede conducir el examen de aquellas discutidas relaciones es a una de tantas confirmaciones de la independencia artística e ideológica de Martí. Tenía que ser modernista; pero también sobraban los motivos para que no lo fuera. Aplicando al caso una frase suya de sentido muy amplio, puede decirse que él en literatura va abriendo un cauce por el que muchos han de seguir; pero lo hace sin pensar en *ismos,* en escuelas, maestros y discípulos. En cuanto a lo que en el Modernismo hay de libertad del artista y renovación de espíritu y de forma en el arte, él coincide con lo que a partir de él, y más bien después de él, se tuvo por movimiento modernista; pero es también un declarado, reiterado contrario a aquel conjunto de tendencias de difícil unificación en todo lo que ellas significan de puro esteticismo formalista, preocupado sólo teóricamente por la libertad política y el progreso social del hombre y las miserias y las angustias de su diario vivir. De las discusiones en las que se han distinguido muy notables escritores y poetas —explícita o indirectamente— hispanoamericanos y algunos españoles —Juan Marinello, Manuel Pedro González, Agustín Acosta, Max Henríquez Ureña, Pedro Salinas, Federico de Onís, Guillermo Díaz Plaja— de tantas páginas dedicadas al polémico tema, lo que con perfecta claridad se evidencia es la imposibilidad de situar a Martí dentro de los esquemas usuales de la historia literaria, útiles más bien para ordenar más o menos didácticamente el material voluminoso y heterogéneo que forma el proceso de las literaturas. Y la ocasión es también particularmente aprovechable para hacer resaltar la indiscutible prioridad, documentalmente probada, que existe a favor de Martí en la amplia y profunda renovación de la poesía y mucho más de la prosa en lengua española originada y desarrollada en Hispanoamérica en las dos últimas décadas del siglo XIX, y después captada y aplicada a su modo por autores de la generación española llamada del año 98. Lo que sí no se ha hecho destacar lo suficiente —y naturalmente mucho menos en España— es que la renovación martiana no es sólo, como preferentemente se repite, renovación de la forma verbal, en su léxico, estructura, armonía, agilidad y viveza, sino además la más difícil y excepcional renovación en cuanto a la riqueza y condensación del contenido, de lo cual abundan los ejemplos como uno de 1881, admirable programa de la *Revista Venezolana,* explicación y justificación de aquella efímera revista suya que equivale a un lleno, original y brillante resumen de su estética y de su concepción del estilo en el que no hay una línea que a la par no condense y dé relieve a una idea valiosa, no ya por su grado de novedad solamente, sino por la condensada verdad que le comunica vigencia en cualquier tiempo. Ejemplos convincentes como éste y otros muchos sirven además para ilustrar el concepto de la independencia de Martí con respecto a cualquier escuela o movimiento artístico o ideológico determinado, lo que, usando un término suyo, *encogulla* al pensador o al artista. Esa libertad martiana y esa amplísima independencia no es, sin embargo, *acrática,* como alguna vez la denominó el periodista y crítico cubano Antonio Iraizós. En Martí hay un sistema coherente de ideas y valores; pero ese sistema sirve una originalidad necesaria y una buena independencia que es su primera gran lección de arte y de filosofía.

4. *Martí y la crítica contextual*

No hay autor tan monótono y monotemático que pueda ser juzgado por lo que dice en cualquier parte de su obra; pero la necesidad de fundar cualquier juicio particular en la básica totalización de la obra, se convierte en exigencia particularmente imperativa de buena crítica en casos como el de Martí, por la vasta complejidad de sus reacciones correspondientes a cambios o variantes de la realidad. Cada una de esas reacciones artísticas e ideológicas divergen en matices, a veces en procedimientos y resultados; pero son coherentes en cuanto responden a una unidad básica de actitud mental, la que no cambia y es lo que esencialmente define al autor. Esto naturalmente supone la particular necesidad en todo lo martiano de atenerse no al texto sino al contexto, estructurado siempre en la unidad esencial de su persona, de sus actitudes mentales, y en cada obra, en su respectivo conjunto.

A pesar de esa evidente y exigente coherencia martiana, lo que abunda y persiste en todo lo relativo a Martí es la crítica directa y excluyente del texto aislado, en un fraccionamiento con frecuencia ni siquiera estéticamente antológico.

Esa frecuentísima obra de disección arbitraria, oportunista, conduce, como es lógico, a valoraciones erróneas y hasta a la presentación de aparentes contradicciones insolubles. Puede servir de muy significativo ejemplo el ensayo de 1891, *Nuestra América,* y el modo como suele examinársele. Ateniéndose sólo al texto de la tercera sección del ensayo, habría que considerar a Martí como un optimista iluso, si se leen aisladamente frases como ésta: *De factores tan descompuestos, jamás en menos tiempo histórico, se han creado naciones tan adelantadas y compactas,* o si del mismo modo se toman como cita o lema aisladamente utilizable afirmaciones de una página posterior, como ésta: *En pie, con los ojos alegres de los trabajadores, se saludan de un pueblo a otro, los hombres nuevos americanos.* Pero como a lo largo del ensayo se insiste en una presentación realista de los males heredados por Hispanoamérica, como se dice que *la Colonia continuó viviendo en la República,* y se repite la frase concluyente *nuestras dolorosas repúblicas americanas,* sólo apelando a la crítica del contexto general del ensayo se comprende que no se opone al análisis realista de Martí la vehemente seguridad con que él cree en el buen futuro de América, por lo que esas frases de aparente optimismo no hay que entenderlas en presente sino como una visión programática de lo porvenir; y también contextualmente pueden resolverse las aparentes contradicciones en muchos casos particularmente llamativas, como en lo relativo a arte clásico y arte romántico, al valor y funciones de la inspiración y del trabajo de perfeccionamiento en la creación artística. Nada de esto, es claro, presupone la imposibilidad o la ineficacia de antologías de la obra martiana; pero sí confirma la necesidad de cotejar en ella lo representativo con el contexto en que lo considerado como tal se manifieste.

5. *Martí y América*

Lo relativo a América forma un conjunto de unidades autónomas ligadas por afinidades temáticas y estilísticas. En ellas lo estrictamente literario deja mayor o menor espacio a la literatura documental, a las ideas políticas, a la crítica sociológica, la polémica y la propaganda. En este campo americano, explicablemente el grupo emotivo por excelencia lo forman los trabajos sobre Cuba y sus urgencias de libertad y los problemas de un futuro que él prevé con tanto afanoso desasosiego como certeras premoniciones. Más allá de Cuba, como una patria grande, está Hispanoamérica; frente a ésta, Norteamérica, motivo de analizados contrastes, de reflexiones y temores, y finalmente, en representaciones o presentimientos dispersos y fugaces, una Panamérica ideal en un futuro indefinidamente lejano, tenido como refugio de una esperanza cosoladora y efectivamente posible.

Para Cuba vive en estado de perenne identificación agónica, y lo que por ella y para ella habla y escribe va vaciándose de literatura para convertirse en puro contenido de ideas y emociones. El tema cubano se presenta desde la patética narración y denuncia de la brutalidad de las autoridades españolas coloniales contenidas en *El presidio político en Cuba,* el precoz inicio juvenil, hasta el *Diario* final de 1895 que es como prólogo de la en parte lógica y en parte enigmática tragedia de Dos Ríos. Hay en esta sección de la obra martiana documentación y elocuencia, lirismo exaltado y directo, sin adiciones literarias; reflexiones y exhortaciones; intuición y análisis; debate, protesta, previsión y denuncia. Las piezas de la extensísima serie son cartas, discursos y conferencias; artículos de periódico, programas y proclamas, que terminan con un resumen contenido en el *Manifiesto de Montecristi.* En el variado conjunto, no hay variaciones de estilo de origen literario, sino las debidas al carácter de la respectiva especie literaria, oratoria, periodismo y clases de prosa política, y al tipo de destinatario de cada obra; y sin perjuicio de la mayor o menor dedicación concedida al razonamiento, la nota común se despliega formando una extensa escala emotiva que va de la convicción conquistadora de origen sentimental hasta la vehemencia de la fe y del entusiasmo. Aquí ya el autor no puede evitar que la emoción asome su dominio de la manera más singular y feliz; pero lo que en todo esto predominaba es el poder carismático y vencedor de su palabra, sin duda asociado tanto al magnetismo de su presencia física en la oratoria, como al manejo magistral de los recursos sicológicos en toda especie de prosa, suma de cualidades cuyo desarrollo hacía de él un conquistador de hombres y muchedumbres, aun en el caso frecuente de que su pensamiento no fuera captado en todo su contenido y en todo su alcance. Tenía que ser ésta literatura de época y de circunstancias; pero la genialidad de su autor sembró en ella múltiples pasajes de valor ideológico y artístico permanente.

Lo relativo a Hispanoamérica en sus diversas regiones y a su totalidad, y a los Estados Unidos, abre al talento y a la sensibilidad de Martí amplísimo campo, cuya extensión y variedad, antes de aminorar el poder de sus aptitudes de escritor, lo acrecientan. Es la producción en que magistralmente sobresalen el periodista, el cronista y el ensayista. Particularmente en sus últimos quince años de permanencia en Nueva York, desde 1880 hasta 1895, interrumpida sólo brevemente por algunos viajes, va terminando una colección de insuperables cuadros de los pueblos de las dos Américas y de sagaces y justicieros análisis de las relaciones entre el Norte y el Sur. Y si un vasto mundo real es el contenido que aquí se presenta ante él, un mundo de juicios y visiones memorables corresponde en estas obras de fervorosa, observadora y previdente americanía, a la magnitud de sus motivos. Y una vez más la literatura es un instrumento adaptado y dominado por el escritor, y es obra con caracteres de perfección y perdurabilidad de valores de obra clásica en numerosos casos, en los que la rara combinación de naturalidad y originalidad, la eficaz viveza de la expresión narrativa o descriptiva y la riqueza del contenido, explican y justifican su independencia de tiempos, modas y escuelas. Viven por el vigor y la fidelidad de sus paisajes físicos y sociales, tanto por la presencia como por la oportuna limitación de lo pintoresco, por la animada veracidad y movimiento de sus escenas y retratos, y, en suma, por el cálido sentimiento de justicia social, de solidaridad humana, de poderosa oposición y crítica contra funestos prejuicios, caracteres de fondo que sirven de sostén al arte de esas obras.

Por razón de la materia, hay muy marcada y constante diferencia de espíritu y de estilo en este grupo que impone su división en dos partes, la relativa a Hispanoamérica y la que trata de lo norteamericano, evidente y tajante diferencia que muestra sin lugar a duda de qué modo en Martí el contenido es básico elemento que crea la forma y llena y matiza el ambiente. Ante lo hispanoamericano, hay peculiar y animadora simpatía; ante lo de Norteamérica hay curiosidad e interés intelectual y muy generalmente la búsqueda, implícita o explícita, de una aprovechable consecuencia de orden sicológico o social. La parte hispanoamericana puede considerarse presidida por el ensayo precisamente titulado *Nuestra América,* de 1891, al que cronológicamente preceden numerosos trabajos, en su mayor parte de juventud, que contienen sus visiones y sus juicios de México, de Guatemala, de Venezuela, o de la totalidad de la América que él sencillísima y naturalmente caracterizó y definió para siempre llamándola *nuestra.* Hay allí crónicas, ensayos, retratos, paisajes, artículos de periódicos y estudios diversos, colección muy variada en la que lo descriptivo y lo narrativo, casi siempre cargado de color, se entrelaza con las reflexiones e intuiciones de sicología y de aleccionadora formación de proyección social. Por otro lado, la impresionante vivencia de lo norteamericano le sirve para ir estructurando la más abarcadora, perfecta, completa y viva historia de una época de los Estados Unidos que se ha escrito en lengua española. El influjo de la permanencia en París de una legión de modernistas hispanoamericanos a cuyo frente se puede colocar a Rubén Darío, con ser importante, es de efectos que palidecen al compararse con ese tenso, anheloso, vigilante, penetrante y siempre atareado cuando no además angustioso vivir de Martí en Nueva York. No es periférica visión de café, de teatros, de prensa y de salón literario, de turista o residente de París, como la de aquellos modernistas que eran sólo puramente artistas, sino, por el contrario, adentramiento profundo, humana y socialmente descubridor, analizador, calificador y muy pluralmente receptivo y representativo de toda la vida y el futuro previsible de Norteamérica en las dos últimas décadas del siglo XIX; pero, además, el magno y vívido trabajo es de tan penetrantes, amplios y certeros enfoques, que el núcleo de sus escenas, tipos y conclusiones son de perdurable vigencia. Sus *Cartas de Nueva York* descubren y dan a conocer de ese modo excepcionalmente valioso y nuevo a un pueblo heterogéneo y como en permanente combustión, a otros pueblos alejados del norteamericano por capitales diferencias de lengua, sicología, historia y cultura. Y no se ha hecho destacar como merece ese tipo de genialidad moral e intelectual de Martí que permite convertir su vida azarosa en Nueva York y su trato con gentes extrañas, siempre como en fuga, en medios y vías para agotar la representación y el conocimiento posible de un pueblo tan complejo y tan activo. Y hay que añadir que su acierto, su mérito está además en no haberse sentido nunca delumbrado ante la opulencia, sino, muy por lo contrario, también haber visto y sentido y fustigado las deficiencias y las miserias; haber previsto los peligros crecientes del poder económico y político norteamericano para el futuro de los pueblos del Sur, por lo que siempre habrá de insistir en la justa valoración en ese modo martiano de superar una porfiada acumulación de circunstancias adversas de lo que nacen, con naturalidad y estilo propio admirable, esas *Cartas* neoyorkinas, en primero y en último término, además de obra de arte, muy elocuente y perdurable lección artística y moral de humana justicia contra las incomprensiones e intolerancias contra la miopía filosófica y moral de cualquier tiempo. Y lo que en ese sentido hay allí de mensaje a la posteridad, tiene apropiado colofón en un expreso, premonitorio anhelo y razonable razonada esperanza de una Panamérica basada en la justicia y en la paz, esperanza que es entonces para Martí, según las palabras finales de *Nuestra América,* en última síntesis libre de influjos románticos, *la semilla de la América nueva.*

6. *Lo europeo*

En España residió, allí cursó y terminó sus estudios universitarios, desde Madrid y Zaragoza, trató y amó al pueblo español y se adentró en el conocimiento de los clásicos españoles, en el arte, en la política y la cultura española en su conjunto, y en Europa, muy particularmente en Francia, buscó y halló fuentes de cultura y constantes motivos de inspiración y de estudio; pero no fue nunca un sumiso y mimético subordinado a lo europeo y a sus egocentristas y deslumbrantes esplendores. Después de sus viajes de desterrado a España, y después de sus fugaces permanencias en París, en sus últimos años de vida en máxima y óptima creación, vivió minuciosa e intensamente lo europeo, en todas sus dimensiones, desde el lejano, pero muy apropiado observatorio de Nueva York. Como ante lo norteamericano, conserva con cuidado su independencia literaria e ideológica ante la más sutil y tentadora influencia de Europa, y a la hora de fustigar lo desnaturador del extranjerismo puramente mimético, como en las páginas de *Nuestra América* y en muchas otras ocasiones, empareja en la enérgica y razonada —a veces vehemente— reprobación a Europa y a Norteamérica. Como es de esperarse, sin absurda xenofobia, lo que hay en su obra, y lo que él predica, es la asimilación inteligente y oportuna de lo extranjero, convertido así en sustancia propia.

De Europa, lo que naturalmente trata con particular interés es lo español, por razones históricas, y lo francés, por específicos motivos ideológicos y artísticos; aunque en su panorama del Viejo Mundo no se excluyan a Inglaterra, Italia, Alemania y Rusia, ni, por relaciones con Europa, a Egipto y el cercano Oriente.

Lo que más tiene que impresionar a la crítica es la justa y profunda comprensión de España, a cuyo gobierno colonialista, incomprensivo y de retrógrada decadencia debió su vida de preso político, de perseguido y de desterrado. Lo que hay en el fondo de sus crónicas de España aúna la íntima simpatía y conmiseración hacia el pueblo español tanto como su analítica fustigación de los gobiernos que en España se sucedían bamboleándose entre aspiraciones de constitucionalismo democrático y realidades absolutistas y feudalizantes. En ese cuadro general, presenta con su acostumbrado despliegue de dotes de observación y de vivacidad de estilo, el panorama español, de su política, de las costumbres, del arte y de la cultura. Sin acercarse siquiera a algo que pudiera implicar una claudicación de revolucionario cubano, presenta a España y la juzga con imparcialidad, agudeza y simpatía genealógica, para que así en sus crónicas desde Nueva York, la conozcan los pueblos hispanoamericanos, en posesión de una independencia política de la antigua metrópoli común, de la que, con pasiva actitud de esos pueblos hermanos, se le denegaba brutalmente a Cuba. Y en sus relatos de las peripecias de la política española, no falta algún episodio cuya manera imparcial de ser presentado encierra una especie de ironía histórica aplicable a los políticos españoles de tradicional y cerrada intransigencia. Martí incluye entre sus noticias la discusión en el Senado español de la interpelación del senador cubano Güell y Renté, que pide que el gobierno español reclame para España el peñón britanizado de Gibraltar. Quien en nombre de la realidad social y de la justicia histórica luchaba con tesón a favor de la separación de Cuba, por las mismas razones, estaba de acuerdo con la reintegración a España de un territorio que, sólo por la fuerza, se mantenía separado de ella. No desperdicia Martí la ocasión para reprobar lo despectivo, si no airado, de la reacción del gobierno español ante la que consideró ingenua e intempestiva interpelación del senador cubano, en el fondo sólo comprometedora para los políticos que gobernaban entonces a la Península, y no puede ser más justa y bien traída la apostilla martiana: *nos tratan teóricamente como hermanos; pero en realidad, para ellos somos colonos.*

7. *Lo humano y lo social en la prosa artística*

Una de las más fuertes y memorables impresiones que retiene el lector de Martí es la de la perfección formal, riqueza y originalidad léxica y de construcción, de variadas melodías y movimiento expresivo que con suma frecuencia confiere a su prosa sobresalientes caracteres de brillante y fluyente prosa artística. Nada hace falta, por consiguiente, para que la crítica formalista y la generalidad de los lectores cultos poco preocupados por cuestiones de contenido, identificaran y continúen identificando, sin reservas, esa prosa artística de Martí con la más típica prosa modernista. Sin embargo, si se pasa del fuerte y puro gozo de la forma, quien se detiene en su contenido lo capta, al descubrirlo y calificarlo, tiene que adquirir conciencia de peculiaridades magníficas e intransferibles. Se comprende entonces que la magnificencia, variedad y originalidad de su prosa pasó al Modernismo, y no al revés; y entonces se evidencia además el sentido y el sentimiento de lo social y de lo universalmente humano que, en tan alto grado y tan entrañablemente, jamás poseyeron, ni realmente se preocuparon de poseer los modernistas de escuela, empeñados y complacidos en ser puramente artistas, prosistas o poetas. Martí, por el contrario, pertenece a la minoría privilegiada de creadores de modernidad en su respectivo tiempo, de vigorosas novedades, vigorosas, polivalentes y necesarias, que por su intrínseco valor se incorporan a la vida perdurable de la historia. Son generalmente autores de alma romántica y ardorosa humanidad, redentora, renovadora, cuyo humana perfección y novedad no envejecen, por lo que conservan también esa perenne juventud de lo clásico, esa perenne necesidad de ser leídos, escuchados, aprovechados y gozados.

Toda la vida y toda la obra de Martí, su persona y sus personalidades, su ser y su hacer, muestran y convencen al unísono que habría sentido como una enorme desgracia y una vergüenza el limitar sus maravillosas dotes de expresión a los frívolos menesteres de maestro de preciosismos. Pero a la vez no hubo en lengua española quien cuidara, venerara más y exigiera lo que era para él la sagrada belleza de la forma, porque, dicho en una sola frase, detestaba el ofrecer preciosos vasos vacíos, o llenos de lo que no fuera la esencia extraída por él a la vida.

La crítica ha hecho bien en descubrir y calibrar las riquezas de forma de Martí, entre muchos ejemplos, que la erudición puede enumerar, ya con el trabajo de muchas décadas, como en el caso de Manuel Pedro Gonzáles, ya con exámenes de técnica filológica tan minuciosos y cuidadosos como el de Ivan A. Schulmann. En la lista numerosísima de esos estudiosos, que siempre será incompleta, además de cubanos, Enrique José Varona, José de Armas y Cárdenas *(Justo de Lara)*, Regino Boti, Agustín Acosta, Medardo Vitier, José de la Luz León, Jorge Mañach, Juan Marinello, Angel Augier, Eugenio Florit, José Antonio Portuondo; Cinto Vitier, Fina García Marruz; hay autores de otras regiones de Hispanoamérica, como Pedro y Max Henríquez Ureña, Raimundo Lida, Gabriela Mistral, Justino Fernández, Andrés Iduarte, Julio Caillet-Bois, Enrique Anderson Imbert, Emir Rodríguez Monegal; y hay también escritores y críticos españoles de varias generaciones, como Miguel de Unamuno, Juan Ramón Jiménez, Federico de Onís, Guillermo Díaz Plaja. Tan cuantioso trabajo de investigación y de exégesis ha ampliado y continúa ampliando el conocimiento de la obra martiana, iluminando, haciendo consciente y razonado ese conocimiento. Lo que no debe hacerse es encerrar la crítica entre los límites de una especialidad que fraccione lo martiano y separe y aleje la obra de la vida y del ser de su autor, y de la pluralidad de sus circunstancias.

En toda la prosa de Martí hay destellos de su genialidad creadora de originales y sorprendentes bellezas; pero en algunas de sus crónicas la elaboración artística alcanza opulento desarrollo, o mayor y más variada y brillante acumulación de notas y detalles de refinamiento y brillantez. Es el caso de su crónica sobre las fiestas en Madrid con motivo del centenario de Calderón, o el de la que dedica a la visita del zar de Rusia al káiser alemán. Son dos muestras de prosa artística; pero en ellas, Martí en la década culminante de los años 80, no se repite, sino que en un caso, en el primero, sobre un fondo de lo popular y tradicional español, se entrega a lo abundante y pintoresco en la presentación de un desfile que serviría de modelo a los de otro tipo de Rubén Darío, mientras que en el encuentro de los dos emperadores su imaginación trabaja en la descripción de un ambiente en el que se destacan la opulencia deslumbrante y cierta hierática solemnidad tras la cual el cronista descubre el posible significado político del acontecimiento. Pero otras veces el escritor parece querer desafiar la frivolidad o el exotismo para convertir el asunto en medio de llegar a un trasfondo de drama humano, de lo que sirven de ejemplos sobresalientes sus crónicas neoyorkinas sobre una exhibición de abanicos o la dedicada a un funeral chino en Nueva York. Esta última, que hubiera desviado a otro escritor, muy posiblemente hacia los pormenores curiosos del exotismo, no desorienta y limita a Martí de ese modo. Tiene allí páginas con modelos de minucioso y primoroso dibujo oriental, con maestría de dibujante y de pintor que gusta transformarse por momentos en sicólogo y en observador social. Desplegando esas dotes estilísticas, el autor presenta típicos retratos, curiosas escenas, el abigarrado y exótico desfile de los residentes del barrio chino de Nueva York; pero tras todo esto, bajo la superficie de lo exótico, Martí descubre y analiza lo humano, el drama social de aquella comunidad oriental con sus creencias y prejuicios y privilegios de casta, con su concentrada riqueza y sus derramadas miserias, y un confuso imperio de pasiones e intereses en el que se agitan la avaricia, la sordidez y la astucia al lado del religioso respeto a las tradiciones de una emigrada cultura milenaria. Por el contrario, en la exhibición de abanicos todo es brillo, preciosidad, refinamiento cortesano y riqueza; pero en esa joyería lujosa, tan grata a los artistas del movimiento modernista, Martí también busca los ocultos contrastes documentables por la historia, y halla en el abanico el símbolo de minorías sociales privilegiadas en la cúspide esplendorosa de pirámides humanas fundadas sobre oprimidas bases de injusticia y de miserias. Y aquel símbolo de tiempos *de infamia y gracia, tiempos abominables y seductores,* éralo también de los juegos innumerables del erotismo de corte y de salón, motivo a su vez de fugaces referencias sicológicas condensadas en frases de asombrosa novedad, que se salen de todos los estilos de su tiempo: *los abanicos estaban siempre llenos de miradas.* Abundantes y concluyentes son, en efecto, los casos en que se reitera la convicción martiana que exige a la belleza artística servir al hombre para ser digna y valedera.

8. *El hombre y el niño*

El hombre que él era y que anhelaba que fueran todos los hombres, y el amor creativo y servicial al niño, llenan, avaloran y embellecen la obra de Martí. No pertenece él a la ingenua multitud de escritores en los que lo infantil infantiliza al autor. Martí, por el contrario, pertenece a la minoría de los que llegan con eficacia al niño y a la vez crean perdurables obras de arte. Amó al niño en su hijo, de lo que el más bello y elocuente testimonio es el *Ismaelillo,* feliz anunciación además de una nueva estética y nuevo arte en la literatura de su tiempo; y amó ancha y felizmente al niño americano, y le sirvió, con las páginas hermosas, tiernas y firmes, originales, de *La Edad de Oro.* Antes de él, los fabulistas, por lo general, maltratan el tema con un prosaico didacticismo; ya en su tiempo, sin verdadera vocación ni específico talento con respecto al motivo, apenas logran tocarlo o acercarse artísticamente a él los colombianos Pombo y Silva, el mexicano Gutiérrez Nájera —el de la *Historia de un peso falso*— y algún otro. Después también son muy escasos los nombres que habría que añadir a los de Gabriela Mistral y Juana de Ibarbourou.

En este capítulo de la obra martiana, todo es poesía, en prosa o en verso. En primer término, Martí logra por este medio su sicológica comunión con el niño, y lograda felizmente ésta, habla a su sensibilidad y cultiva su mente y empieza a formar en el infantil destinatario un germen de carácter, lograda conjunción de propósitos que actúan y mutuamente se complementan y refuerzan en formar al niño, no como niño destinado a ser siempre niño —radical error de la mayoría— sino como quien realiza y hace avanzar un proyecto de hombre.

La primera virtud polivalente —artística, sicológica, moral— de *La Edad de Oro,* resultado del acertado acomodamiento al ser del niño, es la de su estilo de muy difícil consecución, aquello que da a la obra caracteres permanentes y universales de sencillez, perfección natural y serenidad clásicas. La poesía viene espontáneamente del contenido y de la forma acariciadora de lo que del modo más natural se dice: *Para los niños es este periódico, y para las niñas, por supuesto. Sin niñas no se puede vivir como no puede vivir la tierra sin luz.* No hay nada superfluo y de flojo reblandecimiento. Todo es ternura y delicadeza; pero la noble, vigilante, previsora y enérgica virilidad martiana consigue la difícil transubstanciación de lecciones de energía, de sentido y necesidad del deber y de formación del carácter, van en dos corrientes paralelas de poesía, más bien implícitas, captables por sutil emanación, en el propósito de formar al niño y a la niña, como un proyecto de hombre y un proyecto de mujer. En ellos, la comprensión, el sentido del deber, el carácter; en ellas, ternura comprensiva y la nobleza moral; en todos, la fuerza del amor solidario que dignifica y hace vivible la vida humana. Si esta parte —novísima labor en su tiempo, y siempre escasa por difícil— es obra de poesía, es a la par obra de moral, pero de moral que no se predica, sino artísticamente se sugiere y sutilmente se hace sentir, que más bien *se inocula,* como decía Enrique José Varona.

Como para tener una estampa del hombre y del artista que tan singularmente se manifiesta en esta literatura para los niños, hay una especie de autorretrato ideal implícito en uno de los personajes de su novela *Amistad Funesta.* Por la índole del tipo de novela que Martí tiene ante sí, y que él confiesa en el prólogo que no le place, Juan Jerez, una *noble criatura,* un hombre *a quien la Naturaleza había puesto aquella coraza de luz con que reviste a los amigos de los hombres,* es un personaje dado más descriptiva que activamente, en el cual, si no está ni podía estar, la superactiva y compleja persona de Martí, hay, por lo menos, la estilización de un romántico tipo de hombre con algunos de cuyos aspectos se identificaba Martí. Martí, héroe real y completo, crea ese romántico héroe, frustrado por el medio que lo aprisiona. Y naturalmente que la teórica identificación tiene mucho menos vida que la que lo une a héroes históricos como los de *La Edad de Oro,* el P. las Casas, Bolívar, cuya justa, admirable evocación se convierte en medio para hacer encarnar en humanísimos personajes la austera moral —embellecida por su grandeza— del deber y de la honra valiente y pura.

9. *Estética y crítica*

Sólo aprovechando hasta los últimos límites una enciclopédica capacidad de lectura y comprensión puede captarse y comprenderse el pensamiento estético de Martí, y seguir y caracterizar los modos de aplicación de ese ideario en su crítica sumamente amplia, y seguirla en su extensión y diversidad de los campos que abarca, crítica personal sumamente flexible por la libertad ideológica y la asociación de talento penetrante, analítico, acumulativo y sintetizador, de emoción y de intuición, notas esenciales de su estética y de su crítica. Por razón de la atmósfera de libertad y de entusiasmo que envuelve y penetra su obra, su arte es romántico; pero la perfección natural y grave que suele alcanzar, se acerca a lo clásico. Puede considerarse que, libre de subordinación a escuelas y tendencias, él personalmente y con riqueza de aportes que continuamente se acrecienta, va abriendo cauce a su obra en los terrenos áridos o fértiles de la vida. Su estética, no sistematizada, sino dispersa en poemas, ensayos y crónicas, y aun en su epistolario íntimo, se funda en dos principios fundamentales: fidelidad esencial a la realidad y el servicio del hombre, en su persona, en su pueblo, en la Humanidad, de lo que nace en su obra, así de creación como de crítica, una libre y fecunda conjunción de belleza y eticismo, unión en la cual jamás permite el menor desequilibrio entre lo estético y lo ético. Si la crítica contextual de su obra conduce a estas conclusiones básicas, sirve también para disolver la aparente contradicción entre inspiración y trabajo en la obra artística. Directa o indirectamente engendrando confusión, comentaristas profesionales o aficionados a lo que ya puede llamarse martiología, seleccionando unilateralmente textos de Martí, lo presentan ya en lo más ardoroso y libre de su inspiración romántica, aparentemente condenado cuanto sea el trabajo de perfeccionamiento del artista, que supone previa y constante labor de la formación de una asimilada cultura; mientras que, siguiendo opuesto partido, otros sólo fijan su atención y la mira de los elogios en aseveraciones y partes de la obra creativa de Martí que lo acercan a las aguas serenas y profundas de todos los clasicismos. Cualquier unilateralismo puede encontrar, en efecto, impresionantes antinomias, porque del mismo Martí son aseveraciones y planteamientos como los siguientes: *la ley de la inspiración es la falta de ley* (ed. "Trópico", t. 50, p. 189); *la poesía no ha de perseguirse: ella ha de perseguir al poeta* (Id., 62-105); *la emoción, lo principal en poesía* (Id., 12-184); *guerra a muerte a la poesía cerebral* (Id., 62-

162); *es preciso dejar reposar las inspiraciones* (Id., 62-133); *ha de pensarse siempre que no se nos ha de leer con la misma exaltación con que escribimos* (Id., 62-127); *modo de escribir: primero tiendo los rieles, y luego echo a andar la máquina.—Necesito ver antes lo que he de escribir.—Me creo, estudio, reconstruyo en mí los colores y el aspecto de lo que tengo que pintar* (Id., 62-128); *¡cómo persigue la imagen poética! ¡como acaricia el oído! ¡cómo solicita que se le dé forma! ¡con qué generosa inquietud se brinda a que se la aproveche, que tomar forma humana es quedar muerta, por lo ruín de la lengua de los hombres para expresar estas cosas supremas* (Id., 62-94); *la prosa tiene alas de hierro, tarda en venir. La poesía tiene alas de mariposa, y viene pronto* (Id., 62-164). La serie de citas de este tipo podría extenderse hasta alcanzar grandes proporciones, y de cualquier manera la frecuente crítica literal y directa del texto aislado, o sólo asociado con sus semejantes, conduce a interpretaciones erróneas que servirán de base a conclusiones contradictorias; pero contextualmente, en el amplio sentido del término, lejos de debilitarse, se refuerza la coherencia martiana. Así, lo que Martí repudia no es cualquier clase de trabajo en el arte, y mucho menos la constante asimilación de la cultura, sino el trabajo externo y en frío, puramente cerebral y mutilador, que por fuerza conduce al artificio, actitud para él tan desorientadora y dañina como la de confundir asimilación activa de la cultura en todas sus dimensiones con la sumisa subordinación a escuelas y tendencias. De las anteriores citas, se concluye que es, no ya sólo aceptable, sino necesario, el trabajo interior que, en primer término comprende la concepción general de la obra, su planeamiento y su espíritu y acento peculiar, por lo que así elaborada la producción en un íntimo proceso sicológico, piensa Martí que entonces, cumplidas esas condiciones previas de gestación espiritual, nace la obra hecha, escrita ya. Y esa obra así creada es la que en su cuerpo y en su alma debe respetar tanto el propio autor como el crítico, el ser estético e ideológico que hay que librar de cualquier trabajo desnaturalizador de retoque, adición o pulimento.

La formación del crítico en Martí comienza en México, en sus años juveniles de intensa actividad literaria, de 1875 a 1879, y después en rapidísimo ascenso alcanza su máximo esplendor en sus últimos quince años de vida, aunque lo patriótico sustituye de modo absorbente a toda otra preocupación en los años de la última década del siglo XIX. Concentrada, pues, en los años 80, la actividad del crítico, apoyada en su estética libremente captadora, se extiende a un inmenso panorama: las dos Américas, Europa occidental, Noruega, Rusia, regiones representadas no sólo por máximas figuras representativas, ni sólo por lo estrictamente literario: Heredia, la Avellaneda, Luisa Pérez de Zambrana, los poetas de la guerra cubana del 68, José Joaquín Palma, Villaverde, Casal, Varona; Emerson, Longfellow, Withman, Bancroft, Bain, Darwin, Hawthorne, Wilde; el Popol Vuh, Pérez Bonalde, Rafael Pombo, Echegaray, Campoamor, Castelar, lo oratorio y lo becqueriano español; Flaubert, Sully-Prudhomme, los parnasianos franceses, Víctor Hugo, Byron, fugazmente; Spencer, Ibsen, Pushkin. Y el campo de esa crítica bien informada, viva, aguda, infatigable, se extiende a la música —los cubanos White y Espadero—, a la escultura, y muestra particularmente singulares aptitudes en la pintura y el dibujo, de lo que son ejemplos culminantes el comentario de Fortuny, y el magnífico ensayo dedicado al arte de Goya.

En la carta que fue después prólogo a las poesías de José Joaquín Palma, hay la juvenil confesión de autocrítica martiana: la repugnancia con respecto a la crítica menuda, erudizante y puntillosa; su manera de censurar, callando. Y fue siempre fiel a estos principios, que deben servir para explicar el aparente optimismo sistemático de sus juicios. No gustó nunca de la actitud de fiscal del arte, y ello, sin duda, por su convicción acerca de la eficacia de la simpatía para la comprensión. Su crítica es siempre una compleja y delicada función en estado de entusiasmo. Las citas y referencias se diluyen hábilmente, o se presuponen conocidas, y siempre se captan y aprovechan en su esencia. El razonamiento firme, por camino acertado, nunca falla; pero lo complementa e ilumina la intuición, y con tales caracteres, es frecuente que en su juicio, sin desorientarlo, pese su fina y cultivada sensibilidad, y marque al pasar sus íntimas preferencias; aunque sea en casos de muy desigual contraste, como aquel en que, más que por la magnitud poética de la Avellaneda, se siente atraído por la suave y oscurecida elegiaca cubana Luisa Pérez de Zambrana; o como en otro ejemplo relativo a dos personajes de pareja nombradía, Wilde, visto más bien como teorizante espectacular, y Emerson, para el que su ardorosa adhesión adquiere caracteres de excepcional consagración, fundada en una palpitante similaridad de arte y de conducta.

La crítica de erudición filológica, en sus páginas sembradas de citas, referencias y muy cuidadas comprobaciones documentales, no cesa de establecer relaciones entre Martí y todos los movimientos literarios e ideológicos de su tiempo y de tiempos posteriores, y los resultados son naturalmente útiles; pero tienen que ser conclusiones llenas de escollos y reservas, porque la obra martiana no nace directamente de las lecturas de Martí sino de la profunda y transformadora asimilación que de ellas hace Martí. Su romanticismo no es de escuela, sino de todas las épocas; su simbolismo, su perfeccionismo tan poco parnasiano, su modernismo y todas sus novedades son medularmente suyas, y así se reflejan en su estética personal y actúan en su crítica.

10. *El poeta lírico y el autor de novela y de piezas de teatro*

Martí es un poeta integral para el que el verso y los artificios literarios son accidentes secundarios. Su poesía es eminentemente personal, que es como decir lírica; pero de abierta y muy variada e intensa sensibilidad, que se le desborda hacia lo heroico patriótico o universalmente humano. Por eso también su mejor y más típica prosa, si no es definidamente poemática, es ensayística, por razón de la característica confluencia de obra inquisitiva e interpretativa personal y de poesía que constituye la esencia del ensayo.

Siguiendo la clasificación que el propio Martí recomendó a Gonzalo de Quesada y Aróstegui, la obra poética martiana en verso puede dividirse en dos partes, la de las colecciones mayores de *Ismaelillo* (1882); *Versos Libres* (1878-1882); *Versos Sencillos* (1891), a lo que se añaden los versos de *La Edad de Oro* (1889); y en grupo aparte, la obra fragmentaria dispersa, Martí escribió versos desde los quince años de edad; pero, con severa, excesiva autocrítica, recomendó a Quesada y Aróstegui que no publicara nada de lo anterior a *Ismaelillo*. El otro grupo de su poesía puede integrarse con esa poesía juvenil dispersa y con la que en sus años de emigración dejó también fuera de colección, que sus editores han publicado en series denominadas por sus editores *Flores del Destierro, Versos de Amor* y *Cartas Rimadas.*

Aunque la persona del poeta está presente particularmente en las colecciones mayores que Martí prefería, hay también valores en buena parte de sus versos dispersos en papeles manuscritos, álbumes y publicaciones periódicas. El proceso de su obra poética mayor es bien definido. Al vigor juvenil y al predominio de una brillante e inquieta fantasía que se hunde en lo humano universal, el amor y el dolor, la fraternidad dramática entre los hombres, la Naturaleza, motivos y caracteres de los *Versos Libres,* se contrapone el remansamiento y profundidad de la inspiración de los *Versos Sencillos,* poesía intensa en cuya forma se busca la sencillez expresiva, las imágenes llenas, los símbolos elementales o de un espontáneo conceptismo, y muy acentuadamente, la armonía, grave, doliente, jubilosa o delicadamente melancólica. Por su esencia humana y por su forma de conquistadora armonía, se ha incorporado en buena parte al patrimonio poético del pueblo cubano, que la posee y conserva como una de las más entrañadas especies de su democreación. Y en ese conjunto, *Ismaelillo* posee peculiaridad inconfundible, que la hace libro único en la poesía hispanoamericana, y más extensamente, en lengua española y en muchas literaturas, como poemario de un padre, cantor del amor a su hijo de pocos años. Por un milagro de arte sencillo, la virilidad paterna se trasmuta en ternura, en anhelos y previsiones amorosas, libres de los peligros del vacío infantilismo y de vulgaridad sentimental y sequedad didáctica.

La singularidad de valores, sin embargo, fundados en el tratamiento de motivos universales, su sinceridad y los logrados propósitos de influencia directa en los destinatarios, hacen poco grata la exégesis de esta poesía que parece rechazar al intermediario, canto natural como el de la luz, como *el del arroyo de la sierra,* o el bosque donde *cantan los abedules.*

Lector de novelas y bien informado crítico de teatro, Martí, sin embargo, cultivó muy escasamente estos géneros literarios, sin el placer de una bien centrada vocación. Su pieza dramática juvenil *Abdala* (1869), es un ensayo de teatro versificado al que sostiene el patriotismo y el vivo amor a la libertad. *Adúltera* (1871-1873), nacida de algún germen dramático vivido o conocido de cerca, es un movimiento hacia el drama de ideas, si no por lo específicamente teatral, notable por felices pasajes de prosa poética o ensayística, mientras que *Amor con amor se paga* (1875), es un proverbio dramático hijo de las circunstancias de su vida en México, donde tuvo amores y amistades en la gente de teatro. Con lo anterior, no acabaron los proyectos de Martí de obras teatrales, uno de los que, estando en Guatemala, *Patria y Libertad,* pudo terminar. Fue, pues, su obra de teatro episodio pasajero de juventud al que lo lleva el entusiasmo que siente al proponerse la difusión de ideas y la representación de estados de ánimo que nacen con ímpetu de sus primeras lecturas y experiencias.

Dos puntos de vista contrapuestos parece que concurren para mantener separado a Martí de la novela: por una parte su personal concepto básico de la novela como ficción aleja de la realidad, lo que tiende a ser origen de artísticas falsificaciones; por otro lado, la tendencia opuesta que culmina en el naturalismo, que hunde su análisis hasta lo más descarnadamente escatológico de la vida, ante lo cual el eticismo limpio, sin gazmoñería, de Martí se pregunta si se gana algo contra el mal por saber y difundir cómo es el mal aquél que no inspira, por cierto, ninguna reacción patética. Si a esto se añade el imperativo martiano de elevar y redimir al hombre de sus enemigos, entre los cuales descubre el cortejo de las pasiones y miserias humanas, y las absurdas condiciones que le impusieron las circunstancias para escribir *Amistad Funesta,* por causa de exigencias del editor de la obra, se comprende lo que origina los caracteres que Martí hubo de dar a su única narración novelesca. *Amistad Funesta,* llamada también por su autor *Lucía Jerez,* por razón de las exigencias del director de la revista *El Latino Americano,* de Nueva York, en que debía publicarse, es relato que pudiera llamarse femenino, editorialmente destinado a un público de mujeres, sin pasiones fuertes, con dominantes pasiones de mujer, a las que tienen que subordinarse y realmente se subordinan los hombres, hasta los que se presentan adornados con el más hermoso y definido carácter, frustrado además por un medio social que es como lejano trasfondo de la acción. Pretende la crítica que la novela se desarrolla sobre un triángulo amoroso histórico, el de Sol del Valle —*la niña de Guatemala,* María García Granados—, Lucía Jerez —trasposición literaria de la esposa de Martí, Carmen Zayas Bazán— y Juan Jerez, personaje en el que Martí parece haber querido encarnarse. Pero lo más llamativo y característico de esta novela breve está en las disquisiciones filosóficas y morales diluidas en su diálogo y en la voz del novelista, en sus copiosas y minuciosas descripciones, y en muy acentuadas peculiaridades estilísticas. Se emplea el párrafo largo, prolongado, ramificado en incidentales, y, sobre todo, se reiteran las imágenes que toman la categoría de símbolos, que definen personajes y situaciones encadenadas en alegorías que terminan por absorber casi lo medular de la trama. De todo esto el resultado es una obra novelesca de muy atendida elaboración artística, desconocida hasta entonces en letras hispánicas, en las cuales sí hubo después múltiples novelas de cuidado estilo; aunque en todo lo demás difieren de la obra de Martí.

11. *La confesión y el documento. Los apuntes y los diarios*

Lo personal, con raíces en la intimidad, aflora continuamente y en todas partes en la obra martiana; pero se concentra y adquiere caracteres específica y conscientemente de documento y de confesión en numerosos y muy diversos apuntes, y en sus diarios. Es la parte vital de la obra que debe servir de punto de partida para llegar al auténtico y definitivo conocimiento de la totalidad de la obra y de la persona del escritor.

Los *apuntes* son gérmenes de pensamiento, noticias y observaciones que revelan la sinceridad del hombre que el escritor expresa literalmente, la multiplicidad de curiosidades intelectuales y la pluralidad de vocaciones y de motivos de sensibilidad. Es naturalmente materia prima; pero de precioso valor para el estudioso y para todo lector atento.

La literatura —gran literatura— personal, a la vez documental y literaria, vuelve a aparecer en los *Diarios* y en las páginas de viajes. En estas obras, muy a pesar de su carácter constitucionalmente fragmentario y de su estilo con frecuencia telegráfico, se sigue con deleite y con memorables sorpresas el apasionante discurrir entre hombres y cosas. Se ve y se siente lo magno y lo mínimo de la Naturaleza, la prosa y la poesía de lo cotidiano, y los hombres con su heroísmo y su bondad al lado de sus malas pasiones, sus miserias y su desgracia, en un continuo tramontar de sensaciones, emociones, intuiciones, deslumbramientos fugaces que van jalonando la ruta que traza el escritor, quien es también maravilloso pintor, curioso viajero, excelente sicólogo. Y en el diario del último viaje, el de Cabo Haitiano a Dos Ríos, la emoción crece lenta y firmemente a partir de la *dicha grande* de pisar el suelo patrio. La tensión dramática nace primero del peligro que amenaza el curso difícil de los expedicionarios, y crece en el mismo contraste entre lo azaroso de su avance y el fluir de sensaciones que brota por momentos del contacto con la impresionante Naturaleza del Oriente cubano. El autor tiene sentidos para todo. Pero sobre todo su visión y su puro y conmovido sentimiento del paisaje y de las fuerzas naturales. El no presentarse todavía el asalto de lo épico, deja lugar a la viveza y naturalidad de la íntima nota eglógica: *Rica miel en panales.—Y en todo el día, ¡qué luz, qué lleno el pecho, qué ligero el cuerpo angustiado! Miro del rancho afuera, y veo, en lo alto de la cresta atrás, una paloma y una estrella.* Pero a poco, en estas puras emociones se va filtrando la angustia ante el futuro de la empresa heroica de la que él es alma y voz: *Al fondo de la casa, la vertiente con sus sitieríos cargados de cocos y plátanos, de algodón y tabaco silvestre; al fondo, por el río, el cuajo de potreros; y por los claros, naranjos; alrededor los montes, redondos, apacibles; y el infinito azul arriba, y surcan perdidas... detrás la noche... Libertad en lo azul. Me entristece la impaciencia.* No duerme apenas, como en la paz angustiosa del exilio norteamericano, y su pluma de campaña es pincel que pinta el incendio en la noche: *encienden los árboles secos, que escaldan y chisporrotean, y echan al cielo su fuste de llamas y una pluma de humo. El río nos canta... Tal la última agua, y del otro lado, el sueño... al pie de un árbol grande iré luego a dormir, junto al machete y el revólver, y de almohada mi capa de hule... cariñosas las estrellas a las tres de la madrugada.* Pero la guerra ha comenzado, y la anécdota ingenua surge a su paso: *... entran pesadas tres balas que dan en los troncos... "¡Qué bonito es un tiroteo de lejos!", dice el muchachón agraciado de San Antonio, un niño. "Más bonito es de cerca", dice el viejo.* Y empeñada la lucha, la guerra avanza con sus trágicas escenas. La sobriedad del relato aumenta su fuerza dramática. Marchas, combates, el consejo de guerra y la ejecución del acusado Masabó, que muere con valentía de bandido. Y las páginas de las asambleas, de las arengas y desfiles. Y las más dolientes de la secreta entrevista de jefes en *La Mejorana,* páginas arrancadas del diario, para que la historia no se entere. Pero en el ambiente quedan fríos, cortantes rumores de violentas incomprensiones, de sumas ingratitudes. Al final, una pausa. Después, el silencio definitivo. Las balas españolas consuman el supremo sacrificio del héroe cubano, americano, que fue capaz de concebir y organizar *la guerra necesaria* por la libertad, *la guerra amorosa,* y de morir en ella, con el halo de una gloria austeramente humana.

12. *Suma y síntesis*

Después de transcurrido lo que para él era su pasado inmediato, el tiempo le ha sido favorable a lo largo del siglo XX. Siquiera como resonancia que no muere, la noción de valor de su obra literaria y política, su patriotismo, su americanismo y el ejemplo paradigmático de su justa, heroica y humanísima conducta viven en la conciencia de muchos pueblos del mundo. Lo demás tiene que ser algo privativo de minorías cultas, y aun dentro de ellas, sólo de especialistas en historia de la literatura, de la política o del pensamiento de Hispanoamérica. Para estos últimos es conocido en grado y forma que puede considerarse como relativamente satisfactorio, de lo que dan fe obras generales o de particular asunto martiano de esos especialistas. Y en esto, no debe desconocerse la importancia de "lo relativo". Y desde este punto de vista, comparadas la difusión y la calidad del conocimiento de lo martiano con lo que pueda decirse de otros héroes y artistas de Hispanoamérica, la comparación resulta ser notablemente favorable a Martí, a lo que, es natural, no se opone la persistencia de errores, confusiones, deficiencias por parte de algunos de esos especialistas, estudiosos, con frecuencia sólo en cuestiones de erudición o detalle que no afectan al Martí esencial que de modo fundamental importa conocer.

Ese Martí esencial tiene como primer significado vital el de perdurar, como muy pocos de sus iguales, inseparablemente identificado con la conciencia de su pueblo, al modo de un símbolo particularmente característico y valioso del patrimonio histórico nacional.

Y para todos, especializados o no, ese Martí esencial impresiona por sus caracteres de complejidad y de coherente unidad, de finura y de grandeza, que de manera más intensa se expresan en la suma y en la síntesis del escritor.

En ese Martí esencial sorprenden, en primer término, la perfección y la vida en lo plural y lo diverso. En todo es poeta; pero en su obra hay muchas clases de poesía, en verso y en prosa, la de sus poemas y la de sus crónicas, ensayos, cartas, apuntes y diarios; la poesía brillante y nerviosa, de rebeldía reivindicadora y de protesta de *Homagno,* de *Yugo y estrella,* de todos los *Versos Libres;* y la poesía remansada y profunda, sencilla y llena, armoniosa, melodiosa, de amor, de dolor y de inefable y acariciadora Naturaleza, de los *Versos Sencillos;* y el milagro poético de ternura y virilidad de *Ismaelillo* y de *La Edad de Oro.* Su poesía es nueva y suya; pero su gran empresa de vitalizadora renovación artística es incomparablemente superior en las varias especies de su prosa, la que, sobre todo, es arte, de las emociones, de las intuiciones, de las representaciones o de las puras ideas, de los estímulos a la par que de las advertencias; de los retratos y de las escenas o paisajes memorables, del júbilo, de la exaltación y de la justicia humanizada. Es concisamente aforístico su estilo, o de atractiva fluidez y de copiosa y colorida abundancia. Es renovador, libertador en arte como en todo orden de vida y cultura, y a la vez conoce, ama y asimila la tradición castiza. Piensa siempre en el destinatario, personal o colectivo, de su palabra y del ejemplo vivo de su conducta. Y quiso ser y fue siempre, con heroica y operante genialidad, artista, hombre de ideas y hombre de actos, sentidor, pensador y libertador, y ante todo y siempre, detestó la falsificación y la mentira, y fue un hombre bueno, cordialísimo, sincero y honrado.

La Habana, agosto de 1969.

RAIMUNDO LAZO.

GUIÓN BIOGRÁFICO CRONOLÓGICO

1853 Nace en La Habana, el 28 de enero, en una casa de la calle de Paula, José Martí y Pérez, hijo de Mariano Martí y Navarro, natural de Valencia, España, que fue celador de policía en barrios de La Habana y de Guanabacoa, muerto el 2 de febrero de 1887. Había sido sargento del Ejército español. La madre era Leonor Pérez y Cabrera, natural de las Islas Canarias, y falleció en La Habana, el 17 de diciembre de 1907. El primer documento relativo al niño es la partida en que consta su bautismo, efectuado en la iglesia del Santo Angel Custodio de La Habana, el día 2 de febrero.

1857 Viaje con sus padres a España

1859 Regreso a Cuba en el mes de junio.

1862 Desempeña el padre las funciones de capitán del partido rural de Hanábana. Por razón de este y otros modestos cargos del padre en zonas rurales, Martí, que suele acompañarlo, comienza a sentir desde niño los efectos del contacto con la Naturaleza.

1866 Habiendo frecuentado el hogar del poeta Rafael María de Mendive, Director de la Escuela Municipal de La Habana para varones, Mendive, que asume la paternidad espiritual de Martí, solicita que éste pase, mediante exámenes de ingreso, a cursar sus estudios de bachillerato en el Instituto de Segunda Enseñanza de La Habana, e ingresa de este modo en dicho centro.

1869 Publica sus primeros trabajos a favor de la libertad de Cuba en el periódico de adolescentes dirigido por su amigo y compañero Fermín Valdés Domínguez. El pequeño e improvisado periódico se titula *El Diablo Cojuelo,* y pretende disimular sus patrióticos propósitos bajo forma humorística o puramente literaria. Publica después un efímero periódico juvenil, *La Patria Libre,* en el que aparece su pieza teatral *Abdala.* Encarcelado por motivos políticos, su gran maestro Mendive, acompañando a la esposa del poeta, lo visita en la prisión del castillo del Príncipe hasta la deportación del acusado, a España. Poco después, como consecuencia de un incidente con los temibles *voluntarios* españoles, es encarcelado y se le procesa como revolucionario simpatizante con la guerra de independencia cubana, comenzada en 1868.

1870 Es condenado por un consejo de guerra a seis años de prisión y de trabajos forzados, que pasa en parte en las temibles canteras de piedra de San Lázaro, junto a La Habana. Después se le sustituye la pena por la de confinamiento en Isla de Pinos, al sur de la provincia de La Habana.

1871 Deportado a España, publica en Madrid *El presidio político en Cuba,* protegido por una relativa libertad de imprenta que no existía en la Isla. Comienza a cursar estudios de Filosofía y Letras y de Derecho en la Universidad Central de Madrid. Comienzo de *Adúltera.* Protesta en hoja suelta del fusilamiento de los estudiantes cubanos en La Habana por las autoridades coloniales españolas. Enfermo por efecto de las penalidades sufridas en presidio. Posteriormente, en busca de mejor clima, se traslada a Zaragoza, donde prosigue sus estudios.

1874 Termina en Zaragoza sus estudios universitarios. Obtiene las dos licenciaturas. Viaja a París. Se propone dirigirse a México, vía Nueva York.

1875 Se establece en México, donde se reúne con sus padres y hermanas. Se dedica al periodismo. Se entrega a intensa actividad literaria, en la que se forma básicamente el escritor y el orador académico con proyecciones políticas.

1876 Sale el 29 de diciembre para Cuba, vía Veracruz.

1877 Sale el 2 de enero de Veracruz hacia La Habana, con el nombre de *Julián Pérez,* su segundo nombre y su segundo apellido. El 24 de febrero parte con dirección a Guatemala, vía México. Lleva cartas de recomendación para el presidente Justo Rufino Barrios. Se dedica al profesorado. Escribe folletos y cartas. Por su abundante elocuencia, le llaman el *Doctor Torrente.* Conoce a la joven María García Granados, *la Niña de Guatemala.* Regresa a México, y allí se casa con la joven cubana, de Camagüey, Carmen Zayas Bazán.

1878 Publica en México el folleto *Guatemala,* descripción y elogio de ese país. Regresa con su esposa a Guatemala. Renuncia a su cátedra en la Escuela Normal Central, como acto de protesta y de solidaridad con motivo de la destitución arbitraria del director de la Escuela, el cubano José María Izaguirre. Regresa a La Habana, y comienza a trabajar en los bufetes de Nicolás Azcárate y de Miguel F. Viondi. Por no presentar título, se le deniega su petición de ejercer la profesión de abogado, en lo que parece haber un intento de no prestar juramento de fidelidad a España que suponía la terminación legal de esos trámites. El 22 de noviembre nace su hijo José Francisco ("Pepito" Martí, en la poesía martiana *Ismaelillo*).

1879 Intensa actividad oratoria con audaces manifestaciones de su pensamiento revolucionario, muchas de ellas en el a la sazón famoso Liceo Literario de Guanabacoa. Discursos en el sepelio del poeta Alfredo Torroella, y en homenaje a Adolfo Márquez Sterling, y el celebrado en honor del violinista Rafael Díaz Albertini, este último en presencia del capitán general español Blanco, que dice que Martí es *un loco; pero un loco peligroso.* Interviene en debates culturales. Conspira contra la Metrópoli. El 25 de septiembre sale deportado para España. En Madrid. Sale para Nueva York vía París.

1880 Llega a Nueva York el 3 de enero. Inicia inmediatamente su actividad literaria y revolucionaria que habría de durar los quince años activísimos de la última parte de su vida. Su primer intervención en esas labores, el 24 de enero, lectura a emigrados revolucionarios cubanos en Stick Hall. Periodismo en inglés en *The Hour* y en *The Sun,* del partidario de la causa cubana Charles A. Dana.

1881 Breve permanencia en Venezuela. Pronuncia conferencias y publica los dos únicos números de su *Revista Venezolana,* en la que aparece el magnífico programa de esa publicación, equivalente a un manifiesto memorable de estética y crítica nuevas. El elogio allí publicado de Cecilio Acosta disgusta al dictatorial presidente Guzmán Blanco. Regresa a Nueva York.

1882 Publica *Ismaelillo* y escribe la mayor parte de sus *Versos Libres.* Inicia sus "Cartas de Nueva York" a *La Nación* de Buenos Aires, el 13 de septiembre.

1883 Redacta y después dirige la revista *La América.* Trabaja como traductor de la casa Appleton.

1884 Es nombrado Cónsul General del Uruguay, y renuncia a dicho cargo para tener libertad para continuar sus actividades revolucionarias contra el colonialismo español. Discute con Máximo Gómez y Antonio Maceo, de cuyos proyectos se desentiende por fundadas discrepancias, convencido del carácter civilista y de la necesaria organización que debía tener *la guerra necesaria* contra España.

1886 Aumentan sus colaboraciones periodísticas con trabajos que envía a *El Partido Liberal,* de México; *La República,* de Honduras; y *La Opinión Pública,* de Montevideo.

1887 Muere su padre. Es otra vez cónsul del Uruguay. Termina la traducción de la novela *Ramona,* de Helen Hunt Jackson. Discurso del 10 de octubre. Colaboración en el quincenario *El Economista Americano.*

1888 Traducción suya perdida de Thomas Moore. Discurso en la conmemoración del 10 de octubre de 1868.

1889 Réplica *Vindicación de Cuba,* publicada en *The Evening Post,* en contestación a una publicación norteamericana contra Cuba y su pueblo. Discursos del 10 de octubre y en homenaje al poeta cubano José María Heredia.

1890 Trabajos en la Liga benéfica en favor de cubanos y portorriqueños de la "raza de color". Es nombrado cónsul de la Argentina. Representante del Uruguay en la Conferencia Monetaria de Washington.

1891 Breve disertación en homenaje al músico cubano Espadero. Discurso en homenaje a México en la Sociedad Literaria Hispanoamericana. Termina su colaboración en *La Nación,* de Buenos Aires (20 de mayo). Publica sus *Versos sencillos.* Discursos. Por motivos patrióticos —para no renunciar a sus actividades revolucionarias crecientes— renuncia a los consulados del Uruguay y de la Argentina. Viaje a Tampa, en la Florida. Famosos discursos del

26 y del 27 de noviembre. Nuevo viaje de labor revolucionaria a Tampa y Cayo Hueso.

1892 Redacta en el club San Carlos de Cayo Hueso, las Bases y los estatutos secretos del Partido Revolucionario Cubano. Refutación a las acusaciones de Enrique Collazo con motivo de la censura de Martí contra el libro de Ramón Roa *A pie y descalzo,* considerado como perjudicial a la causa cubana. Terminación amistosa del incidente. (Collazo reconoció posteriormente su error.) Ratificada la proclamación del Partido Revolucionario Cubano el 11 de abril, en Nueva York. Viaje a Haití y a la República Dominicana. Entrevistas con el general Máximo Gómez y con don Federico Henríquez Carvajal. En Jamaica. Viajes de propaganda y organización revolucionaria en los Estados Unidos.

1893 Viajes continuos por los Estados Unidos, especialmente a la Florida. Artículos, discursos, manifiestos. Viaje a Santo Domingo, Haití y Costa Rica.

1894 Defiende a los tabaqueros cubanos en huelga, de Cayo Hueso. Entrevista con el general Gómez en Nueva York. Viajes a Costa Rica, Panamá y Jamaica. Viaje a Nueva Orleans, a México. Completa el llamado plan revolucionario de Fernandina, que consistía en la invasión de Cuba por medio de tres expediciones. El general Gómez va a entrevistarse con Martí en Nueva York. Viajes a Cayo Hueso y Tampa. Viaje a Costa Rica y Panamá. En Jamaica. Regreso a Nueva York. Va a México para entrevistarse con el presidente Porfirio Díaz. Viaja con el nombre de J. M. Pérez. Viajes entre Nueva York y la Florida. Termina la organización del plan de Fernandina.

1895 Denunciada la expedición de Fernandina, según se afirma, por un coronel López Queralta, fracasa tan trabajado proyecto (10 de enero). Orden de sublevación en Cuba enviada al representante del Partido Revolucionario en La Habana, Juan Gualberto Gómez, íntimo amigo y colaborador de Martí. El 30 de enero sale de Nueva York para Cabo Haitiano. Se reúne en Montecristi con el general Máximo Gómez, y el 25 de marzo firma con Gómez el *Manifiesto de Monte Cristi.* Regreso a Cabo Haitiano. Sale con el general Gómez en un barco, y al acercarse a las costas orientales de Cuba, abandona el barco, y en un bote desembarcan en un lugar llamado Playitas, en la noche del 11 de abril. Se adentran en el país y se ponen en contacto con fuerzas revolucionarias que ya luchaban con las tropas españolas. Marchas penosas. Recibe la noticia dolorosa de un jefe esforzado y muy querido, Flor Crombet. Combates en la región de Guantánamo. Arenga y despacha abundante correspondencia en los campamentos. Llega a uno de sus campamentos un corresponsal del *New York Herald,* de Nueva York, George Eugene Bryson. Escenas de la lucha. Juzgado en consejo de guerra un bandido que se aprovechaba del estado del país para sus crímenes. Aunque Martí pide clemencia, es fusilado el reo, llamado Pilar Masebo. Martí, que había sido nombrado mayor general por decisión de Gómez y sus oficiales, se encuentra con Maceo, y acampan en el ingenio "La Mejorana", donde los dos juntamente con el general Gómez sostienen una famosa entrevista secreta. Hay rumores de graves altercados por violentos disentimientos por parte de Maceo en cuanto a la organización de la guerra. Del *Diario* de Martí fueron arrancadas, de modo desconocido, las páginas correspondientes a esta reunión. Maceo parece haber defendido con vehemencia la concentración de poderes en una junta militar. Gómez defiende el plan de una invasión de la Isla yendo de Oriente a Occidente, empresa de efectos militares y políticos. Maceo permanecerá en Oriente. Martí, siempre civilista y demócrata, parte con Gómez. Marchas y combates. Encuentro con las tropas de Bartolomé Masó, que son arengadas por éste, por Martí y por Gómez. Ultima arenga de Martí aquel 19 de mayo. Llegan tropas españolas, a las que sale a combatir el general Gómez, quien ordena a Martí que se retire de la lucha. Éste la desobedece. Sin duda la considera deprimente para su honor y sus responsabilidades, y con sólo varios compañeros, sin otra arma que un revólver, avanza sobre filas españolas, y muere de tres heridas. Identificado su cadáver, se efectúa su sepelio en el cementerio de Santiago de Cuba. El jefe español Sandoval, que mandaba las fuerzas que intervinieron en aquella acción militarmente muy limitada, rindió homenaje a la actitud heroica de Martí.

BIBLIOGRAFÍA MÍNIMA *

BIBLIOGRAFÍA ACTIVA

Ediciones de obras completas y de selecciones

Obras del Maestro. Edición de Gonzalo de Quesada y Aróstegui. Washington, La Habana, Roma, Leipzig, 1900-1919. 15 volúmenes.

Obras completas de Martí. Edición de Gonzalo de Quesada y Miranda. Editorial "Trópico", La Habana, 1936-1953. 74 volúmenes.

José Martí. Obras completas. Edición de M. Isidro Méndez. Editorial "Lex". La Habana, 1946. 2 volúmenes.

José Martí. Obras completas. Edición dirigida por Gonzalo de Quesada y Miranda. Editorial Nacional de Cuba. La Habana, 1965. 27 volúmenes.

Páginas escogidas. Edición de Max Henríquez Ureña. Editorial Garnier París, 1919.

José Martí. Escritos de un patriota. Selección y reseña de la historia cultural de Cuba por Raimundo Lazo. "Colección Panamericana", volumen 10. Editorial W. M. Jackson. Buenos Aires, 1945.

Pages choisies. Edición de la UNESCO. "Colección de autores representativos". Traducción de Max Daireaux, José Carber y Emile Noulet París, Naguel, 1953.

BIBLIOGRAFÍA PASIVA

MAÑACH, Jorge. *Martí, el Apóstol.* Ediciones Espasa-Calpe. Madrid. (La Habana, 1931-1932).

MÉNDEZ, M. Isidro. *Martí.* La Habana, 1941.

ZACHARIE DE BARALT, Blanca. *El Martí que yo conocí.* Ed. "Trópico". La Habana, 1945.

QUESADA Y MIRANDA, Gonzalo. *Martí, hombre.* La Habana, 1940.

—— *Facetas de Martí.* Ed. "Trópico", La Habana, 1939.

HERNÁNDEZ CATÁ, Alfonso. *Mitología de Martí.* Ediciones de ALA, Amigos del Libro Americano, Buenos Aires, 1931.

VITIER, Medardo. *Martí, estudio integral.* Ediciones oficiales del centenario de Martí. La Habana, 1954.

ONÍS, Federico de. *Martí y el modernismo.* En "Memorias del Congreso de escritores martianos". La Habana, 1953.

MISTRAL, Gabriela. *La lengua de Martí.* Folleto. Publicaciones de la Secretaría de Educación. La Habana, 1943.

* Se sigue cierta agrupación por razón de materias y fechas de redacción de las obras y ubicación generacional de los autores.

AUGIER, Angel I. *Martí poeta...* "Vida y pensamiento de Martí". Publicaciones del Municipio de La Habana, 1942.

FLORIT, Eugenio. *Vida y obra, versos.* "Revista Hispánica Moderna", Nueva York, XVIII, 1952.

BOTI, Regino. *Martí en Darío.* Rev. "Cuba Contemporánea", XXXVIII, La Habana, 1925.

DARÍO, Rubén. *Los raros.* Edición disponible.

GONZÁLEZ, Manuel Pedro, en colaboración con IVAN A. SCHULMAN. *José Martí. Esquema Ideológico.* Editorial "Cultura". México, 1961.

GONZÁLEZ, Manuel Pedro. *Antología crítica de José Martí.* Editorial "Cultura". México, 1960.

—— *Notas críticas.* Ediciones "Contemporáneos". UNEAC. La Habana, 1969.

—— *Indagaciones martianas.* Publicaciones de la Universidad de Las Villas. La Habana, 1961.

MARINELLO, Juan. *Ensayos martianos.* Publicaciones de la Universidad Central de Las Villas. La Habana, 1961.

—— *Martí, escritor americano.* México, 1958.

DÍAZ PLAJA, Guillermo. *Martí y Unamuno.* "Insula", mayo de 1953, Madrid.

FERNÁNDEZ, Justino. *José Martí como crítico de arte.* "Anales del Instituto de Investigaciones estéticas". México, 1951.

PORTUONDO, José Antonio. *José Martí, crítico literario.* Publicaciones de la Unión Panamericana, Washington, 1953.

LAZO, Raimundo. *Martí y su obra literaria.* La Habana, 1926.

HENRÍQUEZ UREÑA, Pedro. *Las corrientes literarias de la América Hispánica.* Ed. FCE. México, 1949.

IDUARTE, Andrés. *Martí, escritor.* 2ª ed. La Habana, 1951.

SCHULMAN, Ivan A *Símbolo y color en la obra de José Martí.* Ed. "Gredos". Madrid, 1960.

GONZÁLEZ, Manuel Pedro. Prefacio y texto de "Amistad Funesta", publicada con el título de *Lucía Jerez.* Editorial "Gredos". Madrid, 1969.

VITIER, Cintio y GARCÍA MARRUZ, Fina. *Temas martianos.* Publicaciones de la Biblioteca Nacional "José Martí". Colección Cubana. La Habana, 1969.

ANDERSON IMBERT, Enrique. *Historia de la literatura hispanoamericana.* Ed. FCE. México, varias ediciones.

LAZO, Raimundo. *Historia de la literatura hispanoamericana. El siglo XIX.* Ediciones de Porrúa, col. "Sepan cuantos...". Vol. 65. México, 1967, y del Instituto del Libro, La Habana, 1969.

—— *La literatura cubana.* Editorial Universitaria. La Habana, 1967.

HENRÍQUEZ UREÑA, Max. *Breve historia del modernismo.* Ed. FCE. México, 1954.

—— *Panorama histórico de la literatura cubana.* Edición "Mirador", Puerto Rico. Impreso en México, 1963. Y "Edición Revolucionaria". La Habana, 1967.

MARTÍNEZ ESTRADA, Ezequiel. *Martí: el héroe y su actuación revolucionaria.* Ed. Siglo XXI, México, 1966.

—— *Martí, revolucionario*. Primer tomo. Ed. "Casa de las Américas". La Habana, 1967.

GONZÁLEZ, Manuel Pedro. *Fuentes para el estudio de José Martí*. Publicaciones del Ministerio de Educación, La Habana, 1950.

PERAZA SARAUSA, Fermín. *Bibliografía martiana*. Publicaciones oficiales del centenario de Martí. La Habana, 1954.

MARTÍNEZ FORTÚN, Carlos A. *Código martiano*. La Habana, 1943.

LIZASO, Félix. *Archivo martiano*. Publicación oficial. Educación. La Habana, 1940-1953.

Memoria del "Congreso de Escritores Martianos". Ed. oficial. La Habana, 1953.

ZÉNDEGUI, Guillermo de. *Ambito de Martí*. (Colección muy copiosa de fotografías de personas y lugares relacionados o relacionables con la vida y la obra de Martí.) Publicación oficial. La Habana, 1954

JOSE MARTI

SUS MEJORES PÁGINAS

I

POR CUBA: "CON TODOS Y PARA EL BIEN DE TODOS"

1. EL PRESIDIO POLITICO EN CUBA *

(1871)

Dolor infinito debía ser el único nombre de estas páginas.

Dolor infinito, porque el dolor del presidio es el más rudo, el más devastador de los dolores, el que mata la inteligencia, y seca el alma, y deja en ella huellas que no se borrarán jamás.

Nace con un pedazo de hierro; arrastra consigo este mundo misterioso que agita cada corazón; crece nutrido de todas las penas sombrías, y rueda, al fin, aumentado con todas las lágrimas abrasadoras.

Dante no estuvo en presidio.

Si hubiera sentido desplomarse sobre su cerebro las bóvedas obscuras de aquel tormento de la vida, hubiera desistido de pintar su infierno. Las hubiera copiado, y lo hubiera pintado mejor.

Si existiera el Dios providente, y lo hubiera visto, con la una mano se habría cubierto el rostro y con la otra habría hecho rodar al abismo aquella negación de Dios.

Dios existe, sin embargo, en la idea del bien, que vela el nacimiento de cada ser, y deja en el alma que se encarna en él, una lágrima pura. El bien es Dios. La lágrima es la fuente del sentimiento eterno.

Dios existe, y yo vengo en su nombre a romper en las almas españolas el vaso frío que encierra en ellas la lágrima.

Dios existe, y si me hacéis alejar de aquí sin arrancar de vosotros la cobarde, la malaventurada indiferencia, dejadme que os desprecie, ya que yo no puedo odiar a nadie; dejadme que os compadezca en nombre de mi Dios.

Ni os odiaré, ni os maldeciré.

Si yo odiara a alguien, me odiaría por ello a mí mismo.

Si mi Dios maldijera, yo negaría por ello a mi Dios.

II

¿Qué es aquello?

Nada.

Ser apaleado, ser pisoteado, ser arrastrado, ser abofeteado en la misma calle, junto a la misma casa, en la misma ventana donde un mes antes recibíamos la bendición de nuestra madre, ¿qué es?

Nada.

Pasar allí con el agua a la cintura, con el pico en la mano, con el grillo en los pies, las horas que días atrás pasábamos en el seno del hogar, porque el sol molestaba nuestras pupilas y el calor alteraba nuestra salud, ¿qué es?

Nada.

Volver ciego, cojo, magullado, herido, al son del palo y la blasfemia, del golpe y del escarnio, por las calles aquéllas que meses antes me habían visto pasar sereno, tranquilo, con la hermana de mi amor en los brazos y la paz de la ventura en el corazón, ¿qué es esto?

Nada también.

¡Horrorosa, terrible, desgarradora nada!

Y vosotros los españoles la hicisteis.

Y vosotros la sancionasteis.

---

* El Presidio Político en Cuba. Imprenta de Ramón Ramírez, Madrid, 1871.

Y vosotros la aplaudisteis.

¡Oh, y qué espantoso debe ser el remordimiento de una nada criminal!

Los ojos atónitos lo ven; la razón escandalizada se espanta; pero la compasión se resiste a creer lo que habéis hecho, lo que hacéis aún.

O sois bárbaros, o no sabéis lo que hacéis.

Dejadme, dejadme pensar que no lo sabéis aún.

Dejadme, dejadme pensar que en esta tierra hay honra todavía, y que aún puede volver por ella esta España de acá tan injusta, tan indiferente, tan semejante ya a la España repelente y desbordada de más allá del mar.

Volved, volved por vuestra honra: arrancad los grillos a los ancianos, a los idiotas, a los niños; arrancad el palo al miserable apaleador; arrancad vuestra vergüenza al que se embriaga insensato en brazos de la venganza y se olvida de Dios y de vosotros; borrad, arrancad todo esto, y haréis olvidar algunos de sus días más amargos al que ni al golpe del látigo, ni a la voz del insulto, ni al rumor de sus cadenas ha aprendido aún a odiar.

III

Unos hombres envueltos en túnicas negras llegaron por la noche y se reunieron en una esmeralda inmensa que flotaba en el mar.

¡Oro! ¡Oro! ¡Oro!, dijeron a un tiempo, y arrojaron las túnicas, y se reconocieron y se estrecharon las manos huesosas, y movieron, saludándose, las cadavéricas cabezas.

—Oíd —dijo uno—. La desesperación arranca allá bajo las cañas de las haciendas; los huesos cubren la tierra en tanta cantidad, que no dan paso a la yerba naciente; los rayos del sol de las batallas brillan tanto, que a su luz se confunden la tez blanca y la negra; yo he visto desde lejos a la Ruina que adelante terrible hacia nosotros; los demonios de la ira tienen asida nuestra caja, y yo lucho, y vosotros lucháis, y la caja se mueve, y nuestros brazos se cansan, y nuestras fuerzas se extinguen, y la caja se irá. Allá lejos, muy lejos, hay brazos nuevos, hay fuerzas nuevas; allá hay la cuerda de la honra que suele vibrar; allá hay el nombre de la patria desmembrada que suele estremecer. Si vamos allá y la cuerda vibra y el nombre estremece, la caja se queda; de los blancos desesperados haremos siervos; sus cuerpos muertos serán abono de la tierra; sus cuerpos vivos la cavarán y la surcarán, y el Africa nos dará riqueza, y el oro llenará nuestras arcas. Allá hay brazos nuevos, allá hay fuerzas nuevas; vamos, vamos allá.

—Vamos, vamos —dijeron con cavernosa voz los hombres; y aquel cantó, y los demás cantaron con él.

*

"El pueblo es ignorante, y está dormido."

"El que llega primero a su puerta canta hermosos versos y lo enardece."

"Y el pueblo enardecido clama."

"Cantemos pues."

"Nuestros brazos se cansan, nuestras fuerzas se extinguen. Allá hay brazos nuevos, allá hay fuerzas nuevas. Vamos, vamos allá."

*

Y los hombres confundieron sus cuerpos, se transformaron en vapor de sangre, cruzaron el espacio, se vistieron de honra, y llegaron al oído del pueblo que dormía, y cantaron.

Y la fibra noble del alma de los pueblos se contrajo enérgica, y a los acordes de la lira que bamboleaba entre la roja nube, el pueblo clamó y exhaló en la ambriaguez de su clamor el grito de anatema.

El pueblo clamó inconsciente, y hasta los hombres que sueñan con la federación universal, como el átomo libre dentro de la molécula libre, con el respeto a la independencia ajena como base de la fuerza y la independencia propias, anatematizaron la petición de los derechos que ellos piden, sancionaron la opresión de la independencia que ellos predican, y santificaron como representante de la paz y la moral, la guerra del exterminio y el olvido del corazón.

Se olvidaron de sí mismos, y olvidaron que, como el remordimiento es inexorable, la expiación de los pueblos es también una verdad.

Pidieron ayer, piden hoy, la libertad más amplia para ellos, y hoy mismo aplauden la guerra incondicional para sofocar la petición de libertad de los demás.

Hicieron mal.

España no puede ser libre mientras tenga en la frente manchas de sangre.

Se ha vestido allá de harapos, y los harapos se han mezclado con su carne, y consume los días extendiendo las manos para cubrirse con ellos.

Desnudadla, en nombre del honor.

Desnudadla, en nombre de la compasión y la justicia.

Arrancadla sus jirones, aunque la hagáis daño, si no queréis que la miseria de los vestidos llegue al corazón, y los gusanos se lo roan, y la muerte de la deshonra os venga detrás.

*

Un nombre sonoro, enérgico, vibró en vuestros oídos y grabó en vuestros cerebros: ¡Integridad nacional! Y las bóvedas de la sala del pueblo resonaron unánimes: ¡Integridad! ¡Integridad!

Hicisteis mal.

Cuando el conocimiento perfecto no divide las tesis, cuando la razón no separa, cuando el juicio no obra detenido y maduro, hacéis mal en ceder a un entusiasmo pasajero.

Cuando no os son conocidos los sacrificios de un pueblo; cuando no sabéis que las doncellas bayamesas aplicaron la primera tea a la casa que guardó el cuerpo helado de sus padres, en que sonrió su infancia, en que se engalanó su juventud, en que se produjo su hermosa naturaleza; cuando ignoráis que un país educado en el placer y la postración trueca de súbito los perfumes de la molicie por la miasma fétida del campamento, y los goces suavísimos de la familia por los azares de la guerra, y el calor del hogar por el frío del bosque y el cieno del pantano, y la vida cómoda y segura por la vida nómada y perseguida, y hambrienta y llagada y enferma y desnuda; cuando todo esto ignoráis, hacéis mal en negárselo todo; hacéis mal en no hacerle justicia; hacéis mal en condenar tan absolutamente a un pueblo que quiere ser libre, desde lo alto de una nación que en la inconsciencia de sí misma, halla aún noble decir que también quiere serlo.

Olvidáis que tuvo la garganta opresa y el pecho sujeto por manos de hierro; olvidáis que la garganta se enronqueció de pedir, y el pueblo se cansó de gemir oprimido; olvidáis su misión, olvidáis su paciencia, olvidáis sus tentativas de sumisión nueva, ahogadas por el conde de Valmaseda en la sangre del parlamentario Augusto Arango.

Y cuando todo lo olvidáis, hacéis mal en divinizar las garras opresoras, hacéis mal en lanzar anatemas sobre aquello de que, o nada queréis saber, o nada en realidad sabéis.

Porque era preciso que nada supieseis para hacer lo que habéis hecho. Si supierais algo, y lo hubierais hecho, lo vería y lo palparía, y diría que era imposible que lo veía y lo palpaba.

Un nombre sonoro, enérgico, vibró en vuestros oídos y grabó en vuestros cerebros: ¡Integridad nacional! Y las bóvedas de la sala del pueblo resonaron unánimes: ¡Integridad! ¡Integridad!

¡Oh! No es tan bello ni tan heroico vuestro sueño, porque sin duda soñáis. Mirad, mirad este cuadro que os voy a pintar, y si no tembláis de espanto ante el mal que habéis hecho, y no maldecís horrorizados esta faz de la integridad nacional que os presento, yo apartaré con vergüenza los ojos de esta España que no tiene corazón.

*

Yo no os pido que os apartéis de la senda de la patria; que seríais infames si os apartarais.

Yo no os pido que firméis la independencia de un país que necesitáis conservar y que os hiere perder; que sería torpe si os lo pidiera.

Yo no os pido para mi patria concesiones que no podéis darla, porque, o no las tenéis, o si las tenéis, os espantan; que sería necedad pedíroslas.

Pero yo os pido en nombre de ese honor de la patria que invocáis, que reparéis algunos de vuestros más lamentables errores, que en ello habría honra legítima y verdadera; yo os pido que seáis humanos, que seáis justos, que no seáis criminales sancionando un crimen constante, perpetuo, ebrio, acostumbrado a una cantidad de sangre diaria que no le basta ya.

Si no sabéis en su horrorosa anatomía aquella negación de todo pensamiento justo y todo noble sentimiento; si no veis las nubes rojas que se ciernen pesadamente sobre la tierra de Cuba, como avergonzándose de subir al espacio, porque presumen que allí está Dios; si no las veis mezcladas con los vapores del vértigo de un pueblo ávido de metal, que al tocar la ansiada mina que en sueños llenó de miel su vida, ve que se le escapa, y corre tras ella desalentado, loco, erizados los cabellos y extraviados los ojos, ¿por qué firmáis con vuestro asentimiento el exterminio de la raza que más os ha sufrido, que más se os ha humillado, que más os ha esperado, que más sumisa ha sido hasta que la desesperación o la desconfianza en las promesas ha hecho que sacuda la cerviz? ¿Por qué sois tan injustos y tan crueles?

Yo no os pido ya razón imparcial para deliberar.

Yo os pido latidos de dolor para los que lloran, latidos de compasión para los que sufren por lo que quizá habéis sufrido vosotros ayer, por lo que quizá, si no sois aun los escogidos del Evangelio, habréis de sufrir mañana.

No en nombre de esta integridad de tierra que no cabe en un cerebro bien organizado; no en nombre de esa visión que se ha trocado en gigante; en nombre de la integridad de la honra verdadera, la integridad de los lazos de protección y de amor que nunca debisteis romper; en nombre del bien, supremo Dios; en nombre de la justicia, suprema verdad, yo os exijo compasión para los que sufren en presidio, alivio para su suerte inmerecida, escarnecida, ensangrentada, vilipendiada.

Si la aliviáis, sois justos.

Si no la aliviáis, sois infames.

Si la aliviáis, os respeto.

Si no la aliviáis, compadezco vuestro oprobio y vuestra desgarradora miseria.

IV

Vosotros, los que no habéis tenido un pensamiento de justicia en vuestro cerebro, ni una palabra de verdad en vuestra boca para la raza más dolorosamente sacrificada, más cruelmente triturada de la tierra.

Vosotros, los que habéis inmolado en el altar de las palabras seductoras los unos, y las habéis escuchado con placer los otros, los principios del bien más sencillos, las nociones del sentimiento más comunes, gemid por vuestra honra, llorad ante el sacrificio, cubríos de polvo la frente, y partid con la rodilla desnuda a recoger los pedazos de vuestra fama, que ruedan esparcidos por el suelo.

¿Qué venís haciendo tantos años hace?

¿Qué habéis hecho?

Un tiempo hubo en que la luz del sol no se ocultaba para vuestras tierras. Y hoy apenas si un rayo las alumbra lejos de aquí, como si el mismo Sol se avergonzara de alumbrar posesiones que son vuestras.

México, Perú, Chile, Venezuela, Bolivia, Nueva Granada, las Antillas, todas vinieron vestidas de gala, y besaron vuestros pies, y alfombraron de oro el ancho surco que en el Atlántico dejaban vuestras naves. De todas quebrasteis la libertad, todas se unieron para colocar una esfera más, un mundo más en vuestra monárquica corona.

España recordaba a Roma.

César había vuelto al mundo, y se había repartido a pedazos en vuestros hombres con sus delirios de gloria y sus delirios de ambición.

Los siglos pasaron.

Las naciones subyugadas habían trazado a través del Atlántico del Norte camino de oro para vuestros bajeles. Y vuestros capitanes trazaron a través del Atlántico del Sur camino de sangre coagulada, en cuyos charcos pantanosos flotaban cabezas negras como el ébano, y se elevaban brazos amenazadores como el trueno que preludia la tormenta.

Y la tormenta estalló al fin; y así lentamente fue preparada; así, furiosa e inexorablemente, se desencadenó sobre vosotros.

Venezuela, Bolivia, Nueva Granada, México, Perú, Chile, mordieron vuestra mano, que sujetaba crispada las riendas de su libertad, y abrieron en ella hondas heridas; y débiles, y cansados y maltratados vuestros bríos, un ¡ay! se exhaló de vuestros labios, un golpe tras otro resonaron lúgubremente en el tajo, y la cabeza de la dominación española rodó por el continente americano, y atravesó sus llanuras, y holló sus montes, y cruzó sus ríos, y cayó al fin en el fondo de un abismo para no volverse a alzar en él jamás.

Las Antillas, las Antillas solas, Cuba sobre todo, se arrastraron a vuestros pies, y posaron sus labios en vuestras llagas, y lamieron vuestras manos, y cariñosas y solícitas fabricaron una cabeza nueva para vuestros maltratados hombres.

Y mientras ella reponía cuidadosa vuestras fuerzas, vosotros cruzabais vuestro brazo debajo de su brazo, y la llegabais al corazón, y se lo desgarrabais, y rompíais en él las arterias de la moral y de la ciencia.

Y cuando ella os pidió en premio a sus fatigas una mísera limosna, alargasteis la mano, y le enseñasteis la masa informe de su triturado corazón, y os reísteis, y se lo arrojasteis a la cara.

Ella se tocó en el pecho, y encontró otro corazón nuevo que latía vigorosamente, y, roja de vergüenza, acalló sus latidos, y bajó la cabeza, y esperó.

Pero esta vez esperó en guardia, y la garra traidora sólo pudo hacer sangre en la férrea muñeca de la mano que cubría el corazón.

Y cuando volvió a extender las manos en la demanda de limosna nueva, alargasteis otra vez la masa de carne y sangre, otra vez reísteis, otra vez se la lanzasteis a la cara. Y ella sintió que la sangre subía a su garganta, y la ahogaba, y subía a su cerebro, y necesitaba brotar, y se concentraba en su pecho que hallaba robusto, y bullía en todo su cuerpo al calor de la burla y del ultraje. Y brotó al fin. Brotó, porque vosotros mismos la impelisteis a que brotara, porque vuestra crueldad hizo necesario el rompimiento de sus venas, porque muchas veces la habíais despedazado el corazón, y no quería que se lo despedazarais una vez más.

Y si esto habéis querido, ¿qué os extraña?

Y si os parece cuestión de honra seguir escribiendo con páginas semejantes vuestra historia colonial, ¿por qué no dulcificáis siquiera con la justicia vuestro esfuerzo supremo para fijar eternamente en Cuba el jirón de vuestro manto conquistador?

Y si esto sabéis y conocéis, porque no podéis menos de conocerlo y de saberlo, y si esto comprendéis, ¿por qué en la comprensión no empezáis siquiera a practicar estos preceptos ineludibles de honra cuya elusión os hace sufrir tanto?

Cuando todo se olvida, cuando todo se pierde, cuando en el mar confuso de las miserias humanas el Dios del Tiempo revuelve algunas veces las olas y halla las vergüenzas de una nación, no encuentra nunca en ellas la compasión ni el sentimiento.

La honra puede ser mancillada.

La justicia puede ser vendida.

Todo puede ser desgarrado.

Pero la noción del bien flota sobre todo, y no naufraga jamás.

Salvadla en vuestra tierra, si no queréis que en la historia de este mundo la primera que naufrague sea la vuestra.

Salvadla, ya que aún podría ser nación aquella en que, perdidos todos los sentimientos, quedase al fin el sentimiento del dolor y el de la propia dignidad.

V

Tristes, sombríos, lastimeros recuerdos son éstos que al calor de mi idea constante me presta la memoria que el pesar me hizo perder.

Las que habéis amamantado a vuestros pechos al niño de rubios cabellos y dulcísimos ojos, llorad.

Las que habéis sentido posarse en vuestras frentes la mano augusta de la imagen de Dios en nuestra vida, llorad.

Los que habéis ido arrancando años del libro de los tiempos para cederlos a una imagen vuestra, llorad.

Jóvenes, ancianos, madres, hijos, venid, y llorad.

Y si me oís, y no lloráis, la tierra os sea leve y el Señor Dios tenga piedad de vuestras almas.

Venid; llorad.

*

Y vosotros, los varones fuertes, los hombres de la legalidad y de la patria, la palabra encarnada del pueblo, la representación severa de la opinión y del país, gemid vuestra vergüenza, postraos de hinojos, lavad la mancha que obscurece vuestra frente, y crece, y se extiende, y os cubrirá el rostro y os desgarrará y os envenenará el corazón.

Gemid, lavad, si no queréis que el oprobio sea vuestro recuerdo y la debilidad y el miedo y el escarnio vuestra triste y desconsoladora historia.

VI

Era el 5 de abril de 1870. Meses hacía que había yo cumplido diez y siete años.

Mi patria me había arrancado de los brazos de mi madre, y señalado un lugar en su banquete. Yo besé sus manos y las mojé con el llanto de mi orgullo, y ella partió, y me dejó abandonado a mí mismo.

Volvió el día 5 severa, rodeó con una cadena mi pie, me vistió con ropa extraña, cortó mis cabellos, y me alargó en la mano un corazón. Yo toqué mi pecho y lo hallé lleno; toqué mi cerebro y lo hallé firme; abrí mis ojos, y los sentí soberbios, y rechacé altivo aquella vida que me daban y que rebosaba en mí.

Mi patria me estrechó en sus brazos, y me besó en la frente, y partió de nuevo, señalándome con la una mano el espacio y con la otra las canteras.

Presidio, Dios: ideas para mí tan cercanas como el inmenso sufrimiento y el eterno bien. Sufrir es quizá gozar. Sufrir es morir para la torpe vida por nosotros creada, y nacer para la vida de lo bueno, única vida verdadera.

¡Cuánto, cuánto pensamiento extraño agitó mi cabeza! Nunca como entonces supe cuánto el alma es libre en las amargas horas de la esclavitud. Nunca como entonces, que gozaba en sufrir. Sufrir es más que gozar; es verdaderamente vivir.

Pero otros sufrían como yo, otros sufrían más que yo. Y yo no he venido aquí a cantar el poema íntimo de mis luchas y mis horas de Dios. Yo no soy aquí más que un grillo que no se rompe entre otros mil que no se han roto tampoco. Yo no soy aquí más que una gota de sangre caliente en un montón de sangre coagulada. Si meses antes era mi vida un beso de mi madre, y mi gloria mis sueños de colegio; si era mi vida entonces el temor de no besarla nunca, y la angustia de haberlos perdido, ¿qué me importa? El desprecio con que acallo estas angustias vale más que todas mis glorias pasadas. El orgullo con que agito estas cadenas, valdrá más que todas mis glorias futuras: que el que sufre por su patria y vive para Dios, en éste u otros mundos tiene verdadera gloria. ¿A qué hablar de mí mismo, ahora que hablo de sufrimientos, si otros han sufrido más que yo? Cuando otros lloran sangre, ¿qué derecho tengo yo para llorar lágrimas?

Era aún el día 5 de abril.

Mis manos habían movido ya las bombas; mi padre había gemido ya junto a mi reja; mi madre y mis hermanas elevaban al cielo su oración empapada en lágrimas por mi vida; mi espíritu se sentía enérgico y potente; yo esperaba con afán la hora en que volverían aquellos que habían de ser mis compañeros en el más rudo de los trabajos.

Habían partido, me dijeron, mucho antes de salir el Sol, y no habían llegado aún, mucho tiempo después de que el Sol se había metido. Si el Sol tuviera conciencia, trocaría en cenizas sus rayos que alumbraban al nacer la mancha de la sangre que se cuaja en los vestidos, y la espuma que brota de los labios, y la mano que alza con la rapidez de la furia el palo, y la espalda que gime al golpe como el junco al soplo del vendaval.

Los tristes de la cantera vinieron al fin. Vinieron, dobladas las cabezas, harapientos los vestidos, húmedos los ojos, pálido y demacrado el semblante. No caminaban: se arrastraban; no hablaban: gemían. Parecía que no querían ver; lanzaban sólo sombrías cuanto tristes, débiles cuanto desconsoladoras miradas al azar. Dudé de ellos, dudé de mí. O yo soñaba, o ellos no vivían. Verdad eran, sin embargo, mi sueño y su vida; verdad que vinieron y caminaron apoyándose en las paredes, y miraron con desencajados ojos, y cayeron en sus puestos, como caían los cuerpos muertos del Dante. Verdad que vinieron; y entre ellos, más inclinado, más macilento, más agotado que todos, un hombre que no tenía un solo cabello negro en la cabeza, cadavérica la faz, escondido el pecho, cubiertos de cal los pies, coronada de nieve la frente.

—¿Qué tal, don Nicolás? —dijo uno más joven, que al verle le prestó su hombro.

—Pasando, hijo, pasando —y un movimiento imperceptible se dibujó en sus labios, y un rayo de paciencia iluminó su cara. Pasando, y se apoyó en el joven y se desprendió de sus hombros para caer en su porción de suelo.

¿Quién era aquel hombre?

Lenta agonía revelaba su rostro, y hablaba con bondad. Sangre coagulada manchaba sus ropas, y sonreía.

¿Quién era aquel hombre?

Aquel anciano de cabellos canos y ropas manchadas de sangre tenía 76 años, había sido condenado a diez años de presidio, y trabajaba, y se llamaba Nicolás del Castillo. ¡Oh, torpe memoria mía, que quiere aquí recordar sus bárbaros dolores! ¡Oh, verdad tan terrible que no me deja mentir ni exagerar! Los colores del infierno en la paleta de Caín no formarían un cuadro en que brillase tanto lujo de horror.

Más de un año ha pasado; sucesos nuevos han llenado mi imaginación; mi vida azarosa de hoy ha debido hacerme olvidar mi vida penosa de ayer; recuerdos de otros días, familia, sed de verdadera vida, ansia de patria, todo bulle, en mi cerebro, y roba mi memoria y enferma mi corazón. Pero entre mis dolores, el dolor de don Nicolás del Castillo será siempre perenne dolor.

Los hombres del corazón escriben en la primera página de la historia del sufrimiento humano: Jesús. Los hijos de Cuba deben escribir en las primeras páginas de su historia de dolores: Castillo.

Todas las grandes ideas tienen su gran Nazareno, y don Nicolás del Castillo ha sido nuestro Nazareno infortunado. Para él, como para Jesús, hubo un Caifás. Para él, como para Jesús, hubo un Longinos. Desgraciadamente para España, ninguno ha tenido para él el triste valor de ser siquiera Pilatos.

¡Oh! Si España no rompe el hierro que lastima sus rugosos pies, España estará para mí ignominiosamente borrada del libro de la vida. La muerte es el único remedio a la vergüenza eterna. Despierte al fin y viva, que el Sol de Pelayo está ya viejo y cansado, y no llegarán sus rayos a las generaciones venideras, si los de un sol nuevo de grandeza no le unen su esplendor. Despierte y viva una vez más. El león español se ha dormido con una garra sobre Cuba, y Cuba se ha convertido en tábano, y pica sus fauces, y pica su nariz, y se posa en su cabeza, y el león en vano la sacude, y ruge en vano. El insecto amarga las más dulces horas del rey de las fieras. Él sorprenderá a Baltasar en el festín, y él será para el Gobierno descuidado el Mane, Thecel, Phares de las modernas profecías.

¿España se regenera? No puede regenerarse. Castillo está ahí.

¿España quiere ser libre? No puede ser libre. Castillo está ahí.

¿España quiere regocijarse? No puede regocijarse. Castillo está ahí.

Y si España se regocija, y se regenera, y ansía libertad, entre ella y sus deseos se levantará un gigante ensangrentado, magullado, que se llama don Nicolás del Castillo, que llena setenta y seis páginas del libro de los Tiempos, que es la negación viva de todo noble principio y toda gran idea que quiera desarrollarse aquí. Quien es bastante cobarde o bastante malvado para ver con temor o con indiferencia aquella cabeza blanca, tiene roído el corazón y enferma de peste la vida.

Yo lo vi, yo lo vi venir aquella tarde; yo lo vi sonreír en medio de su pena; yo corrí hacia él. Nada en mí había perdido mi natural altivez. Nada aún había magullado mi sombrero negro. Y al verme erguido todavía, y al ver el sombrero que los criminales llaman allí estampa de la muerte, y bien lo llaman, me alargó su mano, volvió hacia mí los ojos en que las lágrimas eran perennes, y me dijo: ¡Pobre! ¡Pobre!

Yo le miré con ese angustioso afán, con esa dolorosa simpatía que inspira una pena que no se puede remediar. Y él levantó su blusa, y me dijo entonces:

¡Mira!

La pluma escribe con sangre al escribir lo que yo vi; pero la verdad sangrienta es también verdad.

Vi una llaga que con escasos vacíos cubría casi todas las espaldas del anciano, que destilaban sangre en unas partes, y materia pútrida y verdinegra en otras. Y en los lugares menos llagados, pude contar las señales recientísimas de treinta y tres ventosas.

¿Y España se regocija, y se regenera, y ansía libertad? No puede regocijarse, ni regenerarse, ni ser libre. Castillo está ahí.

Vi la llaga, y no pensé en mí, ni pensé que quizás al día siguiente me harían otra igual. Pensé en tantas cosas a la vez; sentí un cariño tan acendrado hacia aquel campesino de mi patria; sentí una compasión tan profunda hacia sus flageladores; sentí tan honda lástima de verlos platicar con su conciencia, si esos hombres sin ventura la tienen, que aquel torrente de ideas angustiosas que por mí cruzaban, se anudó en mi garganta, se condensó en mi frente, se agolpó a mis ojos. Ellos, fijos, inmóviles, espantados, eran mis únicas palabras. Me espantaba que hubiese manos sacrílegas que manchasen con sangre aquellas canas. Me espantaba de ver allí refundidos el odio, el servilismo, el rencor, la venganza; yo, para quien la venganza y el odio son dos fábulas que en horas malditas se esparcieron por la tierra. Odiar y vengarse cabe en un mercenario azotador de presidio; cabe en el jefe desventurado que le reprende con acritud si no azota con crueldad; pero no cabe en el alma joven de un presidiario cubano, más alto cuando se eleva sobre sus grillos, más erguido cuando se sostiene sobre la pureza de su conciencia y la rectitud indomable de sus principios, que todos aquellos míseros que a par que las espaldas del cautivo, despedazan el honor y la dignidad de su nación.

Y hago mal en decir esto, porque los hombres son átomos demasiado pequeños para que quien en algo tiene las excelencias puramente espirituales de las vidas futuras, humilde su criterio a las acciones particulares de un individuo solo. Mi cabeza, sin embargo, no quiere hoy dominar a mi corazón. Él siente, él habla, él tiene todavía resabios de su humana naturaleza.

Tampoco odia Castillo. Tampoco una palabra de rencor interrumpió la mirada inmóvil de mis ojos.

Al fin le dije:

—Pero, ¿esto se lo han hecho aquí? ¿Por qué se lo han hecho a usted?

—Hijo mío, quizá no me creerías. Di a cualquiera otro que te diga por qué.

La fraternidad de la desgracia es la fraternidad más rápida. Mi sombrero negro estaba demasiado bien teñido, mis grillos eran demasiado fuertes para que no fuesen lazos muy estrechos que uniesen pronto a aquellas almas acongojadas a mi alma. Ellos me contaron la historia de los días anteriores de don Nicolás. Un vigilante de presidio me la contó así más tarde. Los presos peninsulares la cuentan también como ellos.

Días hacía que don Nicolás había llegado a presidio.

Días hacía que andaba a las cuatro y media de la mañana el trecho de más de una legua que separa las canteras del establecimiento penal, y volvía a andarlo a las seis de la tarde cuando el sol se había ocultado por completo, cuando había cumplido doce horas de trabajo diario.

Una tarde don Nicolás picaba piedra con sus manos despedazadas, porque los palos del brigada no habían logrado que el infeliz caminase sobre dos extensas llagas que cubrían sus pies.

Detalle repugnante, detalle que yo también sufrí, sobre el que yo, sin embargo, caminé, sobre el que mi padre desconsolado lloró. Y ¡qué día tan amargo aquél en que logró verme, y yo procuraba ocultarle las grietas de mi cuerpo, y él colocarme unas almohadillas de mi madre para evitar el roce de los grillos, y vio, al fin, un día después de haberme visto paseando en los salones de la cárcel aquellas aberturas purulentas aquellos miembros estrujados, aquella mezcla de sangre y polvo, de materia y fango, sobre que me hacían apoyar el cuerpo, y correr, y correr! ¡Día amarguísimo aquél! Prendido a aquella masa informe, me miraba con espanto, envolvía a hurtadillas el vendaje, me volvía a mirar, y al fin, estrechando febrilmente la pierna triturada, rompió a llorar! Sus lágrimas caían sobre mis llagas; yo luchaba por secar su llanto; sollozos desgarradores anudaban su voz, y en esto sonó la hora del trabajo, y un brazo rudo me arrancó de allí, y él quedó de rodillas en la tierra mojada con mi sangre, y a mí me empujaba el palo hacia el montón de cajones que nos esperaba ya para seis horas. ¡Día amarguísimo aquél! Y yo todavía no sé odiar.

Así también estaba don Nicolás.

Así, cuando llegó del establecimiento un vigilante y habló al brigada y el brigada le envió a cargar cajones, a caminar sobre las llagas abiertas, a morir, como a alguien que le preguntaba adónde iba respondió el anciano.

Es la cantera extenso espacio de ciento y más varas de profundidad. Fórmanla elevados y numerosos montones, ya de piedras de distintas clases, ya de cocó, ya de cal, que hacíamos en los hornos, y la cual subíamos, con más cantidad de la que podía contener el ancho cajón, por cuestas y escaleras muy pendientes, que unidas, hacían una altura de ciento noventa varas. Estrechos son los caminos que entre los montones quedan, y apenas si por sus recodos y encuentros puede a veces pasar un hombre cargado. Y allí, en aquellos recodos, estrechísimos, donde las moles de piedras descienden frecuentemente con estrépito, donde el paso de un hombre suele ser difícil, allí arrojan a los que han caído en tierra desmayados, y allí sufren ora la pisada del que huye del golpe inusitado de los cabos, ora la piedra que rueda del montón al menor choque, ora la tierra que cae del cajón en la fuga continua en que se hace allí el trabajo. Al pie de aquellas moles reciben el sol, que sólo deja dos horas al día las canteras; allí, las lluvias, que tan frecuentes son en todas las épocas, y que esperábamos con ansia porque el agua refrescaba nuestros cuerpos, y porque si duraba más de media hora nos auguraba algún descanso bajo las excavaciones de las piedras; allí el palo suelto, que por costumbre deja caer el cabo de vara que persigue a los penados con el mismo afán con que esquiva la presencia del brigada, y allí, en fin, los golpes de éste, que de vez en cuando pasa para cerciorarse de la certeza del desmayo, y se convence a puntapiés. Esto y la carrera vertiginosa de cincuenta hombres, pálidos, demacrados, rápidos a pesar de su demacración; hostigados, agitados por los palos, aturdidos por los gritos; y el ruido de cincuenta cadenas, cruzando algunas de ellas tres veces el cuerpo del penado; y el continuo chasquido del palo en las carnes, y las blasfemias de los apaleadores, y el silencio terrible de los apaleados, y todo repetido incansablemente un día y otro día, y una hora y otra hora, y doce horas cada día: he ahí pálida y débil la pintura de las canteras. Ninguna pluma que se inspire en el bien puede pintar en todo su horror el frenesí del mal. Todo tiene su término en la monotonía. Hasta el crimen es monótono, que monótono se ha hecho ya el crimen del horrendo cementerio de San Lázaro.

—¡Andar! ¡Andar!

—¡Cargar! ¡Cargar!

Y a cada paso un quejido, y a cada quejido un palo, y a cada muestra de desaliento, el brigada que persigue al triste, y lo acosa, y él huye, y tropieza, y el brigada lo pisa y lo arrastra, y los cabos se reúnen, y como el martillo de los herreros suena uniforme en la fragua, las varas de los cabos dividen a compás las espaldas del desventurado. Y cuando la espuma mezclada con la sangre brota de los labios, y el pulso se extingue y parece que la vida se va, dos presidiarios, el padre, el hermano, el hijo, del flagelado, quizá, lo cargan por los pies y la cabeza, y lo arrojan al suelo, allá al pie de un alto montón.

Y cuando el fardo cae, el brigada le empuja con el pie, y se alza sobre una piedra, y enarbola la vara, y dice tranquilo:

—Ya tienes por ahora; veremos esta tarde.

Este tormento, todo este tormento sufrió aquella tarde don Nicolás. Durante una hora, el palo se levantaba y caía metódicamente sobre aquel cuerpo magullado que yacía sin conocimiento en el suelo. Y le magulló el brigada, y azotó sus espaldas con la vaina de su sable, e introdujo su extremo entre las costillas del anciano exánime. Y cuando su pie le hizo rodar por el polvo y rodaba como cuerpo muerto, y la espuma sanguinolenta cubría su cara y se cuajaba en ella, el palo cesó, y don Nicolás fue arrojado a la falda de un montón de piedra.

Parece esto el refinamiento más bárbaro del odio, el esfuerzo más violento del crimen. Parece que hasta allí, y nada más que hasta allí, llegan la ira y el rencor humanos; pero esto podrá parecer cuando el presidio no es el presidio político de Cuba, el presidio que han sancionado los diputados de la nación.

Hay más, y mucho más, y más espantoso que esto.

Dos de sus compañeros cargaron por orden del brigada el cuerpo inmóvil de don Nicolás hasta el presidio, y allí se le llevó a la visita del médico.

Su espalda era una llaga. Sus canas, a trechos eran rojas; a trechos masa fangosa y negruzca. Se levantó ante el médico la ruda camisa; se le hizo notar que su pulso no latía; se le enseñaron las heridas. Y aquel hombre extendió la mano, y profirió una blasfemia, y dijo que aquello se curaba con baños de cantera.

¡Hombre desventurado y miserable; hombre que tenía en el alma todo el fango que don Nicolás tenía en el rostro y en el cuerpo!

Don Nicolás no había aún abierto los ojos, cuando la campana llamó al trabajo en la madrugada del día siguiente, aquella hora congojosa en que la atmósfera se puebla de ayes, y el ruido de los grillos es más lúgubre, y el grito del enfermo es más agudo, y el dolor de las carnes magulladas es más profundo, y el palo azota más fácil los hinchados miembros; aquella hora que no olvida jamás quien una vez y ciento sintió en ella el más rudo de los dolores del cuerpo, nunca tan rudo como altivo el orgullo que reflejaba su frente y rebosaba en su corazón. Sobre un pedazo mísero de lona embreada, igual a aquel en que tantas noches pasó sentada a mi cabecera la sombra de mi madre; sobre aquella lona dura yacía Castillo, sin vida los ojos, sin palabras la garganta, sin movimiento los brazos y las piernas.

Cuando se llega aquí, quizá se alegra el alma, por que presume que en aquel estado un hombre no trabaja, y que el octogenario descansaría al fin algunas horas; pero sólo puede alegrarse el alma que olvida que aquel presidio era el presidio de Cuba, la institución del Gobierno, el acto mil veces repetido del Gobierno que sancionaron aquí los representantes del país. Una orden impía se apoderó del cuerpo de don Nicolás; le echó primero en el suelo, le echó después en el carretón. Y allí, rodando de un lado para otro a cada salto, oyéndose el golpe seco de su cabeza sobre las tablas, asomando a cada bote del carro algún pedazo de su cuerpo por sobre los maderos de los lados, fue llevado por aquel camino que el polvo hace tan sofocante, que la lluvia hace tan terroso, que las piedras hicieron tan horrible para el desventurado presidiario.

Golpeaba la cabeza en el carro. Asomaba el cuerpo a cada bote. Trituraban a un hombre. ¡Miserables! Olvidaban que en aquel hombre iba Dios.

Ese, ése es Dios; ése es el Dios que os tritura la conciencia, si la tenéis; que os abrasa el corazón, si no se ha fundido ya al fuego de vuestra infamia. El martirio por la patria es Dios mismo, como el bien, como las ideas de espontánea generosidad universales. Apaleadle, heridle, magulladle. Sois demasiado viles para que os devuelva golpe por golpe y herida por herida. Yo siento en mí a este Dios, yo tengo en mí a este Dios; este Dios en mí os tiene lástima, más lástima que horror y que desprecio.

El comandante del presidio había visto llegar la tarde antes a Castillo.

El comandante del presidio había mandado que saliese por la mañana. Mi Dios tiene lástima de ese comandante. Ese comandante se llama Mariano Gil de Palacio.

Aquel viaje criminal cesó al fin. Don Nicolás fue arrojado al suelo. Y porque sus pies se negaban a sostenerle, porque sus ojos no se abrían, el brigada golpeó su exánime cuerpo. A los pocos golpes, aquella excelsa figura se incorporó sobre sus rodillas como para alzarse, pero abrió los brazos hacia atrás, exhaló un gemido ahogado, y volvió a caer rodando por el suelo.

Eran las cinco y media.

Se le echó al pie de un montón. Llegó el sol; calcinó con su fuego las piedras. Llegó la lluvia: penetró con el agua las capas de la tierra. Llegaron las seis de la tarde. Entonces dos hombres fueron al montón a buscar el cuerpo que, calcinado por el sol y penetrado por la lluvia, yacía allí desde las horas primeras de la mañana.

¿Verdad que esto es demasiado horrible? ¿Verdad que esto no ha de ser más así?

El ministro de Ultramar es español. Esto es allá el presidio español. El ministro de Ultramar dirá cómo ha de ser de hoy más, porque yo no supongo al Gobierno tan infame que sepa esto y lo deje como lo sabe.

Y esto fue un día y otro día, y muchos días. Apenas si el esfuerzo de sus compatriotas había podido lograrle a hurtadillas, que lograrla estaba prohibido, un poco de agua con azúcar por único alimento. Apenas si se veía su espalda, cubierta casi toda por la llaga. Y sin embargo, días había en que aquella hostigación vertiginosa le hacía trabajar algunas horas. Vivía y trabajaba. Dios vivía y trabajaba entonces en él.

Pero alguien habló al fin de esto; a alguien horrorizó, a quien se debía complacer, quizás a su misma bárbara conciencia. Se mandó a don Nicolás que no saliese al trabajo en algunos días; que se le pusiesen ventosas. Y le pusieron treinta y tres. Y pasó algún tiempo tendido en su lona. Y se baldeó una vez sobre él. Y se barrió sobre su cuerpo.

Don Nicolás vive todavía. Vive en presidio. Vivía al menos siete meses hace, cuando fui a ver, sabe el azar hasta cuándo, aquella que fue morada mía. Vivía trabajando. Y antes de estrechar su mano la última madrugada que lo vi, nuevo castigo inusitado, nuevo refinamiento de crueldad hizo su víctima a don Nicolás. ¿Por qué esto ahora? ¿Por qué aquello antes?

Cuando yo lo preguntaba, peninsulares y cubanos me replicaban:

—Los voluntarios decían que don Nicolás era brigadier de la insurrección, y el comandante quería complacer a los voluntarios.

Los voluntarios son la integridad nacional.

El presidio es una institución del Gobierno.

El comandante es Mariano Gil de Palacio.

Cantad, cantad, diputados de la nación.

Ahí tenéis la integridad; ahí tenéis el Gobierno que habéis aprobado, que habéis sancionado, que habéis unánimemente aplaudido.

Aplaudid; cantad.

¿No es verdad que vuestra honra os manda cantar y aplaudir?

VII

—¡Martí! ¡Martí! —me dijo una mañana un pobre amigo mío, amigo allí, porque era presidiario político, y era bueno, y como yo, por extraña circunstancia, había recibido orden de no salir al trabajo y quedar en el taller de cigarrería—, mira aquel niño que pasa por allí.

Miré. ¡Tristes ojos míos que tanta tristeza vieron!

Era verdad. Era un niño. Su estatura apenas pasaba el codo de un hombre regular. Sus ojos miraban entre espantados y curiosos aquella ropa rudísima con que le habían vestido, aquellos hierros extraños que habían ceñido a sus pies.

Mi alma volaba hacia su alma. Mis ojos estaban fijos en sus ojos. Mi vida hubiera dado por la suya. Y mi brazo estaba sujeto al tablero del taller; y su brazo movía, atemorizado por el palo, la bomba de los tanques.

Hasta allí, yo lo había comprendido todo, yo me lo había explicado todo, yo había llegado a explicarme el absurdo de mí mismo; pero ante aquel rostro inocente, y aquella figura delicada y aquellos ojos serenísimos y puros, la razón se me extraviaba, yo no encontraba mi razón, y era que se me había ido despavorida a llorar a los pies de Dios. ¡Pobre razón mía! Y ¡cuántas veces la han hecho llorar así por los demás!

Las horas pasaban; la fatiga se pintaba en aquel rostro; los pequeños brazos se movían pesadamente; la rosa suave de las mejillas desaparecía; la vida de los ojos se escapaba; la fuerza de los miembros debilísimos huía. Y mi pobre corazón lloraba.

La hora de cesar en la tarea llegó al fin. El niño subió jadeante las escaleras. Así llegó a su galera. Así se arrojó en el suelo, único asiento que nos era dado, único descanso para nuestras fatigas, nuestra silla, nuestra mesa, nuestra cama, el paño mojado con nuestras lágrimas, el lienzo empapado en nuestra sangre, refugio ansiado, asilo único de nuestras carnes magulladas y rotas y de nuestros miembros hinchados y doloridos.

Pronto llegué hasta él. Si yo fuera capaz de maldecir y odiar, yo hubiera odiado y maldecido entonces. Yo también me senté en el suelo, apoyé su cabeza en su miserable chaquetón [1] y esperé a que mi agitación me dejase hablar.

—¿Cuántos años tienes? —le dije.

—Doce, señor.

—Doce, ¿y te han traído aquí? Y ¿cómo te llamas?

—Lino Figueredo.

—Y, ¿qué hiciste?

—Yo no sé señor. Yo estaba con taitica [2] y mamita, y vino la tropa, y se llevó a taitica, y volvió, y me trajo a mí

—¿Y tu madre?

—Se la llevaron.

—¿Y tu padre?

—También, y no sé de él, señor. ¿Qué habré hecho yo para que me traigan aquí, y no me dejen estar con taitica y mamita?

Si la indignación, si el dolor, si la pena angustiosa pudiesen hablar, yo hubiera hablado al niño sin ventura. Pero algo extraño, y todo hombre honrado sabe lo que era, sublevaba en mí la resignación y la tristeza, y atizaba el fuego de la venganza y de

---

[1] Capote corto y con mangas, de tela muy inferior.

[2] Nombre que dan los campesinos de Cuba a sus padres.

la ira; algo extraño ponía sobre mi corazón su mano de hierro, y secaba en mis párpados las lágrimas, y helaba las palabras en mis labios.

"Doce Años, Doce Años", zumbaba constantemente en mis oídos, y su madre y mi madre, y su debilidad y mi impotencia se amontonaban en mi pecho, y rugían, y andaban desbordados por mi cabeza, y ahogaban mi corazón.

Doce años tenía Lino Figueredo, y el Gobierno español lo condenaba a diez años de presidio.

Doce años tenía Lino Figueredo, y el Gobierno español lo cargaba de grillos, y lo lanzaba entre los criminales, y lo exponía, quizá como trofeo, en las calles.

¡Oh! ¡Doce años!

No hay término medio, ¡qué vergüenza! No hay contemplación posible, ¡qué mancha! El Gobierno olvidó su honra cuando sentenció a un niño de doce años a presidio; la olvidó más cuando fue cruel, inexorable, inicuo con él. Y el Gobierno ha de volver, y volver pronto, por esa honra suya, ésta como tantas otras veces mancillada y humillada.

Y habrá de volver pronto, espantado de su obra cuando oiga toda la serie de sucesos que yo no nombro, porque me avergüenza la miseria ajena.

Lino Figueredo había sido condenado a presidio. Esto no bastaba.

Lino Figueredo había llegado ya allí; era presidiario ya; gemía uncido a sus pies el hierro; lucía el sombrero negro y el hábito fatal. Esto no bastaba todavía.

Era preciso que el niño de doce años fuera precipitado en las canteras, fuese azotado, fuese apaleado en ellas. Y lo fue. Las piedras rasgaron sus manos; el palo rasgó sus espaldas; la cal viva rasgó y llagó sus pies.

Y esto fue un día. Y lo apalearon.

Y otro día. Y lo apalearon también.

Y muchos días.

Y el palo rompía las carnes de un niño de doce años en el presidio de La Habana y la integridad nacional hacía vibrar aquí una cuerda mágica que siempre suena enérgica y poderosa.

La integridad nacional deshonra, azota, asesina allá.

Y conmueve, y engrandece, y entusiasma aquí.

¡Conmueva, engrandezca, entusiasme aquí la integridad nacional que azota, que deshonra, que asesina allá!

Los representantes del país no sabían la historia de don Nicolás del Castillo y Lino Figueredo cuando sancionaron los actos del Gobierno, embriagados por el aroma del acomodaticio patriotismo. No la sabían porque el país habla en ellos; y si el país la sabía, y hablaba así, este país no tiene dignidad ni corazón.

*

Y hay aquello y mucho más.

Las canteras son para Lino Figueredo la parte más llevadera de su vida mártir. Hay más.

Una mañana, el cuello de Lino no pudo sustentar su cabeza; sus rodillas flaqueaban; sus brazos caían sin fuerzas de sus hombros; un mal extraño vencía en él al espíritu desconocido que le había impedido morir, que había impedido morir a don Nicolás y a tantos otros, y a mí. Verdinegra sombra rodeaba sus ojos; rojas manchas apuntaban en su cuerpo; su voz se exhalaba como un gemido; sus ojos miraban como una queja. Y en aquella agonía, y en aquella lucha del enfermo en presidio, que es la más terrible de todas las luchas, el niño se acercó al brigada de su cuadrilla, y le dijo:

—Señor, yo estoy malo; no me puedo menear; tengo el cuerpo lleno de manchas.

—¡Anda, anda! —dijo con brusca voz el brigada—. ¡Anda! —Y un golpe de palo respondió a la queja—. ¡Anda!

Y Lino, apoyándose sin que lo vieran —que si lo hubieran visto, su historia tendría una hoja sangrienta más— en el hombro de alguno no tan débil aquel día como él, anduvo. Muchas cosas andan. Todo anda. La eterna justicia, insondable cuanto eterna, anda también, y ¡algún día parará!

Lino anduvo. Lino trabajó. Pero las manchas cubrieron al fin su cuerpo, la sombra empañó sus ojos, las rodillas se doblaron. Lino cayó, y la viruela se asomó a sus pies, y extendió sobre él su garra y le envolvió rápida y avarienta en su horroroso manto. ¡Pobre Lino!

Sólo así, sólo por el miedo egoísta del contagio, fue Lino al hospital. El presidio es un infierno real en la vida. El hospital del presidio es otro infierno más real aún en el vestíbulo de los mundos extraños. Y para cambiar de infierno, el presidio político de Cuba exige que nos cubra la sombra de la muerte.

Lo recuerdo y lo recuerdo con horror. Cuando el cólera recogía su haz de víctimas allí, no se envió el cadáver de un desventurado chino al hospital, hasta que un paisano suyo no le picó una vena, y brotó una gota, una gota de sangre negra, coagulada. Entonces, sólo entonces, se declaró que el triste estaba enfermo. ¡Entonces! Y minutos después el triste moría.

Mis manos han frotado sus rígidos miembros; con mi aliento los he querido revivir; de mis brazos han salido sin conocimiento, sin vista, sin voz, pobres coléricos; que sólo así se juzgaba que lo eran.

Bello, bello es el sueño de la Integridad Nacional. ¿No es verdad que es muy bello, señores diputados?

*

—¡Martí! ¡Martí! —volvió a decirme pocos días después mi amigo— Aquel que viene allí, ¿no es Lino? Mira, mira bien.

Miré, miré. ¡Era Lino! Lino, que venía apoyado en otro enfermo, caída la cabeza, convertida en negra llaga la cara, en negras llagas las manos y los pies; Lino, que venía, extraviados los ojos, hundido el pecho, inclinando el cuerpo, ora hacia adelante, ora hacia atrás, rodando al suelo si lo dejaban solo, caminando arrastrado si se apoyaba en otro; Lino, que venía con la erupción desarrollada en toda su plenitud, con la viruela mostrada en toda su deformidad, viva, supurante, purulenta. Lino, en fin, que venía sacudido a cada movimiento por un ataque de vómito que parecía el esfuerzo postrimero de su vida.

Así venía Lino, y el médico del hospital acababa de certificar que Lino estaba sano. Sus pies no lo sostenían; su cabeza se doblaba; la erupción se mostraba en toda su deformidad; todos lo palpaban; todos lo veían. Y el médico certificaba que venía sano Lino. Este médico tenía la viruela en el alma.

Así pasó el triste la más terrible de las tardes. Así lo vio el médico del establecimiento, y así volvió al hospital.

*

Días después, un cuerpo pequeño, pálido, macilento, subía ahogándose, las escaleras del presidio. Sus miradas vagaban sin objeto; sus manecitas demacradas apenas podían apoyarse en la baranda; la faja que sujetaba los grillos resbalaba sin cesar de su cintura; penosísima y trabajosamente subía cada escalón.

—¡Ay! —decía cuando fijaba al fin los dos pies—. ¡Ay, taitica de mi vida! —Y rompía a llorar.

Concluyó al fin de subir. Subí yo tras él, y me senté a su lado, y estreché sus manos, y le arreglé su mísero petate [3] y volví más de una vez mi cabeza para que no viera que mis lágrimas corrían como las suyas.

[3] Ajuar del presidiario. Dos varas de lona embreada, y a veces un chaquetón.

¡Pobre Lino!

No era el niño robusto, la figura inocente y gentil que un mes antes sacudía con extrañeza los hierros que habían unido a sus pies. No era aquella rosa de los campos que algunos conocieron risueña como mayo, fresca como abril. Era la agonía perenne de la vida. Era la amenaza latente de la condenación de muchas almas. Era el esqueleto enjuto que arroja la boa constrictora después que ha hinchado y satisfecho sus venas con su sangre.

Y Lino trabajó así. Lino fue castigado al día siguiente así. Lino salió en las cuadrillas de la calle así. El espíritu desconocido que inmortaliza el recuerdo de las grandes innatas ideas y vigoriza ciertas almas quizá predestinadas, vigorizó las fuerzas de Lino, y dio robustez y vida nueva a su sangre.

*

Cuando salí de aquel cementerio de sombras vivas, Lino estaba aún allí. Cuando me enviaron a estas tierras, Lino estaba allí aún. Después, la losa del inmenso cadáver se ha cerrado para mí. Pero Lino vive en mi recuerdo, y me estrecha la mano, y me abraza cariñosamente, y vuela a mi alrededor, y su imagen no se aparta un instante de mi memoria.

*

Cuando los pueblos van errados; cuando, o cobardes o indiferentes, cometen o disculpan extravíos; si el último vestigio de energía desaparece; si la última o quizá la primera expresión de la voluntad guarda torpe silencio, los pueblos lloran mucho, los pueblos expían su falta, los pueblos parecen escarnecidos, y humillados, y despedezados, como ellos escarnecieron y despedazaron y humillaron a su vez.

La idea no cobija nunca la embriaguez de la sangre.

La idea no disculpa nunca el crimen y el refinamiento bárbaro en el crimen.

España habla de su honra.

Lino Figueredo está allí. Allí; y entre los sueños de mi fantasía, veo aquí a los diputados danzar ebrios de entusiasmo, vendados los ojos, con vertiginoso movimiento, con incansable carrera, alumbrados como Nerón por los cuerpos humanos que atados a los pilares ardían como antorchas. Entre aquel resplandor siniestro, un fantasma rojo lanza una estridente carcajada. Y lleva escrito en la frente: Integridad Nacional: los diputados danzan. Danzan, y sobre ellos una mano extiende la ropa manchada de sangre de don Nicolás del Castillo y otra mano enseña la cara llagada de Lino Figueredo.

Dancen ahora, dancen.

VIII

Si los dolores verdaderamente agudos pueden ser templados por algún goce, sólo puede templarlos el goce de acallar el grito de dolor de los demás. Y si algo los exacerba y los hace terribles, es seguramente la convicción de nuestra impotencia para calmar los dolores ajenos.

Esta angustia, que no todos comprenden, con la que tanto sufre quien la llegue a comprender, llenó muchas veces mi alma, la llenaba perennemente en aquel intervalo sombrío de la vida a que se llama presidio de Cuba.

Yo suelo olvidar mi mal cuando curo el mal de los demás. Yo suelo no acordarme de mi daño más que cuando los demás pueden sufrirlo por mí. Y cuando yo sufro y no mitiga mi dolor el placer de mitigar el sufrimiento ajeno, me parece que en mundos anteriores he cometido una gran falta que en mi peregrinación desconocida por el espacio me ha tocado venir a purgar aquí

Y sufro más, pensando que, así como es honda mi pena, será amargo y desgarrador el remordimiento de los que la causan a alguien.

Aflige verdaderamente pensar en los tormentos que roen las almas malas. Da profunda tristeza su ceguedad. Pero nunca es tanta como la ira que despierta la iniquidad en el crimen, la iniquidad sistemática, fría, meditada, tan constantemente ejecutada como rápidamente concebida.

Castillo, Lino Figueredo, Delgado, Juan de Dios Socarrás, Ramón Rodríguez Alvarez, el negrito Tomás y tantos otros, son lágrimas negras que se han filtrado en mi corazón.

¡Pobre negro Juan de Dios! Reía cuando le pusieron la cadena. Reía cuando le pusieron a la bomba. Reía cuando marchaba a las canteras. Solamente no reía cuando el palo rasgaba aquellas espaldas en que la luz del sol había dibujado más de un siglo. El idiotismo había sucedido en él a la razón; su inteligencia se había convertido en instinto; el sentimiento vivía únicamente entero en él. Sus ojos conservaban la fiel imagen de las tierras y las cosas; pero su memoria unía sin concierto los últimos con los primeros años de su vida. En las largas y extrañas relaciones que me hacía, y que tanto me gustaba escuchar, resaltaba siempre su respeto ilimitado al señor y la confianza y gratitud de los amos por su cariño y lealtad. En el espacio de una vara señalaba perfectamente con el dedo los límites de las más importantes haciendas de Puerto Príncipe; pero en diez palabras confundía al bisnieto con el bisabuelo, y a los padres con los hijos, y a las familias de más remoto y separado origen.

Aquello que más le hería, que más dolor le causaba, hallaba en él por respuesta esa risa bondadosa, franca, llena, peculiar del negro de nación. Los golpes sólo despertaban la antigua vida en él. Cuando vibraba el palo en sus carnes, la eterna sonrisa desaparecía de sus labios, el rayo de la ira africana brillaba rápida y fieramente en sus ojos apagados y su mano ancha y nerviosa comprimía con agitación febril el instrumento del trabajo.

El Gobierno español ha condenado en Cuba a un idiota.

El Gobierno español ha condenado en Cuba a un hombre negro de más de cien años. Lo ha condenado a presidio. Lo ha azotado en presidio. Lo ve impávido trabajar en presidio.

El Gobierno español. O la integridad nacional, y esto es más exacto; que, aunque tanto se empeñan en fundir en una estas dos existencias, España tiene todavía para mí la honra de tenerlos separados.

*

Canten también, aplaudan también los sancionados entusiastas de la conducta del Gobierno de Cuba.

IX

Y con Juan de Dios, ¡pobre negrito Tomás!

¡Ah! Su recuerdo indigna demasiado para que me deje hablar mucho de él. Trabajo me cuesta, sin embargo, contener mi pluma, que corre demasiado rápida, al oír su nombre.

Tiene once años, y es negro, y es bozal.

¡Once años, y está en presidio!

¡Once años, y es sentenciado político!

¡Bozal, y un consejo de guerra lo ha sentenciado!

Bozal, y el Capitán General ha firmado su sentencia!

¡Miserables, miserables! Ni aun tienen la vergüenza necesaria para ocultar el más bárbaro de sus crímenes.

Canten, canten, loen, aplaudan los diputados de la nación.

X

Ramón Rodríguez Álvarez llora también con tantos infelices.

Ramón Rodríguez Álvarez, que fue sentenciado a los catorce años de su vida.

Ramón Rodríguez Alvarez, que arrastra la cadena del condenado político a diez años de presidio.

Él iba a la cantera a la par que Lino Figueredo. Cuando él llegó, Lino estaba allí hacía más de una semana. Y en aquel infierno de piedras, y gemidos, Lino le aligeraba a hurtadillas de su carga, y se la echaba a su cajón, porque Ramón se desmayaba bajo tanto peso; Lino, cargado y expirando, le prestaba su hombro llagado para que se apoyara al subir la terrible cuesta; Lino le llenaba a veces apresuradamente de piedra su cajón para que no se tardara demasiado, y el palo bárbaro cayera sobre él. Y una vez que Ramón se desmayó, y Lino cogió en la mano un poco de agua y con su carga en la cabeza dobló una rodilla, y lo dejó caer en la boca y en el pecho de su amigo Ramón, el brigada pasó, el brigada lo vio, y se lanzó sobre ellos, y ciego de ira, su palo cayó rápido sobre los niños, e hizo brotar la sangre del cuerpo desmayado y el cuerpo erguido aún, y pocos instantes pasaron sin que el cajón rodase de la cabeza de Lino, y sus brazos se abriesen hacia atrás, y cayese exánime al lado de su triste compañero.

Ramón tenía catorce años.

Lino tenía doce.

Sobre ellos, un hombre blandía, con ira extraña, su palo; una nación lloraba en los aires la ignominia con que sus hijos manchaban su frente.

Aplaudan siempre, canten siempre los diputados de la nación.

¿No es verdad, repito, que importa a vuestra honra cantar y aplaudir?

XI

Y allá, en las canteras, aparece como tristísimo recuerdo el conato de suicidio de Delgado.

Era joven, tenía veinte años. Era aquel su primer día de trabajo. Y en aquel día en que el comandante había mandado suspender el castigo, en aquel solemne día —para él y la integridad nacional, amiga aún—, a la media hora de trabajo, Delgado, que lo había comenzado, erguido, altanero, robusto, se detuvo en un instante de descuido de los cabos en la más alta de las cimas a que había llevado piedra, lanzó su sombrero al aire, dijo adiós con la mano a los que de la cárcel de Guanabacoa habían venido con él, y se arrojó al espacio desde una altura de ochenta varas.

Cayó, y cayó, por fortuna, sobre un montón de piedra blanda. La piel que cubría su cráneo cayó en tres pedazos sobre su cara. Y un presidiario, que se decía médico, se ofreció al atónito brigada para socorrerle; le vació en la cabeza botellas de alcohol, acomodó con desgarrador descuido la piel sobre el cráneo, la sujetó con vendas de una blusa despedazada llena de manchas de cieno, lleno de tierra mojada y cuajada allí, las amarró fuertemente, y en un coche —¡milagro de bondad!— fue llevado al hospital del presidio.

Aquel día era el santo del general Caballero de Rodas.

¡Presagio extraño! Aquel día se inauguraba con sangre.

Nada se dijo de aquello. Nada se supo fuera de allí. Con rudas penas fueron amenazados todos los que podían dejarlo saber. No se apartaron de su cama los médicos, ni el sacerdote, ni los ayudantes militares. ¿Por qué aquel cuidado? ¿Por qué aquel temor? ¿Sería, quizá, aquello el grito primero de una enfangada conciencia? No. Aquello era el miedo al escarnio y a la execración universales.

Los médicos lucharon con silencioso ardor; los médicos vencieron al fin. Se empezó a llenar la forma con una acusación de suicidio; la sumaria acabó a las primeras declaraciones. Todo quedó en tinieblas; todo obscuro.

Delgado trabajaba, a mi salida, con la cabeza siempre baja, y el color de la muerte próxima en el rostro. Y cuando se quita el sombrero, tres anchas fajas blancas atraviesan en todas direcciones su cabeza.

Agítense de entusiasmo en los bancos, aplaudan, canten los representantes de la patria.

Importa a su honra, importa a su fama cantar y aplaudir.

XII

¡Y tantos han muerto!

¡Y tantos hijos van en las sombras de la noche a llorar en las canteras sobre la piedra bajo la que presumen que descansa el espíritu de sus padres!

¡Y tantas madres han perdido la razón!

¡Madre, madre! ¡Y cómo te siento vivir en mi alma! ¡Cómo me inspira tu recuerdo! ¡Cómo quema mis mejillas la lágrima amarguísima de tu memoria!

¡Madre, madre! ¡Tantas lloran como tú lloraste! ¡Tantas pierden el brillo de sus ojos, como tú lo perdiste!

¡Madre, madre!

*

En tanto, aplauden los diputados de la nación.

¡Mirad, mirad!

Ante mí desfilan en desgarradora y silenciosa procesión espectros que parecen vivos, y vivos que parecen espectros.

¡Mirad! ¡Mirad!

Aquí va el cólera contento, satisfecho, alegre, riendo con horrible risa. Ha trocado su guadaña por el látigo del presidio. Lleva sobre los hombros un montón de cadenas. De vez en cuando, de aquel grupo informe que hace un ruido infernal, destila una gota de sangre. ¡Siempre sangre! El cólera cargaba esta vez su espalda en el presidio político de Cuba.

*

¡Mirad! ¡Mirad!

Aquí viene una cabeza vestida de nieve. Se dobla sobre un cuello que gime porque no la puede sostener. Materia purulenta atraviesa su ropaje miserable. Gruesa cadena ruge con sordo son a su pie. Y, sin embargo, sonríe. ¡Siempre la sonrisa! Verdad que el martirio es algo de Dios. Y, ¡cuán desventurados son los pueblos cuando matan a Dios!

*

¡Mirad! ¡Mirad!

Aquí viene la viruela asquerosa, inmunda, lágrima encarnada del infierno, que ríe con risa espantosa. Tiene un ojo como Quasimodo. Sobre su horrenda giba lleva un cuerpo vivo. Lo arroja al suelo, salta a su alrededor, lo pisa, lo lanza al aire, lo recoge en su espalda, lo vuelve a arrojar, y danza en torno, y grita: "¡Lino! ¡Lino!" Y el cuerpo se mueve y le amarra un grillo al cuerpo, y lo empuja lejos, muy lejos, hondo, muy hondo, allá a la sima que llaman las canteras. "¡Lino! ¡Lino!", se aleja repitiendo. Y el cuerpo se alza, y el látigo vibra, y Lino trabaja. ¡Siempre el trabajo! Verdad que el espíritu es Dios mismo. Y, ¡cuán descarriados van los pueblos cuando apalean a Dios!

*

¡Mirad! ¡Mirad!

Aquí viene riendo, riendo, una ancha boca negra. El siglo se apoya en él. La memoria plegó las alas en su cerebro y voló más allá. La crespa lana está ya blanca. Ríe, ríe.

—Mi amo, ¿por qué vivo?

—Mi amo, mi amo, ¡qué feo suena! —y sacude el grillo.

Y se ríe, ríe.

Y Dios llora.

Y, ¡cuánto han de llorar los pueblos cuando hacen llorar a Dios!

¡Mirad! ¡Mirad!

Aquí viene la cantera. Es una mole inmensa. Muchos brazos con galones la empujan. Y rueda, rueda, y a cada vuelta los ojos desesperados de una madre brillan en un disco negro y desaparecen. Y los hombres de los brazos siguen riendo y empujando, y la masa rodando, y a cada vuelta un cuerpo se tritura, y un grillo choca, y una lágrima salta de la piedra y va a posarse en el cuello de los hombres que ríen, que empujan. Y los ojos brillan, y los huesos se rompen, y la lágrima pesa en el cuello, y la masa rueda. ¡Ay! Cuando la masa acabe de rodar, tan rudo cuerpo pesará sobre vuestra cabeza, que no la podréis alzar jamás. ¡Jamás!

En nombre de la compasión, en nombre de la honra, en nombre de Dios, detened la masa, detenedla, no sea que vuelva hacia vosotros y os arrastre con su hórrido peso. Detenedla, que va sembrando muchas lágrimas por la tierra, y las lágrimas de los mártires suben en vapores hasta el cielo, y se condensan; y si no la detenéis, el cielo se desplomará sobre vosotros.

El cólera terrible, la cabeza nevada, la viruela espantosa, la ancha boca negra, la masa de piedra. Y todo, como el cadáver se destaca en el ataúd, como la tez blanca se destaca en la túnica negra, todo pasa envuelto en una atmósfera densa, extensa, sofocante, rojiza. ¡Sangre, siempre sangre!

¡Oh! ¡Mirad! ¡Mirad!

España no puede ser libre.

España tiene todavía mucha sangre en la frente.

Ahora, aprobad la conducta del Gobierno de Cuba.

Ahora, los padres de la patria, decid en nombre de la patria, que sancionáis la violación más inicua de la moral y el olvido más completo de todo sentimiento de justicia.

Decidlo, sancionadlo, aprobadlo, si podéis.

Madrid, 1871.

2. LA REPÚBLICA ESPAÑOLA ANTE LA REVOLUCIÓN CUBANA *

(Fragmento)
(1873)

La gloria y el triunfo no son más que un estímulo al cumplimiento del deber. En la vida práctica de las ideas, el poder no es más que el respeto a todas las manifestaciones de la justicia, la voluntad firme ante todos los consejos de la crueldad o del orgullo. Y cuando el acatamiento a la justicia desaparece y el cumplimiento del deber se desconoce, infamia envuelve el triunfo y la gloria, vida insensata y odiosa vive el poder.

Hombre de buena voluntad, saludo a la República que triunfa; la saludo hoy como la maldeciré mañana cuando una República ahogue a otra República; cuando un pueblo libre al fin, comprima las libertades de otro pueblo; cuando una nación que se explica que lo es, subyugue y someta a otra nación que le ha de probar que quiere serlo. Si la libertad de la tiranía es tremenda, la tiranía de la libertad repugna, estremece, espanta.

La libertad no puede ser fecunda para los pueblos que tienen la frente manchada de sangre. La República española abre eras de felicidad para su patria; cuide de limpiar su frente de todas las manchas, que la nublan, que no se va tranquilo ni seguro por sendas de remordimientos y opresiones, por sendas que entorpezcan la violación más sencilla, la comprensión más pequeña del deseo popular.

No ha de ser respetada voluntad que comprime otra voluntad. Sobre el sufragio libre, sobre el sufragio consciente e instruido, sobre el espíritu que anima el cuerpo sacratísimo de los derechos, sobre el verbo engendrador de libertades, álzase hoy la República española. ¿Podrá imponer jamás su voluntad a quien la exprese por medio del sufragio? ¿Podrá rechazar jamás la voluntad unánime de un pueblo, cuando por voluntad del pueblo y libre y unánime voluntad, se levanta?

No prejuzgo yo actos de la República española ni entiendo yo que haya de ser la República temida o cobarde. Pero sí le advierto que el acto está siempre propenso a la injusticia, sí le recuerdo que la injusticia es la muerte del respeto ajeno, sí le aviso que ser injusto es la necesidad de ser maldito, sí la conjuro a que no infame nunca la conciencia universal de la honra, que no excluye, por cierto, la honra patria, pero que exige que la honra patria viva dentro de la honra universal.

Engendrado por las ideas republicanas entendió el pueblo cubano que su honra andaba mal con el Gobierno que le negaba el derecho de tenerla. Y como no la tenía, y como sentía potente su necesidad, fue a buscarla en el sacrificio y el martirio, allí donde han solido ir a encontrarla los republicanos españoles. Yo apartaría con ira mis ojos de los republicanos mezquinos y suicidas que negasen a aquel pueblo

* 3d. id. Madrid, Imp. de S. Martínez, 1873.

vejado, agarrotado, oprimido, esquilmado, vendido, el derecho de insurrección por tantas insurrecciones de la República española sancionado. Vendida estaba Cuba a la ambición de sus dominadores; vendida estaba a la explotación de sus tiranos. Así lo ha dicho muchas veces la República proclamada. De tiranos los ha acusado muchas veces la República triunfante. Ella me oye: ella me defienda.

La lucha ha sido para Cuba muerte de sus hijos más queridos, pérdida de su prosperidad que maldecía, porque era prosperidad esclava y deshonrada, porque el Gobierno le permitía la riqueza a trueque de la infamia, y Cuba quería su pobreza a trueque de aquella concesión maldita del Gobierno. ¡Pesar profundo por los que condenen la explosión de la honra del esclavo, la voluntad enérgica de Cuba!

Pidió, rogó, gimió, esperó. ¿Cómo ha de tener derecho a condenarla quien contestó a sus ruegos con la burla, con nuevas vejaciones a su esperanza?

Hable en buen hora el soberbio de la honra mancillada —tristes que no entienden que sólo hay honra en la satisfacción de la justicia—; defienda en buen hora, el comerciante, el venero de riqueza que escapa a su deseo; pretenda alguno en buen hora que no conviene a España la separación de las Antillas. Entiendo, al fin, que el amor de la mercancía turbe el espíritu; entiendo que la sinrazón viva en el cerebro; entiendo que el orgullo desmedido condene lo que para sí mismo realza, y busca y adquiere; pero no entiendo que haya cieno allí donde debe haber corazón.

Bendijeron los ricos cubanos su miseria, fecundóse el campo de la lucha con sangre de los mártires, y España sabe que los vivos no se han espantado de los muertos, que la insurrección era consecuencia de una revolución, que la libertad había encontrado una patria más, que hubiera sido española si España hubiera querido, pero que era libre a pesar de la voluntad de España.

No ceden los insurrectos. Como la Península quemó a Sagunto, Cuba quemó a Bayamo; la lucha que Cuba quiso humanizar, sigue tremenda por la voluntad de España, que rechazó la humanización; cuatro años ha que sin demanda de tregua, sin señal de ceder en su empeño, piden, y la piden muriendo, como los republicanos españoles han pedido su libertad tantas veces, su independencia de la opresión, su libertad del honor. ¿Cómo ha de haber republicano honrado que se atreva a negar para un pueblo derecho que él usó para sí?

Mi patria escribe con sangre su resolución irrevocable. Sobre los cadáveres de sus hijos se alza a decir que desea firmemente su independencia. Y luchan y mueren. Y mueren tanto los hijos de la Península como los hijos de mi patria. ¿No espantará a la República española saber que los españoles mueren por combatir a otros republicanos?

Ella ha querido que España respete su voluntad, que es la voluntad de los espíritus honrados; ella ha de respetar la voluntad cubana, que quiere lo mismo que ella quiere, pero que lo quiere sola, porque sola ha estado para pedirlo, porque sola ha perdido sus hijos muy amados, porque nadie ha tenido el valor de defenderla, porque entiende a cuánto alcanza su vitalidad, porque sabe que una guerra llena de detalles espantosos ha de ser siempre lazo sangriento, porque no puede amar a los que la han tratado sin compasión, porque sobre cimientos de cadáveres recientes y de ruinas humeantes no se levantan edificios de cordialidad y de paz. No la invoquen los que la hollaron. No quieran paz sangrienta los que saben que lo ha de ser.

La República niega el derecho de conquista. Derecho de conquista hizo a Cuba de España.

La República condena a los que oprimen. Derecho de opresión y de explotación vergonzosa y de persecución encarnizada ha usado España perpetuamente sobre Cuba.

La República no puede, pues, retener lo que fue adquirido por un derecho que ella niega y conservado por una serie de violaciones de derecho que anatematiza.

La República se levanta en hombros del sufragio universal, de la voluntad unánime del pueblo.

Y Cuba se levanta así. Su plebiscito es su martirologio. Su sufragio es su revolución. ¿Cuándo expresa más firmemente un pueblo sus deseos que cuando se alza en armas para conseguirlos?

Y si Cuba proclama su independencia por el mismo derecho que se proclama la República, ¿cómo ha de negar la República a Cuba su derecho a ser libre, que es el mismo que ella usó para serlo? ¿Cómo ha de negarse a sí misma la República? ¿Cómo ha de disponer de la suerte de un pueblo imponiéndole una vida en la que no entra su completa y libre y evidentísima voluntad?

3. BRINDIS *

(1879)

Para rendir tributo, ninguna voz es débil; para ensalzar a la patria, entre los hombres fuertes y leales, son oportunos todos los momentos; para honrar al que nos honra, ningún vino hierve en las copas con más energía que la decisión y el entusiasmo entre los amigos numerosos de Adolfo Márquez Sterling.

A mí, que de memorias vivo; de memorias y esperanzas —por lo que tienen de enérgicas las unas y de soberbias y prácticas las otras—, a mí, que no consentiré jamás que en el goce altivo de un derecho venga a turbármelo el recuerdo amargo del excesivo acatamiento, de la fidelidad humillante, de la promesa hipócrita, que me hubiesen costado conseguirlo; a mí, átomo encendido que tiene la voluntad de no apagarse, de un incendio vivísimo que no se extinguirá jamás sino bajo la influencia cierta, palpable, visible, de copioso, de inagotable, de abundantísimo raudal de libertades; a mí han querido encomendarme los numerosos amigos del bravo periodista, que con esta voz mía, que en el obligado silencio cobra fuerzas, para que nada sea bastante luego a ahogarla en mi garganta, dirija al enérgico hombre de combate al amoroso aplauso con que los espectadores de las grandas, que más que las holguras de la vida, quieren tener viva la dignidad, viva la libertad, vivo el decoro, ven cómo en la abierta liza, por sobre todas las espadas que se cruzan, movilísima, flamígera, brillante, luce y se agita siempre el arma ruda del más franco, del más afortunado, del más brioso y loado caballero.

No es éste un hombre ahora; cuando en los hombres se encarna un grave pensamiento, un firme intento, una aspiración noble y legítima, los contornos del hombre se desvanecen en los espacios sin confines de la idea. Es un símbolo, un reconocimiento, una garantía. Porque el hombre que clama vale más que el que suplica; el que insiste hace pensar al que otorga. Y los derechos se toman, no se piden; se arrancan, no se mendigan. Hasta los déspotas, si son hidalgos, gustan más del sincero y enérgico lenguaje que de la tímida y vacilante tentativa.

A este símbolo saludamos, a la justicia y al derecho encarnados en su obra, que nos han sido tributados; al tenaz periodista, al observador concienzudo, al cubano enérgico, que en los días de la victoria no la ha empequeñecido con reminiscencias de pasados temores ni preparaciones de posibles días; que en los días de nuestra incompleta libertad conquistada, de nadie recibida, ha hablado honradamente con la mayor suma de libertad y de energía posibles.

Si tal, y más amplia y completa, hubiera de ser la política cubana; si hubieran de ponerse en los labios todas las aspiraciones definidas y legítimas del país, bien que fuese entre murmullos de los timoratos, bien que fuese con repugnancia de los acomodaticios, bien que fuese entre tempestades de rencores; si ha

* Discurso pronunciado en el banquete en honor de Adolfo Márquez Sterling, en los altos de "El Louvre", el 26 de abril de 1879.

de ser más que la compensación de intereses mercantiles, la satisfacción de un grupo social amenazado y la redención tardía e incompleta de una raza que ha probado que tiene derecho a redimirse; si no se ha extinguido sobre la tierra la raza de los héroes, y a los que fueron, suceden los héroes de la palabra y del periódico; si al sentir, al hablar, al reclamar, no nos arrepentimos de nuestra única gloria y la ocultamos como a una pálida vergüenza; por soberbia, por digna, por enérgica, yo brindo por la política cubana.

Pero si entrando por senda estrecha y tortuosa no planteamos con todos sus elementos el problema, no llegando, por tanto, a soluciones inmediatas, definidas y concretas; si olvidamos, como perdidos o deshechos, elementos potentes y encendidos; si nos apretamos el corazón para que de él no surja la verdad que se nos escapa por los labios; si hemos de ser más que voces de la patria, disfraces de nosotros mismos; si con ligeras caricias en la melena, como de domador desconfiado, se pretende aquietar y burlar al noble león ansioso, entonces quiebro mi copa: no brindo por la política cubana.

En tanto que se eleva y fortifica, brindemos admirados por el talento que recorta asperezas, fortifica pueblos, endulza voluntades; por el talento redentor, sea cualquiera la tierra en donde brille; por el talento unificador que tiene aquí sacerdotes y apóstoles, y especial y amorosamente, por el brioso justador que con lustre del lenguaje, público aplauso, cívico valor y pasmo de los débiles, ha sabido encarnar en tipos felicísimos, a punto de concebidos, populares, nuestras desdichas, clamores y esperanzas.

Saludemos a todos los justos; saludemos dentro de la honra, a todos los hombres de buena voluntad; saludemos con íntimo cariño, al brillante escritor que nos reúne; al aliento y bravura que lo animan, y a la patria severa y vigilante, a la patria erguida e imponente, a la patria enferma y agitada que inflama su valor.

4. CARTA AL GENERAL MÁXIMO GÓMEZ

(1882)

New York, 20 de julio de 1882.

Sr. General Máximo Gómez.

Señor y amigo: El aborrecimiento en que tengo las palabras que no van acompañadas de actos, y el miedo de parecer un agitador vulgar, habrán hecho sin duda, que usted ignore el nombre de quien con placer y afecto le escribe esta carta. Básteme decirle que aunque joven, llevo muchos años de padecer y meditar en las cosas de mi patria; que ya después de urdida en New York la segunda guerra, vine a presidir —más para salvar de una mala memoria nuestros actos posteriores que porque tuviese fe en aquello— el Comité de New York; y que desde entonces me he ocupado en rechazar toda tentativa de alardes inoficiosos y pueriles, y toda demostración ridícula de un poder y entusiasmo ridículo, aguardando en calma aparente los sucesos que no habían de tardar en presentarse, y que eran necesarios para producir al cabo en Cuba, con elementos nuevos, y en acuerdo con los problemas nuevos, una revolución seria, compacta e imponente, digna de que pongan mano en ella los hombres honrados. La honradez de usted, General, me parece igual a su discreción y a su bravura. Esto explica esta carta.

Quería yo escribirle muy minuciosamente sobre los trabajos que llevo emprendidos, la naturaleza y fin de ellos, los elementos varios y poderosos que trato ya de poner en junto, y las impaciencias aisladas y bulliciosas y perjudiciales que hago por contener. Porque usted sabe, General, que mover un país, por pequeño que sea, es obra de gigantes. Y quien no se sienta gigante de amor, o de valor, o de pensamiento, o de paciencia, no debe emprenderla. Pero mi buen amigo Flor Crombet sale de New York inesperadamente, antes de lo que teníamos pensado que saliese: y yo le escribo, casi de pie y en el vapor, estos renglones, para ponerle en conocimiento de todo lo emprendido, para pedirle su cuerdo consejo, y para saber si en la obra de aprovechamiento y dirección de las fuerzas nuevas que en Cuba surgen ahora, sin el apoyo de las cuales es imposible una revolución fructífera, y con las cuales será posible pronto, piensa usted como sus amigos, y los míos, y los de nuestras ideas piensan hoy. Porque llevamos ya muchas caídas para no andar con tiento en esta tarea nueva. El país vuelve aún los ojos confiados a aquel grupo escaso de hombres que ha merecido sus respetos y asombro por su lealtad y valor: importa mucho que el país vea juntos, sensatos ahorradores de sangre inútil, y proveedores de los problemas venideros, a los que intentan sacarlo de su quicio, y ponerlo sobre quicio nuevo.

Por mi parte, General, he rechazado toda excitación a renovar aquellas perniciosas camarillas de grupo de las guerras pasadas, ni aquellas Jefaturas espontáneas, tan ocasionadas a rivalidades y rencores: sólo aspiro a que formando un cuerpo visible y apretado aparezcan unidas por un mismo deseo grave y juicioso de dar a Cuba libertad verdadera y durable, todos aquellos hombres abnegados y fuertes, capaces de reprimir su impaciencia en tanto que no tengan modo de remediar en Cuba con una victoria probable los males de una guerra rápida, unánime y grandiosa, y de cambiar en la hora precisa la palabra por la espada.

Yo estaba esperando, señor y amigo mío, a tener ya juntos y de la mano algunos de los elementos de esta nueva empresa. El viaje de Crombet a Honduras, aunque precipitado ahora, es una parte de nuestros trabajos, y tiene por objeto, como él le explicará a usted largamente, decirle lo que llevamos hecho, la confianza que usted inspira a sus antiguos Oficiales, lo dispuestos que están ellos —aun los que parecían más reacios— a tomar parte en cualquier tentativa revolucionaria, aun cuando fuera loca, y lo necesitados que estamos ya de responder de un modo oíble y visible a la pregunta inquieta de los elementos más animosos de Cuba, de los cuales muchos nos venían desestimando y ahora nos acatan y nos buscan. Antes de ahora, General, una excitación revolucionaria hubiera parecido una pretensión ridícula, y acaso criminal, de hombres tercos, apasionados e impotentes: hoy, la aparición en forma serena, juiciosa de todos los elementos unidos del bando revolucionario es una respuesta a la pregunta del país. Esperar es una manera de vencer. Haber esperado en esto nos da esta ocasión, y esta ventaja. Yo creo que no hay mayor prueba de vigor que reprimir el vigor. Por mi parte, tengo esta demora como un verdadero triunfo.

Pero así como el callar hasta hoy ha sido cuerdo, el callar desde hoy sería imprudente. Y sería también imprudente presentarse al país de otra manera que de aquella moderada, racional y verdaderamente redentora que espera de nosotros. Ya llegó Cuba, en su actual estado y problemas, al punto de entender de nuevo la incapacidad de una política conciliadora, y la necesidad de una revolución violenta. Pero sería suponer a nuestro país un país de locos, exigirle que se lanzase a la guerra en pos de lo que ahora somos para nuestro país, en pos de un fantasma. Es necesario tomar cuerpo y tomarlo pronto, y tal como se espera que nuestro cuerpo sea. Nuestro país abunda en gente de pensamiento, y es necesario enseñarles que la revolución no es ya un mero estallido de decoro, ni la satisfacción de una costumbre de pelear y mandar, sino una obra detallada y previsora de pensamiento. Nuestro país vive muy apegado a sus intereses, y es necesario que le demostremos hábil y brillantemente que la Revolución es la solución única para sus muy amenguados intereses.

Nuestro país no se siente aún fuerte para la guerra y es justo, y prudente, y a nosotros mismos útil, halagar esta creencia suya, respetar este temor cierto e instintivo, y anunciarle que no intentamos llevarle contra su voluntad una guerra prematura, sino tenerlo todo dispuesto para cuando él se sienta ya con fuerzas para la guerra. Por de contado, General, que no perderemos medios de provocar naturalmente esta reacción. Violentar el país sería inútil, y precipitarlo sería una mala acción. Puesto que viene a nosotros, lo que hemos de hacer es ponernos de pie para recibirlo. Y no volver a sentarnos.

Y aun hay otro peligro mayor, mayor tal vez que todos los demás peligros. En Cuba ha habido siempre un grupo importante de hombres cautelosos, bastante soberbios para abominar la dominación española, pero bastante tímidos para no exponer su bienestar personal en combatirla. Esta clase de hombres, ayudados por los que quisieran gozar de los beneficios de la libertad sin pagarlos en su sangriento precio, favorecen vehementemente la anexión de Cuba a los Estados Unidos. Todos los tímidos, todos los irresolutos, todos los observadores ligeros, todos los apegados a la riqueza, tienen tentaciones marcadas de apoyar esta solución, que creen poco costosa y fácil. Así halagan su conciencia de patriotas, y su miedo de serlo verdaderamente. Pero como ésa es la naturaleza humana, no hemos de ver con desdén estoico sus tentaciones, sino de atajarlas.

¿A quién se vuelve Cuba, en el instante definitivo y ya cercano, de que pierda todas las nuevas esperanzas que el término de la guerra, las promesas de España, y la política de los liberales le han hecho concebir? Se vuelve a todos los que le hablan de una solución fuera de España. Pero si no está en pie, elocuente y erguido, moderado, profundo, un partido revolucionario que inspire, por la cohesión y modestia de sus hombres, y la sensatez de sus propósitos, una confianza suficiente para acallar el anhelo del país —¿a quién ha de volverse, sino a los hombres del partido anexionista que surgirán entonces? ¿Cómo evitar que se vayan tras ellos todos los aficionados a una libertad cómoda, que creen que con esa solución salvan a la par su fortuna y su conciencia? Ése es el riesgo grave. Por eso es llegada la hora de ponernos de pie.

A eso iba, y va, Flor Crombet a Honduras. Querían hacerle picota de escándalo, y base de operaciones ridículas. Él tiene noble corazón, y juicio sano, y creo que piensa como pienso. A eso va, sin tiempo de esperar al discreto comisionado que tengo en estos instantes en La Habana, comenzando a tener en junto todos los hilos que andan sueltos. Porque yo quería, General, enviar a usted más cosas hechas.

Va Crombet a decirle lo que ha visto, que es poco en lo presente visible, y mucho más en lo invisible y en lo futuro. Va en nombre de los hombres juiciosos de La Habana y el Príncipe [1] y en el de don S. Cisneros, y en mi nombre, a preguntarle si no cree usted que ésas que llevo precipitadamente escritas deben ser las ideas capitales de la reaparición en forma semejante a las anteriores y adecuada a nuestras necesidades prácticas, del partido revolucionario. Va a oír de usted si no cree que esos que le apunto son los peligros reales de nuestra tierra y de sus buenos servidores. Va a saber previamente antes de hacer manifestación alguna pública —que pudiera aparecer luego presuntuosa, o desmentida por los sucesos—, si usted cree oportuno y urgente que el país vea surgir como un grupo compacto, cuerdo y activo a la par que pensador, a todos aquellos hombres en cuya virtud tiene fe todavía. Va a saber de usted si no piensa que ésa es la situación verdadera, ésa la necesidad ya inmediata, y ésa, en rasgos generales, el propósito que puede realzar, acelerar sin violencia, acreditar de nuevo, y dejar en manos de sus guías naturales e ingenuos la Revolución. Ni debe ésta ir a otro país, General, ni a los hombres que la acepten de mal grado, o la comprometan por precipitarla, o la acepten para impedirla, o para aprovecharla en beneficio de un grupo o una sección de la Isla.

Ya se va el correo, y tengo que levantar la pluma que he dejado volar hasta aquí. Me parece, General, por lo que le estimo, que le conozco desde hace mucho tiempo y que también me estima. Creo que lo merezco, y sé que pongo en un hombre no común mi afecto. Sírvase no olvidar que espero con impaciencia su respuesta. porque hasta recibirla todo lo demoro, y la aguardo no para hacer arma de ella, sino con esta seguridad y contento interiores

[1] Príncipe o Puerto Príncipe, antiguo nombre de Camagüey.

empezar a dar forma visible a estos rabajos, ya animados, tenaces y frucuosos. Jamás debe cederse a hacerlo pequeño por no parecer tibio o desocupado; pero no debe perderse iempo en hacerlo grande.

¿Cómo puede ser que usted que está hecho a hacerlo, no venga con toda su valía a esta nueva obra? Ya me parece oír la respuesta de sus labios generosos y sinceros. En tanto, queda respetando al que ha sabido ser grande en la guerra y digno en la paz, su amigo y estimador.

José Martí.

5. CARTA AL GENERAL MÁXIMO GÓMEZ

(1884)

New York, octubre 20 de 1884.

Señor General Máximo Gómez.
New York.

Distinguido General y amigo:

Salí en la mañana del sábado de la casa de usted con una impresión tan penosa, que he querido dejarla reposar dos días, para que la resolución que ella, unida a otras anteriores, me inspirase, no fuera resultado de una ofuscación pasajera, o excesivo celo en la defensa de cosas que no quisiera ver yo jamás atacadas —sino obra de meditación madura—: ¡qué pena me da tener que decir estas cosas a un hombre a quien creo sincero y bueno, y en quien existen cualidades notables para llegar a ser verdaderamente grande! Pero hay algo que está por encima de toda la simpatía personal que usted pueda inspirarme, y hasta de toda razón de oportunidad aparente: y es mi determinación de no contribuir en un ápice, por amor ciego a una idea en que me está yendo la vida, a traer a mi tierra a un régimen de despotismo personal, que sería más vergonzoso y funesto que el despotismo político que ahora soporta, y más grave y difícil de desarraigar, porque vendría excusado por algunas virtudes, establecido por la idea encarnada en él, y legitimado por el triunfo.

Un pueblo no se funda, General, como se manda un campamento; y cuando en los trabajos preparativos de una revolución más delicada y compleja que otra alguna, no se muestra el deseo sincero de conocer y conciliar todas las labores, voluntades y elementos que han de hacer posible la lucha armada, mera forma del espíritu de independencia, sino la intención, bruscamente expresada a cada paso, o mal disimulada, de hacer servir todos los recursos de fe y de guerra que levante el espíritu a los propósitos cautelosos y personales de los jefes justamente afamados que se presentan a capitanear la guerra, ¿qué garantías puede haber de que las libertades públicas, único objeto digno de lanzar un país a la lucha, sean mejor respetadas mañana? ¿Qué somos, General?, ¿los servidores heroicos y modestos de una idea que nos calienta el corazón, los amigos leales de un pueblo en desventura, o los caudillos valientes y afortunados que con el látigo en la mano y la espuela en el tacón se disponen a llevar la guerra a un pueblo, para enseñorearse después de él? ¿La fama que ganaron ustedes en una empresa, la fama de valor, lealtad y prudencia, van a perderla en otra? Si la guerra es posible, y los nobles y legítimos prestigios que vienen de ella es porque antes existe, trabajado con mucho dolor, el espíritu que la reclama y hace necesaria: y a ese espíritu hay que atender, y a ese espíritu hay que mostrar, en todo acto público y privado, el más profundo respeto —porque tal como es admirable el que da su vida por servir a una gran idea, es abominable el que se vale de una gran idea para servir a sus esperanzas personales de gloria o de poder, aunque por ellas exponga la vida—. El dar la vida sólo constituye un derecho cuando se la da desinteresadamente.

Ya lo veo a usted afligido, porque entiendo que usted procede de buena fe en todo lo que emprende, y cree de veras que lo que hace, como que se siente inspirado de un motivo puro, es el único modo bueno de hacer que hay en sus empresas. Pero con la mayor sinceridad se pueden cometer los más grandes errores; y es preciso que, a despecho de toda consideración de orden secundario, la verdad adusta, que no debe conocer amigos, salga al paso de todo lo que considere un peligro, y ponga en su puesto las cosas graves, antes de que lleven ya un camino tan adelantado que no tengan remedio. Domine usted General, esta pena, como dominé yo el sábado el asombro y disgusto con que oí un importuno arranque de usted y una curiosa conversación que provocó a propósito de él el general Maceo[1] en la que quiso —¡locura mayor!— darme a entender que debíamos considerar la guerra de Cuba como una propiedad exclusiva de usted, en la que nadie puede poner pensamiento ni obra sin cometer profanación, y la cual ha de dejarse, si se la quiere ayudar, servil y ciegamente en sus manos. No: ¡ no, por Dios!: ¿pretender sofocar el pensamiento, aun antes de verse, como se verán ustedes mañana, al frente de un pueblo entusiasmado y agradecido, con todos los arreos de la victoria? La patria no es de nadie: y si es de alguien, será, y esto sólo en espíritu, de quien la sirva con mayor desprendimiento e inteligencia.

A una guerra, emprendida, en obediencia a los mandatos del país, en consulta con los representantes de sus intereses, en unión con la mayor cantidad de elementos amigos que pueda lograrse; a una guerra así, que venía yo creyendo —porque así se la pinté en una carta mía de hace tres años que tuvo de usted hermosa respuesta—, que era la que usted ahora se ofrecía a dirigir; a una guerra así el alma entera he dado, porque ella salvará a mi pueblo; pero a lo que en aquella conversación se me dio a entender, a una aventura personal, emprendida hábilmente en una hora oportuna, en que los propósitos particulares de los caudillos pueden confundirse con las ideas gloriosas que los hacen posibles; a una campaña emprendida como una empresa privada, sin mostrar más respeto al espíritu patriótico que la permite, que aquel indispensable, aunque muy sumiso a veces, que la astucia aconseja, para atraerse las personas o los elementos que puedan ser de utilidad en un sentido u otro; a una carrera de armas por más que fuese brillante y grandiosa; y haya de ser coronada por el éxito, y sea personalmente honrado el que la capitanee; a una campaña que no dé desde su primer acto vivo, desde sus primeros movimientos de preparación, muestras de que se la intenta como un servicio al país, y no como una invasión despótica; a una tentativa armada que no vaya pública, declarada, sincera y únicamente movida del propósito de poner a su remate en manos del país, agradecido de antemano a sus servidores, las libertades públicas; a una guerra de baja raíz y temibles fines, cualesquiera que sean su magnitud y condiciones de éxito —y no se me oculta que tendría hoy muchas— no prestaré yo jamás mi apoyo —valga mi apoyo lo que valga—, y yo sé que él, que viene de una decisión indomable de ser absolutamente honrado, vale por eso oro puro, yo no se lo prestaré jamás.

¿Cómo, General, emprender misiones, atraerme afectos, aprovechar los que ya tengo, convencer a hombres eminentes, deshelar voluntades, con estos miedos y dudas en el alma? Desisto, pues, de todos los

[1] El general Antonio Maceo.

trabajos activos que había comenzado a echar sobre mis hombros.

Y no me tenga a mal, General, que le haya escrito estas razones. Lo tengo por hombre noble, y merece usted que se le haga pensar. Muy grande puede llegar a ser usted —y puede no llegar a serlo. Respetar a un pueblo que nos ama y espera de nosotros, es la mayor grandeza. Servirse de sus dolores y entusiasmos en provecho propio, sería la mayor ignominia. Es verdad, General, que desde Honduras me habían dicho que alrededor de usted se movían acaso intrigas, que envenenaban, sin que usted lo sintiese, su corazón sencillo, que se aprovechaban de sus bondades, sus impresiones, y sus hábitos para apartar a usted de cuantos hallase en su camino que le acompañasen en sus labores con cariño, y le ayudaran a librarse de los obstáculos que se fueran ofreciendo —a un engrandecimiento a que tiene usted derechos naturales. Pero yo confieso que no tengo ni voluntad ni paciencia para andar husmeando intrigas ni deshaciéndolas. Yo estoy por encima de todo eso. Yo no sirvo más que al deber, y con éste seré siempre bastante poderoso.

¿Se ha acercado a usted alguien, General, con un afecto más caluroso que aquel con que lo apreté en mis brazos desde el primer día en que le vi? ¿Ha sentido usted en muchos esta fatal abundancia de corazón que me dañaría tanto en mi vida, si necesitase yo de andar ocultando mis propósitos para favorecer ambicioncillas femeniles de hoy o esperanzas de mañana?

Pues después de todo lo que he escrito, y releo cuidadosamente, y confirmo, a usted, lleno de méritos, creo que lo quiero: a la guerra que en estos instantes me parece que, por error de forma acaso, está usted representando, no.

Queda estimándole y sirviéndole

José Martí.

6. CARTA AL GENERAL MÁXIMO GÓMEZ *

(1892)

Santiago de los Caballeros, Santo Domingo, 13 de septiembre de 1892.

Sr. Mayor General del Ejército Libertador de Cuba, Máximo Gómez.

Señor Mayor General: El Partido Revolucionario Cubano, que continúa, con su mismo espíritu de creación (redención) y equidad; la República donde acreditó usted su pericia y su valor, y es la opinión unánime de cuanto hay de visible del pueblo libre cubano, viene hoy a rogar a usted, previa meditación y consejos suficientes, que repitiendo (renovando) su (el) sacrificio,[1] ayude a la revolución como encargado supremo del ramo de la guerra, a organizar dentro y fuera de la Isla, el ejército libertador que ha de poner a Cuba, y a Puerto Rico con ella, en condición de realizar, con métodos ejecutivos y espíritu republicano, el (su) deseo manifiesto y legítimo de su independencia.

Si el Partido Revolucionario Cubano fuese una mera intentona o serie de ellas, que desatase sobre el sagrado de la patria, una guerra tenebrosa, sin composición bastante ni fines de desinterés, o una campaña rudimentaria que pretendiese resolver con las ideas vagas y el valor ensoberbecido, los problemas complicados de ciencia política de un pueblo donde se reúnen, entre vecinos codiciados o peligrosos, todas las crudezas de la civilización y todas sus capacidades y perfecciones; si fuese una revolución incompleta, de más adorno (palabras) que alma, que en el roce natural y sano con los elementos burdos que ha de redimir, vacilara o se echase atrás, por miedo a las consecuencias naturales y necesarias de la redención, o por el puntillo desdeñoso de una inhumana y punible superioridad; si fuese una revolución falseada, que por el deseo de predominio o el temor a la sana [2] novedad o trabajo directo de una república naciente, se disimulase bajo el lema santo de la independencia, a fin de torcer, con el influjo ganado por él, las fuerzas reales de la revolución, y contrariar, con una política sinuosa y parcial, sin libertad y sin fe, la voluntad democrática y composición equitativa de los elementos confusos e impetuosos del país; si fuese un ensayo imperfecto, o una recaída histórica, o el empeño novel del apetito de renombre, o la empresa inoportuna del hervismo fanático, no tendría derecho el Partido Revolucionario Cubano, a solicitar el concurso de un hombre cuya gloria merecida, en la prueba larga y real de las virtudes más difíciles, no puede contribuir a llevar al país [3] más conflictos que remedios, ni arrojarlo en una guerra de mero sentimiento o des-

* Según Gonzalo de Quesada y Miranda, en su edición de las *Obras Completas* de Martí (Editorial Trópico, La Habana, 1937), de esta trascendental carta de Martí existen dos versiones, una tal como la dirigió al General Gómez, y otra de cómo salió publicada en *Patria*. Las palabras entre paréntesis corresponden a la versión más pulida en el ya citado periódico".

[1] Aquí aparece en la versión publicada en *Patria*, "con que ilustró su nombre".

[2] Tachado "sana" en *Patria*.

[3] En *Patria* añade la palabra "afligido".

trucción, ni a estorbar y corromper, como en otras y muy tristes ocasiones históricas, la revolución piadosa y radical que animó a los héroes de la guerra de Yara, y le anima a usted, hoy como ayer, la idea y el brazo.

Pero como el Partido Revolucionario Cubano, arrancando del conocimiento sereno de los elementos varios y alterados de la situación de Cuba, y del deseo de equilibrarlos en la cordialidad y la justicia, es aquella misma revolución decisiva, que al deseo de constituir un pueblo próspero con el carácter libre, une ya, por las lecciones (pruebas) de la experiencia, la pericia requerida para su ordenación y gobernación; como el Partido Revolucionario Cubano, en vez de fomentar la idea culpable de crear en una porción de cubanos contra la voluntad declarada de los demás, y la odiosa ingratitud de desconocer la abnegación conmovedora, y el derecho de padres de los fundadores de la primera república, es la unión, sentida e invencible, de los hijos de la guerra con sus héroes; de los cubanos de la Isla con los que viven fuera de ella; de todos los necesitados de justicia en la Isla, hayan nacido en ella o no; de todos los elementos revolucionarios del pueblo cubano, sin distingos peligrosos ni reparos mediocres, sin alardes de amo ni prisas de liberto, sin castas ni comarcas, puede el Partido Revolucionario Cubano confiar en la aceptación de usted, porque es digno de sus consejos y de su renombre (su consejo y renombre).

La situación confusa del país y su respuesta bastante a nuestras preguntas, allí donde no ha surgido la solicitud vehemente de nuestro auxilio, nos dan derecho, como cubanos que vivimos en libertad, a reunir en seguida y mantener dispuestos, en acuerdo con los de la Isla, los elementos con que podamos favorecer [4] la decisión del país. Entiende el Partido que está ya en guerra, así como que estamos ya en república, y procura sin ostentación ni intransigencia innecesaria, ser fiel a la una y a la otra. Entiende que debe reunir, y reúne, los medios necesarios para la campaña inevitable, y para sostenerla con empuje, y que —luego que tenemos la honrada convicción de que el país nos desea y nos necesita, y de que la opinión pública aprueba los propósitos a que no podríamos faltar sin delito, y que no debemos propagar si no los hemos de cumplir—, es el deber del Partido tener en pie de combate su organización, reducir a un plan seguro y único todos sus factores, levantar sin demora todos los recursos necesarios para su acometimiento, y reforzarlos sin cesar, y por todas partes, después de la acometida. Y al solicitar su concurso, señor Mayor General, ésta es la obra viril que el Partido le ofrece.

Yo ofrezco (invito) a usted sin temor de negativa (a) este nuevo trabajo, hoy que no tengo más remuneración que brindarle (para ofrecerle) que el placer del sacrificio y la ingratitud probable de los hombres. El tesón con que un militar de su pericia —una vez que a las causas pasadas de la tregua sustituyen las causas constantes de la revolución y el conocimiento de sus yerros remediables—, mantiene la posibilidad de triunfar allí donde se fue ayer vencido, y la fe inquebrantable de usted en la capacidad del cubano, para la conquista de su libertad y la práctica de las virtudes con que se le ha de mantener en la victoria, son prueba sobrada (pruebas suficientes) de que no nos faltan los medios de combate, ni la grandeza de corazón, sin la cual cae, derribada o desacreditada, la guerra más justa. Usted conoció hombre a hombre a aquellos héroes incansables (inmortales), usted vio nublarse la libertad, sin perder por eso la fe en la luz del

[4] "y mantener" en *Patria*.

sol. Usted conoció y practicó aquellas virtudes que fingen desdeñar (afectan ignorar) o afean de propósito,[5] los que así creen que alejan el peligro de verse obligados, de nuevo o por segunda vez,[6] a (o) imitarlas, y que sólo niegan los que en la estrechez de su corazón no pueden concebir mayor anchura, o los soberbios que desconocen en los demás el mérito de que ellos mismos no se sienten capaces. Usted, que vive y cría a los suyos en la pasión de la libertad cubana, ni puede, por un amor insensato de la destrucción y de la muerte, abandonar el retiro respetado y el amor de su ejemplar familia, ni puede negar la luz de su consejo y su enérgico trabajo, a los cubanos que, con su misma alma de raíz, quieren asegurar la independencia amenazada de las Antillas y el equilibrio y porvenir de la familia de nuestros pueblos en América.

Los tiempos grandes requieren grandes sacrificios, y yo tengo confiado a pedir (rogar) a usted que deje en manos de sus hijos nacientes y de su compañera abandonada, la fortuna que les está levantando con rudo trabajo, para ayudar a Cuba a conquistar su libertad, con riesgo de la muerte; vengo a pedirle que cambie el orgullo de su bienestar y la paz gloriosa de su descanso, por los azares de la revolución y la amargura de la vida consagrada al servicio de los hombres. Y yo no dudo, señor Mayor General, que el Partido Revolucionario Cubano, que es hoy cuanto hay de visible de la revolución en que usted sangró y triunfó, obtendrá sus servicios en el ramo que le ofrece, a fin de ordenar, con el ejemplo de su abnegación y su pericia reconocida, la guerra republicana que el Partido está en la obligación de preparar, de acuerdo con la Isla, para la libertad y el bienestar de todos sus habitantes y la independencia definitiva de las Antillas.

Y en cuanto a mí, señor Mayor General, por el término en que esté sobre mí la obligación que me ha impuesto el sufragio cubano, no tendré orgullo mayor que la compañía y el consejo de un hombre que no se ha cansado de la noble desdicha, y se vio día a día, durante diez años, enfrente de la muerte, por defender la redención del hombre en la libertad de la patria.

Patria y Libertad,

El Delegado:
JOSÉ MARTÍ.

[5] Omitido en *Patria:* "o afean de propósito".
[6] Sustituido en *Patria* "de nuevo o por segunda vez" por "a continuarlas".

7. NUESTRAS IDEAS *

(1892)

Nace este periódico, por la voluntad y con los recursos de los cubanos y puertorriqueños independientes de New York, para contribuir, sin premura y sin descanso, a la organización de los hombres libres de Cuba y Puerto Rico, en acuerdo con las condiciones y necesidades actuales de las Islas, y su constitución republicana venidera; para mantener la amistad entrañable que une, y debe unir, a las agrupaciones independientes entre sí, y a los hombres buenos y útiles de todas las procedencias, que persistan en el sacrificio de la emancipación, o se inicien sinceramente en él; para explicar y fijar las fuerzas vivas y reales del país, y sus gérmenes de composición y descomposición, a fin de que el conocimiento de nuestras deficiencias y errores, y de nuestros peligros, asegure la obra a que no bastaría la fe romántica y desordenada de nuestro patriotismo; y para fomentar y proclamar la virtud dondequiera que se la encuentre. Para juntar y amar, y para vivir en la pasión de la verdad nace este periódico. Deja a la puerta —porque afean el propósito más puro— la preocupación personal por donde el juicio oscurecido rebaja al deseo propio las cosas santas de la humanidad y la justicia, y el fanatismo que aconseja a los hombres un sacrificio cuya utilidad y posibilidad no demuestra la razón.

Es criminal quien promueve en un país la guerra que se le puede evitar; y quien deja de promover la guerra inevitable. Es criminal quien ve ir al país a un conflicto que la provocación fomenta y la desesperación favorece, y no prepara, o ayuda a preparar, el país para el conflicto. Y el crimen es mayor cuando se conoce, por lo experiencia previa, que el desorden de la preparación puede acarrear la derrota del patriotismo más glorioso, o poner en la patria triunfante los gérmenes de su disolución definitiva. El que no ayuda hoy a preparar la guerra, ayuda ya a disolver el país. La simple creencia en la probabilidad de la guerra es ya una obligación en quien se tenga por honrado y juicioso, de coadyuvar a que se purifique, o impedir que se malee, la guerra probable. Los fuertes, prevén; los hombres de segunda mano esperan la tormenta con los brazos en cruz.

La guerra, en un país que se mantuvo diez años en ella, y ve vivos y fieles a sus héroes, es la consecuencia inevitable de la negación continua, disimulada o descarada, de las condiciones necesarias para la felicidad a un pueblo que se resiste a corromperse y desordenarse en la miseria. Y no es del caso preguntarse si la guerra es apetecible o no, puesto que ninguna alma piadosa la puede apetecer, sino ordenarla de modo que con ella venga la paz republicana, y después de ella no sean justificables ni necesarios los trastornos a que han tenido que acudir, para adelantar, los pueblos de América que vinieron al mundo en años en que no estaban en manos de todos, como hoy están, la pericia

* *Patria,* Nueva York, 14 de marzo de 1892.

política y el empleo de la fuerza nacional en el trabajo. Ni la guerra asusta sino a las almas mediocres incapaces de preferir la dignidad peligrosa a la vida inútil.

En lo presente y relativo es la guerra desdicha espantosa, en cuyos dolores no se ha de detener un estadista previsor; como es el oro preciado metal, y no se lamenta la moneda de oro si se la da en cambio de lo que vale más que ella. Cuando los componentes de un país viven en un estado de batalla sorda, que amarga las relaciones más naturales, y perturba y tiene como sin raíces la existencia, la precipitación de ese estado de guerra indeciso en la guerra decisiva es un ahorro recomendable de la fuerza pública. Cuando las dos entidades hostiles de un país viven en él con la aspiración, confesa o callada, al predominio, la convivencia de las dos sólo puede resultar en el abatimiento irremediable de una. Cuando un pueblo compuesto por la mano infausta de sus propietarios con elementos de odio y de disociación, salió de la primera prueba de guerra, por sobre las disensiones que la acabaron, más unido que cuando entró en ella, la guerra vendría a ser, en vez de un retardo de su civilización, un período nuevo de la amalgama indispensable para juntar sus factores diversos en una república segura y útil. Cuando la guerra no se ha de hacer, en un país de españoles y criollos, contra los españoles que viven en el país, sino contra la dependencia de una nación incapaz de gobernar un pueblo que sólo puede ser feliz sin ella, la guerra tiene de aliados naturales a todos los españoles que quieran ser felices.

La guerra es un procedimiento político, y este procedimiento de la guerra es conveniente en Cuba, porque con ella se resolverá definitivamente una situación que mantiene y continuará manteniendo perturbada el temor de ella; porque por la guerra, en el conflicto de los propietarios del país, ya pobres y desacreditados entre los suyos, con los hijos del país, amigos naturales de la libertad, triunfará la libertad indispensable al logro y disfrute del bienestar legítimo; porque la guerra rematará la amistad y fusión de las comarcas y entidades sociales sin cuyo trato cercano y cordial hubiera sido la misma independencia un semillero de graves discordias; porque la guerra dará ocasión a los españoles laboriosos de hacer olvidar, con su neutralidad o con su ayuda, la crueldad y ceguera con que en la lucha pasada sofocaron la virtud de sus hijos; porque por la guerra se obtendrá un estado de felicidad superior a los esfuerzos que se han de hacer por ella.

La guerra es, allá en el fondo de los corazones, allá en las horas en que la vida pesa menos que la ignominia en que se arrastra, la forma más bella y respetable del sacrificio humano. Unos hombres piensan en sí más que en sus semejantes, y aborrecen los procedimientos de justicia de que les pueden venir incomodidades o riesgos. Otros hombres aman a sus semejantes más que a sí propios, a sus hijos más que la misma vida, al bien seguro de la libertad más que al bien siempre dudoso de una tiranía incorregible, y se exponen a la muerte por dar vida a la patria. Así, cuando los elementos contendientes en las Islas demuestran la imposibilidad de avenirse en la justicia y el honor, y el avenimiento siempre parcial que pudiesen pretender no sería sancionado por la nación de que ambos dependen, ni sería más que una loable e insuficiente moratoria, proclaman la guerra los que son capaces del sacrificio, y sólo la rehuyen los que son incapaces de él.

Pero si la guerra hubiese de ser el principio de una era de revueltas y de celos, que después de una victoria inmerecida e improbable, convirtiese el país, sazonado con nuestra sangre pura, en arena de disputas locales o escenario de ambiciosas correrías; si la guerra hubiese de ser el consorcio apresurado y desleal de los hombres cultos de más necesidades que empuje, y la autoridad impaciente y desdeñosa que por causas naturales, y en parte nobles, suele crear la milicia, si hubiese la guerra de ser el predominio de una entidad cualquiera de nuestra población, con merma y desasosiego de las demás, y no el modo de ajustar en el respeto común las preocupaciones de la susceptibilidad y las de la arrogancia, como parricidas se habría de acusar a los que fomentaran y aconsejasen la guerra. Y en la lucha misma que no viniera por aconsejada, sino por inevitable, el honor sólo sería para los que hubiesen extirpado o procurado extirpar, sus gérmenes temibles; y el oprobio sería de cuantos, por la intriga o el miedo, hubiesen contribuido a impedir que las fuerzas todas de la lucha se combinasen, sin exclusiones injustas e imprudentes, en tal relación que desde los arranques pusiera a la gloria fuera del peligro del deslumbramiento, y a la libertad donde no la pudiera alcanzar la tiranía. Pero este periódico viene a mantener la guerra que anhelan juntos los héroes de mañana, que aconsejan del juicio su fervor, y los héroes de ayer, que sacaron ilesa de la lección de los diez años su fe en el triunfo; la guerra única que el cubano, libre y reflexivo por naturaleza, pide y apoya, y es la que, en acuerdo con la voluntad y necesidades del país, y con las enseñanzas de los esfuerzos anteriores, junte en sí, en la proporción natural, los factores todos, deseables o irremediables, de la lucha inminente; y los conduzca, con esfuerzo grandioso y ordenado, a una victoria que no hayan de deslucir un día después los conatos del vencedor o la aspiración de las parcialidades descontentas, ni estorbe con la política verbosa y femenil el empleo de la fuerza nacional en las labores urgentes del trabajo.

Ama y admira el cubano sensato, que conoce las causas y excusas de los yerros, a aquellos hombres valerosos que rindieron las armas a la ocasión funesta, no al enemigo; y brillan en ellos aun el alma desinteresada que los héroes nuevos, en la impaciencia de la juventud, les envidian con celos filiales. Crían las guerras por el exceso de las mismas condiciones que dan para ellas especial capacidad, o por el poder legítimo que conserva sobre el corazón el que estuvo cerca de él a la hora de morir, hábitos de autoridad y de compañerismo cuyos errores, graves a veces, no han de entibiar, en los que distinguen en ellos lo esencial de la virtud, el agradecimiento de hijo. Pero la pureza patriótica de aquellos hombres que salieron del lujo a la pelea, el roce continuo de caracteres y méritos a que la guerra dilatada dio ocasión, y el decoro natural de quien lleva en el pecho un corazón probado en lo sublime, dio a Cuba una milicia que no pone, como otras, la gloria militar por encima de la patria. Arando en los campos, contando en los bancos, enseñando en los colegios, comerciando en las tiendas, trabajando con sus manos de héroe en los talleres, están hoy los que ayer, ebrios de gloria, peleaban por la independencia del país. Y aguardan impacientes a la generación que ha de emularlos.

Late apresurado el corazón, al saludar, desde el seguro extranjero, a los que bajo el poder de un dueño implacable se disponen en silencio a sacudirlo. Ha de saberse, allá donde no queremos nutrir con las artes inútiles de la conspiración el cadalso amenazante, que los cubanos que sólo quieren de la libertad ajena el modo de asegurar la propia, aman a su tierra demasiado para trastornarla sin su consentimiento; y antes perecerían en el destierro ansiosos, que fomentar una guerra en que cubano alguno, o habitante neutral de Cuba, tuviera que padecer como vencido. La lucha que se empeña para acabar una disensión, no ha de levantar otra. Por las puertas que abramos los desterrados, por más libres mucho menos meritorios, entrarán con el alma radical de la patria nueva los cubanos que con la prolongada servidumbre sentirán más vivamente la necesidad de sustituir a un gobierno de preocupación y señorío, otro por donde corran francas y generosas, todas las fuerzas del país. El cambio de mera forma no merecería el sacrificio a que nos aprestamos; ni bastaría una sola guerra para completar una revolución cuyo primer triunfo sólo diese por resultado la mudanza de sitio de una autoridad injusta. Se habrá de defender, en la patria redimida, la política popular en que se acomoden por el mutuo reconocimiento, las entidades que el puntillo o el interés pudiera traer a choque; y ha de levantarse, en la tierra revuelta que nos lega un gobierno incapaz, un pueblo real y de métodos nuevos, donde la vida emancipada, sin amenazar derecho alguno, goce en paz de todos. Habrá de defenderse con prudencia y amor esta novedad victoriosa de los que en la revolución no vieran más que el poder de continuar rigiendo el país con el ánimo que censuraban en sus enemigos. Pero esta misma tendencia excesiva hacia lo pasado, tiene en las repúblicas igual derecho al respeto y a la representación que la tendencia excesiva al porvenir. Y la determinación de mantener la patria libre en condiciones en que el hombre pueda aspirar por su pleno ejercicio a la ventura, jamás se convertirá, mientras no nazcan cubanos hasta hoy desconocidos, o no ande la idea de guerra en manos diversas, en pelea de exclusión y desdén de aquellos con quienes en lo íntimo del alma tenemos ajustada, sin palabras, una gloriosa cita. La guerra se dispone fuera de Cuba, de manera que, por la misma amplitud que pudiera alarmar a los asustadizos, asegure la paz que les trastornaría una guerra incompleta. La guerra se prepara en el extranjero para la redención y beneficio de todos los cubanos. Crece la yerba espesa en los campos inútiles; cunden las ideas postizas entre los industriales impacientes; contra el pánico de la necesidad en los oficios desiertos del entendimiento, puesto hasta hoy principalmente en el estudio literario e improductivo de las civilizaciones extranjeras, y en la disputa de derechos casi siempre inmorales. La revolución cortará la yerba; reducirá a lo natural las ideas industriales postizas; abrirá a los entendimientos pordioseros empleos reales que aseguren, por la independencia de los hombres, la independencia de la patria. Revienta allí ya la gloria madura, y es la hora de dar la cuchillada.

Para todos será el beneficio de la revolución a que hayan contribuido todos, y por una ley que no está en mano del hombre evitar, los que se excluyan de la revolución, por arrogancia de señorío, o por reparos sociales, serán, en lo que no choque con el derecho humano, excluidos del honor e influjo de ella. El honor veda al hombre pedir su parte en el triunfo a que se niega a contribuir, y pervierte ya mucho noble corazón la creencia, justa a cierta luz, en la inutilidad del patriotismo. El patriotismo es censurable cuando se le invoca para impedir la amistad entre todos los hombres de buena fe del universo, que ven crecer el mal innecesario, y le procuran honradamente alivio. El patriotismo es un deber santo cuando se lucha por poner la patria en condición de que vivan en ella más felices los hombres. Apena ver insistir en sus propios derechos a quien se niega a luchar por el derecho ajeno. Apena ver a hermanos de nuestro corazón negándose, por defender aspiraciones pecuniarias, a defender la aspiración primera de la dignidad. Apena ver a los hombres reducirse, por el mote exclusivo de obreros, a una estrechez más dañosa que benigna; porque este aislamiento de los hombres de una ocupación o de determinado círculo social, fuera de los acuerdos propios y juiciosos entre personas del mismo interés, provocan la agrupación y resistencia de los hombres de otras ocupaciones y otros círculos; y los turnos violentos en el mando, y la inquietud continua que en la misma república vendría de estas parcialidades, serían menos beneficiosos a sus hijos que un estado de pleno decoro en que, una vez guardados los útiles de la labor de cada día, sólo se distinguiera un hombre de otro por el calor del corazón o por el fuego de la frente.

Para todos los cubanos, bien procedan del continente donde se calcina la piel, bien vengan de pueblos de una luz más mansa, será igualmente justa la revolución en que han caído, sin mirarse los colores, todos los cubanos. Si por igualdad social hubiera de entenderse, en el sistema democrático de igualdades, la desigualdad, injusta a todas luces, de forzar a una parte de la población, por ser de un color diferente de la otra, a prescindir en el trato de la población de otro color de los derechos de simpatía y conveniencia que ella misma ejercita, con aspereza a veces, entre sus propios miembros, la "igualdad social" sería injusta para quien la hubiese de sufrir, e indecorosa para los que quisiesen imponerla. Y mal conoce el alma fuerte del cubano de color, quien crea que un hombre culto y bueno, por ser negro, ha de entrometerse en la amistad de quienes, por negársela, demostrarían serle inferiores. Pero si igualdad social quiere decir el trato respetuoso y equitativo, sin limitaciones de estimación no justificadas por limitaciones correspondientes de capacidad o de virtud, de los hombres, de un color o de otro, que pueden honrar y honran el linaje humano, la igualdad social no es más que el reconocimiento de la equidad visible de la naturaleza.

Y como es ley que los hijos perdonen los errores de los padres y que los amigos de la libertad abran su casa a cuantos la amen y respeten no sólo a los cubanos será beneficiosa la revolución en Cuba, y a los puertorriqueños la de Puerto Rico, sino a cuantos acaten sus designios y ahorren su sangre. No es el nacimiento en la tierra de España lo que abomina en el español el antillano oprimido, sino la ocupación agresiva e insolente del país donde amarga y atrofia la vida de sus propios hijos. Contra el mal padre es la guerra, no contra el buen padre; contra el esposo aventurero, no contra el esposo leal; contra el transeúnte arrogante e ingrato, no contra el trabajador liberal y agradecido. La guerra no es contra el español, sino contra la codicia e incapacidad de España. El hijo ha recibido en Cuba de su padre español el primer consejo de altivez e independencia: el padre se ha despojado de las insignias de su empleo en las armas para que sus hijos no se tuviesen que ver un día frente a él; un español ilustre murió por Cuba en el patíbulo; los españoles han muerto en la guerra al lado de los cubanos. Los españoles que aborrecen el país de sus hijos, serán extirpados por la guerra que han hecho necesaria. Los españoles que aman a sus hijos y prefieren las víctimas de la libertad a sus verdugos, vivirán seguros en la república que ayuden a fundar. La guerra no ha de ser para el exterminio de los hombres buenos, sino para el triunfo necesario sobre los que se oponen a su dicha.

Es el hijo de las Antillas, por favor patente de su naturaleza, hombre en quien la moderación del juicio iguala a la pasión por la libertad;

y hoy que sale el país con el mismo desorden con que salió hace veinticuatro años, de una política de paz inútil que sólo ha sido popular cuando se ha acercado a la guerra, y no ha llevado la unión de los elementos allegables más lejos al menos de donde estuvieron hace veinticuatro años, álzanse a la vez a remediar el desorden, con prudencia de estadísticas y fuego apostólico, los hijos vigilantes que han empleado la tregua en desentrañar y remediar las causas accidentales de la tristísima derrota, y en juntar a sus elementos aún útiles, las fuerzas nacientes, a fin de que no caiga la mano enemiga, perita en la persecución, sobre los que sin esta levadura de realidad pudieran volver al desconcierto e inexperiencia por donde vino a desangrarse y morir la robusta gloria de la guerra pasada. Se encienden los fuegos y vuelve a cundir la voz; en el mismo hogar tímido, cansado de la miseria, restalla la amenaza; va en silencio la juventud a venerar la sepultura de los héroes, y el clarín resuena a la vez en las asambleas de los emigrados y en las de los colonos. Nace este periódico, a la hora del peligro, para velar por la libertad, para contribuir a que sus fuerzas sean invencibles por la unión y para evitar que el enemigo nos vuelva a vencer por nuestro desorden.

8. EL ARTE DE PELEAR *

(1892)

Se pelea cuando se dice la verdad. Se pelea cuando se fuerza al enemigo, por el miedo del poder que ve venirse encima, a los extremos y desembolsos que han de precipitar la acción que deseamos. Se pelea cuando se organizan las fuerzas para la victoria. Se pelea cuando se demora el pelear hasta que los ejércitos estén en condición de aspirar a vencer. Se pelea cuando se atrae los ánimos hostiles por la demostración de la unidad donde sospechan el desorden, de la cordura donde sospechan la impaciencia, de la cordialidad donde sospechan la enemistad, de la virtud donde se propalaba que no había más que vicio y crimen. Se pelea, sobre todo, cuando los que han estado limpiando las armas y aprendiendo el paso en los ejercicios parciales e invisibles, en organizaciones aisladas y calladas, se ponen, a la vez, en pie, con un solo ánimo y un solo fin, cada uno con su estandarte y con su emblema, y todos, a la luz en marcha que se sienta y que se vea, detrás de la bandera de la patria.

Se pierde una batalla con cada día que pasa en la inacción. Se pierde una batalla cuando no se guía inmediatamente al ataque la fe que cuesta tanto levantar. Se pierde una batalla cuando los ejércitos, a la hora de concentrarse, se entretienen en el camino, y llegan tarde, y con las fuerzas desmayadas, al punto de concentración. Se pierde una batalla cuando en el momento que exige mano rápida y grandiosa en los jefes, y mucho brazo y mucho corazón para la arremetida, tarda en vérsele a los jefes la mano rápida, y se da tiempo a que se desordenen los corazones. Se pierde una batalla cuando, a la hora del genio, y de la centella, se monta a caballo en el taburete de cuero y se abre la ocasión al enemigo.

---

* *Patria,* 19 de marzo de 1892.

9. EL PARTIDO *

(Fragmento)

(1892)

Los partidos políticos que han de durar; los partidos que arrancan de la conciencia pública; los partidos que vienen a ser el molde visible del alma de un pueblo, y su brazo y su voz; los partidos que no tienen por objeto el beneficio de un hombre interesado o de un grupo de hombres, no se han de organizar con la prisa indigna y artificiosa del interés personal, sino, como se organiza el Partido Revolucionario Cubano, con el desahogo y espontaneidad de la opinión libre. Allí donde hubiera —que no ha habido— una duda que aclarar, no debió apremiarse la adhesión, si no da tiempo al esclarecimiento pleno de la duda. Allí donde pudiera suponerse que la malignidad humana o la enemistad, o el entusiasmo inquieto y descompuesto, pretendían —que no han pretendido— trastornar la organización naciente, no se debía limosnear la adhesión de los patriotas honrados, sino fiar en su honor y dejar en sus manos la tarea de evitar el trastorno. Allí, donde la emulación personal en una localidad, demorase culpablemente —que no ha demorado— la organización rápida, la organización de batalla y de paso de ataque, de un partido que se funda para preparar una guerra inminente, para evitar el desorden inminente de una república que está al nacer, debía esperarse a que los excesos de la emulación, por su propio bochorno, de sí mismos se corrigieran, sin intrusión extraña. A veces, esperar es morir. A veces, esperar es vencer. Y esto ha sucedido en el Partido Revolucionario Cubano. Se esperó donde la espera parecía conveniente a la dignidad y firmeza de la organización, a la opinión de desinterés absoluto y naturaleza popular que merece por sus métodos y fines el Partido: y la espera ha sido la victoria.

El bullicio no es la organización. El aparato no satisface a los hombres reales. Ganar un alma en la sombra, un alma que se purga y se vence, un alma que peca y se avergüenza, es más grato y más útil al país, que caracolear y levantar el polvo. Los árboles crecen y no se los ve. La mar se hincha y no se nota hasta que la pleamar se lanza sobre la playa. Ni un momento perdido ni un momento apresurado. Apresurar es perder. Lo que importa es que todos los cubanos buenos, todos los cubanos activos, se junten con libertad y sinceridad. No es racha lo que levantamos, sino ejército.

Del éxito de esta organización espontánea, de la solidez y entusiasmo de esta obra de que no se ha de ver sino lo que la fortaleza enseñe, para ejemplo y estímulo, en su vigor real, son muestra generosa, en estos

* *Patria*, Nueva York, 25 de junio de 1892.

instantes mismos, el calor con que los emigrados de Nueva Orleans, responden al convite para el trabajo común, el cariño que las ideas y métodos del Partido despiertan en Boston, el entusiasmo con que la emigración de Filadelfia se prepara a declarar su fe en el Partido con ocasión de la visita del Delegado y la ejemplar cordialidad de los cubanos de Ocala.

10. BASES DEL PARTIDO REVOLUCIONARIO CUBANO *

(1892)

Artículo 1º—El Partido Revolucionario Cubano se constituye para lograr, con los esfuerzos reunidos de todos los hombres de buena voluntad, la independencia absoluta de la Isla de Cuba, y fomentar y auxiliar la de Puerto Rico.

Art. 2º—El Partido Revolucionario Cubano no tiene por objeto precipitar inconsiderablemente la guerra en Cuba, ni lanzar a toda costa al país a un movimiento mal dispuesto y discorde, sino ordenar, de acuerdo con cuantos elementos vivos y honrados se le unan, una guerra generosa y breve, encaminada a asegurar en la paz y el trabajo la felicidad de los habitantes de la Isla.

Art. 3º—El Partido Revolucionario Cubano reunirá los elementos de revolución hoy existentes y allegará sin compromisos inmorales con pueblo u hombre alguno, cuantos elementos nuevos pueda, a fin de fundar en Cuba por una guerra de espíritu y método republicanos, una nación capaz de asegurar la dicha durable de sus hijos y de cumplir, en la vida histórica del continente, los deberes difíciles que su situación geográfica le señala.

Art. 4º—El Partido Revolucionario Cubano no se propone perpetuar en la República Cubana, con formas nuevas o con alteraciones más aparentes que esenciales, el espíritu autoritario y la composición burocrática de la colonia, sino fundar en el ejercicio franco y cordial de las capacidades legítimas del hombre, un pueblo nuevo y de sincera democracia, capaz de vencer, por el orden del trabajo real y el equilibrio de las fuerzas sociales, los peligros de la libertad repentina en una sociedad compuesta para la esclavitud.

Art. 5º—El Partido Revoluciorio Cubano no tiene por objeto llevar a Cuba una agrupación victoriosa que considere la Isla como su presa y dominio, sino preparar, con cuantos medios eficaces le permita la libertad del extranjero, la guerra que se ha de hacer para el decoro y el bien de todos los cubanos, y entregar a todo el país la patria libre.

Art. 6º—El Partido Revolucionario Cubano se establece para fundar la patria una, cordial y sagaz, que desde sus trabajos de preparación y en cada uno de ellos, vaya disponiéndose para salvarse de los peligros internos y externos que la amenacen, y sustituir al desorden económico en que agoniza un sistema de hacienda pública que abra al país inmediatamente a la actividad diversa de sus habitantes.

Art. 7º—El Partido Revolucionario Cubano cuidará de no atraerse, con hecho o declaración alguna indiscreta durante su propaganda, la malevolencia o suspicacia de los pueblos con quienes la prudencia o el afecto aconseja o impone el mantenimiento de relaciones cordiales.

Art. 8º—El Partido Revolucionario Cubano tiene por propósitos concretos los siguientes:

* *Patria*, Nueva York, 14 de marzo de 1892.

I.—Unir en un esfuerzo continuo y común la acción de todos los cubanos residentes en el extranjero.

II.—Fomentar relaciones sinceras entre los factores históricos y políticos de dentro y fuera de la Isla que puedan contribuir al triunfo rápido de la guerra y a la mayor fuerza y eficacia de las instituciones que después de ella se funden, y deben ir en germen en ella.

III.—Propagar en Cuba el conocimiento del espíritu y los métodos de la revolución, y congregar a los habitantes de la Isla en un ánimo favorable a su victoria, por medios que no pongan innecesariamente en riesgo las vidas cubanas.

IV.—Allegar fondos de acción para la realización de su programa, a la vez que abrir recursos continuos y numerosos para la guerra.

V.—Establecer discretamente con los pueblos amigos relaciones que tiendan a acelerar, con la menor sangre y sacrificios posibles, el éxito de la guerra, y la fundación de la nueva República indispensable al equilibrio americano.

Art. 9º—El Partido Revolucionario Cubano se regirá conforme a los estatutos secretos que acuerden las organizaciones que lo fundan.

11. LA GUERRA *

(1892)

A nada se va con la hipocresía. Porque cerremos los ojos, no desaparece de nuestra vista lo que está delante de ella. Con ponerle las manos al paso, no se desvía el rayo de nuestras cabezas. La guerra no se puede desear, por su horror y desdicha; aunque un observador atento no puede desconocer que la guerra fomenta, en vez de mermar, la bondad y justicia entre los hombres, y que éstos adquieren en los oficios diarios y sublimes del combate, tal conocimiento de las fuerzas naturales y modo de servirse de ella, tal práctica de unión y tal poder de improvisación, que en un pueblo nuevo y heterogéneo sobre todo, los beneficios de la guerra, por el desarrollo y unificación del carácter del país y de los modos de emplearlo, son mayores que el desastre parcial, por la destrucción de la riqueza reparable y la viudez de las familias. La conservación de la propiedad que se puede reponer, importa menos que la conservación o la creación del carácter, que ha de producir y mantener la propiedad. Las propiedades de un país valen en razón de lo que valen sus caracteres. Y en lo que aflojan los caracteres o faltan, en eso aflojan o faltan las propiedades. Las propiedades hay que cuidarlas en la raíz, la cual es el prestigio y firmeza del pueblo donde se tienen; y al que por ahí no las cuide, le sucederá como al que lleve en la médula un tumor, y por el miedo al bisturí, no se ponga más medicinas que las pomadas y colonias con que el peluquero lo adereza para el baile. Mejor es un año de cama que veinticinco de muerte. Los propietarios que no se determinan, ya que todo se puede hacer con cautela en este mundo, a contribuir con los productos de su hacienda amenazada a crear un estado en que prospere sin cargas ajenas y con el entusiasmo de lo propio, su hacienda libre; los propietarios que, en las regiones más castigadas, no se decidan a sacrificar unos cuantos años de producción agonizante, o meses acaso, al bien perenne y mayor de levantar un pueblo cuya producción se quede en la casa y en manos de sus hijos, en vez de ir por el mar a pagar gustos de pollos de Antequera o nutrir en nuestro pueblo los vicios insolentes que nos lo queman; los propietarios incautos e indecisos que, como padres culpables, miran más su comodidad de hoy; aunque vean que apenas les durará lo que la vida, que la obligación de asegurar el porvenir a los hijos que trajeron al mundo, son como el indio poblano, cuando iba a Puebla a vender sus haces de leña al español que le ponía de marca un medio por cada cinco haces, que le valía una peseta fuerte, y el indio, cuando el astuto español hacía como quien no ve, se robaba un medio de los de la marca. Así son los propietarios tímidos: se roban el medio y pierden los veinticinco centavos.

*

---

* *Patria*, Nueva York, 9 de julio de 1892.

Aunque cerremos los ojos y pongamos las manos, lo que está ante nuestra vista, está, y el rayo caerá sobre nuestras cabezas. "¿Y quién —dice el propietario tímido— me garantiza de que después del triunfo de la revolución no continúe yo padeciendo bajo los revolucionarios ambiciosos o impotentes, bajo un país de abogados sin empleo y de caudillos encabezados, lo mismo que padezco bajo este gobierno español de prostitución y simonía?" Todo se ha de admitir, porque todo es cierto, hasta esa penosa reducción de los deberes de la vida al menor de ellos, el de conservar la riqueza material, en virtud de cuya reducción llegan los hombres a ver serenamente, con tal que no les altere el balance anual, las ofensas que ensangrientan sus propias mejillas y las de sus propios hijos. Pero los pueblos no están hechos de los hombres como debieran ser, sino de los hombres como son. ¡Y las revoluciones no triunfan y los pueblos no se mejoran si aguardan a que la naturaleza humana cambie, sino que han de obrar conforme a la naturaleza humana y de batallar con los hombres como son o contra ellos! Pena es que la sangre no le hierva al hombre en las venas, como hirvió la de nuestros padres, mucho más ricos que nosotros, cuando un dueño brutal se le sienta sobre toda la casa, y lo obliga a la perpetua cobardía de la mentira, y emplea en mantener escandalosos vicios, a la puerta de nuestros hogares arruinados, el tributo que tenemos que pagar con el alquiler de nuestra honra y la hipoteca de nuestras fincas. Pena es que el hombre no vea que la riqueza material, aun cuando esté más segura que la de los hijos del 68, está bajo el sable de sus deportadores, no da a la vista el goce y la plenitud de la riqueza menor o de la mayor pobreza, cuando por todo alrededor palpita, en la franca aspiración criolla, el hombre libre. ¿Qué diferencia hay, en el fondo, entre un esclavo que rompe la tierra y un esclavo que gasta en el aturdimiento lo que le deja de su tierra una metrópoli voraz? El bochorno de su inercia hará más amarga, aunque él se lo disimule, la existencia del esclavo dorado. Pena es que el hombre no salte de su asiento al ver que vive sin poder sacar la verdad a los labios, que acata y besa la mano que lo burla y lo azota, que crecen en la tiniebla y en la persecución sus hijos. Pero de ese argumento del interés se ha de tomar nota, por lo que tiene de humano, y de fuerte por tanto, y por lo que hay en él de justo. Pero no se ha de responder a él con la arrogancia de la profecía que ofrece, por la potencia del deseo, democracias milagrosas y repúblicas de madreperla, con celajes de azul y oro; ni con la autoridad de la visión privilegiada, que descubre, en los encuentros venideros de las fuerzas generosas actuales, una firmeza, llena de vitalidad que no es dable prever aún a los que de su estudio menos cordial y completo no pueden derivar la misma fe sensata. No se ha de responder a una duda positiva con una confianza romántica, o epodo de sentimiento, o augurio de adementado sacerdote. No se ha de alegar que tenemos un pueblo de fácil laboreo, con hijos aleccionados en la actividad por la desdicha y ansiosos y capaces de labrarlo. No se ha de decir, aunque sea cierto, que la república no puede ser ya en Cuba la lucha entre las castas ociosas y autoritarias contra el país productor e imberbe, como en otros pueblos de América, sino que la abundancia de empleos reales dará oficio a la inteligencia ambiciosa sacada de los quehaceres segundones de la vida colonial; y el hábito del voto, del examen y de la vigilancia, y el tráfico abierto de todas las regiones evitará el mal de los caudillos. Lo que hay que decir es que, ya que vivimos en angustia continua, en inseguridad continua, en amenaza continua, valdría más, de todos modos, vivir así en nuestra casa propia, donde el cariño natural de la tierra iría remediando nuestros males, donde el producto de nuestras depredaciones posibles quedaría dentro del país y entre sus hijos, donde el súbito decoro de nuestra vida revelaría a nuestro espíritu cultivando supremas obligaciones, que vivir en una agonía de que sólo aprovecha el extranjero y cuyos productos no quedan en nuestra casa.

12. MI RAZA *

(1893)

Esa de racista está siendo una palabra confusa, y hay que ponerla en claro. El hombre no tiene ningún derecho especial porque pertenezca a una raza u otra; dígase hombre, y ya se dicen todos los derechos. El negro, por negro, no es inferior ni superior a ningún otro hombre; peca por redundante el blanco que dice: "mi raza"; peca por redundande el negro que dice: "mi raza". Todo lo que divide a los hombres, todo lo que los especifica, aparta o acorrala, es un pecado contra la humanidad. ¿A qué blanco sensato le ocurre envanecerse de ser blanco, y qué piensan los negros del blanco, que se envanece de serlo, y cree que tiene derechos especiales por serlo? ¿Qué han de pensar los blancos del negro que se envanece de su color? Insistir en las divisiones de raza, en las diferencias de raza, de un pueblo naturalmente dividido, es dificultar la ventura pública y la individual que están en el mayor acercamiento de los factores que han de vivir en común. Si se dice que en el negro no hay culpa aborígene ni virus que lo inhabilite para desenvolver toda su alma de hombre, se dice la verdad, y ha de decirse y demostrarse, porque la injusticia de este mundo es mucha, y la ignorancia de los mismos que pasan por la sabiduría, y aún hay quien crea de buena fe al negro incapaz de la inteligencia y corazón del blanco; y si a esa defensa de la naturaleza se la llama racismo, no importa que se le llame así, porque no es más que decoro natural y voz que clama del pecho del hombre por la paz y la vida del país. Si se alega que la condición de esclavitud no acusa inferioridad en la raza esclava, puesto que los galos blancos, de ojos azules y cabellos de oro, se vendieron como siervos, con la argolla al cuello, en los mercados de Roma; eso es racismo bueno, porque es pura justicia y ayuda a quitar prejuicios al blanco ignorante. Pero ahí acaba el racismo justo, que es el derecho del negro a mantener y probar que su color no le priva de ninguna de las capacidades y derechos de la especie humana.

El racista blanco, que le cree a su raza derechos superiores, ¿qué derecho tiene para quejarse del racista negro, que le vea también especialidad a su raza? El racista negro, que ve en la raza un carácter especial, ¿qué derecho tiene para quejarse del racista blanco? El hombre blanco que, por razón de su raza, se cree superior al hombre negro, admite la idea de la raza y autoriza y provoca al racista negro. El hombre negro que proclama su raza, cuando lo que acaso proclama únicamente en esta forma errónea es la identidad espiritual de todas las razas, autoriza y provoca al racista blanco. La paz pide los derechos comunes de la naturaleza: los derechos diferenciales, contrarios a la naturaleza, son enemigos de la paz. El blanco que se aisla, aisla al negro. El negro que se aisla, provoca a aislarse al blanco.

En Cuba no hay temor alguno a la guerra de razas. Hombre es más

---

* *Patria*, 16 de abril de 1893.

que blanco, más que mulato, más que negro. Cubano es más que blanco, más que mulato, más que negro. En los campos de batalla muriendo por Cuba, han subido juntas por los aires, las almas de los blancos y de los negros. En la vida diaria de defensa, de lealtad, de hermandad, de astucia, al lado de cada blanco hubo siempre un negro. Los negros, como los blancos, se dividen por sus caracteres, tímidos o valerosos, abnegados o egoístas, en los partidos diversos en que se agrupan los hombres. Los partidos políticos son agregados de preocupaciones, de aspiraciones, de intereses y de caracteres. Lo semejante esencial se busca y halla, por sobre las diferencias de detalle, y lo fundamental de los caracteres análogos se funde en los partidos, aunque en lo incidental o en lo postergable al móvil común, difieran. Pero en suma, la semejanza de los caracteres, superior como factor de unión a las relaciones internas de un color de hombres graduado, y en sus grados a veces opuesto, decide e impera en la formación de los partidos. La afinidad de los caracteres es más poderosa entre los hombres que la afinidad de color. Los negros, distribuidos en las especialidades diversas u hostiles del espíritu humano, jamás se podrán ligar ni desearán ligarse, contra el blanco, distribuido en las mismas especialidades. Los negros están demasiado cansados de la esclavitud para entrar voluntariamente en la esclavitud del color. Los hombres de pompa e interés se irán de un lado, blancos o negros, y los hombres generosos y desinteresados se irán de otro. Los hombres verdaderos, negros o blancos, se tratarán con lealtad y ternura, por el gusto del mérito, y el orgullo de todo lo que honre la tierra en que nacimos, negro o blanco. La palabra racista caerá de los labios de los negros que la usan hoy de buena fe, cuando entiendan que ella es el único argumento de apariencia válida y de validez en hombres sinceros y asustadizos, para negar al negro la plenitud de sus derechos de hombre. Dos racistas serían igualmente culpables: el racista blanco y el racista negro. Muchos blancos se han olvidado ya de su color, y muchos negros. Juntos trabajan, blancos y negros, por el cultivo de la mente, por la propagación de la virtud, por el triunfo del trabajo creador y de la caridad sublime.

En Cuba no habrá nunca guerra de razas. La República no se puede volver atrás, y la República, desde el día único de redención del negro en Cuba, desde la primera constitución de la independencia el 10 de abril en Guáimaro, no habló nunca de blancos y de negros. Los derechos públicos, concedidos ya de pura astucia por el Gobierno español, e iniciados en las costumbres antes de la independencia de la Isla, no podrán ya ser negados, ni por el español, que los mantendrá mientras aliente en Cuba, para seguir dividiendo al cubano negro del cubano blanco, ni por la independencia, que no podría negar en la libertad los derechos que el español reconoció en la servidumbre.

Y en lo demás, cada cual será libre en lo sagrado de la casa. El mérito, la prueba patente y continua de la cultura y el comercio inexorable, acabarán de unir a los hombres. En Cuba hay mucha grandeza, en negros y blancos.

13. DISCURSO *

(1891)

Cubanos:

Para Cuba que sufre, la primera palabra. De altar se ha de tomar a Cuba, para ofrendarle nuestra vida, y no de pedestal, para levantarnos sobre ella. Y ahora, después de evocado su amadísimo nombre, derramaré la ternura de mi alma sobre estas manos generosas que, ¡no a deshora, por cierto!, acuden a dármele fuerzas para la agonía de la edificación; ahora, puestos los ojos más arriba de nuestras cabezas y el corazón entero sacado de mí mismo, no daré gracias egoístas a los que creen ver en mí las virtudes que de mí y de cada cubano desean; ni al cordial Carbonel, ni al bravo Rivero, daré gracias por la hospitalidad magnífica de sus palabras y el fuego de su cariño generoso, sino que todas las gracias de mi alma las daré, y en ellos a cuantos tienen aquí las manos puestas a la faena de fundar, por este pueblo de amor que han levantado cara a cara del dueño codicioso que nos acecha y divide; por este pueblo de virtud, en donde se aprueba la fuerza libre de nuestra patria trabajadora; por este pueblo culto, con la mesa de pensar al lado de la de ganar el pan, y truenos de Mirabeau junto a artes de Roland, que es respuesta de sobra a los desdeñosos de este mundo; por este templo orlado de héroes y alzado sobre corazones. Yo abrazo a todos los que saben amar. Yo traigo la estrella y traigo la paloma en mi corazón.

No nos reúne aquí, de puro esfuerzo y como a regañadientes, el respeto periódico a una idea de que no se puede abjurar sin deshonor; ni la respuesta siempre pronta, y a veces demasiado pronta, de los corazones patrios a un solicitante de fama, o a un alocado de poder, o a un héroe que no corona el ansia inoportuna de morir con el heroísmo superior de reprimirla, o a un menesteroso que bajo la capa de la patria anda sacando la mano limosnera. Ni el que viene se afeará jamás con la lisonja ni es este noble pueblo que lo recibe, pueblo de gente servil y llevadiza. Se me hincha el pecho de orgullo, y amo aún más a mi patria desde ahora, y creo aún más desde ahora en su porvenir ordenado y sereno, en el porvenir redimido del peligro grave de seguir a ciegas en nombre de la libertad, a los que se valen del anhelo de ella para desviarla en beneficio propio; creo aún más en la república de ojos abiertos, ni insensata ni tímida, ni togada ni descuellada, ni sobreculta ni inculta, desde que veo, por los avisos sagrados del corazón, juntos en esta noche de fuerza y pensamiento, juntos para ahora y para después, juntos para mientras impere el patriotismo, a los cubanos que ponen su opinión franca y libre por sobre todas las cosas, y a un cubano que se las respeta.

Porque si en las cosas de mi patria me fuera dado preferir un bien a todos los demás, un bien

---

* Conocido por el famoso lema martiano: *con todos y para el bien de todos*, este discurso fue pronunciado en el Liceo Cubano de Tampa el 26 de noviembre de 1891.

ındamental que de todos los del
aís fuera base y principio, y sin el
ue los demás bienes serían falaces
inseguros, ése sería el bien que yo
refiriera; yo quiero que la ley pri-
ıera de nuestra república sea el
ulto de los cubanos a la dignidad
lena del hombre. En la mejilla ha
e sentir todo hombre verdadero, el
olpe que recibe cualquier mejilla
e hombre; envilece a los pueblos
esde la cuna el hábito de recurrir
camarillas personales, fomentadas
or un interés notorio o encubierto,
ara la defensa de las libertades;
áquese a lucir, y a incendiar las
lmas, y a vibrar como el rayo, a la
erdad, y síganla, libres, los hom-
res honrados. Levántese por sobre
odas las cosas esta tierna considera-
ión, este viril tributo de cada cuba-
o a otro. Ni misterios, ni calumnias,
i tesón en desacreditar, ni largas y
stutas preparaciones para el día
unesto de la ambición. O la repú-
lica tiene por base el carácter enero de cada uno de sus hijos, el
ábito de trabajar con sus manos y
ensar por sí propio, el ejercicio
ntegro de sí y el respeto, como de
onor de familia, al ejercicio íntegro
le los demás; la pasión, en fin, por
l decoro del hombre, o la repú-
lica no vale una lágrima de nues-
ras mujeres ni una sola gota de san-
re de nuestros bravos. Para verda-
les trabajamos y no para sueños.
Para libertar a los cubanos trabaja-
nos y no para acorralarlos. ¡Para
ajustar en la paz y en la equidad
os intereses y derechos de los ha-
itantes leales de Cuba, trabajamos,
no para erigir, a la boca del con-
inente, de la república, la mayor-
lomía espantada de Veintemilla, o
a hacienda sangrienta de Rosas, o el
Paraguay lúgubre de Francia! ¡Me-
or caer bajo los excesos del carácter
mperfecto de nuestros compatriotas,
que valerse del crédito adquirido
con las armas de la guerra o las de
a palabra, que rebajarles el carácter!
Este es mi único título a estos cari-
ños, que han venido a tiempo a robustecer mis manos incansables en el servicio de la verdadera libertad. ¡Muérdanmelas los mismos a quienes anhelase yo levantar más, y ¡no miento!, amaré la mordida, porque me viene de la furia de mi propia tierra, y porque por ella veré bravo y rebelde a un corazón cubano! ¡Unámonos, ante todo, en esta fe; juntemos las manos, en prenda de esa decisión, donde todos las vean y donde no se olvida sin castigo; cerrémosle el paso a la república que no venga preparada por medios dignos del decoro del hombre, para el bien y la prosperidad de todos los cubanos!

¡De todos los cubanos! ¡Yo no sé qué misterio de ternura tiene esta dulcísima palabra ni qué sabor tan puro sobre el de la palabra misma de hombre, que es ya tan bella, que si se le pronuncia como se debe, parece que es el aire como nimbo de oro y es trono o cumbre de monte la naturaleza! Se dice cubano, y una dulzura como la suave hermandad se esparce por nuestras entrañas, y se abre sola la caja de nuestros ahorros, y nos apretamos para hacer un puesto más en la mesa, y echa las alas el corazón enamorado para amparar al que nació en la misma tierra que nosotros, aunque el pecado lo trastorne, o la ignorancia lo extravíe, o la ira lo enfurezca, o lo ensangriente el crimen! ¡Como que unos brazos divinos que no vemos nos aprietan a todos sobre un pecho en que todavía corre la sangre y se oye todavía sollozar el corazón! ¡Créese allá en nuestra patria, para darnos luego trabajo de piedad, créese, donde el dueño corrompido pudre cuanto mira, un alma cubana nueva, erizada y hostil, un alma hosca, distinta de aquella alma casera y magnánima de nuestros padres e hija natural de la miseria, que ve triunfar al vicio impune, y de la cultura inútil, que sólo halla empleo en la contemplación sorda de sí misma! ¡Acá, donde vigilamos por los ausentes, donde reponemos la casa que allá se nos cae encima, donde creamos lo que ha de reemplazar a lo que allí se nos destruye, acá no hay palabra que se asemeje más a la luz del amanecer ni consuelo que se entre con más dicha por nuestro corazón, que esta palabra inefable y ardiente de cubano!

¡Porque eso es esta ciudad, eso es la emigración cubana entera, eso es lo que venimos haciendo en estos años de trabajo sin ahorro, de familia sin gusto, de vida sin sabor, de muerte disimulada! ¡A la patria que allí se cae a pedazos y se ha quedado ciega de la podre, hay que llevar la patria piadosa y previsora que aquí se levanta! ¡A lo que queda de patria allí, mordido de todas partes por la gangrena que empieza a roer el corazón, hay que juntar la patria amiga donde hemos ido, acá en la soledad, acomodando el alma, con las manos firmes que pide el buen cariño, a las realidades todas, de afuera y de adentro, tan bien veladas allí en unos por la desesperación y en otros por el goce babilónico, que con ser grandes certezas, y grandes esperanzas, y grandes peligros, son, aun para los expertos, poco menos que desconocidas! Pues ¿qué saben allá de esta noche gloriosa de resurrección, de la fe determinada y metódica de nuestros espíritus, del acercamiento continuo y creciente de los cubanos de afuera, que los errores de los diez años y las veleidades naturales de Cuba, y otras causas maléficas no han logrado por fin dividir, sino allegar tan íntima y cariñosamente que no se ve sino un águila que sube, y un sol que va naciendo, y un ejército que avanza? ¿Qué saben allá de estos tratos sutiles, que nadie prepara ni puede detener, entre el país desesperado y los emigrados que esperan? ¿Qué saben de este carácter nuestro, fortalecido, de tierra en tierra, por la prueba cruenta y e ejercicio diario? ¿Qué saben del pue blo liberal, y fiero y trabajador, qu vamos a llevarles? ¿Qué sabe el qu agoniza en la noche, del que l espera con los brazos abiertos e la aurora? Cargar barcos puede cual quier cargador, y poner mecha a cañón, cualquier artillero puede; per no ha sido esa tarea menor y d mero resultado y oportunidad, la ta rea única de nuestro deber, sino l de evitar las consecuencias dañina y acelerar las felices, de la guerr próxima e inevitable, e irla limpian do, como cabe en lo humano, de desamor, y del descuido, y de lo celos que la pudiesen poner dond sin necesidad ni excusa nos pusiero la anterior, y disciplinar nuestra almas libres en el conocimiento orden de los elementos reales d nuestro país, y en el trabajo, qu es el aire y el sol de la libertad para que quepan en ella sin peligro junto a las fuerzas creadoras de un situación nueva, aquellos residuo inevitables de las crisis revueltas qu son necesarias para constituirlas. Y las manos nos dolerán más de un vez en las faenas sublimes, pero lo muertos están mandando, y aconse jando, y vigilando, y los vivos lo oyen, y los obedecen, y se oye en e viento ruido de ayudantes que pasa llevando órdenes, ¡y de pabellone que se despliegan! ¡Unámonos cu banos, en esta otra fe; con todos para todos; la guerra inevitable, d modo que la respete y la desee y l ayude la patria, y no nos la mate en flor, por local o por personal por incompleta, el enemigo: la revo lución de justicia y de realidad, par el reconocimiento y la práctica fran ca de las libertades verdaderas!

¡Ni los bravos de la guerra qu me oyen tienen paces con estos aná lisis menudos de las cosas públicas porque al entusiasta le parece cri men la tardanza misma de la sensa tez en poner por obra el entusiasmo ni nuestra mujer, que aquí oye aten a, sueña más que en volver a pisar a tierra propia, donde no ha de ivir su compañero, agrio como aquí ive y taciturno; ni el niño, hermano hijo de mártires y de héroes, nurido de sus leyendas, piensa en más ue en lo hermoso de morir a cabao, peleando por el país, al pie de na palma!

¡Es el sueño mío, es el sueño de odos; las palmas son novias que speran, y hemos de poner la jusicia tan alta como las palmas! Eso s lo que queríamos decir. A la guera del arranque, que cayó en el lesorden, ha de suceder, por insisencia de los males públicos, la guera de la necesidad, que vendría floja sin probabilidad de vencer, si no e diese su pujanza aquel amor inteigente y fuerte del derecho por donde las almas más ansiosas de él recogen de la sepultura el pabellón que dejaron caer, cansados del primer esfuerzo, los menos necesitados de justicia. Su derecho de hombres es lo que buscan los cubanos en su independencia, y la independencia se ha de buscar con alma entera de hombre. ¡Que Cuba desolada, vuelve a nosotros los ojos! ¡Que los niños ensayan en los troncos de los caminos la fuerza de sus brazos nuevos! ¡Que las guerras estallan, cuando hay causas para ella, de la impaciencia de un valiente o de un grano de maíz! ¡Que el alma cubana se está poniendo en fila, y se ven ya, como al alba, las masas confusas! ¡Que el enemigo, menos sorprendido hoy, menos interesado, no tiene en la tierra los caudales que hubo de defender la vez pasada, ni hemos de entretenernos tanto como entonces en dimes y diretes de localidad, ni en competencias de mando, ni en envidias de pueblo, ni en esperanzas locas! ¡Que afuera tenemos el amor en el corazón, los ojos en la costa, la mano en la América y el arma al cinto! Pues ¿quién no lee en el aire todo eso con letras de luz? Y con letras de luz se ha de leer que no buscamos, en este nuevo sacrificio, meras formas, ni la perpetuación del alma colonial en nuestra vida, con novedades de uniforme yankee, sino la esencia y realidad de un país republicano nuestro, sin miedo canijo de unos a la expresión saludable de todas las ideas y el empleo honrado de todas las energías, ni de parte de otros aquel robo al hombre que consiste en pretender imperar en nombre de la libertad por violencias en que se prescinde del derecho de los demás a las garantías y los métodos de ella. Por supuesto, que se nos echarán atrás los petimetres de la política, que olvidan cómo es necesario contar con lo que no se puede suprimir, y que se pondrá a refunfuñar el patriotismo de polvos de arroz, so pretexto de que los pueblos, en el sudor de la creación, no dan siempre olor de clavellina. ¿Y qué hemos de hacer? ¡Sin los gusanos que fabrican la tierra no podrían hacerse palacios suntuosos! En la verdad hay que entrar con la camisa al codo, como entra en la res el carnicero. Todo lo verdadero es santo, aunque no huela a clavellina. ¡Todo tiene la entraña fea y sangrienta: es fango en las artesas el oro en que el artista talla luego sus joyas maravillosas; de lo fétido de la vida saca almibar la fruta y colores la flor; nace el hombre del dolor y la tiniebla del seno maternal y del alarido y el desgarramiento sublime, y las fuerzas magníficas y corrientes de fuego que en el horno del sol se precipitan y confunden, no parecen de lejos, a los ojos humanos, sino manchas! ¡Paso a los que no tienen miedo a la luz; caridad para los que tiemblan de sus rayos!

Ni vería yo esa bandera sin cariño, hecho como estoy a saber que lo más santo se toma como instrumento del interés por los triunfadores audaces de este mundo, si no creyera que en sus pliegues ha de venir la libertad entera, cuando el reconocimiento cordial del decoro de cada cubano y de los modos equitativos de ajustar los conflictos de sus intereses, quite razón a aquellos consejeros de métodos confusos que sólo tienen de terribles lo que tiene de terca la pasión que se niega a reconocer cuánto hay en sus demandas de equitativo y justiciero. ¡Clávese la lengua del adulador popular y cuelgue al viento como banderola de ignominia, donde sea castigo de los que adelantan sus ambiciones azuzando en vano la pena de los que padecen, u ocultándoles verdades esenciales de su problema, o levantándoles la ira, y al lado de la lengua de los aduladores, clávese la de los que se niegan a la justicia!

¡La lengua del adulador se clave donde todos la vean, y la de los que toman por pretexto las exageraciones a que tiene derecho la ignorancia, y que no puede acusar quien no ponga todos los medios de hacer cesar la ignorancia, para negarse a acatar lo que hay de dolor de hombre y de agonía sagrada en las exageraciones, que es más cómodo excomulgar, de toga y birrete, que estudiar, lloroso el corazón, con el dolor humano hasta los codos! En el presidio de la vida es necesario poner, para que aprendan justicia, a los jueces de la vida. El que juzgue de todo, que lo conozca todo. No juzgue de prisa el de arriba, ni por un lado; no juzgue el de abajo, por un lado, ni de prisa. No censure el celoso el bienestar que envidia en secreto. ¡No desconozca el pudiente el poema conmovedor y el sacrificio cruento, del que se tiene que cavar el pan que come; de su sufrida compañera, coronada de corona que el injusto no ve; de los hijos que no tienen lo que tienen los hijos de los otros por el mundo! ¡Valiera más que no se desplegara esa bandera de su mástil, si no hubiera de amparar por igual a todas las cabezas!

Muy mal conoce nuestra patria, la conoce muy mal, quien no sepa que hay en ella, como alma de la presente y garantía de lo futuro, una enérgica suma de aquella libertad original que cría el hombre en sí, del jugo de la tierra y de las penas que ve y de su idea propia y de su naturaleza altiva. Con esta libertad real y pujante, que sólo puede pecar por la falta de la cultura que es fácil poner en ella, han de contar más los políticos de carne y hueso, que con esa libertad de aficionados que aprenden en los catecismos de Francia o de Inglaterra, los políticos de papel. Hombres somos, y no vamos a querer gobiernos de tijeras y de figurines, sino trabajo de nuestras cabezas, sacado del molde de nuestro país. Muy mal conoce a nuestro pueblo quien no observe en él cómo, a la par de este ímpetu nativo que lo levanta para la guerra y no lo dejará dormir en la paz, se ha criado con la experiencia y el estudio, y cierta ciencia clara que da nuestra tierra hermosa; un cúmulo de fuerzas de orden, humanas y cultas; una falange de inteligencias plenas, fecundadas por el amor al hombre, sin el cual la inteligencia no es más que azote y crimen; una concordia tan íntima, venida del dolor común, entre los cubanos de derecho natural, sin historia y sin libros, y los cubanos que han puesto en el estudio la pasión que no podían poner en la elaboración de la patria nueva; una hermandad tan ferviente entre los esclavos ínfimos de la vida y los esclavos de una tiranía aniquiladora, que por este amor unánime y abrasante de la justicia de los de un oficio y los de otro; por este ardor de humanidad igualmente sincero en los que llevan el cuello alto, porque tienen alta la nuca natural, y los que lo llevan bajo, porque la moda manda lucir el cuello hermoso; por esta patria vehemente en que se reúnen con iguales sueños y con igual honradez, aquellos a quienes pudiese divorciar el diverso estado de cultura, sujetará nuestra Cuba, libre en la armonía de la equidad, la mano de la colonia que no dejará a su hora de venírsenos encima, disfrazada con el guante de la república. ¡Y cuidado, cubanos, que hay guantes tan bien imitados que no se diferencian de la mano natural! A todo el que venga a pedir poder, cubanos, hay que decirle a la luz, donde se vea la mano bien: ¿mano o guante? Pero no hay que temer, en verdad, ni hay que regañar. Eso mismo que hemos de combatir, eso mismo nos es necesario. Tan necesario es a los pueblos lo que sujeta como lo que empuja; tan necesario es, en la casa de familia, el padre, siempre activo, como la madre, siempre temerosa. Hay política hombre y política mujer. Locomotora con caldera que la haga andar y sin freno que la detenga a tiempo. Es preciso, en cosas de pueblos, llevar el freno en una mano y la caldera en la otra. Y por ahí padecen los pueblos: por el exceso de freno y por el exceso de caldera.

¿A qué es, pues, a lo que habremos de temer? ¿Al decaimiento de nuestro entusiasmo, a lo ilusorio de nuestra fe, al poco número de los infatigables, al desorden de nuestras esperanzas? Pues miro yo a esta sala, y siento firme y estable la tierra bajo mis pies, y digo: "Mienten." Y miro a mi corazón, que no es más que un corazón cubano, y digo: "Mienten."

¿Tendremos miedo a los hábitos de autoridad contraídos en la guerra y en cierto modo ungidos por el desdén diario de la muerte? Pues no conozco yo lo que tiene de brava el alma cubana, y de sagaz y experimentado el juicio de Cuba, y lo que habrían de contar las autoridades viejas con las autoridades vírgenes, y aquel admirable concierto de pensamiento republicano y la acción heroica que honra, sin excepciones apenas, a los cubanos que cargaron armas; o, como que conozco todo eso, al que diga que de nuestros veteranos hay que esperar ese amor criminal de sí, ese postergamiento de la patria a su interés, esa traición inicua a su país, le digo: "¡Mienten!"

¿O nos ha de echar atrás el miedo a las tribulaciones de la guerra azuzado por gente impura que está a paga del gobierno español, el miedo a andar descalzo, que es un modo de andar ya muy en común en Cuba, porque entre los ladrones y los que los ayudan, ya no tienen en Cuba zapatos sino los cómplices y los ladrones? ¡Pues como yo sé que el mismo que escribe un libro para atizar el miedo a la guerra, dijo en versos, muy buenos por cierto, que la jutía basta a todas las necesidades del campo en Cuba, y sé que Cuba está otra vez llena de jutías, me vuelvo a los que nos quieren asustar con el sacrificio mismo que apetecemos, y les digo: "Mienten"!

¿Al que más ha sufrido en Cuba por la privación de la libertad le tendremos miedo, en el país donde la sangre que derramó por ella se la ha hecho amar demasiado para amenazarla? ¿Le tendremos miedo al negro, al negro generoso, al hermano negro, que en los cubanos que murieron por él ha perdonado para siempre a los cubanos que todavía lo maltratan? Pues yo sé de manos de negro que están más adentro de la virtud que las de blanco alguno que conozco: yo sé del amor negro a la libertad sensata, que sólo en la intensidad mayor y natural y útil se diferencia del amor a la libertad del cubano blanco: yo sé que el negro ha erguido el cuerpo noble, y está poniéndose de columna firme de las libertades patrias. Otros le teman: yo lo amo: a quien diga mal de él, me lo desconozca, le digo a boca llena: "Mienten."

¿Al español en Cuba habremos de temer? ¿Al español armado, que no nos pudo vencer por su valor, sino por nuestras envidias, nada más que por nuestras envidias? ¿Al español que tiene en el Sardinero o en la Rambla su caudal y se irá con su caudal, que es su única patria; o al que lo tiene en Cuba, por apego a la tierra o por la raíz de sus hijos, y por miedo al castigo opondrá poca resistencia, y por sus hijos? ¿Al español llano, que ama la libertad como la amamos nosotros, y busca con nosotros una patria en la justicia, superior al apego a una patria incapaz e injusta, al español que padece, junto a su mujer cubana, del desamparo irremediable y al mísero porvenir de los hijos que le nacieron con el estigma de hambre y persecución, con el decreto de destierro en su propio país, con la sentencia de muerte en vida con que vienen al mundo los cubanos? ¿Temer al español liberal y bueno, a mi padre valenciano, a mi fiador montañés, al gaditano que me velaba el sueño febril, al catalán que juraba y votaba porque no quería el criollo huir con sus vestidos, al malagueño que saca en sus espaldas del hospital al cubano impotente, al gallego que muere en la nieve extranjera, al volver de dejar el pan del mes en la casa del general en jefe de la guerra cubana? ¡Por la libertar del hombre se pelea en Cuba, y hay muchos españoles que aman la libertad! ¡A estos españoles los atacarán otros: yo los ampararé toda mi vida! A los que no saben que esos españoles son otros tantos cubanos, les decimos: "¡Mienten!"

¿Y temeremos a la nieve extranjera? Los que no saben bregar con sus manos en la vida, o miden el corazón de los demás por su corazón espantadizo, o creen que los pueblos son meros tableros de ajedrez, o están tan criados en la esclavitud que necesitan quien les sujete el estribo para salir de ella, esos buscarán en un pueblo de componentes extraños y hostiles la república que sólo asegura el bienestar cuando se le administra en acuerdo con el carácter propio, y de modo que se acendre y realce. A quien crea que falta a los cubanos coraje y capacidad para vivir por sí en la tierra creada por su valor, le decimos: "Miente."

Y a los lindoros que desdeñan hoy esta revolución santa cuyos guías y mártires primeros fueron hombres nacidos en el mármol y seda de la fortuna, esta santa revolución que en el espacio más breve hermanó por la virtud redentora de las guerras justas, al primogénito heroico y al campesino sin heredad, al dueño de hombres y a sus esclavos; a los olimpos de pisapapel, que bajan de la trípode calumniosa para preguntar aterrados, y ya con ánimos de sumisión, si ha puesto el pie en tierra este peleador o el otro, a fin de poner en paz el alma con quien puede mañana distribuir el poder; a los alzacolas que fomentan a sabiendas, el engaño de los que creen este magnífico movimiento de almas, esta idea encendida de la redención decorosa, este deseo triste y firme de la guerra inevitable, no es más que el tesón de un rezagado indómito, o la correría de un general sin empleo, o la algazara de los que no gozan de una riqueza que sólo se puede mantener por la complicidad con el deshonor, o la amenaza de una turba obrera, con odio por corazón y papeluchos por sesos, que irá, como del cabestro, por donde la quiera llevar el primer ambicioso que la adule, o el primer déspota encubierto que le pase por los ojos la bandera, a lindoros, y a olimpos, y a alzacolas, les diremos: "Mienten" ¡Esta es la turba obrera, el arca de nuestra alianza, el tahalí, bordado de mano de mujer, donde se ha guardado la espada de Cuba, el arancel redentor donde se edifica, y se perdona, y se prevé, y se ama!

¡Basta, basta de meras palabras! Para lisonjearnos no estamos aquí, sino para palparnos los corazones y ver que viven sanos, y que pueden; para irnos enseñando a los desesperanzados, a los desbandados, a los melancólicos, en nuestra fuerza de idea y de acción, en la virtud probada que asegura la dicha por venir, en nuestro tamaño real, que no es de presuntuoso, ni de teorizante, ni de salmodista, ni de melómano, ni de cazanubes, ni de pordiosero. Ya somos unos, y podemos ir al fin: conocemos el mal, y veremos de no recaer; a puro amor y paciencia hemos congregado lo que quedó disperso, y convertido en orden entusiasta lo que era, después de la catástrofe, desconcierto receloso; hemos procurado la buena fe, y creemos haber logrado suprimir o reprimir los vicios que causaron nuestra derrota, y allegar con modos sinceros y para fin durable, los elementos conocidos o esbozados, con cuya unión se puede llevar la guerra inminente al triunfo. ¡Ahora, a formar filas! ¡Con esperar, allá en lo hondo del alma, no se fundan pueblos! Delante de mí vuelvo a ver los pabellones, dando órdenes; y me parece que el mar que de allá viene, cargado de esperanza y de dolor, rompe la valla de la tierra ajena en que vivimos, y revienta contra esas puertas sus olas alborotadas... ¡Allá está, sofocada en los brazos que nos estrujan y corrompen! ¡Allá está, herida en la frente, herida en el corazón, presidiendo, atada a la silla de tortura, el banquete donde las bocamangas de galón de oro ponen el vino del veneno en los labios de los hijos que se han olvidado de sus padres! ¡Y el padre murió cara a cara al alférez, y el hijo va, de brazos con el alférez, a podrirse a la orgía! ¡Basta de meras palabras! De las entrañas desgarradas levantemos un amor inextinguible por la patria sin la que ningún hombre vive feliz, ni el bueno, ni el malo. Allí está, de allí nos llama, se la oye gemir, nos la violan y nos la befan y nos la gangrenan a nuestros ojos, nos corrompen y nos despedazan a la madre de nuestro corazón! ¡Pues alcémonos de una vez, de una arremetida última de los corazones, alcémonos de manera que no corra peligro la libertad en el triunfo, por el desorden o por la torpeza o por la impaciencia en prepararla; alcémonos, para la república verdadera, los que por nuestra pasión por el derecho y por nuestro hábito del trabajo sabremos mantenerla; alcémonos para darle tumba a los héroes cuyo espíritu vaga por el mundo avergonzado y solitario; alcémonos para que algún día tengan tumba nuestros hijos! Y pongamos alrededor de la estrella, en la bandera nueva, esta fórmula del amor triunfante: "Con todos, y para el bien de todos."

14. DISCURSO *

(1891)

CUBANOS: Todo convida esta noche al silencio respetuoso más que a las palabras: las tumbas tienen por lenguaje las flores de resurrección que nacen sobre las sepulturas: ni lágrimas pasajeras ni himnos de oficio son tributo propio a los que con la luz de su muerte señalaron a la piedad humana soñolienta el imperio de la abominación y la codicia. Esas orlas son de respeto, no de muerte; esas banderas están a media asta, no los corazones. Pido luto a mi pensamiento para las frases breves que se esperan esta noche del viajero, que viene a estas palabras de improviso, después de un día atareado de creación: y el pensamiento se me niega al luto. No siento hoy como ayer romper coléricas al pie de esta tribuna, coléricas y dolorosas, las olas de la mar que trae de nuestra tierra la agonía y la ira, ni es llanto lo que oigo, ni manos suplicantes las que veo, ni cabezas caídas las que escuchan, sino ¡cabezas altas! y afuera de esas puertas repletas, viene la ola de un pueblo que marcha. ¡Así el sol, después de la sombra de la noche, levanta por el horizonte puro su copa de oro!

Otros lamenten la muerte necesaria: yo creo en ella como la almohada, y la levadura, y el triunfo de la vida. La mañana después de la tormenta, por la cuenca del árbol desraigado echa la tierra fuente de frescura, y es más alegre el verde de los árboles, y el aire está como lleno de banderas, y el cielo es un dosel de gloria azul, y se inundan los pechos de los hombres de una titánica alegría. Allá, por sobre los depósitos de la muerte, aletea, como redimiéndose, y se pierde por lo alto de los aires, la luz que surge invicta de la podredumbre. La amapola más roja y más leve crece sobre las tumbas desatendidas. El árbol que da mejor fruta es el que tiene debajo un muerto.

Otros lamenten la muerte hermosa y útil, por donde la patria saneada rescató su complicidad involuntaria con el crimen, por donde se cría aquel fuego purísimo e invisible en que se acendran para la virtud y se templan para el porvenir las almas fieles. Del semillero de las tumbas levántase impalpable, como los vahos del amanecer, la virtud inmortal, orea la tierra tímida, azota los rostros viles, empapa el aire, entra triunfante en los corazones de los vivos: la muerte da jefes, la muerte da lecciones y ejemplos, la muerte nos lleva el dedo por sobre el libro de la vida: ¡así, de esos enlaces continuos invisibles, se va tejiendo el alma de la patria!

La palabra viril no se complace en descripciones espantosas; ni se ha de abrumar al arrepentido por fustigar al malvado; ni ha de convertirse la tumba del mártir en parche de pelea; ni se ha de decir, aún en la ciega hermosura de las batallas, lo que mueve las almas de los

* Conocido como el discurso de *los pinos nuevos*, fue pronunciado en el Liceo Cubano de Tampa el 27 de noviembre de 1891, en el acto conmemorativo de los estudiantes cubanos fusilados por el gobierno colonial español de Cuba.

hombres a la fiereza y al rencor. ¡Ni es de cubanos, ni lo será jamás, meterse en la sangre hasta la cintura, y avivar con un haz de niños muertos, los crímenes del mundo: ni es de cubanos vivir, como el chacal en la jaula, dándole vueltas al odio! Lo que anhelamos es decir aquí con qué amor entrañable, un amor como purificado y angélico, queremos a aquellas criaturas que el decoro levantó de un rayo hasta la sublimidad, y cayeron, por la ley del sacrificio, para publicar al mundo indiferente aun a nuestro clamor, la justicia absoluta con que se irguió la tierra contra sus dueños: lo que queremos es saludar con inefable gratitud, como misterioso símbolo de la pujanza patria, del oculto y seguro poder del alma criolla, a los que, a la primera voz de la muerte, subieron sonriendo, del apego y cobardía de la vida común, al heroísmo ejemplar.

¿Quién, quién era el primero en la procesión del sacrificio, cuando el tambor de muerte redoblaba, y se oía el olear de los sollozos, y bajaban la cabeza los asesinos; quién era el primero, con una sonrisa de paz en los labios, y el paso firme, y casi alegre, y todo él como ceñido ya de luz? Chispeaba por los corredores de las aulas un criollo dadivoso y fino, el bozo en flor y el pájaro en el alma, ensortijada la mano, como una joya al pie, gusto todo y regalo y carruaje, sin una arruga en el ligero pensamiento: ¡y el que marchaba a paso firme a la cabeza de la procesión, era el niño travieso y casquivano de las aulas felices, el de la mano de sortija y el pie como una joya! ¿Y el otro, el taciturno, el que tenían sus compañeros por mozo de poco empuje y de avisos escasos? ¡Con superior beldad se le animó el rostro caído, con soberbio poder se le levantó el ánimo patrio, con abrazos firmes apretó al salir a la muerte, a sus amigos, y con la mano serena les enjugó las lágrimas! ¡Así, en los alzamientos por venir, del pecho más oscuro saldrá a triunfar, la gloria! ¡Así, del valor oculto, crecerán los ejércitos de mañana! ¡Así, con la ocasión sublime, los indiferentes y culpables de hoy, los vanos y descuidados de hoy, competirán en fuego con los más valerosos! El niño de diez y seis años iba delante, sonriendo, ceñido como de luz, volviendo atrás la cabeza, por si alguien se le acobardaba...

Y, ¿recordaré el presidio inicuo, con la galera espantable de vicios contribuyentes, tanto por cada villanía, a los pargos y valdepeñas de la mesa venenosa del general; con los viejos acuchillados por pura diversión, los viejos que dieron al país trece hombres fuertes, para que no fuese en balde el paseo de las cintas de hule y de sus fáciles amigas; con los presidiarios moribundos, volteados sobre la tierra, a ver si revivían, a punta de sable; con el castigo de la yaya feroz, al compás de la banda de bronce, para que no se oyese por sobre los muros de piedra los alaridos del preso despedazado? ¡Pues éstos son de otros horrores más crueles, y más tristes y más inútiles, y más de temer que los de andar descalzo! ¿O recordaré la madrugada fría, cuando de pie, como fantasmas justificadores, en el silencio de Madrid dormido, a la puerta de los palacios y bajo la cruz de las iglesias, clavaron los estudiantes sobrevivientes el padrón de vergüenza nacional, el recuerdo del crimen que la ciudad leyó espantada? ¿O un día recordaré, un día de verano madrileño, cuando al calce de un hombre seco y lívido, de barba y alma ralas, muy cruzado y muy saludado y muy pomposo, iba un niño febril, sujeto apenas por brazos más potentes, gritando al horrible codicioso: "¡infame, infame!"? Recordaré el magnánimo español, huésped querido de todos nuestros hogares, laureado aquí en efigie junto con el heroico vindicador, que en los dientes de la misma muerte, prefiriendo al premio del cómplice la pobreza del justo, negó su espada al asesinato. Dicen que sufre, comido de pesar en el rincón donde apenas puede consolarlo de la cólera del vencedor pudiente, el cariño de los vencidos miserables. ¡Sean para el buen español, cubanas agradecidas, nuestras flores piadosas!

Y después, ¡ya no hay más, en cuanto a tierra, que aquellas cuatro osamentas que dormían, de Sur a Norte, sobre las otras cuatro que dormían de Norte a Sur: no hay más que un gemelo de camisa, junto a una mano seca: no hay más que un montón de huesos abrazados en el fondo de un cajón de plomo! ¡Nunca olvidará Cuba, ni los que sepan de heroicidad olvidarán, al que con mano augusta detuvo, frente a todos los riesgos, el sarcófago intacto, que fue para la patria manantial de sangre; al que bajó a la tierra con sus manos de amor, y en acerba hora, de aquellas que juntan de súbito al hombre con la eternidad, palpó la muerte helada, bañó de llanto terrible los cráneos de sus compañeros! El sol lucía en el cielo cuando sacó en sus brazos, de la fosa, los huesos venerados: ¡jamás cesará de caer el sol sobre el sublime vengador sin ira!

¡Cesen ya, puesto que por ellos es la patria más pura y hermosa, las lamentaciones que sólo han de acompañar a los muertos inútiles! Los pueblos viven de la levadura heroica. El mucho heroísmo ha de sanear el mucho crimen. Donde se fue muy vil, se ha de ser muy grande. Por lo invisible de la vida corren magníficas leyes. Para sacudir al mundo, con el horror extremo de la inhumanidad y la codicia que agobian a su patria, murieron, con la poesía de la niñez y el candor de la inocencia, a manos de la inhumanidad y la codicia. Para levantar con la razón de su prueba irrecusable el ánima medrosa de los que dudan del arranque y virtud de un pueblo en apariencia indiferente y frívolo, salieron riendo del aula descuidada, o pensando en la novia y el pie breve, y entraron a paso firme, sin quebrantos de rodilla ni temblores de brazos, en la muerte bárbara. Para unir en concordia, por el respeto que impone a unos el remordimiento y la piedad que moverán en otros los arrepentidos, las dos poblaciones que han de llegar por fatalidad inevitable a un acuerdo en la justicia o a un exterminio violento, se alzó el vengador con alma de perdón, y aseguró, por la moderación de su triunfo, su obra de justicia. ¡Mañana, como hoy en el destierro, irán a poner flores en la tierra libre, ante el monumento del perdón, los hermanos de los asesinados, y los que, poniendo el honor sobre el accidente del país, no quieren llamarse hermanos de los asesinos!

Cantemos, hoy, ante la tumba inolvidable, el himno de la vida. Ayer lo oí a la misma tierra, cuando venía, por la tarde hosca, a este pueblo fiel. Era el paisaje húmedo y negruzco; corría turbulento el arroyo cenagoso; las cañas, pocas y mustias, no mecían su verdor quejosamente, como aquellas queridas por donde piden redención los que las fecundaron con su muerte, sino se entraban, ásperas e hirsutas, como puñales extranjeros, por el corazón: y en lo alto de las nubes desgarradas, un pino, desafiando la tempestad, erguía entero, su copa. Rompió de pronto el sol sobre un claro del bosque, y allí, al centelleo de la luz súbita, vi por sobre la yerba amarillenta erguirse, en torno al tronco negro de los pinos caídos, los racimos gozosos de los pinos nuevos: ¡Eso somos nosotros: pinos nuevos!

15. LOS POBRES DE LA TIERRA *

(1894)

Callados, amorosos, generosos, los obreros cubanos en el Norte, los héroes de la miseria que fueron en la guerra de antes el sostén constante y fecundo, los mozos recién venidos del oprobio y de la aniquilación del país, trabajaron todo el día 10 de octubre para la patria que acaso los más viejos de ellos no lleguen a ver libre; para la revolución cuyas glorias pudieran recaer, por la soberbia e injusticia del mundo, en hombres que olvidasen el derecho y el amor de los que les pusieron en las manos el arma del poder y de la gloria. ¡Ah, no!, hermanos queridos. Esta vez no es así. Ni se ha adulado, suponiendo que la virtud es sólo de los pobres y de los ricos nunca; ni se ha ofrecido sin derecho, en nombre de una república a quien nadie puede llevar moldes o frenos, el beneficio del país para una casta de cubanos, ricos soberbios o pobres codiciosos, sino la defensa ardiente, hasta la hora de morir, del derecho igual de todos los cubanos, ricos o pobres, a la opinión franca y el respeto pleno en los asuntos de su tierra; ni con otra moneda que con la del cariño sincero, y el amor armado en el decoro del hombre, y la viril fiereza de quien no se tiene por varón mientras haya en la tierra una criatura mermada o humillada, se compró esta vez esa fe tierna de los hombres del trabajo en la revolución que no los lisonjea ni los olvida.

No se ha bajado a la tiniebla; ni se ha adulado, cobarde, en la hora de la necesidad, a los que, en verdad del seco corazón, se desdeña y aleja o se mira como poco mientras no se necesita su ayuda; ni han apretado manos en la sombra la demagogia y la venganza. Para salvar a la patria de crímenes, se ha madurado el alma pura de esta revolución, no para cometerlos. Pero el cubano obrero, dispuesto ya para la libertad por su fatiga de hombre acorralado, y por la idea creadora que en la vida real ha desenvuelto —en vez de desatarse en invectivas, al amparo del cadalso español, contra los que de una vez por todas, quieren, con la unión de las fuerzas posibles, sacar del cadalso en que está, al honor de Cuba, y del destierro en que su propio pueblo viven, a los cubanos—; en vez de morder las manos de los libertadores y besar las manos de los déspotas a quienes aborrecen; en vez de ayudar, en lengua escarmentada, al gobierno que en sus mayores desarrollos, jamás consentiría, por su naturaleza e incapacidad política y por las necesidades de sus hijos sobrantes o viciosos, la plena vida americana indispensable a Cuba para que no se le antepongan y la reemplacen sus competidores libres; en vez de negarse a dar de sus manos el socorro que, en las vueltas de la preocupación, desconozca, acaso mañana, en la hora del triunfo de la república, a los que para ponerle al hombre un arma más, privaron a su casa en un mes triste, del pan, o del vino pobre, o del abrigo de la criatura o de la medicina; en vez de esto, decimos, el cubano obrero bajó la cabeza sobre el trabajo el día de los héroes, y en el tesoro de la justicia y del

* *Patria*, 24 de octubre de 1894.

honor humano, echó con las manos fuertes su óbolo sin nombre.

¡Ah, hermanos! A otros podrá parecer que no hay sublime grandeza en este sacrificio, que cae sobre tantos otros. Que el rico dé de lo que le sobra, es justo, y bien poco es, y no hay que celebrarlo, o la celebración debe ser menor, por ser menor el esfuerzo. Pero que el que, a puro afán, tiene apenas blancas las paredes del destierro y cubiertos los pies de sus hijos, quite de su jornal inseguro, que sin anuncio suele fallarle por meses, el pan y la carne que lleva medidos a su casa infeliz, y dé de su extrema necesidad a una república invisible y tal vez ingrata, sin esperanza de pago o de gloria, es mérito muy puro, en que no puede pensarse sin que se llene de amor el corazón y la patria de orgullo.

Sépanlo al menos. No trabajan para traidores. Un pueblo está hecho de hombres que resisten y hombres que empujan; del acomodo que acapara y de la justicia que se rebela; de la soberbia que sujeta y deprime y del decoro, que no priva al soberbio de su puesto ni cede el suyo; de los derechos y opiniones de sus hijos todos, está hecho un pueblo, y no de los derechos y opiniones de una clase sola de sus hijos; y el gobierno de un pueblo es el arte de ir encaminando sus realidades, bien sean rebeldías o preocupaciones, por la vía más breve posible, a la condición única de paz, que es aquella en que no hay un solo derecho mermado. En un día no se hacen repúblicas; ni ha de lograr Cuba, con las simples batallas de la independencia, la victoria a que, en sus continuas renovaciones y lucha perpetua entre el desinterés y la codicia y entre la libertad y la soberbia, no ha llegado aún, en la fez toda del mundo, el género humano. Pero no será ésta, no, la revolución que se avergüence —como tanto hijo insolente se avergüenza de su padre humilde— de los que en la hora de la soledad fueron sus abnegados mantenedores. Bello es, aunque terrible, después de bárbara batalla, ver huir por el humo, a los ruidos deshechos de la derrota, el pabellón que simboliza el exterminio de una raza de hijos a manos de sus padres y el robo al mundo de un pueblo que puede ser bello y feliz. No menos bello ni de menos poder, el día 10 de octubre, era ver trabajando sin paga a los cubanos obreros, todos a la misma hora, todos recién salidos de sus tristes hogares, por la patria, ingrata acaso, que abandonan al sacrificio de los humildes los que mañana querrán, astutos, sentarse sobre ellos. Bello era ver, a una misma hora, tantos corazones altos y tantas cabezas bajas.

¡Ah, los pobres de la tierra, esos a quienes el elegante Ruskin llamaba "los más sagrados de entre nosotros"; esos de quienes el rico colombiano Restrepo dijo que "en su seno sólo se encontraba la absoluta virtud"; esos que jamás niegan su bolsa a la caridad ni su sangre a la libertad! ¡Qué placer será, después de conquistada la patria al fuego de los pechos poderosos y por sobre la barrera de los pechos enclenques —cuando todas las vanidades y ambiciones, servidas por la venganza y el interés, se junten y triunfen, pasajeramente al menos, sobre los corazones equitativos y francos—, entrarse, mano a mano, como único premio digno de la gran fatiga, por la casa pobre y por la escuela, regar el arte y la esperanza por los rincones coléricos y desamparados, amar sin miedo la virtud aunque no tenga mantel para su mesa, levantar en los pechos hundidos toda el alma del hombre! ¡Qué placer será la muerte, libre de complicidades con las injusticias del mundo, en un pueblo de almas levantadas! Callados, amorosos, generosos, los cubanos obreros, trabajaron, todos a la vez, el 10 de octubre, por una patria que no les será ingrata.

16. EL "MANIFIESTO DE MONTECRISTI"

El Partido Revolucionario a Cuba *

(1895)

La revolución de independencia, iniciada en Yara después de preparación gloriosa y cruenta, ha entrado en Cuba en un nuevo período de guerra, en virtud del orden y acuerdos del Partido Revolucionario en el extranjero y en la Isla, y de la ejemplar congregación en el de todos los elementos consagrados al saneamiento y emancipación del país, para bien de América y del mundo; y los representantes electos de la revolución que hoy se confirma, reconocen y acatan su deber —sin usurpar el acento y las declaraciones sólo propias de la majestad de la república constituida— de repetir ante la patria, que no se han de ensangrentar sin razón ni sin justa esperanza de triunfo, los propósitos precisos, hijos del juicio y ajenos a la venganza, con que se ha compuesto, y llegará a su victoria racional, la guerra inextinguible que hoy lleva a los combates, en conmovedora y prudente democracia, los elementos todos de la sociedad de Cuba.

La guerra no es, en el concepto sereno de los que aún hoy la representan y de la revolución pública y responsable que los eligió, el insano triunfo de un partido cubano sobre otro o la humillación siquiera de un grupo equivocado de cubanos, sino la demostración solemne de la voluntad de un país harto probado en la guerra anterior para lanzarse a la ligera en un conflicto sólo terminable por la victoria o el sepulcro, sin causas bastante profundas para sobreponerse a las cobardías humanas y sus varios disfraces, y sin determinación tan respetable, por ir firmada por la muerte que debe imponer silencio a aquellos cubanos menos venturosos que no se sienten poseídos de igual fe en las capacidades de su pueblo ni de valor igual con que emanciparlo de su servidumbre

La guerra no es la tentativa caprichosa de una independencia más temible que útil, que sólo tendrían derecho a demorar o condenar los que mostrasen la virtud y el propósito de conducirla a otra más viable y segura, y que no debe, en verdad, apetecer un pueblo que no la pueda sustentar, sino el producto disciplinado de la reunión de hombres enteros, que en el reposo de la experiencia se han decidido a encarar otra vez los peligros que conocen, y de la congregación cordial de los cubanos de más diverso origen, convencidos de que en la conquista de la libertad se adquieren mejor que en el abyecto abatimiento, las virtudes necesarias para mantenerla.

La guerra no es contra el español, que, en el seguro de sus hijos y en el acatamiento de la patria no se ganen, podrá gozar respetado, y aun amado, de la libertad que sólo arrollará a los que le salgan, imprevisores, al camino. Ni del desorden,

* Manifiesto-programa fechado en Montecristi, República Dominicana, el 25 de marzo de 1895, apareció con las firmas de Martí y Máximo Gómez.

ajeno a la moderación probada del espíritu de Cuba, será cuna la guerra, ni de la tiranía. Los que la fomentaron y pueden aún llevar su voz, declaran en nombre de ella, ante la patria, su limpieza de todo odio; su indulgencia fraternal para con los cubanos tímidos equivocados; su radical respeto al decoro del hombre, nervio del combate y cimiento de la república; su certidumbre de la aptitud de la guerra para ordenarse de modo que contenga la redención que la inspira; la relación en que un pueblo debe vivir con los demás, y la realidad que la guerra es, y su terminante voluntad de respetar y hacer que se respete, al español neutral y honrado, en la guerra y después de ella, y de ser piadosa con el arrepentimiento e inflexible sólo con el vicio, el crimen y la inhumanidad. En la guerra que se ha reanudado en Cuba no ve la revolución las causas del júbilo que pudieran embargar al heroísmo irreflexivo, sino las responsabilidades que deben preocupar a los fundadores de pueblos.

Entre Cuba en la guerra con la plena seguridad, inaceptable sólo a los cubanos sedentarios y parciales, de la competencia de sus hijos para obtener el triunfo por la energía de la revolución pensadora y magnánima y de la capacidad de los cubanos, cultivadas en diez años primeros de fusión sublime y en las prácticas modernas del gobierno y el trabajo, para salvar la patria desde su raíz de los desacomodos y tanteos, necesarios al principio del siglo, sin comunicaciones y sin preparación, en las repúblicas feudales y teóricas de Hispano América. Punible ignorancia o alevosía fuera desconocer las causas, a menudo gloriosas y ya generalmente redimidas, de los trastornos americanos, venidos del error de ajustar a moldes extranjeros, de dogma incierto o mera relación a su lugar de origen, la realidad ingenua de los países que conocían sólo de las libertades, el ansia que la conquista y la soberanía que se gana por pelear por ellas. La concentración de la cultura meramente literaria en las capitales; el erróneo apego de las repúblicas a las costumbres señoriales de la colonia; la creación de caudillos rivales consiguiente al trato receloso e imperfecto de las comarcas apartadas; la condición rudimentaria de la única industria, agrícola y ganadera, y el abandono y desdén de la fecunda raza indígena en las disputas de credo o localidad que esas causas de los trastornos en los pueblos de América mantenían, no son, de ningún modo, los problemas de la sociedad cubana. Cuba vuelve a la guerra con un pueblo democrático y culto, conocedor celoso de su derecho y del ajeno, o de cultura mucho mayor, en lo más humilde de él, que las masas llaneras o indias con que, a la voz de los héroes primados de la emancipación, se mudaron de hatos en naciones las silenciosas colonias de América, y en el crucero del mundo, al servicio de la guerra y a la fundación de la nacionalidad, le vienen a Cuba, del trabajo creador y conservador de los pueblos más hábiles del orbe y del propio esfuerzo en la persecución y miseria del país, los hijos lúcidos, magnates o siervos, que de la época primera del acomodo, ya vencida, entre los componentes heterogéneos de la nación cubana, salieron a preparar o en la misma Isla continuaron preparando, con su propio perfeccionamiento, el de la nacionalidad a que concurren hoy con la firmeza de sus personas laboriosas y el seguro de su educación republicana. El civismo de sus guerreros; el cultivo y la benignidad de sus artesanos; el empleo real y moderno de un número vasto de sus inteligencias y riquezas; la peculiar moderación del campesino sazonado en el destierro y en la guerra; el trato íntimo y diario y rápida e inevitable uniformación de las diversas secciones del país; la administración recíproca de las virtudes iguales entre los cubanos que de las diferencias de la esclavitud pasaron a la hermandad del sacrificio, y la benevolencia y aptitud creciente del liberto, superiores a los raros ejemplos de su desvío o encono, aseguran a Cuba, sin lícita ilusión, un porvenir en que las condiciones del asiento y del trabajo inmediato de un pueblo feraz en la república justa, excederán a los de disociación y parcialidad provenientes de la pereza o arrogancia que la guerra a veces cría; del rencor ofensivo de una minoría de amos caída de sus privilegios; de la censurable premura con que una minoría aun invisible de libertos descontentos pudiera aspirar, con violación funesta del albedrío y naturaleza humanos, al respeto social que sola y seguramente ha de venirles de la igualdad probada en las virtudes y talentos, y de la súbita desposesión, en gran parte de los pobladores letrados de las ciudades, de la suntuosidad o abundancia relativa que hoy les viene de las gabelas inmorales y fáciles de la colonia y de los oficios que habrán de desaparecer de la libertad. Un pueblo libre, en el trabajo abierto a todos, enclavado en las bocas del universo rico e industrial, sustituirá sin obstáculo, y con ventaja, después de una guerra inspirada en la más pura abnegación y mantenida conforme a ella, al pueblo avergonzado, donde el bienestar sólo se obtiene a cambio de la complicidad expresa o tácita con la tiranía de los extranjeros menesterosos que lo desangran y corrompen. No dudan de Cuba ni de sus aptitudes para obtener y gobernar su independencia, los que en el heroísmo de la muerte y en el de la fundación callada de la patria, ven resplandecer de continuo, en grandes y pequeños, las dotes de concordia y sensatez sólo inadvertibles para los que, fuera del alma real de su país, lo juzgan, en el arrogante concepto de sí propios, sin más poder de rebeldía y creación que el que asoma tímidamente en la servidumbre de sus quehaceres coloniales.

De otro temor quisiera, acaso, valerse hoy, so pretexto de prudencia, la cobardía, el temor insensato, y jamás en Cuba justificado, a la raza negra. La revolución, con su carga de mártires y de guerreros subordinados y generosos, desmiente indignada, como desmiente la larga prueba de la emigración y de la tregua en la Isla, la tacha de amenaza de la raza negra con que se quisiese inicuamente levantar por los beneficiarios del régimen de España, el miedo a la revolución. Cubanos hay ya en Cuba, de uno y otro color, olvidados para siempre —con la guerra emancipadora y el trabajo donde unidos se gradúan— del odio en que los pudo dividir la esclavitud. La novedad y aspereza de las relaciones sociales, consiguientes a la mudanza súbita del hombre ajeno en propio, son menores que la sincera estimación del cubano blanco por el alma igual, la afanosa cultura, el fervor de hombre libre y el amable carácter de su compatriota negro. Y si a la raza le naciesen demagogos inmundos o almas ávidas cuya impaciencia propia azuzase la de su color, o en quien se convirtiera en injusticia con los demás la piedad por los suyos, con su agradecimiento y su cordura y su amor a la patria, con su convicción de la necesidad de desautorizar por la prueba patente de la inteligencia y la virtud del cubano negro la opinión que aún reine de su incapacidad para ellas y con la posesión de todo lo real del derecho humano y el consuelo y la fuerza de la estimación de cuanto en los cubanos blancos hay de justo y generoso, la misma raza extirparía en Cuba el peligro negro, sin que tuviera que alzarse a él una sola mano blanca. La revolución lo sabe y lo proclama; la emigración lo proclama también. Allí no tiene el cubano negro escuelas de ira, como no tuvo en la guerra una sola culpa de ensoberbecimiento indebido o de insubordinación. En sus hombros anduvo segura la república a que no atentó jamás. Sólo los que odian al negro, ven en el negro odio, y los que con semejante miedo injusto traficasen, para sujetar, con inapetecible oficio, las manos que pudieran erguirse a expulsar de la tierra cubana, al ocupante corruptor.

En los habitantes españoles de Cuba, en vez de la deshonrosa ira de la primera guerra, espera hallar la revolución, que ni lisonjea ni teme, tan afectuosa neutralidad o tan veraz ayuda, que por ella vendrá a ser la guerra más breve, sus desastres menores y más fácil y amiga la paz en que han de vivir juntos padres e hijos. Los cubanos empezamos la guerra, y los cubanos y los españoles la terminaremos. No nos maltraten y no se les maltratará. Respeten y se les respetará. Al acero responde el acero y la amistad a la amistad. En el pecho antillano no hay odio, y el cubano saluda en la muerte al español a quien la crueldad del ejercicio forzoso arrancó de su casa y su terruño para venir a asesinar en pechos de hombres la libertad que él mismo ansía. Más que saludarlo en la muerte, quisiera la revolución acogerlo en vida, y la república será tranquilo hogar para cuantos españoles de trabajo y honor gocen en ella de libertad y bienes que no han de hallar aún por largo tiempo, en la lentitud, desidia y vicios políticos de la tierra propia. Este es el corazón de Cuba, y así será la guerra. ¿Qué enemigos españoles tendrá, verdaderamente, la revolución? ¿Será el ejército, republicano en mucha parte, que ha aprendido a respetar nuestro valor, como nosotros respetamos el suyo, y más sienten impulso, a veces, de unírsenos, que de combatirnos? ¿Serán los quintos, educados ya en las ideas de humanidad contrarias a derramar sangre de sus semejantes en provecho de un cetro inútil o una patria codiciosa, los quintos segados en la flor de su juventud para venir a defender, contra un pueblo que los acogiera alegre como ciudadanos libres, un trono mal sujeto, sobre la nación vendida por sus guías, con la complicidad de sus privilegios y sus logros? ¿Será la masa, hoy humana y culta, de artesanos y dependientes, a quienes, so pretexto de patria, arrastró ayer a la ferocidad y al crimen del interés de los españoles acaudalados que hoy, con lo más de sus fortunas salvas en España, muestran menos celo que aquel con que ensangrentaron la tierra de su riqueza cuando los sorprendió en ella la guerra con toda su fortuna? ¿O serán los fundadores de familias y de industrias cubanas, fatigados ya del fraude de España y de su desgobierno, y como el cubano, vejados y oprimidos, los que, ingratos e imprudentes, sin miramiento por la paz de sus casas y la conservación de una riqueza que el régimen de España amenaza más que la revolución, se revuelven contra la tierra que de tristes rústicos, los ha hecho esposos felices y dueños de una prole capaz de morir sin odio por asegurar al padre sangriento un suelo libre al fin de la discordia permanente entre el criollo y el peninsular; donde la honrada fortuna pueda mantenerse sin cohecho y desarrollo sin zozobra, y el hijo no vea entre el beso de sus labios y la mano de su padre, la sombra aborrecida del opresor? ¿Qué suerte elegirán los españoles: la guerra sin tregua, confesa o disimulada, que amenaza y perturba las relaciones siempre inquietas y violentas del país, o la paz definitiva, que jamás se conseguirá en Cuba sino con la independencia? ¿Enconarán y ensangrentarán los españoles arraigados en Cuba, la guerra en que puedan quedar vencidos? ¿Ni con qué derecho nos odiarán los españoles, si los cubanos no los odiamos? La revolución emplea sin miedo este lenguaje, porque el decreto de emancipar de una vez a Cuba de la ineptitud y corrupción irremediables del gobierno de España y abrirla franca para todos los hombres al mundo nuevo, es tan terminante como la voluntad de mirar como a cubanos, sin tibio corazón ni amargas memorias, a los españoles que por su pasión de libertad ayuden a conquistarla en Cuba y a los que con su respeto a la guerra de hoy rescaten la sangre que en la de ayer manó a sus golpes del pecho de sus hijos.

En las formas que se dé la revolución, conocedora de su desinterés, no hallará, sin duda, pretexto de reproche la vigilante cobardía, que en los errores formales del país naciente o en su poca suma visible de república, pudiese procurar razón con que negarle la sangre que le adeuda. No tendrá el patriotismo puro, causa de temor por la dignidad y suerte futura de la patria. La dificultad de las guerras de independencia en América y la de sus primeras nacionalidades, ha estado, más que en la discordia de sus héroes y en la emulación y recelo inherentes al hombre, en la falta oportuna de forma que a la vez contenga el espíritu de redención que, con apoyo de ímpetus menores, promueve y nutre la guerra, y las prácticas necesarias a la guerra, y que ésta debe desembarazar y sostener. En la guerra inicial y se ha de hallar el país maneras tales de gobierno que a un tiempo satisfagan la inteligencia madura y suspicaz de sus hijos cultos y las condiciones requeridas para la ayuda y respeto de los demás pueblos, y permitan entrabar el desarrollo pleno y término rápido de la guerra fatalmente necesaria a la felicidad pública. Desde sus raíces se ha de constituir la patria con formas viables y de sí propias nacidas, de modo que un gobierno sin realidad ni sanción no lo conduzca a las parcialidades o a la tiranía. Sin atentar, con desordenado concepto de su deber, al uso de las facultades íntegras de constitución, con que se ordenen y acomoden, en su responsabilidad peculiar ante el mundo contemporáneo, liberal e impaciente, los elementos expertos y novicios, por igual movidos de ímpetu ejecutivo y pureza ideal, que con nobleza idéntica y el título inexpugnable de su sangre, se lanzan tras el alma y guía de los primeros héroes, a abrir a la humanidad una república trabajadora; sólo es lícito al Partido Revolucionario Cubano declarar su fe en que la revolución ha de hallar formas que le aseguren, en la unidad y vigor indispensables a una guerra culta, el entusiasmo de los cubanos, la confianza de los españoles y la amistad del mundo. Conocer y fijar la realidad; componer en molde natural la realidad de las ideas que producen o apagan los hechos y la de los hechos que nacen de las ideas; ordenar la revolución del decoro, el sacrificio y la cultura, de modo que no quede el decoro de un solo hombre lastimado ni el sacrificio parezca inútil a un solo cubano, ni la revolución inferior a la cultura del país, no a la extranjera y desautorizada cultura que se enajena el respeto de los hombres viriles por la ineficacia de los resultados y el contraste lastimoso entre la poquedad real y la arrogancia de sus estériles poseedores, sino al profundo conocimiento de la labor del hombre en el rescate y sostén de su dignidad; ésos son los deberes y los intentos de la revolución. Ella se regirá de modo que la guerra, pujante y capaz, dé pronto casa firme a la nueva república.

La guerra sana y vigorosa desde el nacer con que hoy reanuda Cuba, con todas las ventajas de su experiencia y la victoria asegurada a las determinaciones finales, el esfuerzo excelso, jamás recordado sin unión, de sus inmarcesibles héroes, no es sólo hoy el piadoso anhelo de dar vida plena al pueblo que, bajo la inmoralidad y ocupación crecientes de un amo inepto, desmigaja o pierde su fuerza superior en la patria sofocada o en los destierros esparcidos. Ni es la guerra el insuficiente prurito de conquistar a Cuba con el sacrificio tentador, la independencia política, que sin derecho pediría a los cubanos su brazo si con ella no fuese la esperanza de crear una patria más a la libertad del pensamiento, la equidad de las costumbres y la paz del trabajo. La guerra de independencia de Cuba, nudo del haz de islas donde se ha de cruzar, en plazo de pocos años, el comercio de los continentes, es suceso de gran alcance humano y servicio oportuno, que el heroísmo juicioso de las Antillas presta a la firmeza y trato justo de las naciones americanas y al equilibrio aún vacilante del mundo. Honra y conmueve pensar que cuando cae en tierra de Cuba un guerrero de la independencia, abandonado tal vez por los pueblos incautos o indiferentes a quienes se inmola, cae por el bien mayor del hombre, la confirmación de la república moral en América y la creación de un archipiélago libre donde las naciones respetuosas derramen las riquezas que a su paso han de caer sobre el crucero del mundo. ¡Apenas podría creerse que con semejantes mártires y tal porvenir, hubiera cubanos que atasen a Cuba a la monarquía podrida y aldeana de España y a su miseria inerte y viciosa!

A la revolución cumplirá mañana el deber de explicar de nuevo al país y a las naciones las causas locales, y de idea e interés universal, con que para el adelanto y servicio de la humanidad reanuda el pueblo emancipador de Yara y de Guáimaro una guerra digna del respeto de sus enemigos y el apoyo de los pueblos, por el rígido concepto del derecho del hombre y su aborrecimiento de la venganza estéril y la devastación inútil. Hoy, al proclamar desde el umbral de la tierra venerada el espíritu y doctrinas que produjeron y alientan la guerra entera y humanitaria en que se une aún más el pueblo de Cuba, invencible e indivisible, séanos lícito invocar, como guía y ayuda de nuestro pueblo, a los magnánimos fundadores, cuya labor renueva el país agradecido, y al honor, que ha de impedir a los cubanos herir, de palabra o de obra, a los que mueren por ellos. Y al declarar así, en nombre de la patria, y de poner ante ella y ante su libre facultad de constitución, la obra idéntica de dos generaciones, suscriben juntos la declaración, por la responsabilidad común de su representación, y en muestra de unidad y solidez de la revolución cubana, el Delegado del Partido Revolucionario Cubano, creado para ordenar auxiliar la guerra actual, y el General en Jefe electo en él por todos los miembros activos del Ejército Libertador.

Montecristi, 25 de marzo de 1895.

JOSÉ MARTÍ M. GÓMEZ

17. A FEDERICO HENRÍQUEZ Y CARVAJAL *

(1895)

Montecristi, 25 de marzo de 1895

Sr. Federico Henríquez y Carvajal.

Amigo y hermano: Tales responsabilidades suelen caer sobre los hombres que no niegan su poca fuerza al mundo, y viven para aumentarle el albedrío y decoro, que la expresión queda como velada e infantil, y apenas se puede poner en una enjuta frase lo que se diría al tierno amigo en un abrazo. Así yo ahora, al contestar, en el pórtico de un gran deber, su generosa carta. Con ella me hizo el bien supremo, y me dio la única fuerza que las grandes cosas necesitan, y es saber que nos las ve con fuego un hombre cordial y honrado. Escasos, como los montes, son los hombres que saben mirar desde ellos, y sienten con entrañas de nación, o de humanidad. Y queda, después de cambiar manos con uno de ellos, la interior limpieza que debe quedar después de ganar, en causa justa, una buena batalla. De la preocupación real de mi espíritu, porque usted me la adivina entera, no le hablo de propósito: escribo, conmovido, en el silencio de un hogar que por el bien de mi patria va a quedar, hoy mismo acaso, abandonado. Lo menos que, en agradecimiento de esa virtud puedo yo hacer, puesto que así más ligo que quebranto deberes, es encarar la muerte, si nos espera en la tierra o en la mar, en compañía del que, por la obra de mis manos, y el respeto de la propia suya, y la pasión del alma común de nuestras tierras, sale de su casa enamorada y feliz a pisar, con una mano de valientes, la patria cuajada de enemigos. De vergüenza me iba muriendo —aparte de la convicción mía de que mi presencia hoy en Cuba es tan útil por lo menos como fuera—, cuando creía que en tamaño riesgo pudiera llegar a convencerme de que era mi obligación dejarlo ir solo, y de que un pueblo se deja servir, sin cierto desdén y despego, de quien predicó la necesidad de morir y no empezó por poner en riesgo su vida. Donde esté mi deber mayor, adentro o afuera, allí estaré yo. Acaso me sea dable u obligatorio, según hasta hoy parece, cumplir ambos. Acaso pueda contribuir a la necesidad primaria de dar a nuestra guerra renaciente forma tal, que lleve en germen visible, sin minuciosidades inútiles, todos los principios indispensables al crédito de la revolución y a la seguridad de la república. La dificultad de nuestras guerras de independencia y la razón de lo lento e imperfecto de su eficacia, ha estado, más que en la falta de estimación mutua de sus fundadores y en la emulación inherente a la naturaleza humana, en la falta de forma que a la vez contuviese el espíritu de redención y decoro que, con suma activa de ímpetus de pureza menor, promueven y mantienen la guerra, y las prácticas y personas de la guerra.

* Famosa y presentidora carta de despedida a uno de sus fraternales amigos, fechada en Montecristi, el 25 de marzo de 1895.

La otra dificultad, de que nuestros pueblos amos y literarios no han salido aún, es la de combinar, después de la emancipación, tales maneras de gobierno que sin descontentar a la inteligencia primada del país, contengan —y permitan el desarrollo natural y ascendente— a los elementos más numerosos e incultos, a quienes un gobierno artificial, aun cuando fuera bello y generoso, llevara a la anarquía o a la tiranía. Yo evoqué la guerra: mi responsabilidad comienza con ella, en vez de acabar. Para mí, la patria no será nunca triunfo, sino agonía y deber. Ya arde la sangre. Ahora hay que dar respeto y sentido humano y amable, al sacrificio; hay que hacer viable, e inexpugnable, la guerra; si ella me manda, conforme a mi deseo único, quedarme, me quedo en ella; si me manda, clavándome el alma, irme lejos de los que mueren como yo sabría morir, también tendré ese valor. Quien piensa en sí, no ama a la patria; y está el mal de los pueblos, por más que a veces se lo disimulen sutilmente, en los estorbos o prisas que el interés de sus representantes ponen al curso natural de los sucesos. De mí espere la deposición absoluta y continua. Yo alzaré el mundo. Pero mi único deseo sería pegarme allí, al último tronco, al último peleador: morir callado. Para mí, ya es hora. Pero aún puedo servir a este único corazón de nuestras repúblicas. Las Antillas libres salvarán la independencia de nuestra América, y el honor ya dudoso y lastimado de la América inglesa, y acaso acelerarán y fijarán el equilibrio del mundo. Vea lo que hacemos, usted con sus canas juveniles, y yo, a rastras, con mi corazón roto.

De Santo Domingo, ¿por qué le he de hablar? ¿Es eso cosa distinta de Cuba? ¿Usted no es cubano, y hay quien lo sea mejor que usted? ¿Y Gómez, no es cubano? ¿Y yo, qué soy, y quién me fija suelo? ¿No fue mía, y orgullo mío, el alma que me envolvió, y alrededor mío palpitó, a la voz de usted, en la noche inolvidable y viril de la Sociedad de Amigos? Esto es aquello y va con aquello. Yo obedezco, y aun diré que acato como superior dispensación, y como ley americana, la necesidad feliz de partir, al amparo de Santo Domingo, para la guerra de libertad de Cuba. Hagamos por sobre la mar, a sangre y a cariño, lo que por el fondo de la mar hace la cordillera de fuego andino.

Me arranco de usted, y le dejo, con mi abrazo entrañable, el ruego de que en mi nombre, que sólo vale por ser hoy el de mi patria, agradezca, por hoy y para mañana, cuanta justicia y caridad reciba Cuba. A quien me la ama, le digo en un gran grito: hermano. Y no tengo más hermanos que los que la aman.

Adiós, y a mis nobles e indulgentes amigos. Debo a usted un goce de altura y de limpieza, en lo áspero y feo de este universo humano. Levante bien la voz: que si caigo, será también por la independencia de su patria.

Su

JOSÉ MARTÍ.

II

HÉROES DE LA GUERRA DE INDEPENDENCIA DE CUBA

1. EL GENERAL GÓMEZ *

A caballo por el camino, con el maizal a un lado y las cañas a otro, apeándose en un recodo para componer con sus manos la cerca, entrándose por un casucho a dar de su pobreza a un infeliz, montando de un salto y arrancando veloz, como quien lleva clavado al alma un par de espuelas, como quien no ve en el mundo vacío más que el combate y la redención, como quien no le conoce a la vida pasajera gusto mayor que el de echar los hombres del envilecimiento a la dignidad, va por la tierra de Santo Domingo, del lado de Montecristi, un jinete pensativo, caído en su bruto como en su silla natural, obedientes los músculos bajo la ropa holgada, el pañuelo al cuello, de corbata campesina y de sombra del rostro trigueño el fieltro veterano. A la puerta de su casa, que por más limpieza doméstica está donde ya toca al monte la ciudad, salen a recibirlo, a tomarle la carga del arzón, a abrazárseles enamorados al estribo, a empinarle la última niña hasta el bigote blanco, los hijos que le nacieron cuando peleada por hacer a un pueblo libre; la mujer que se los dio, y los crió al paso de los combates en la cuna de sus brazos, lo aguarda un poco atrás, en un silencio que es delicia, y bañado el rostro de aquella hermosura que da a las almas la grandeza verdadera; la hija, en quien su patria centellea, reclinada en el hombro de la madre, lo mira como a novio: ése es Máximo Gómez.

Descansó en el triste febrero la guerra de Cuba, y no fue para su mal, porque en la tregua se ha sabido cómo vino a menos la pujanza de los padres; cómo atolondró al espantado señorío la revolución franca e impetuosa; cómo, con el reposo forzado y los cariños, se enclavó el peleador en su comarca y aborrecía la pelea lejos de ella; cómo se fueron criando en el largo abandono las cabezas tozudas de localidad, y sus celos y sus pretensiones; cómo vició la campaña desde su comienzo, y dio la gente ofendida al enemigo, aquella arrogante e inevitable alma de amo, por su mismo sacrificio más exaltada y satisfecha, con que salieron los criollos del barracón a la libertad. Las emigraciones se habían de purgar del carácter apoyadizo y medroso, que guió flojamente y con miras al tutor extranjero, el entusiasmo crédulo y desordenado. La pelea de cuartón por donde la guerra se fue desmigajando y comenzó a morir, había de desaparecer, en el sepulcro de unos y en el arrepentimiento de otros, hasta que, en una nueva jornada, todos los caballos arremetiesen a la par. La política de libro, y de dril blanco, había de entender que no son de orden real los pueblos nacientes, sino de carne y hueso, y que no hay salud ni belleza mayores, como un niño al sol, que las de una república que vive de su agua y de su maíz, y asegura en formas moldeadas sobre su cuerpo, y nuevas y peculiares como él, los derechos que perecen, o estallan en sangre venidera, si se los merma con reparos injustos y meticulosos o se les pone un calzado que no le viene al pie. Los hombres naturales que le salieron a la guerra

* *Patria*, 26 de agosto de 1893.

y en su valor tenían su ley, habían de ver por sí, en su caída y en la espera larga, que un pueblo de estos tiempos, puesto a la boca del mundo refino y menesteroso, no es ya, ni para la pelea ni para la república como aquellos países de mesnaderos que en el albor torpe del siglo, y con la fuerza confusa del continente desatado, pudo a puro pecho sacar un héroe de la crianza sumisa a los tropiezos y novelería del gobierno remendón y postizo. Los amos y los esclavos que no fundieron en la hermandad de la guerra sus almas iguales, habrían entrado en la república con menos justicia y paz que las que quedan después de haber ensayado en la colonia los acomodos que, en el súbito alumbramiento social, hubiesen perturbado acaso el gobierno libre. Y mientras se purgaba la guerra en el descanso forzoso y conveniente, mientras se esclarecían sus yerros primerizos y se buscaba la forma viable al sentimiento renovado de la independencia, mientras se componía la guerra necesaria en acuerdo con la cultura vigilante y el derecho levantisco del país, Gómez, indómito tras una prueba inútil, engañaba el desasosegado corazón midiendo los campos, cerrándolos con la cerca cruzada de Alemania, empujándolos inquieto al cultivo, como si tuviese delante a un ejército calmudo, puliendo la finca recién nacida, semilleros y secadores, batey y portón, vegas y viviendas, como si les viniera a pasar revista al enemigo curioso. Quien ha servido a la libertad, del mismo crimen se salvaría por el santo recuerdo; de increíble degradación se levantaría, como aturdido de un golpe de locura, a servirla otra vez; ni en la riqueza, ni en el amor, ni en el respeto ni en la fama halla descanso, mientras anden por el suelo los ojos donde chispeó ante la suprema luz. Y de día y de noche se oye a la puerta relinchar el caballo, de día y de noche, hasta que, de una cerrada de muslos, se salta sobre la mar, y crea otra vez la frente en servicio del hombre, el aire más leve y puro que haya jamás el pecho respirado.

Iba la noche cayendo del cielo argentino, de aquel cielo de Santo Domingo que parece más alto que otro alguno, acaso porque los hombres han cumplido tres veces bajo él su juramento de ser gusanos o libres, cuando un cubano caminante, sin más compañía que su corazón y el mozo que le contaba amores y guerras, descalzaba el portillo del cercado de trenza de una finca hermosa, y con el caballo del cabestro, como quien no tiene derecho a andar montado en tierra mayor, se entró lentamente, con nueva dignidad en el épico gozo, por la vereda que seguía hasta la vivienda oscura; da el misterio del campo y de la noche toda su luz y fuerza natural a las grandezas que achica o desluce, en el dentelleo de la vida populosa, la complicidad o tentación del hombre. Se abrieron, a la vez, la puerta y los brazos del viejo general; en el alma sentía sus ojos, escudriñadores y tiernos, el recién llegado; y el viejo volvió a abrazar en largo silencio al caminante, que iba a verlo de muy lejos, y a decirle la demanda y cariño de su pueblo infeliz, y a mostrar a la gente canija cómo era imposible que hubiese fatal pelea entre el heroísmo y la libertad. Los bohíos se encendieron; entró a la casa la carga ligera; pronto cubrió la mesa el plátano y el lomo, y un café de hospedaje, y un fondo de ron bueno de Beltrán; dos niñas, que vinieron a la luz, llevaban y traían; fue un grato reposo de almas la conversación primera, con esa rara claridad que al hombre pone el gusto de obrar bien, y unos cuantos contornos en el aire, de patria y libertad, que en el caserón de puntal alto, a la sombra de la pálida vela, parecían como tajos de luz. No en la cama de repuesto, sino en la misma del General había de dormir el caminante; en la cama del

General, que tiene colgada a la cabecera la lámina de la tumba de sus dos hijos. Y en tres días que duró aquella conversación, sobre los tanteos del pasado y la certidumbre de lo porvenir, sobre las causas perecederas de la derrota y la composición mejor y elementos actuales del triunfo, sobre el torrente y unidad que ha de tener la guerra que ya revive de sus yerros, sobre el sincero amor del hombre que ha de mover a toda revolución que triunfe, porque fuera crimen sacarlo a la muerte sino para su rescate y beneficio; en aquella conversación por las muchas leguas del camino, ganándole a las jornadas las horas de luna; salvando a galope los claros del sol; parándose con tristeza ante el ceibo gigante, graneado de balas fratricidas; abominando las causas remediables, de casta y de comarcas, porque está aún sin su pleno poder aquella naturaleza tan hermosa, no hubo palabra alguna por la que un hijo tuviera que avergonzarse de su padre, ni frase hueca ni mirada de soslayo, ni rasgo que desluciese, con la ódiosa ambición, el amor hondo, y como sangre de las venas y médula de los huesos, con que el general Gómez se ha jurado a Cuba. Se afirma de pronto en los estribos, como quien va a mandar la marcha. Se echa de un salto de la hamaca enojosa, como si tuviera delante a un pícaro. O mira largamente, con profunda tristeza.

Su casa es lo que hay que ver, cuando él no está, y baja a la puerta, cansado del viaje, el mensajero que va tal vez a hablar del modo de dejar pronto sin su sostén a la mujer y sin padre a los hijos. El júbilo ilumina todos aquellos rostros. Cada cual quiere servir primero, y servir más. "Mañana" generosa, la compañera de la guerra, saluda, como a un hermano, al desconocido. Un fuego como de amor, como de la patria cautiva y rebelde, brilla en los ojos pudorosos de la hija Clemencia. Se aprietan al visitante los tres hijos mayores: uno le sirve de guía, otro de báculo, el otro se le cose a la mano libre. Cuanto hay en la casa se le ha de dar al que llega. "¡Ay, Cuba del alma!" "¿Y será verdad esta vez? ¡Porque en esta casa no vivimos hasta que no sea verdad!" "¡Y yo que me tendré que quedar haciendo las veces de mi padre!", dice con la mirada húmeda Francisco el mayor. Máximo, pálido, escucha en silencio; él se ha leído toda la vida de Bolívar, todos los volúmenes de su padre; él, de catorce años, prefiere a todas las lecturas el Quijote, porque le parece que "es el libro donde se han defendido mejor los derechos del hombre pobre". Urbano, leal, anhela órdenes. Aquella misma tarde han recibido todos carta del padre amante. "Él anduvo treinta y seis leguas para traer a Clemencia de Santiago, y salió ayer para La Reforma, que está a veinte; pero nos dijo que le pusiéramos un propio, que él vendría en seguida." Allí mismo, como para un amigo de toda la vida, se prepara el viaje del mensajero testarudo, que quiere ir a saludar junto a su arado al viejo augusto que cría a su casa en la pasión de un pueblo infeliz. "Mañana" le da de beber, y le echa luz el rostro de piedad, bajo la corona de sus canas juveniles... ¡Santa casa de abnegación, adonde no llega ninguna de las envidias y cobardías que perturban el mundo!

Y la casa tiene un desván que mira al mar, donde, una vez al menos, no se ha hecho nada indigno de él. Por la escalera de la alcoba, alta y oscura como una capilla, se sube al rincón de escribir del General, con las alas del techo sobre la cabeza, la cama de campaña al pie del escritorio, y el postigón por donde entra, henchido de sal pura, el viento arremolinado. Allí, esquivándose a los halagos fraternales de los montecristeños, dio el General cita, con su pañuelo al cuello y una mirada que se ve en hombre pocas veces, a un cubano que por primera vez sintió entonces orgullo, para ver el mejor modo de servir a Cuba oprimida, sin intrusión, ni ceguera, ni soberbia. Un pueblo entero pasó por aquel desván desmantelado, y sus derechos, para no hollar ninguno, y sus equivocaciones, para no recaer en ellas, y sus recursos, para emplearlos con seguridad, y sus servidores, para abrazarse a todos, y los infieles mismos, para no conocerles más que la grandeza pasada y la posibilidad de arrepentirse. Con palabras sencillas, en voz baja, andando leguas en una pregunta, mirándose como si se quisiera cambiar el corazón, y no sin cierta sagrada tristeza, aquellos dos hombres, depositarios de la fe de sus compatriotas, acababan de abrir el camino de la libertad de un pueblo; y se le ponían de abono. Le caían años sobre el rostro al viejo General; hablaba como después de muerto, como dice él que quiere hablar; tenía las piernas apretadas en cruz y el cuerpo encogido, como quien se repliega antes de acometer; las manos, las tuvo quietas; una llama, clara e intensa, le brillaba en los ojos; y el aire de la mar jugaba con su pañuelo blanco.

Y allá en Santo Domingo, donde está Gómez está lo sano del país, y lo que recuerda, y lo que espera. En vano, al venir de su campo, busca él la entrada escondida; porque en el orgullo de sus hermanas, que por Cuba padecieron penuria y prisión, y en la viveza, y como mayor estatura, de los hijos, conoce la juventud enamorada que anda cerca del tenaz libertador. A paso vivo no le gana ningún joven, ni a cortés; y en lo sentencioso, se le igualan pocos. Si va por las calles, le dan paso todos; si hay baile en casa del gobernador, los honores son para él, y la silla de la derecha y el coro ansioso de oirle el cuento breve y pintoresco; y si hay danza de gracia en la reunión, para los personajes de respeto que no trajeron los cedazos apuntados con amigas y novias, para él escoge el dueño la dama de más gala, y él es quien entre todos luce por la cortesía rendida añeja, y por el baile ágil y caballeresco. Palabra vana no hay en lo que él dice, ni esa lengua de miriñaque, toda inflada y de pega, que sale a libra de viento por adarme de armadura, sino un modo de hablar ceñido al caso, como el tahalí al cinto; u otras veces, cuando no es una terneza como de niño, la palabra centellea como el acero arrebatado de un golpe a la vaina. En colores, ama lo azul. De la vida, cree en lo maravilloso. Nada se muere, por lo que "hay que andar derecho en este mundo". En el trabajo "ha encontrado su único consuelo". "No subirá nadie: he puesto de guardia a mi hijo." Y como en la sala de baile, colgado el techo de rosas y la sala henchida de señoriles parejas, se acogiese con su amigo caminante a la ventana a que se apiñaba el gentío descalzo, volvió el General los ojos, a una voz de cariño de su amigo, y dijo, con voz que no olvidarán los pobres de este mundo: "Para éstos trabajo yo."

Sí; para ellos; para los que llevan en su corazón desamparado el agua del desierto y la sal de la vida; para los que le sacan con sus manos a la tierra, el sustento del país y le estancan el paso con su sangre al invasor que se lo viola; para los desvalidos que cargan, en su espalda de americanos, el señorío y pernada de las sociedades europeas; para los creadores fuertes y sencillos que levantarán en el continente nuevo, los pueblos de la abundancia común y de la libertad real; para desatar a América y desuncir el hombre. Para que el pobre, en la plenitud de su derecho, no llame, con el machete enojado, a las puertas de los desdeñosos que se lo nieguen; para que la tierra, renovada desde la raíz, dé al mundo el cuadro de una patria sana, alegre en la equidad verdadera, regida conforme a su naturaleza y composición, y en la justicia y el trabajo fáciles, desahogada y dichosa; para llamar a todos los cráneos, y hacer brotar de ellos la corona de luz. Se peca; se confunde; se toma un pueblo desconocido, y de más, por el pueblo de menos hilos que se conoce; se padece, con la autoridad de quien sabe morir, por la inercia y duda de los que pretenden guiar las guerras que no tienen valor de hacer; corre por las bridas la tentación de saltar, como por sobre la cerca que cierra el camino, sobre la yerba y pedantería, o el miedo forense, que disputan el paso a la batalla; a la ley no se le niega el corazón, sino a la forma inoportuna de la ley: se quiere el principio seguro, y la mano libre. Guerra es pujar, sorprender, arremeter, revolver un caballo que no duerme sobre el enemigo en fuga y echar pie a tierra con la última victoria. Con causa justa, y guerra así, de un salto se va de Lamensura a palacio. Y luego, descansará el sable glorioso junto al libro de la libertad.

(*Patria,* 26 de agosto de 1893.)

2. ANTONIO MACEO *

La naturaleza americana, doncella en el istmo, es ya hermosura próvida, y como de amplios senos, en el dominio de Costa Rica, que se levanta por sobre las nubes, con sus troncos de sangre serpeando por el celaje azul, y derrama a las costas encendidas, por lecho siempre verde, el agua ancha y pedregosa de sus reventazones montañesas; como un himno es la república, y cada hijo lleva la azada al hombro. Allá, del lado del Atlántico, por el río Matina, los plátanos son tan altos como la palma real, y es un cubano, que dio su sangre a Cuba, quien cría en la tierra amiga el platanal mejor. Del lado del Pacífico, lo que ha un año era maleza, es vereda ahora, y caserío la soledad, de los cubanos que le sacaron a la selva la semilla, y hay allí quien deje sola a la recién casada, por novia mayor. Con ternura de hijo quiere el cubano bueno a Costa Rica. De las gracias del mundo, Costa Rica es una, con su rocío de ciudades por el valle ameno, cada cual como mosaico en joya, y en la serena población la vida fuerte, con el hijo de médico o de juez, y su raíz en el campo, como todo hombre que quiere ser libre, y el padre al pie de las matas, buscándole al café la flor, o de peón con el cinto plateado, detrás de las carretas. Bancos y hoteles prosperan entre las creencias viejas del país, que viven más por lo ordenadas y agresivas que por lo poderosas; y por vías de luz eléctrica, con los tejados a los bordes, se va al llano común, donde cualquiera puede echar su vaca, y el aire es vida pura, o a la barranca y lomas pintorescas y el muro añoso envuelto en flores. De seda es por dentro, y de canapé de oro, la casa que aún muestra en las afueras la ventana ceñuda y el portón colonial. De tomos de París y de lo vivo americano, está llena, allá al patio, entre una fuente y un rosal, la librería del hijo joven. Y si hay justa de ideas en un salón glorioso, apriétanse a la entrada, para beber primero, magistrados y presidentes, sastres y escolares, soldado y labrador. La cáscara aún la oprime, pero ya aquello es república. Vive el hombre de su trabajo y piensa por sí. Y cae en brazos de todos, el cubano que va a Costa Rica. Pasa un hombre fornido por la calle; ni rechaza ni lisonjea, pero le saludan todos; habla cortés con una ventana suntuosa; salvó en día y medio el camino de tres, y se lo admiran campesinos y ministros; ponen mesa de patria los cubanos leales, de Oriente y Poniente, y le dan la cabecera; otra marcha, luego de contratos y altas visitas, y ya está en su Nicoya, que era umbría hace un año, abriendo la tierra y moviendo hombres, o alzando ala nueva al rancho señor, de techo y colgadizo, donde le acompaña, venerada, la que lo aguardó en zozobra y le restañó la sangre de los diez años de la guerra. Así vive, en espera, Antonio Maceo.

De la madre, más que del padre, viene el hijo, y es gran desdicha deber el cuerpo a gente floja o nula, a quien no se puede deber el alma; pero Maceo fue feliz, porque vino de león y de leona. Ya está yéndosele la madre, cayéndosele está ya

* *Patria,* 6 de octubre de 1893.

la viejecita gloriosa en el indiferente rincón extranjero, y todavía tiene manos de niña para acariciar a quien le habla de la patria. Ya se le van los ojos por el mundo, como buscando otro, y todavía le centellean, como cuando venía el español, al oír cantar un lance bueno de sus hijos. Levanta la cabeza arrugada, con un pañuelo que parece corona. Y no se sabe por qué, pero se le besa la mano. A la cabecera de su nieto enfermo, de un huevecillo de hombre, habla la anciana ardiente de las peleas de sus hijos, de sus terrores, de sus alborozos, de cuando vuelva a ser. Acurrucada en un agujero de la tierra, pasó horas mortales, mientras que a su alrededor se cruzaban por el pomo sables y machetes. Vio erguirse a su hijo, sangrando el cuerpo entero, y con diez hombres desbandar a doscientos. Y a los que en nombre de Cuba la van aún a ver, les sirve con sus manos y los acompaña hasta la puerta.

María, la mujer, nobilísima dama, ni en la muerte vería espantos, porque le vio ya la sombra muchas veces, sino en un corazón de hijo de Cuba, que ésa sí es noche fiera, donde se apagase el anhelo de la independencia patria. Ingratitud monstruosa le parece a tanta sangre vertida y falta extraña de coraje, porque ella, que es mujer, ha visto al cubano terco y maravilloso, y luego, con el machete de pelea, le ve ganarse el pan. En sala no hay más culta matrona, ni hubo en la guerra mejor curandera. De ella fue el grito aquel: "Y si ahora no va a haber mujeres, ¿quién cuidará de los heridos?" Con las manos abiertas se adelanta a quien le lleve esperanzas de su tierra, y con silencio altivo ofusca a quien se la desconfía u olvida. ¡Que su esposo vea otra sangre en la pelea, y no dé la suya! De negro va siempre vestida, pero es como si la bandera la vistiese. "¡Ah!, ¡lo más bello del mundo era ver al presidente, con su barba blanca y su sombrero grande de camino, apoyado en un palo, subiendo a pie la loma; porque él siempre, cuando iba por Oriente, paraba donde Antonio!" Y es música la sangre cuando cuenta ella "del ejército todo que se juntó por Camagüey para caer sobre las Villas, e iban de marcha en la mañana con la caballería, y la infantería, y las banderas, y las esposas y madres en viaje, y aquellos clarines!" ¡Fáciles son los héroes, con tales mujeres!

En Nicoya vive ahora, sitio real antes de que la conquista helase la vida ingenua de América, el cubano que no tuvo rival en defender con el brazo y el respeto, la ley de la república. Calla el hombre útil, como el cañón sobre los muros, mientras la idea incendiada no lo carga de justicia y muerte. Va al paso por los caseríos de su colonia, con el jinete astuto, el caballo que un día, de los dos cascos de atrás, se echó de un salto, revoleando el acero, en medio de las bayonetas enemigas.

Escudriñan hoy pecadillos de colonos y quejas de vecindad, los ojos límpidos que de una paseada se bebían un campamento. De vez en cuando sonríe, y es que ve venir la guerra. Le aviva al animal el trote, pero pronto le acude a la brida, para oír la hora verdadera, para castigarle a la sangre la mocedad. La lluvia le cae encima, y el sol fuerte, sin que le desvíen el pensamiento silencioso, ni la jovial sonrisa; y sobre la montura, como en el banquete que le dieron un día al aire libre, huirán todos, si se empieza a cerrar el cielo, mientras que él mirará de frente a la tempestad. Todo se puede hacer. Todo se hará a su hora.

En la ciudad, cuando viene a los arreglos de los colonos; a los papeles de cada uno de ellos con el gobierno; para que cada cual sea en su persona el obligado; a vender el arroz; a ver lo de la máquina que llega; a buscar licencia para la casa de tabaco; a llevarse, por carretera y golfo, cuando trueque en pueblo lindo y animado el claro que con los suyos abrió en el monte espeso, no hay huésped mejor recibido en el umbral de mármol, o en la mesa llana, ni contratante a quien el gobierno vea con más fervor, ni paisano a quien con más gusto dieran sus compatriotas de lo suyo o le fíen la vida. Ni la cólera le aviva el andar, ni rebaja con celos, y venganzas su persona, ni con la mano de la cicatriz aprieta mano manchada, ni —como que está pronto a morir por ella— habla de la patria mucho. Se puede, y será. Mientras tanto, se trabaja en la colonia un mes, y se está por San José una semana, de levita cruzada, pantalón claro y sombrero hongo. En el marco formidable cabe un gran corazón. Jamás parece que aquel hombre pueda, con su serena pujanza, afligir u ofender, por sobre de hecho o parcialidad de juicio, la patria a quien ama de modo que cuando habla, a solas con el juramento, de la realidad de ella, del fuego que arde en ella, la alegría le ilumina los ojos, y se le anuda en la garganta el regocijo; está delante el campamento, y los caballos galopando, y se ven claros los caminos. Es júbilo de novio. Y hay que poner asunto a lo que dice, porque Maceo tiene en la mente tanta fuerza como en el brazo. No hallaría el entusiasmo pueril asidero de su sagaz experiencia. Firme es su pensamiento y armonioso, como las líneas de su cráneo. Su palabra es sedosa, como la de la energía constante, y de una elegancia artística que le viene de su esmerado ajuste con la idea cauta y sobria. No se vende por cierto su palabra, que es notable de veras, y rodea cuidadosa el asunto, mientras no esté en razón, o insinúa, como quien vuelve de largo viaje, todos los escollos o entradas de él. No deja frase rota, ni usa voz impura, ni vacila cuando lo parece, sino que tantea su tema o su hombre. Ni hincha la palabra nunca ni la deja de la rienda. Pero se pone un día el sol, y amanece al otro, y el primer fulgor da por la ventana que mira al campo de Marte, sobre el guerrero que no durmió en toda la noche buscándole caminos a la patria. Su columna será él, jamás puñal suyo. Con el pensamiento le servirá, más aún que con el valor. Le son naturales el vigor y la grandeza. El sol, después de aquella noche, entraba a raudales por la ventana.

(*Patria,* 6 de octubre de 1893.)

III

HISPANOAMÉRICA

1. NUESTRA AMÉRICA [1]

Cree el aldeano vanidoso que el mundo entero es su aldea, y con tal que él quede de alcalde, o le mortifique al rival que le quitó la novia, o le crezcan en la alcancía los ahorros, ya da por bueno el orden universal, sin saber de los gigantes que llevan siete leguas en las botas y le pueden poner la bota encima, ni de la pelea de los cometas en el cielo, que van por el aire dormido engullendo mundos. Lo que quede de aldea en América ha de despertar. Estos tiempos no son para acostarse con el pañuelo a la cabeza, sino con las armas de almohada, como los varones de Juan de Castellanos: las armas del juicio, que vencen a las otras. Trincheras de ideas valen más que trincheras de piedra.

No hay proa que taje una nube de ideas. Una idea enérgica, flameada a tiempo ante el mundo, para, como la bandera mística del juicio final, a un escuadrón de acorazados. Los pueblos que no se conocen han de darse prisa para conocerse, como quienes van a pelear juntos. Los que se enseñan los puños, como hermanos celosos, que quieren los dos la misma tierra, o el de casa chica, que le tiene envidia al de casa mejor, han de encajar, de modo que sean una, las dos manos. Los que, al amparo de una tradición criminal, cercenaron, con el sable tinto en la sangre de sus mismas venas, la tierra del hermano vencido, del hermano castigado más allá de sus culpas, si no quieren que les llame el pueblo ladrones, devuélvanle sus tierras al hermano. Las deudas de honor no las cobra el honrado en dinero, a tanto por la bofetada. Ya no podemos ser el pueblo de hojas, que vive en el aire, con la copa cargada de flor, restallando o zumbando, según la acaricie el capricho de la luz, o la tundan y talen las tempestades; ¡los árboles se han de poner en fila, para que no pase el gigante de las siete leguas! Es la hora del recuento, y de la marcha unida, y hemos de andar en cuadro apretado, como la plata en las raíces de los Andes.

*

A los sietemesinos sólo les faltará el valor. Los que no tienen fe en su tierra son hombres de siete meses. Porque les falta el valor a ellos, se lo niegan a los demás. No les alcanza el árbol difícil el brazo canijo, el brazo de uñas pintadas y pulsera, el brazo de Madrid o de París, y dicen que no se puede alcanzar el árbol. Hay que cargar los barcos de esos insectos dañinos, que le roen el hueso a la patria que nos nutre. Si son parisienses o madrileños, vayan al Prado, de faroles, o vayan a Tortoni, de sorbetes. ¡Estos hijos de carpintero, que se avergüenzan de que su padre sea carpintero! ¡Esos nacidos en América, que se avergüenzan, porque llevan delantal indio, de la madre que los crió, y reniegan, ¡bribones!, de la madre enferma y la dejan sola en el lecho de las enfermedades! Pues, ¿quién es el hombre?, ¿el que se queda con la madre, a curarle la enfermedad, o el que la pone a trabajar donde no la vean, y vive de su sustento en las tierras podridas, con el gusano de

[1] *El Partido Liberal*, México, 30 de enero de 1891.

corbata, maldiciendo del seno que lo cargó, paseando el letrero de traidor en la espalda de la casaca de papel? ¡Estos hijos de nuestra América, que ha de salvarse con sus indios, y va de menos a más; estos desertores que piden fusil en los ejércitos de la América del Norte, que ahoga en sangre a sus indios, y va de más a menos! ¡Estos delicados, que son hombres y no quieren hacer el trabajo de hombres! Pues el Washington que les hizo esta tierra ¿se fue a vivir con los ingleses, a vivir con los ingleses en los años en que los veía venir contra su tierra propia? ¡Estos "increíbles" del honor, que lo arrastran por el suelo extranjero, como los increíbles de la Revolución francesa, danzando y relamiéndose, arrastraban las erres!

*

Ni ¿en qué patria puede tener un hombre más orgullo que en nuestras repúblicas dolorosas de América, levantadas entre las masas mudas de indios, al ruido de pelea del libro con el cirial, sobre los brazos sangrientos de un centenar de apóstoles? De factores tan descompuestos, jamás, en menos tiempo histórico, se han creado naciones tan adelantadas y compactas. Cree el soberbio que la tierra fue hecha para servirle de pedestal, porque tiene la pluma fácil o la palabra de colores, y acusa de incapaz e irremediable a su república nativa, porque no le dan sus selvas nuevas modo continuo de ir por el mundo de gamonal famoso, guiando jacas de Persia y derramando champaña. La incapacidad no está en el país naciente, que pide formas que se le acomoden y grandeza útil, sino en los que quieren regir pueblos originales, de composición singular y violenta, con leyes heredadas de cuatro siglos de práctica libre en los Estados Unidos, de diecinueve siglos de monarquía en Francia. Con un decreto de Hamilton no se le para la pechada al potro del llanero. Con una frase de Sieyés no se desestanca la sangre cuajada de la raza india. A lo que es, allí donde se gobierna, hay que atender para gobernar bien; y el buen gobernante en América no es el que sabe cómo se gobierna el alemán o el francés, sino el que sabe con qué elementos está hecho su país, y cómo puede ir guiándolos en junto, para llegar, por métodos e instituciones nacidas del país mismo, a aquel estado apetecible donde cada hombre se conoce y ejerce, y disfrutan todos de la abundancia que la Naturaleza puso para todos en el pueblo que fecundan con su trabajo y defienden con sus vidas. El gobierno ha de nacer del país. El espíritu del gobierno ha de ser del país. La forma del gobierno ha de avenirse a la constitución propia del país. El gobierno no es más que el equilibrio de los elementos naturales del país.

Por eso el libro importado ha sido vencido en América por el hombre natural. Los hombres naturales han vencido a los letrados artificiales. El mestizo autóctono ha vencido al criollo exótico. No hay batalla entre la civilización y la barbarie, sino entre la falsa erudición y la naturaleza. El hombre natural es bueno, y acata y premia la inteligencia superior, mientras ésta no se vale de su sumisión para dañarle o le ofende prescindiendo de él, que es cosa que no perdona el hombre natural, dispuesto a recobrar por la fuerza el respeto de quien le hiere la susceptibilidad o le perjudica el interés. Por esta conformidad con los elementos naturales desdeñados han subido los tiranos de América al poder; y han caído en cuanto les hicieron traición. Las repúblicas han purgado en las tiranías su incapacidad para conocer los elementos verdaderos del país, derivar de ellos la forma de gobierno y gobernar con ellos. Gobernante, en un pueblo nuevo, quiere decir creador.

En pueblos compuestos de elementos cultos e incultos, los incultos gobernarán, por su hábito de agredir y resolver las dudas con su mano, allí donde los cultos no aprendan el arte del gobierno. La masa inculta es perezosa, y tímida en las cosas de la inteligencia, y quiere que la gobiernen bien; pero si el gobierno le lastima, se lo sacude y gobierna ella. ¿Cómo han de salir de las universidades los gobernantes, si no hay universidad en América donde se enseñe lo rudimentario del arte del gobierno, que es el análisis de los elementos peculiares de los pueblos de América? A adivinar salen los jóvenes al mundo, con antiparras yankees o francesas, y aspiran a dirigir un pueblo que no conocen. En la carrera de la política habría de negarse la entrada a los que desconocen los rudimentos de la política. El premio de los certámenes no ha de ser para la mejor oda, sino para el mejor estudio de los factores del país en que se vive. En el periódico, en la cátedra, en la academia, debe llevarse adelante el estudio de los factores reales del país. Conocerlos basta, sin vendas ni ambajes; porque el que pone de lado, por voluntad u olvido, una parte de la verdad, cae a la larga por la verdad que le faltó, que crece en la negligencia, y derriba lo que se levanta sin ella. Resolver el problema después de conocer sus elementos, es más fácil que resolver el problema sin conocerlos. Viene el hombre natural, indignado y fuerte, y derriba la justicia acumulada de los libros, porque no se la administra en acuerdo con las necesidades patentes del país. Conocer es resolver. Conocer el país, y gobernarlo conforme al conocimiento, es el único modo de librarlo de tiranías. La universidad europea ha de ceder a la universidad americana. La historia de América, de los incas a acá, ha de enseñarse al dedillo, aunque no se enseñe la de los arcontes de Grecia. Nuestra Grecia es preferible a la Grecia que no es nuestra. Nos es más necesaria. Los políticos nacionales han de reemplazar a los políticos exóticos. Injértese en nuestra república el mundo; pero el tronco ha de ser el de nuestras repúblicas. Y calle el pedante vencido; que no hay patria en que pueda tener el hombre más orgullo que en nuestras dolorosas repúblicas americanas.

*

Con los pies en el rosario, la cabeza blanca y el cuerpo pinto de indio y criollo, vinimos, denodados, al mundo de las naciones. Con el estandarte de la Virgen salimos a la conquista de la libertad. Un cura, unos cuantos tenientes y una mujer alzan en México la república, en hombros de los indios. Un canónigo español, a la sombra de su capa, instruye en la libertad francesa a unos cuantos bachilleres magníficos, que ponen de jefe de Centro América contra España al general de España. Con los hábitos monárquicos, y el Sol por pecho, se echaron a levantar pueblos los venezolanos por el Norte y los argentinos por el Sur. Cuando los dos héroes chocaron, y el continente iba a temblar, uno, que no fue el menos grande, volvió riendas. Y como el heroísmo en la paz es más escaso, porque es menos glorioso que el de la guerra; como al hombre le es más fácil morir con honra que pensar con orden; como gobernar con los sentimientos exaltados y unánimes es más hacedero que dirigir, después de la pelea, los pensamientos diversos, arrogantes, exóticos o ambiciosos; como los poderes arrollados en la remetida épica zapaban, con la cautela felina de la especie y el peso de lo real, el edificio que había izado, en las comarcas burdas y singulares de nuestra América mestiza, en los pueblos de pierna desnuda y casaca de París, la bandera de los pueblos nutridos de savia gobernante en la práctica continua de la razón y de la libertad; como la constitución jerárquica de las colonias resistía la organización democrática de la República, o las capitales de corbatín dejaban en el zaguán al campo de bota-de-potro, o los redentores biblógenos no entendieron que la revolución que triunfó con el alma de la tierra, desatada a la voz del salvador, con el alma de la tierra había de gobernar, y no contra ella ni sin ella, entró a padecer América, y padece, de la fatiga de acomodación entre los elementos discordantes y hostiles que heredó de un colonizador despótico y avieso, y las ideas y formas importadas que han venido retardando, por su falta de realidad local, el gobierno lógico. El continente descoyuntado durante tres siglos por un mando que negaba el derecho del hombre al ejercicio de su razón, entró, desatendiendo o desoyendo a los ignorantes que lo habían ayudado a redimirse, en un gobierno que tenía por base la razón; la razón de todos en las cosas de todos, y no la razón universitaria de uno sobre la razón campestre de otros. El problema de la independencia no era el cambio de formas, sino el cambio de espíritu.

Con los oprimidos había que hacer causa común, para afianzar el sistema opuesto a los intereses y hábitos de mando de los opresores. El tigre, espantado del fogonazo, vuelve de noche al lugar de la presa. Muere echando llamas por los ojos y con las zarpas al aire No se le oye venir, sino que viene con zarpas de terciopelo. Cuando la presa despierta, tiene el tigre encima. La colonia continuó viviendo en la república; y nuestra América se está salvando de sus grandes yerros —de la soberbia de las ciudades capitales, del triunfo ciego de los campesinos desdeñados, de la importación excesiva de las ideas y fórmulas ajenas, del desdén inicuo e impolítico de la raza aborigen— por la virtud superior, abonada con sangre necesaria de la república que lucha contra la colonia. El tigre espera, detrás de cada árbol, acurrucado en cada esquina. Morirá con las zarpas al aire echando llamas por los ojos.

*

Pero "estos países se salvarán", como anunció Rivadavia el argentino, el que pecó de finura en tiempos crudos; al machete no le va vaina de seda, ni en el país que se ganó con lanzón se puede echar el lanzón atrás, porque se enoja, y se pone en la puerta del Congreso de Iturbide "a que le hagan emperador al rubio". Estos países se salvarán, porque, con el genio de la moderación que parece imperar, por la armonía serena de la Naturaleza, en el continente de la luz, y por el influjo de la lectura crítica que ha sucedido en Europa a la lectura de tanteo y falansterio en que se empapó la generación anterior, le está naciendo a América, en estos tiempos reales, el hombre real.

Éramos una visión, con el pecho de atleta, las manos de petimetre y la frente de niño. Éramos una máscara, con los calzones de Inglaterra, el chaleco parisiense, el chaquetón de Norte América y la montera de España. El indio, mudo, nos daba vueltas alrededor, y se iba al monte, a la cumbre del monte, a bautizar sus hijos. El negro, oteado, cantaba en la noche la música de su corazón, solo y desconocido, entre las olas y las fieras. El campesino, el creador, se revolvía, ciego de indignación, contra la ciudad desdeñosa, contra su criatura. Éramos charreteras y togas, en países que venían al mundo con la alpargata en los pies y la vincha en la cabeza. El genio hubiera estado en hermanar, con la caridad del corazón y con el atrevimiento de los fundadores, la vincha y la toga; en desestancar al indio; en ir haciendo lado al negro suficiente; en ajustar la libertad al cuerpo de los que se alzaron y vencieron por ella. Nos quedó el oidor, y el general, y el letrado, y el prebendado. La juventud angélica, como de los brazos de un pulpo, echaba al Cielo, para caer con gloria estéril, la cabeza, coronada de nubes. El pueblo natural, con el empuje del instinto, arrollaba, ciego del triunfo, los bastones de oro. Ni el libro europeo, ni el libro yankee, daban la clave del enigma hispanoamericano. Se probó el odio, y los países venían cada año a menos. Cansados del odio inútil, de la resistencia del libro contra la lanza, de la razón contra el cirial, de la ciudad contra el campo, del imperio imposible de las castas urbanas divididas sobre la nación natural, tempestuosa o inerte, se empieza, como sin saberlo, a probar el amor. Se ponen en pie los pueblos, y se saludan. "¿Cómo somos?", se preguntan; y unos a otros se van diciendo cómo son. Cuando aparece en Cojímar un problema, no va a buscar la solución a Dantzig. Las levitas son todavía de Francia, pero el pensamiento empieza a ser de América. Los jóvenes de América se ponen la camisa al codo, hunden las manos en la masa, y la levantan con la levadura de su sudor. Entienden que se imita demasiado, y que la salvación está en crear. Crear es la palabra de pase de esta generación. El vino, de plátano; y si sale agrio, ¡es nuestro vino! Se entiende que las formas de gobierno de un país han de acomodarse a sus elementos naturales; que las ideas absolutas, para no caer por un yerro de forma, han de ponerse en formas relativas; que la libertad, para ser viable, tiene que ser sincera y plena; que si la república no abre los brazos a todos y adelanta con todos, muere la república. El tigre de adentro se entra por la hendija, y el tigre de afuera. El general sujeta en la marcha la caballería al paso de los infantes. O si deja a la zaga a los infantes, le envuelve el enemigo la caballería. Estrategia es política. Los pueblos han de vivir criticándose, porque la crítica es la salud; pero con un solo pecho y una sola mente. ¡Bajarse hasta los infelices y alzarlos en los brazos! ¡Con el fuego del corazón deshelar la América coagulada! ¡Echar, bullendo y rebotando, por las venas, la sangre natural del país! En pie, con los ojos alegres de los trabajadores, se saludan, de un pueblo a otro, los hombres nuevos americanos. Surgen los estadistas naturales del estudio directo de la Naturaleza. Leen para aplicar, pero no para copiar. Los economistas estudian la dificultad en sus orígenes. Los oradores empiezan a ser sobrios. Los dramaturgos traen los caracteres nativos a la escena. Las academias discuten temas viables. La poesía se corta la melena zorrillesca y cuelga del árbol glorioso el chaleco colorado. La prosa, centelleante y cernida, va cargada de ideas. Los gobernadores en las repúblicas de indios, aprenden indio.

*

De todos sus peligros se va salvando América. Sobre algunas repúblicas está durmiendo el pulpo. Otras, por la ley del equilibrio, se echan a pie a la mar, a recobrar, con prisa loca y sublime, los siglos perdidos. Otras, olvidando que Juárez paseaba en un coche de mulas, ponen coche de viento y de cochero a una bomba de jabón; el lujo venenoso, enemigo de la libertad, pudre al hombre liviano y abre la puerta al extranjero. Otras, acendran, con el espíritu épico de la independencia amenazada, el carácter viril. Otras crían, en la guerra rapaz contra el vecino, la soldadesca que puede devorarlas. Pero otro peligro corre, acaso, nuestra América, que no le viene de sí, sino de la diferencia de orígenes, métodos e intereses entre los dos factores continentales, y es la hora próxima en que se le acerque, demandando relaciones íntimas, un pueblo emprendedor y pujante que la desconoce y la desdeña. Y como los pueblos viriles, que se han hecho de sí propios, con la escopeta y la ley, aman, y sólo aman, a los pueblos viriles; como la hora del desenfreno y la ambición, de que acaso se libre, por el predominio de lo más puro de su sangre, la América del Norte, o en que pudieran lanzarla sus masas vengativas y sórdidas, la tradición de conquista y el interés de un caudillo hábil, no está tan cercana aún a los ojos del más espantadizo, que no dé tiempo a la prueba de altivez, continua y discreta, con que se la pudiera encarar y desviarla; como su decoro de república pone a la América del Norte, ante los pueblos atentos del Universo, un freno que no le ha de quitar la provocación pueril o la arrogancia ostentosa, o la discordia parricida de nuestra América, el deber urgente de nuestra América es enseñarse como es, una en alma e intento, vencedora veloz de un pasado sofocante, manchada sólo con la sangre de abono que arranca a las manos la pelea con las ruinas, y la de las venas que nos dejaron picadas nuestros dueños. El desdén del vecino formidable, que no la conoce, es el peligro mayor de nuestra América; y urge, porque el día de la visita está próximo, que el vecino la conozca, la conozca pronto, para que no la desdeñe. Por ignorancia llegaría, tal vez, a poner en ella la codicia. Por el respeto, luego que la conociese, sacaría de ella las manos. Se ha de tener fe en lo mejor del hombre y desconfiar de lo peor de él. Hay que dar ocasión a lo mejor para que se revele y prevalezca sobre lo peor. Si no, lo peor prevalece. Los pueblos han de tener un picota para quien les azuza a odio inútiles; y otra para quien no le dice a tiempo la verdad.

No hay odios de razas, porqu no hay razas. Los pensadores canijos, los pensadores de lámpara, enhebran y recalientan las razas d librería, que el viajero justo y e observador cordial buscan en van en la justicia de la Naturaleza, donde resalta, en el amor victorioso el apetito turbulento, la identida universal del hombre. El alma emana, igual y eterna, de los cuerpo diversos en forma y en color. Pec contra la Humanidad el que foment y propague la oposición y el odi de las razas. Pero en el amasijo d los pueblos se condensan, en la cercanía de otros pueblos diversos, caracteres peculiares y activos, de idea y de hábitos, de ensanche y adquisición, de vanidad y de avaricia que del estado latente de preocupaciones nacionales pudieran, en un período de desorden interno o d precipitación del carácter acumulad del país, trocarse en amenaza grav para las tierras vecinas, aisladas y débiles, que el país fuerte declara perecederas e inferiores. Pensar es servir. Ni ha de suponerse, por antipatía, de aldea, una maldad ingénita y fatal al pueblo rubio del continente, porque no habla nuestro idioma, ni ve la casa como nosotros la vemos, ni se nos parece en sus lacras políticas, que son diferentes de las nuestras; ni tiene en mucho a los hombres biliosos y trigueños, ni mira caritativo, desde su eminencia aún mal segura, a los que, con menos favor de la Historia, suben a tramos heroicos la vía de las repúblicas; ni se han de esconder los datos patentes del problema que puede resolverse, para la paz de los siglos, con el estudio oportuno y la unión tácita y urgente del alma continental. ¡Porque ya suena el himno unánime; la generación actual lleva a cuestas, por el camino abonado por los padres sublimes, la América trabajadora; del Bravo a Magallanes, sentado en el lomo del cóndor, regó el Gran Semí, por las naciones románticas del continente y por las islas dolorosas del mar, la semilla de la América nueva!

(*El Partido Liberal.* México, 30 de enero de 1891.)

2. BOLÍVAR *

Señoras, Señores:

Con la frente contrita de los americanos que no han podido entrar aún en América; con el sereno conocimiento del puesto y valer reales del gran caraqueño, en la obra espontánea y múltiple de la emancipación americana; con el asombro y reverencia de quien ve aún ante sí, demandándole la cuota, a aquel que fue como el samán de sus llanuras, en la pompa y generosidad, y como los ríos que caen atormentados de las cumbres, y como los peñascos que vienen ardiendo, con luz y fragor de las entrañas de las tierras, traigo el homenaje infeliz de mis palabras, menos profundo y elocuente que el de mi silencio, al que desclavó del Cuzco el gonfalón de Pizarro. Por sobre tachas y cargos, por sobre la pasión del elogio y la del denuesto, por sobre las flaquezas mismas, ápice negro en el pulmón del cóndor, de aquel príncipe de la libertad, surge radioso el hombre verdadero. Quema y arroba. Pensar en él, asomarse a su vida, leerle una arenga, verlo deshecho y jadeante en una carta de amores, es como sentirse orlado de oro el pensamiento. Su ardor fue el de nuestra redención, su lenguaje fue el de nuestra naturaleza, su cúspide fue la de nuestro continente; su caída, para el corazón. Dícese Bolívar, y ya se ve delante el monte a que, más que la nieve, sirve el encapotado jinete de corona; ya el pantano en que se revuelven, con tres repúblicas en el morral, los libertadores que van a rematar la redención de un mundo. ¡Oh, no! En calma no se puede hablar de aquel que no vivió jamás en ella; ¡de Bolívar se puede hablar con una montaña por tribuna, o entre relámpagos y rayos, o con un manojo de pueblos libres en el puño y la tiranía descabezada a los pies! Ni a la justa admiración ha de tenerse miedo, porque esté de moda continua en cierta especie de hombres el desamor de lo extraordinario; ni el deseo bajo del aplauso ha de ahogar con la palabra hinchada los decretos del juicio; ni hay palabra que diga el misterio y fulgor de aquella frente cuando en el desastre de Casacoima, en la fiebre de su cuerpo y la soledad de sus ejércitos huídos, vio claros, allá en la cresta de los Andes, los caminos por donde derramaría la libertad sobre las cuencas del Perú y Bolivia. Pero cuanto dijéramos, y aun lo excesivo, estaría bien en nuestros labios esta noche, porque cuantos nos reunimos hoy aquí somos los hijos de su espada.

Ni la presencia de nuestras mujeres puede, por temor de parecerles enojoso, sofocar en los labios el tributo; porque ante las mujeres americanas se puede hablar sin miedo de la libertad. Mujer fue aquella hija de Juan de Mena, la brava paraguaya que, al saber que a su paisano Antequera lo ahorcaban por criollo, se quitó el luto del marido que vestía y se puso de gala, porque "es día de celebrar aquél en que un hombre bueno muere gloriosamente por su patria"; mujer fue la colombiana, de saya y cotón, que, antes

* Discurso pronunciado en la velada de la Sociedad Literaria Hispanoamericana, en honor de Simón Bolívar, el 28 de octubre de 1893.

que los comuneros, arrancó en el Socorro el edicto de impuestos insolentes que sacó a pelear a veinte mil hombres; mujer la de Arismendi, pura cual la mejor perla de la Margarita, que a quien la pasea presa por el terrado de donde la puede ver el esposo sitiador, dice, mientras el esposo riega de metralla la puerta del fuerte: "jamás lograréis de mí que le aconseje faltar a sus deberes"; mujer aquella soberana Pola, que armó a su novio para que fuese a pelear, y cayó en el patíbulo junto a él; mujer Mercedes Abrego, de trenzas hermosas, a quien cortaron la cabeza porque bordó, de su oro más fino, el uniforme del Libertador; mujeres las que el piadoso Bolívar llevaba a la grupa, compañeras indómitas de sus soldados, cuando a pechos juntos vadeaban los hombres el agua enfurecida por donde iba la redención a Boyacá, y de los montes andinos, siglos de la Naturaleza, bajaban torvos y despedazados los torrentes.

Hombre fue aquel en realidad extraordinario. Vivió como entre llamas, y lo era. Ama, y lo que dice es como florón de fuego. Amigo, se le muere el hombre honrado a quien quería, y manda que todo cese a su alrededor. Enclenque, en lo que anda el posta más ligero, barre con un ejército naciente todo lo que hay de Tenerife a Cúcuta. Pelea, y en lo más afligido del combate, cuando se le vuelven suplicantes todos los ojos, manda que le desensillen el caballo. Escribe, y es como cuando en lo alto de una cordillera se coge y cierra de súbito la tormenta, y es bruma y lobreguez el valle todo; y a tajos abre la luz celeste la cerrazón, y cuelgan de un lado y otro las nubes por los picos, mientras en lo hondo luce el valle freso con el primor de todos los colores. Como los montes era él ancho en la base, con las raíces en las del mundo, y por la cumbre enhiesto y afilado, como para penetrar mejor en el cielo rebelde. Se le ve golpeando, con el sable de puño de oro, en las puertas de la gloria. Cree en el Cielo, en los dioses, en los inmortales, en el dios de Colombia, en el genio de América y en su destino. Su gloria lo circunda, inflama y arrebata. Vencer, ¿no es el sello de la divinidad?; ¿vencer a los hombres, a los ríos hinchados, a los volcanes, a los siglos, a la Naturaleza? Siglos, ¿cómo los desharía, si no pudiera hacerlos?; ¿no desata razas, no desencanta el Continente, no evoca pueblos, no ha recorrido con las banderas de la redención más mundo que ningún conquistador con las de la tiranía, no habla desde el Chimborazo con la eternidad y tiene a sus plantas en el Potosí, bajo el pabellón de Colombia picado de cóndores, una de las obras más bárbaras y tenaces de la historia humana?; ¿no le acatan las ciudades, y los poderes de esta vida, y los émulos enamorados o sumisos, y los genios del orbe nuevo, y las hermosuras? Como el Sol llega a creerse, por lo que deshiela y fecunda, y por lo que ilumina y abrasa. Hay senado en el Cielo, y él será, sin duda, de él. Ya ve el mundo allá arriba, áureo de sol cuajado, y los asientos de la roca de la creación, y el piso de las nubes, y el techo de centellas que le recuerdan, en el cruzarse y chispear, los reflejos del mediodía de Apure en los rejones de sus lanzas; y descienden a aquella altura, como dispensación paterna, la dicha y el orden sobre los humanos. Y no es así el mundo, sino suma de la divinidad que asciende ensangrentada y dolorosa del sacrificio y prueba de los hombres todos. Y muere él en Santa Marta del trastorno y horror de ver hecho pedazos aquel astro suyo que creyó inmortal, en su error de confundir la gloria de ser útil, que sin cesar le crece, y es divina de veras, y corona que nadie arranca de las sienes, con el mero accidente del poder humano, merced y encargo casi siempre impuro de los que sin mérito u osadía lo anhelan para sí, o estéril triunfo de un bando sobre otro, o fiel inseguro de los intereses y pasiones, que sólo recae en el genio o la virtud en los instantes de suma angustia o pasajero pudor en que los pueblos, enternecidos por el peligro, aclaman la idea o desinterés por donde vislumbran su rescate. ¡Pero así está Bolívar en el cielo de América, vigilante y ceñudo, sentado aún en la roca de crear, con el inca al lado y el haz de banderas a los pies; así está él, calzadas aún las botas de campaña, porque lo que él no dejó hecho, sin hacer está hasta hoy; porque Bolívar tiene qué hacer en América todavía!

América hervía, a principios del siglo, y él fue como su horno. Aún cabecea y fermenta, como los gusanos bajo la costra de las viejas raíces, la América de entonces, larva enorme y confusa. Bajo las sotanas de los canónigos y en la mente de los viajeros próceres venía de Francia y de Norte América el libro revolucionario, a avivar el descontento del criollo de decoro y letras, mandado desde allende a horca y tributo; y esta revolución de lo alto, más la levadura rebelde y en cierto modo democrática del español segundón y desheredado, iba a la par creciendo, con la cólera baja, la del gaucho y el roto y el cholo y el llanero, todos tocados en su punto de hombre; en el sordo oleaje, surcado de lágrimas el rostro inerme, vagaban con el consuelo de la guerra por el bosque las majadas de indígenas, como fuegos errantes sobre una colosal sepultura. La independencia de América venía de un siglo atrás sangrando; ¡ni de Rousseau ni de Washington viene nuestra América, sino de sí misma! Así, en las noches aromosas de su jardín solariego de San Jacinto, o por las riberas de aquel pintado Anauco por donde guió tal vez los pies menudos de la esposa que se le murió en flor, vería Bolívar, con el puño al corazón, la procesión terrible de los precursores de la independencia de América: ¡van y vienen los muertos por el aire y no reposan hasta que no está su obra satisfecha! Él vio, sin duda, en el crepúsculo del Ávila, el séquito cruento...

Pasa Antequera, el de Paraguay, el primero de todos, alzando de sobre su cuello rebanado la cabeza; la familia entera del pobre inca pasa, muerta a los ojos de su padre atado, y recogiendo los cuartos de su cuerpo; pasa Tupac Amaru; el rey de los mestizos de Venezuela viene luego, desvanecido por el aire, como un fantasma; dormido en su sangre va después Salinas, y Quiroga muerto sobre su plato de comer, y Morales como viva carnicería, porque en la cárcel de Quito amaban a su patria; sin casa a donde volver, porque se la regaron de sal; sigue León, moribundo en la cueva; en garfios van los miembros de José España, que murió sonriendo en la horca, y va humeando el tronco de Galán, quemado ante el patíbulo; y Berbeo pasa, más muerto que ninguno —aunque de miedo a sus comuneros lo dejó el verdugo vivo—, porque, para quien conoció la dicha de pelear por el honor de su país, no hay muerte mayor que estar en pie mientras dura la vergüenza patria; ¡y de esta alma india y mestiza y blanca, hecha una llama sola, se envolvió en ella el héroe, y en la constancia y la intrepidez de ella; en la hermandad de la aspiración común juntó, al calor de la gloria, los compuestos desemejantes; anuló o enfrenó émulos, pasó el páramo y revolvió montes, fue regando de repúblicas la artesa de los Andes, y cuando detuvo la carrera, porque la revolución argentina oponía su trama colectiva y democrática al ímpetu boliviano, catorce generales españoles, acurrucados en el cerro de Ayacucho, se desceñían la espada de España!

De las palmas de las costas, puestas allí como para entonar canto perenne al héroe, sube la tierra, por tramos de plata y oro, a las copiosas planicies que acuchilló de sangre la revolución americana; y el cielo ha visto pocas veces escenas más hermosas, porque jamás movió a tantos pechos la determinación de ser libres, ni tuvieron teatro de más natural grandeza, ni el alma de un continente entró tan lleno en la de un hombre. El Cielo mismo parece haber sido actor, porque eran dignas de él, en aquellas batallas; ¡parece que los héroes todos de la libertad, y los mártires todos de toda la tierra, poblaban apiñados aquella bóveda hermosa, y cubrían, como gigante égida, el aprieto donde pujaban nuestras almas, o huían despavoridos por el Cielo injusto, cuando la pelea nos negaba su favor! El Cielo mismo debía, en verdad, detenerse a ver tanta hermosura: de las eternas nieves ruedan, desmontadas, las aguas portentosas; como menuda cabellera, o crespo vellón, visten las negras abras árboles seculares; las ruinas de los templos indios velan sobre el desierto de los lagos; por entre la bruma de los valles asoman las recias torres de la catedral española; los cráteres humean, y se ven las entrañas del Universo por la boca del volcán descabezado; ¡y a la vez, por los rincones todos de la tierra, los americanos están peleando por la libertad! Unos cabalgan por el llano y caen al choque enemigo como luces que se apagan, en el montón de sus monturas; otros, rienda al diente, nadan, con la banderola a flor de agua, por el río crecido; otros, como selva que echa a andar, vienen costilla a costilla, con las lanzas sobre las cabezas; otros trepan un volcán, y le clavan en el belfo encendido la bandera libertadora. Pero ninguno es más bello que un hombre de frente montuosa, de mirada que le ha comido el rostro, de capa que le aletea sobre el potro volador, de busto inmóvil en la lluvia del fuego o la tormenta, ¡de espada a cuya luz vencen cinco naciones! Enfrena su retinto, desmadejado el cabello en la tempestad del triunfo, y ve pasar, entre la muchedumbre que le ha ayudado a echar atrás la tiranía, el gorro frigio de Ribas, el caballo dócil de Sucre, la cabeza rizada de Piar, el dolmán rojo de Páez, el látigo desflecado de Córdoba, o el cadáver del coronel que sus soldados se llevan envuelto en la bandera. Yérguese en el estribo, suspenso como la Naturaleza, a ver a Páez en las Queseras dar las caras con su puñado de lanceros, y a vuelo de caballo, plegándose y abriéndose, acorralar en el polvo y la tiniebla al hormiguero enemigo. ¡Mira, húmedos los ojos, el ejército de gala, antes de la batalla de Carabobo, al aire colores y divisas, los pabellones viejos cerrados por un muro vivo, las músicas todas sueltas a la vez, el Sol en el acero alegre y en todo el campamento el júbilo misterioso de la casa en que va a nacer un hijo! ¡Y más bello que nunca fue en Junín, envuelto entre las sombras de la noche, mientras que en pálido silencio se astillan contra el brazo triunfante de América las últimas lanzas españolas!

Y luego, poco tiempo después, desencajado, el pelo hundido por las sienes enjutas, la mano seca como echando atrás el mundo, el héroe dice en su cama de morir: "¡José! ¡José! vámonos, que de aquí nos echan; ¿a dónde iremos?" Su gobierno nada más se había venido abajo, pero él acaso creyó que lo que se derrumbaba era la república; acaso, como que de él se dejaron domar, mientras duró el encanto de la independencia, los recelos y personas locales, paró en desconocer, o dar por nulas o menores, estas fuerzas de realidad que reaparecían después del triunfo; acaso, temeroso de que las aspiraciones rivales le decorasen los pueblos recién nacidos, buscó en la sujeción, odiosa al hombre, el equilibrio político, sólo constante cuando se fía a la expansión, infalible en un régimen de justicia y más firme cuando más desatada. Acaso, en su sueño de gloria, para la América y para sí, no vio que la unidad de espíritu, indispensable a la salvación y dicha de nuestros pueblos americanos, padecía, más que se ayudaba, con su unión en formas teóricas y artificiales que no se acomodaban sobre el seguro de la realidad; acaso el genio previsor que proclamó que la salvación de nuestra América está en la acción una y compacta de sus repúblicas, en cuanto a sus relaciones con el mundo y al sentido y conjunto de su porvenir, no pudo, por no tenerla en el redaño, ni venirle del hábito ni de la casta, conocer la fuerza moderadora del alma popular, de la pelea de todos en abierta lid, que salva, sin más ley que la libertad verdadera, a las repúblicas; erró acaso el padre angustiado en el instante supremo de los creadores políticos, cuando un deber les aconseja ceder a nuevo mando su creación, porque el título de usurpador no la desluzca o ponga en riesgo y otro deber, tal vez en el misterio de su idea creadora superior, los mueve a arrostrar por ella hasta la deshonra de ser tenidos por usurpadores.

¡Y eran las hijas de su corazón, aquellas que sin él se desangraban en lucha infausta y lenta, aquellas que por su magnanimidad y tesón vinieron a la vida, las que le tomaban de las manos, como que de ellas era la sangre y el porvenir, el poder de regirse conforme a sus pueblos y necesidades! ¡Y desaparecía la conjunción, más larga que la de los astros del Cielo, de América y Bolívar para la obra de la independencia, y se revelaba el desacuerdo patente entre Bolívar, empeñado en unir bajo un gobierno central y distante los países de la revolución, y la revolución americana, nacida, con múltiples cabezas, del ansia de gobierno local y con la gente de la casa propia! "¡José! ¡José! vámonos, que de aquí nos echan: ¿a dónde iremos?"...

¿A dónde irá Bolívar? ¡Al respeto del mundo y a la ternura de los americanos! ¡A esta casa amorosa, donde cada hombre le debe el goce ardiente de sentirse como en brazos de los suyos en los de todo hijo de América, y cada mujer recuerda enamorada a aquel que se apeó siempre del caballo de la gloria para agradecer una corona o una flor a la hermosura! ¡A la justicia de los pueblos, que por el error posible de las formas, impacientes o personales, sabrán ver el empuje que con ellas mismas, como de mano potente en lava blanda, dio Bolívar a las ideas madres de América! ¿A dónde irá Bolívar? ¡Al brazo de los hombres, para que defiendan de la nueva codicia y del terco espíritu viejo la tierra donde será más dichosa y bella la humanidad! ¡A los pueblos callados, como un beso de padre! ¡A los hombres del rincón y de lo transitorio, a las panzas aldeanas y los cómodos harpagones, para que, a la hoguera que fue aquella existencia, vean la hermandad indispensable al Continente, y los peligros y la grandeza del porvenir americano! ¿A dónde irá Bolívar?... Ya el último virrey de España yacía con cinco heridas, iban los tres siglos atados a la cola del caballo llanero, y con la casaca de la victoria y el elástico de lujo venía al paso el Libertador, entre el ejército, como de baile, y al balcón de los cerros asomado el gentío, y como flores en jarrón, saliéndose por las cuchillas de las lomas, los mazos de banderas. El Potosí aparece al fin, roído y ensangrentado; los cinco pabellones de los pueblos nuevos, con verdaderas llamas, flameaban en la cúspide de la América resucitada; estallan los morteros a anunciar al héroe, y sobre las cabezas, descubiertas de respeto y espanto, rodó por largo tiempo el estampido con que de cumbre en cumbre respondían, saludándolo, los montes. ¡Así, de hijo en hijo, mientras la América viva, el eco de su nombre resonará en lo más viril y honrado de nuestras entrañas!

3. SAN MARTÍN *

Un día, cuando saltaban las piedras en España al paso de los franceses, Napoleón clavó los ojos en un oficial seco y tostado, que cargaba uniforme blanco y azul: se fue sobre él y le leyó en el botón de la casaca el nombre del cuerpo: "¡Murcia!" Era el niño pobre de la aldea jesuita de Yapeyú, criado al aire entre indios y mestizos, que después de veintidós años de guerra española empuñó en Buenos Aires la insurrección desmigajada, trabó por juramento a los criollos arremetedores, aventó en San Lorenzo la escuadrilla real, montó en Cuyo el ejército libertador, pasó los Andes para amanecer en Chacabuco; de Chile, libre a su espada, fue por Maipú a redimir el Perú; se alzó protector en Lima, con uniforme de palma de oro; salió, vencido por sí mismo, al paso de Bolívar avasallador; retrocedió; abdicó; pasó, solo, por Buenos Aires; murió en Francia, con su hija de la mano, en una casita llena de luz y flores. Propuso reyes a la América, preparó mañosamente con los recursos nacionales su propia gloria, retuvo la dictadura, visible o disimulada, hasta que por sus yerros se vio minado en ella, y no llegó sin duda al mérito sublime de deponer voluntariamente ante los hombres su imperio natural. Pero calentó en su cabeza criolla la idea épica que aceleró y equilibró la independencia americana.

Su sangre era de un militar leonés y de una nieta de conquistadores; nació siendo el padre gobernador de Yapeyú, a la orilla de uno de los ríos portentosos de América; aprendió a leer en la falda de los montes, criado en el pueblo como hijo del señor, a la sombra de las palmas y de los urundeyes. A España se lo llevaron, a aprender baile y latín en el seminario de los nobles; y a los doce años, el niño "que reía poco" era cadete. Cuando volvió, teniente coronel español de treinta y cuatro años, a pelear contra España, no era el hombre crecido al pampero y la lluvia, en las entrañas de su país americano, sino el militar que, al calor de los recuerdos nativos, crió en las sombras de las logias de Lautaro, entre condes de Madrid y patricios juveniles, la voluntad de trabajar con plan y sistema por la independencia de América; y a las órdenes de Daoíz y frente a Napoleón aprendió de España el modo de vencerla. Peleó contra el moro, astuto y original; contra el portugués aparatoso y el francés deslumbrante. Peleó al lado del español, cuando el español peleaba con los dientes, y del inglés, que muere saludando, con todos los botones en el casaquín, de modo que no rompa el cadáver la línea de batalla. Cuando desembarca en Buenos Aires, con el sable morisco que relampagueó en Arjonilla y en Bailén y en Albuera, ni trae consigo más que la fama de su arrojo, ni pide más que "unidad y dirección", "sistema que nos salve de la anarquía", "un hombre capaz de ponerse al frente del ejército". Iba la guerra como va cuando no la mueve un plan político seguro, que es correría más que guerra, y semillero de tiranos. "No hay ejército sin oficiales." "El soldado, soldado de pies a ca-

* Album de *El Porvenir,* Nueva York, 1891.

beza." Con Alvear, patriota ambicioso de familia influyente, llegó San Martín a España. A los ocho días le dieron a organizar el cuerpo de granaderos montados, con Alvear de sargento mayor. Deslumbra a los héroes desvalidos en las revoluciones, a los héroes incompletos que no saben poner la idea a caballo, la pericia del militar de profesión. Lo que es oficio parece genio; y el ignorante generoso confunde la práctica con la grandeza. Un capitán es general entre reclutas. San Martín estaba sobre la silla, y no había de apearse sino en el palacio de los virreyes del Perú; tomó los oficiales de entre sus amigos, y éstos de entre la gente de casta; los prácticos, no los pasaba de tenientes; los cadetes, fueron de casas próceres; los soldados, de talla y robustos; y todos, a toda hora, "¡alta la cabeza!" "¡El soldado con la cabeza alta!" No los llamaba por sus nombres, sino por el nombre de guerra que ponía a cada uno. Con Alvear y con el peruano Monteagudo fundó la logia secreta de Lautaro, "para trabajar con plan y sistema en la independencia de América, y su felicidad, obrando con honor y procediendo con justicia"; para que, "cuando un hermano desempeñe el supremo gobierno, no pueda nombrar por sí diplomáticos y generales, ni gobernadores, ni jueces, ni altos funcionarios eclesiásticos o militares"; "para trabajar por adquirir la opinión pública"; "para ayudarse entre sí y cumplir sus juramentos, so pena de muerte". Su escuadrón lo fue haciendo hombre a hombre. El mismo les enseñaba a manejar el sable; "le partes la cabeza como una sandía al primer godo que se te ponga por delante". A los oficiales los reunió en cuerpo secreto; los habituó a acusarse entre sí y a acatar la sentencia de la mayoría; trazaba con ellos sobre el campo el pentágono y los bastiones; echaba del escuadrón al que mostrase miedo en alguna celada, o pusiese la mano en una mujer; criaba en cada uno la condición saliente; daba trama y misterio de iglesia a la vida militar; tallaba a filo a sus hombres; fundía como una joya a cada soldado. Apareció con ellos en la plaza para rebelarse con su logia de Lautaro contra el gobierno de los triunviros. Arremetió con ellos, caballero en magnífico bayo, contra el español que desembarcaba en San Lorenzo la escuadrilla; cerró sobre él sus dos alas; "a lanza y sable" los fue apeando de las monturas; presto bajo su caballo mandaba y blandía; muere un granadero, con la bandera española en el puño; cae muerto a sus pies el granadero que le quita de encima el animal; huye España, dejando atrás su artillería y sus cadáveres.

Pero Alvear tenía celos, y su partido en la logia de Lautaro, "que gobernaba al gobierno", pudo más que el partido de San Martín. Se carteaba mucho San Martín con los hombres políticos; "existir es lo primero, y después ver cómo existimos", "se necesita un ejército, ejército de oficiales matemáticos"; "hay que echar de aquí al último maturrango"; "renunciaré mi grado militar cuando los americanos no tengan enemigos"; "háganse esfuerzos simultáneos, y somos libres"; "esta revolución no parece de hombres, sino de carneros"; "soy republicano por convicción, por principios, pero sacrifico esto mismo al bien de mi suelo". Alvear fue de general contra los españoles de Montevideo, y a San Martín lo mandaron de general al Alto Perú, donde no bastó el patriotismo salteño a levantar los ánimos; lo mandaron luego de intendente a Cuyo. ¡Y allá lo habían de mandar, porque aquél era su pueblo; de aquel destierro haría él su fortaleza; de aquella altura se derramaría él sobre los americanos! Allá, en aquel rincón, con los Andes de consejeros y testigos, creó, solo, el ejército con que los había de atravesar; ideó, solo, una familia de pueblos cubiertos por su espada; vio, solo, el peligro que corría la libertad de cada nación de América mientras no fuesen todas ellas libres: ¡mientras haya en América una nación esclava, la libertad de todas las demás corre peligro! Puso la mano sobre la región adicta con que ha de contar, como levadura de poder, quien tenga determinado influir por cuenta propia en los negocios públicos. En sí pensaba, y en América; porque es gloria suya, y como el oro puro de su carácter, que nunca en las cosas de América pensó en un pueblo u otro como entes diversos, sino que, en el fuego de su pasión, no veía en el continente más que una sola nación americana. Entreveía la verdad política local y el fin oculto de los actos, como todos estos hombres de instinto; pero fallaba, como todos ellos, por confundir su sagacidad primitiva, extraviada por el éxito, por la lisonja, y por la fe en sí, con aquel conocimiento y estrategia de los factores invisibles y determinantes de un país, que sólo alcanza, por la mezcla del don y la cultura, el genio supremo. Ese mismo concepto salvador de América, que lo llevaría a la unificación posible de sus naciones hermanas en espíritu, ocultó a sus ojos las diferencias, útiles a la libertad, de los países americanos, que hacen imposible su unidad de formas. No veía, como el político profundo, los pueblos hechos, según venían de atrás; sino los pueblos futuros que bullían, con la angustia de la gestación, en su cabeza; y disponía de ellos en su mente, como el patriarca dispone de sus hijos. ¡Es formidable el choque de los hombres de voluntad con la obra acumulada de los siglos!

Pero el intendente de Cuyo sólo ve por ahora que tiene que hacer la independencia de América. Cree e impera. Y puesto, por quien pone, en una comarca sobria como él, la enamoró por sus mismas dotes, en que la comarca contenta se reconocía; y vino a ser, sin corona en la cabeza, como su rey natural. Los gobiernos perfectos nacen de la identidad del país y el hombre que lo rige con cariño y fin noble, puesto que la misma identidad es insuficiente, por ser en todo pueblo innata la nobleza, si falta al gobernante el fin noble. Pudo algún día San Martín, confuso en las alturas, regir al Perú con fines turbados por el miedo de perder su gloria; pudo extremar, por el interés de su mando vacilante, su creencia honrada en la necesidad de gobernar a América por reyes; pudo, desvanecido, pensar en sí alguna vez más que en América, cuando lo primero que ha de hacer el hombre público, en las épocas de creación o reforma, es renunciar a sí, sin valerse de su persona sino en lo que valga ella a la patria; pudo tantear desvalido, en país de más letras, sin la virtud de su originalidad libre, un gobierno retórico. Pero en Cuyo, vecino aún de la justicia y novedad de la Naturaleza, triunfó sin obstáculo, por el imperio de lo real, aquel hombre que se hacía el desayuno con sus propias manos, se sentaba al lado del trabajador, veía por que herrasen la mula con piedad, daba audiencia en la cocina —entre el puchero y el cigarro negro—, dormía al aire, en un cuero tendido. Allí la tierra traginada parecía un jardín; blanqueaban las casas limpias entre el olivo y el viñedo; bataneaba el hombre el cuero que la mujer cosía; los picos mismos de la cordillera parecían bruñidos a fuerza de puño. Campeó entre aquellos trabajadores el que trabajaba más que ellos; entre aquellos tiradores, el que tiraba mejor que todos; entre aquellos madrugadores, el que llamaba por las mañanas a sus puertas; el que en los conflictos de justicia sentenciaba conforme al criterio natural; el que sólo tenía burla y castigo para los perezosos e hipócritas; el que callaba, como una nuba negra, y hablaba como el rayo. Al cura: "aquí no hay más obispo que yo; predíqueme que es santa la independencia de América". Al español: "¿quiere que lo tenga por bueno?, pues que me los certifiquen seis criollos". A la placera murmurona: "diez zapatos para el ejército, por haber hablado mal de los patriotas". Al centinela que lo echa atrás porque entra a la fábrica de mixtos con espuelas: "¡esa onza de oro!". Al soldado que dice tener las manos atadas por un juramente que empeñó a los españoles: "¡se las desatará el último suplicio!". A una redención de cautivos la deja sin dinero "¡para redimir a otros cautivos!" A una testamentaría le manda pagar tributo: "¡más hubiera dado el difunto para la revolución!" Derrúmbase en su alrededor, en el empuje de la reconquista, la revolución americana. Venía Morillo; caía el Cuzco; Chile huía; las catedrales entonaban de México a Santiago, el Te-Deum del triunfo; por los barrancos asomaban los regimientos deshechos, como jirones. Y en la catástrofe continental, decide San Martín alzar su ejército con el puñado de cuyanos, convida a sus oficiales a un banquete y brinda, con voz vibrante como el clarín, "¡por la primera bala que se dispare contra los opresores de Chile del otro lado de los Andes!"

Cuyo es de él, y se alza contra el dictador Alvear, el rival que bambolea, cuando acepta incautamente la renuncia que, en plena actividad, le envía San Martín. Cuyo sostiene en el mando a su gobernador, que parece ceder ante el que viene a reemplazarlo; que menudea ante el Cabildo sus renuncias de palabra; que permite a las milicias ir a la plaza, sin uniforme, a pedir la caída de Alvear. Cuyo echa, colérico, a quien osa venir a suceder, con un nombramiento de papel, al que tiene nombramiento de la Naturaleza, y tiene a Cuyo; al que no puede renunciar a sí, porque en sí lleva la redención del continente; a aquel amigo de los talabarteros, que les devuelve ilesas las monturas pedidas para la patria; de los arrieros, que recobran las arrias del servicio; de los chacareros, que le traían orgullosos el maíz de siembra para la chacra de la tropa; de los principales de la comarca, que fían en el intendente honrado, por quien esperan librar sus cabezas y sus haciendas del español. Por respirar les cobra San Martín a los cuyanos, y la raíz que sale al aire paga contribución; pero les montó de antes el alma en la pasión de la libertad del país y en el orgullo de Cuyo, con lo que todo tributo que los sirviese les parecía llevadero, y más cuando San Martín, que sabía de hombres, no les hería la costumbre local, sino les cobraba lo nuevo por los métodos viejos: por acuerdo de los decuriones del Cabildo. Cuyo salvará a la América. "Denme a Cuyo, y con él voy a Lima!" Y Cuyo tiene fe en quien la tiene en él; pone en el Cielo a quien le pone en el Cielo. En Cuyo, a la boca de Chile, crea entero, del tamango al falucho, el ejército con que ha de redimirlo. Hombres, los vencidos; dinero, el de los cuyanos; carne, el charqui en pasta, que dura ocho días; zapatos, los tamangos, con la jareta por sobre el empeine; ropa, de cuero bataneado; cantimploras, los cuernos; los sables, a filo de barbería; música, los clarines; cañones, las campanas. Le amanece en la armería, contando las pistolas; en el parque, que conoce bala a bala; las toma en peso; les quita el polvo; las vuelve ciudadosamente a la pila. A un fraile inventor lo pone a dirigir la maestranza, de donde salió el ejército con cureñas y herraduras, con caramañolas y cartuchos, con bayonetas y máquinas; y el fraile de teniente, con veinticinco pesos al mes, ronco para toda la vida. Crea el laboratorio de salitre y la fábrica de pólvora. Crea el código militar, el cuerpo médico, la comisaría. Crea academias de oficiales, porque "no hay ejército sin oficiales matemáticos". Por las mañanas, cuando el sol da en los picos de la serranía, se ensayan en el campamento abierto en el bosque, a los chispazos del sable de San Martín, los pelotones de reclutas, los granaderos de a caballo, sus negros queridos; bebe de su cantimplora: "¡a ver que le quiero componer ese fusil!", "la mano, hermano, por ese tiro bueno!"; "¡vamos, gaucho, un paso de sable con el gobernador!" O al toque de los clarines, jinete veloz, corre de grupo en grupo, sin sombrero y radiante de felicidad: "¡recio, recio, mientras haya luz de día; los soldados que vencen sólo se hacen en el campo de instrucción!" Echa los oficiales a torear: "¡estos locos son los que necesito yo para vencer a los españoles!" Con los rezagos de Chile, con los libertos, con los quintos, con los vagos, junta y transforma a seis mil hombres. Un día de sol entra con ellos en la ciudad de Mendoza, vestida de flores; pone el bastón de general en la mano de la Virgen del Carmen; ondea tres veces, en el silencio que sigue a los tambores, el pabellón azul: "¡Esta es, soldados, la primera bandera independiente que se bendice en América; jurad sostenerla muriendo en su defensa, como yo lo juro!"

En cuatro columnas se echan sobre los Andes los cuatro mil soldados de pelear, en piaras montadas, con un peón por cada veinte; los mil doscientos milicianos; los doscientos cincuenta de la artillería, con las dos mil balas de cañón, con los novecientos mil tiros de fusil. Dos columnas van por el medio y dos, de alas, a los flancos. Delante va Fray Beltrán, con sus ciento veinte barreteros, palanca al hombro; sus zorras y perchas, para que los veintiún cañones no se lastimen; sus puentes de cuerda, para pasar los ríos; sus anclas y cables, para rescatar a los que se derrisquen. Ladeados van unas veces por el borde del antro; otras van escalando, pecho à tierra. Cerca del rayo han de vivir los que van a caer, juntos todos, sobre el valle de Chacabuco, como el rayo. De la masa de nieve se levanta, resplandeciendo, el Aconcagua. A los pies, en las nubes, vuelan los cóndores. ¡Allá espera, aturdido, sin saber por dónde le viene la justicia, la tropa del español, que San Martín sagaz ha abierto, con su espionaje sutil y su política de zapa, para que no tenga qué oponer a su ejército reconcentrado! San Martín se apea de su mula, y duerme en el capote, con una piedra de cabecera, rodeado de los Andes.

El alba era, veinticuatro días después, cuando el ala de O'Higgins, celosa de la de Soler, ganó, a son de tambor, la cumbre por donde podía huir el español acorralado. Desde su mente, en Cuyo, lo había acorralado, colina a colina, San Martín. Las batallas se ganan entre ceja y ceja. El que pelea ha de tener el país en el bolsillo. Era el medio día cuando, espantado el español, reculaba ante los piquetes del valle, para caer contra los caballos de la cumbre. Por entre los infantes del enemigo pasa como un remolino la caballería libertadora, y acaba a los artilleros sobre sus cañones. Cae todo San Martín sobre las tapias inútiles de la hacienda. Dispérsanse, por los mamelones y esteros, los últimos realistas. En la yerba, entre los quinientos muertos, brilla un fusil, rebanado de un tajo. Y ganada la pelea que redimió a Chile y aseguró a América la libertad, escribió San Martín una carta a "la admirable Cuyo" y mandó a dar vuelta al paño de su casaca.

Quiso Chile nombrarle gobernador omnímodo, y él no aceptó; a Buenos Aires devolvió el despacho de brigadier general, "porque tenía empeñada su palabra de no admitir grado ni empleo militar ni político"; coronó el Ayuntamiento su retrato, orlado de los trofeos de la batalla, y mandó su compatriota Belgrano alzar una pirámide en su honor. Pero lo que él quiere de Buenos Aires es tropa, hierro, dinero, barcos que ciñan por mar a Lima mientras la ciñe él por tierra. Con su edecán irlandés pasa de retorno por el campo de Chacabuco; llora por los "¡pobres negros!" que cayeron allí por la libertad americana; mueve en Buenos Aires el poder secreto de la logia de Lautaro; ampara a su amigo O'Higgins, a quien tiene en Chile de Director, contra los planes rivales de su enemigo Carrera; mina, desde su casa de triunfador en Santiago —donde no quiere "vajillas de plata", ni sueldos pingües—, el poderío del virrey en el Perú; suspira, "en el disgusto que corroe su triste existencia", por "dos meses de tranquilidad en el virtuoso pueblo de Mendoza"; arenga a caballo en la puerta del arzobispo, a los chilenos batidos en Cancharrayada, y surge triunfante, camino de Lima, en el campo sangriento de Maipú.

Del caballo de batalla salta a la mula de los Andes; con la amenaza de su renuncia fuerza a Buenos Aires, azuzado por la logia, a que le envíe el empréstito para la expedición peruana; se cartea con su fiel amigo Pueyrredón, el Director argentino sobre el plan que paró en mandar a uno de la logia a buscar rey a las cortes europeas —a tiempo que tomaba el mando de la escuadra de Chile, triunfante en el Pacífico, el inglés Cochrane, ausente de su pueblo "por no verlo oprimido sin misericordia" por la monarquía—, a tiempo que Bolívar avanzaba clavando, de patria en patria, el pabellón republicano. Y cuando en las manos sagaces de San Martín, Chile y Buenos Aires han cedido a sus demandas de recursos ante la amenaza de repasar los Andes con su ejército, dejando a O'Higgins sin apoyo y al español entrándose por el Perú entre chilenos y argentinos; cuando Cochrane le había, con sus correrías hazañosas, abierto el mar a la expedición del Perú; cuando iba por fin a caer con su ejército reforzado sobre los palacios limeños, y a asegurar la independencia de América y su gloria, lo llamó Buenos Aires a rechazar la invasión española que creía ya en la mar, a defender al gobierno contra los federalistas rebeldes, a apoyar la monarquía que el mismo San Martín había recomendado. Desobedece. Se alza con el ejército que sin la ayuda de su patria no hubiese allegado jamás, y que lo proclama en Rancagua su cabeza única, y se va, capitán suelto, bajo la bandera chilena, a sacar al español del Perú, con su patria deshecha a las espaldas. "¡Mientras no estemos en Lima, la guerra no acabará!"; de esta campaña "penden las esperanzas de este vasto continente"; "voy a seguir el destino que me llama"...

¿Quién es aquél, de uniforme recamado de oro, que pasea por la blanda Lima en su carroza de seis caballos? Es el Protector de Perú, que se proclamó por decreto propio gobernante omnímodo, fijó, en el estatuto el poder de su persona y la ley política, redimió los vientres, suprimió los vientres, suprimió los azotes, abolió los tormentos, erró y acertó, por boca de su apasionado ministro Monteagudo; el que el mismo día de la jura del estatuto creó la orden de nobles, la Orden del Sol; el que mandó inscribir la banda de las damas limeñas "al patriotismo de las más sensibles"; el "emperador" de que hacían mofa los yaravíes del pueblo; el "rey José" de quien reían, en el cuarto de banderas, sus compañeros de la logia de Lautaro. En San Martín, abandonado por Cochrane, negado por sus batallones, excecrado en Buenos Aires y en Chile, corrido en la "Sociedad Patriótica" cuando aplaudió el discurso del fraile que quería ser rey, limosnero que mandaba a Europa a un dómine a ojear un príncipe austriaco, o italiano, o portugués, para el Perú. ¿Quién es aquél que sale, solitario y torvo, después de la entrevista titánica de Guayaquil, del baile donde Bolívar, dueño incontrastable de los ejércitos que bajan de Boyacá, barriendo al español, valsa, resplandeciente de victorias, entre damas sumisas y bulliciosos soldados? Es San Martín, que convoca el primer Congreso constituyente del Perú, y se despoja ante él de su banda blanca y roja; que baja de la carroza protectoral, en el Perú revuelto contra el Protector, porque "la presencia de un militar afortunado es temible a los países nuevos, y está aburrido de oír que quiere hacerse rey"; que deja el Perú a Bolívar, "que le ganó por la mano", porque "Bolívar y él no caben en el Perú, sin un conflicto que sería escándalo del mundo, y no será San Martín el que dé un día de zambra a los maturrangos". Se despide sereno, en la sombra de la noche, de un oficial fiel; llega a Chile, con ciento veinte onzas de oro, para oír que lo aborrecen; sale a la calle en Buenos Aires, y lo silban, sin ver cómo había vuelto, por su sincera conformidad en la desgracia, a una grandeza más segura que la que en vano pretendió con la ambición.

Se vio entonces en toda su hermosura, saneado ya de la tentación y ceguera del poder, aquel carácter que cumplió uno de los designios de la Naturaleza, y había repartido por el continente el triunfo de modo que su desequilibrio no pusiese en riesgo la obra americana. Como consagrado vivía en su destierro, sin poner mano jamás en cosa de hombre, aquel que había alzado, al rayo de sus ojos, tres naciones libres. Vio en sí cómo la grandeza de los caudillos no está, aunque lo parezca, en su propia persona, sino en la medida en que sirven a la de su pueblo; y se levantan mientras van con él, y caen cuando la quieren llevar detrás de sí. Lloraba cuando veía a un amigo; legó su corazón a Buenos Aires y murió frente al mar, sereno y canoso, clavado en su sillón de brazos, con no menos majestad que el nevado de Aconcagua en el silencio de los Andes.

IV

NORTEAMÉRICA

"CARTAS DE NUEVA YORK"

1. CARTA DE NUEVA YORK

GRAN BATALLA POLÍTICA. CONVENCIÓN REPUBLICANA Y CONVENCIÓN DEMOCRÁTICA. EL "BOSS". PURIFICACIÓN DE LA DEMOCRACIA *

(Fragmento)

....

En uno y otro partido se habían creado corporaciones tenaces y absorbentes, encaminadas, antes que al triunfo de los ideales políticos, al logro y goce de los empleos públicos. Nueva York es un Estado dudoso, en el que a las veces triunfan los republicanos, y a las veces los demócratas. Estas corporaciones directoras, que solían venir a escandalosos tráficos para asegurarse mutuamente la victoria en las elecciones para determinados empleos, impedían que interviniesen en la dirección de los partidos hombres sanos y austeros, cuya pureza no hubiera permitido los usuales manejos, o cuya competencia se temía. Cada una de estas corporaciones obedece a un jefe; y del nombre de "boss" que se da a estos caudillos, hasta hoy omnipotentes e irresponsables, viene el nombre de "bossismo", que pudiera traducirse por el nuestro de cacicazgo, aunque las organizaciones que lo producen, y las esferas de su actividad le dan carácter y acepción propios. El *boss* no consulta, ordena; el *boss* se irrita, riñe, concede, niega, expulsa; el *boss* ofrece empleos, adquiere concesiones a cambio de ellos, dispone de los votos y los dirige: tiene en su mano el éxito de la campaña para la elección del Presidente. Si la elección del Presidente que nombra su partido choca con sus simpatías personales, o con sus intereses en el Estado, lucha contra su partido, porque él ve preferentemente por su preponderancia en el Estado. Un *boss* es soberbio, como Conckling, y emplea sus personales atractivos y su influjo para hacer triunfar su política dominante, ruda y agresiva; otro *boss* es ambicioso, como Kelly, y dirige todos sus esfuerzos a ejercer una influencia incontrastable sobre las fuerzas electorales y la distribución de los empleos públicos en el Estado cuya política democrática dirige. Contra el uno y contra el otro se han alzado a la vez sus lastimados y vejados secuaces. A Conckling, jefe de los "Stalwarts" —que pudiera traducirse por "los mejores"—, lo han vencido los *Half-Breeds,* los "media-sangre", los republicanos que no aspiran a la revisión de la Constitución, a la violación de los derechos populares, a la centralización absoluta del poder, a la creación de un gobierno de fuerza, a la reelección del general Grant, en suma; sino a gobernar, en el credo conservador, con el salvador sistema de rápidos turnos en el gobierno que garantiza la honestidad en las costumbres de la nación, y el respeto a la ley en los mandatarios encargados temporalmente de hacerla cumplir. A Kelly, jefe de "Tammany

* Carta fechada en Nueva York, 15 de octubre de 1881, y publicada en *La Opinión Nacional,* Caracas, 26 de octubre de 1881.

Hall", que así se llama, con el nombre de un fiero y sabio indio, la asociación en que residió un día todo el poder democrático del Estado, lo han vencido en tormentosa contienda los hombres más ilustres de su partido, inhábiles para reprimir en el seno de la asociación de *Tammany,* más que dirigida, poseída por Kelly, los abusos, los comercios, las traiciones que venían siendo la ruina de la democracia en el Estado.

. . . .

2. CARTA DE NUEVA YORK

PUEBLOS PEREZOSOS. ELECCIONES HONRADAS. UN MILLONARIO ES VENCIDO POR UN TRABAJADOR. UNA CAMPAÑA ELECTORAL *

(Dos fragmentos)

. . . .

Ni de las riendas de su caballo debe desasirse el buen jinete; ni de sus derechos el hombre libre. Es cierto que es más cómodo ser dirigido que dirigirse; pero es también más peligroso. Y es muy brillante, muy animado, muy vigorizador, muy ennoblecedor el ejercicio de sí propio. Estas cosas venían olvidando las gentes de este pueblo, y como que era comprar y vender los votos, ley suprema, implacable señor y cuna de todo poder, hallaban los elegantes caballeros y altos potentados, menos trabajoso que coligarse para votar honradamente, coligarse para comprarlos y venderlos. Elecciones las hay aquí todos los años, mas estas de ahora han sido como el despertar arrogante y colérico de hombre robusto que sabe que se ha abusado de él en sueño.

. . . .

Elecciones de Estado y Municipio han sido estas de ahora, y su importancia ésa: la de despertar el pueblo a la conciencia y uso de sí y arrancarlo de las manos de traficantes osados o dueños soberbios que venían disponiendo, como de hacienda propia, de los votos públicos. Para muchos puestos se elegía: para senadores del Estado, para diputados al Congreso de la Nación, para altos oficiales del Estado: fiscal, ingeniero, tesorero público; y en Brooklyn, ciudad democrática, se elegía *mayor* de la ciudad. Y en otros Estados hubo también elecciones varias, mas no tan reñidas ni tan trascendentales, ni tan imponentes como las de la ruidosa Nueva York y la doméstica Brooklyn. En Nueva York, una recia, apretada, interesantísima contienda atraería a sí los ojos: un millonario luchaba contra un trabajador. En Brooklyn, aparte de todo personal accesorio, que diera amenidad y brillo a la lidia, peleábase cerradamente por la libertad electoral. En Nueva York, un hombre alto, imponente, delgado, elegante, Astor, disputaba la elección de representante en el Congreso de la Unión a un hombre robusto, espaldudo, jovial, llano, humildísimo, Roswell Flower. En Brooklyn, el *mayor* de la ciudad, que en su término de gobierno ha probado inteligencia y honradez, pero que era cera blanda en las manos del *boss* formidable, del cacique dominador de las organizaciones políticas de la ciudad, se presentaba a ser reelecto, contra un hombre joven, caritativo, justo, impetuoso, acaudalado, el buen Seth Low.

Es necesario, es necesario seguir la contienda de Flower y de Astor. Como una, son todas; pero ésta fue más agitada, más palpitante, y más

* Fechada en Nueva York, 12 de noviembre de 1881, y publicada en *La Opinión Nacional*, Caracas, 26 de noviembre de 1881.

reflejadora del espíritu y prácticas de este pueblo que otra alguna. Astor es un gran caballero, que ha dado en ser político, y tiene palacios, y anhelos de gloria, que son otros palacios, y, sobre sus riquezas, la rica dote de no ver su caudal como derecho al ocio. Es pobre de años, mas no de millones. Es senador del Estado. Pero es miembro, y aspira a ser representante, de esa singular aristocracia de la fortuna, que pretende, para tener pergaminos, hacer olvidar los únicos que la honran: sus modestos pañales. Los ricos de la primera generación recuerdan con cariño aquella época en que fueron mozos de tienda, cuidadores de caballos, cargadores de lana, mandaderillos miserables, criadores de vacas. Pero los ricos de la segunda generación, que montan galanamente en los caballos que llevaron de la brida sus padres, ven como blasón de indecoro en los neorricos aquello que fue para sus padres blasón de honra: la creación de sí. Un acaudalado que se está haciendo, es un ser bajo y desdeñable para un rico ya hecho. Y hay abismo hondísimo entre los poderosos por herencia, delgados, pálidos y a modo de lengua flauta —porque es la usanza de la señoría inglesa— aderezados; y los poderosos del trabajo, saludables, castos decidores, rollizos, y extremadamente limpios, con la antigua limpieza americana, sobria y sólida.

Una aristocracia política ha nacido de esta aristocracia pecuniaria, y domina periódicos, vence en elecciones, y suele imperar en asambleas sobre esa casta soberbia, que disimula mal la impaciencia con que aguarda la hora en que el número de sus sectarios le permita poner mano fuerte sobre el libro sagrado de la patria, y reformar para el favor y privilegio de una clase, la magna carta de generosas libertades, al amparo de las cuales crearon estos vulgares poderosos la fortuna que anhelan emplear hoy en herirlas gravemente.

3. CARTA DE NUEVA YORK

LAS PASCUAS. PASCUAS Y CHRISTMAS *

(Fragmento)

Señor Director de *La Opinión Nacional:*

Ciérranse el Congreso, las casas de gobierno, los colegios; parecen las calles calzadas de romería; las tiendas rebosan; los hogares se conmueven; los hombres graves se animan; las madres se afanan; hay rostros muy tristes, y rostros muy alegres; se venden por la calle coronas y arbolillos; gozosos, como pájaros libres, dejan su pluma el escritor, su lápiz de apuntes el mercader, su arado el campesino: la alegría tiene algo de fiebre —¡y la tristeza! Los desterrados vuelven con desesperación los ojos a la patria; los pequeñuelos los ponen con avaricia en los mercados llenos de juguetes: todo es flor, gala y gozo; todo es pascuas.

Nueva York es en estos días ciudad ocupadísima: es fiesta de ricos y de pobres, y de mayores y pequeños. Son días de finezas entre los amantes, de efusión entre los amigos, de regocijo, susto y esperanza en los niños. La madrecita pobre ha esperado a las pascuas para hacer a su hija el traje nuevo de invierno, con que saldrá el domingo pascual, como cabritillo en día de sol, y a triscar por las calles populosas. ¡Rubíes hay de alto precio en las acaudaladas joyerías, mas no vale ninguno lo que valen esas gotas de sangre que acoralan los dedos afanados de la madrecita buena! Los jefes de familia vuelven a sus casas sonriendo con malicia como que llevan ocultos en los amplios bolsillos del abrigo, los presentes para la esposa y los hijuelos. La abuela generosa vuelve toda azorada de las tiendas, porque no sabe cómo podrán entrar a la casa, sin ser vistos de los vigilantes niños, los regalos misteriosos que vienen estrechos al que los carga. Los lucientes carros en que los grandes bazares envían a la vivienda de los compradores los objetos comprados, cruzan con estrépito y prisa las calles animadas, entre racimos de pequeñuelos concupiscentes que ven absortos y malhumorados aquellas riquezas que no son para ellos, o se agolpan a la verja de hierro, en torno de la madre que en vano los acalla, para ver bajar del carro bienvenido la caja de las maravillas. ¡Ay, qué tristes los que ven pasar el carro! ¡Oh, qué aurora en los ojos de los que lo reciben! Conciértanse las vecinas para ir a las tiendas y elegir regalos; pone el empleado del mercader aparte la soldada de la semana, para comprar con ella presente lujoso a su prometida o amiga; dispone en su mesa el dueño de la casa los asientos de sus amigos más queridos; cuelgan los padres en las horas de la noche, por no ser vistos de los chicos candorosos, de bujías de colores y bolsillos de dulces y brillantes juguetes, el árbol de Christmas; recuentan de antemano las doncellas vanidosas cuántos galanes ven-

* Fechada en Nueva York, 24 de diciembre de 1881, y publicada en *La Opinión Nacional*, Caracas, 6 de enero de 1882.

drán a saludarlas en las alegres pascuas y cuántos saludarán a su vecina. Doblan los periódicos sus páginas, y las acompañan de láminas hermosas, llenas de nevadas campiñas, de revoltosos venados, de barbudos viejos, de chimeneas abiertas, de calcetines próvidos —los símbolos de Christmas. Aderezan los pastores el órgano sonoro de sus templos. Y dispónense a baile suntuoso los magnates de la metrópoli, y los alegres, que son otros magnates. La alegría es collar de joyas, manto de rica púrpura, manojo de cascabeles. Y la tristeza —¡pálida viuda! Así son en Nueva York los pascuas de diciembre.

No son, como aquellas de España.[4]

....

[4] Se incluye el cuadro de las pascuas españolas en la sección ESCENAS EUROPEAS.

4. CARTA DE NUEVA YORK

UNA PELEA DE PREMIO. LOS HOMBRES PELEADORES *

(Fragmento)

Señor Director de *La Opinión Nacional:*

Vuela la pluma, como ala, cuando ha de narrar cosas grandiosas; y va pesadamente, como ahora, cuando ha de dar cuenta de cosas brutales, vacías de hermosura y de nobleza. La pluma debiera ser inmaculada como las vírgenes. Se retuerce como esclava, se alza del papel como prófuga y desmaya en las manos que la sustentan, como si fuera culpa contar la culpa. Aquí los hombres se embisten como toros, apuestan a la fuerza de su testuz, se muerden y se desgarran en la pelea, y van cubiertos de sangre, despobladas las encías, magulladas las frentes, descarnados los nudos de las manos, bamboleando y cayendo, a recibir entre la turba que vocea y echa al aire los sombreros, y se abalanza a su torno, y les aclama, el saco de moneda que acaban de ganar en el combate. En tanto el competidor, rotas las vértebras, yace exánime en brazos de sus guardas, y manos de mujer tejen ramos de flores que van a perfumar la alcoba concurrida de los ruines rufianes.

Y es fiesta nacional, y mueve a ferrocarriles y a telégrafos, y detiene durante horas los negocios, y saca en grupos a las plazas a trabajadores y a banqueros; y se cambian al choque de los vasos sendas sumas, y narran los periódicos, que en líneas breves condenan lo que cuentan en líneas copiosísimas, el ir, el venir, el hablar, el reposar, el ensayar, el querellar, el combatir, el caer de los seres rivales. Se cuenta, como las pulsaciones de un mártir, las pulsaciones de estos viles. Se describen sus formas. Se habla menudamente del blancor y lustre de su piel. Se miden sus músculos de golpear. Se cuentan sus hábitos, sus comidas, sus frases, su peso. Se pintan sus colores de batalla. Se dibujan sus zapatos de pelea.

Así es una pelea de premio. Así acaban de luchar el gigante de Troya y el mozo de Boston. Así ha rodado por tierra, ante dos mil espectadores, el gigante, inerte y ensangrentado. Así ha estado de gorja Nueva Orleans, y suspensos los pueblos de la Unión, y conmovido visiblemente Boston, Nueva York y Filadelfia. Aún veo, prendidos como colmena alborotada a las ruedas y ventanas del carro donde les venden los periódicos, a esas criaturillas de ciudad, que son como frutas nuevas podridas en el árbol. Los compradores, en montón, aguardan en torno al carro, que ya anda, arrebatado por el grueso caballo a que va uncido, en tanto que ruedan por tierra, revueltos con paquetes de periódicos, míseras niñas cubiertas de harapos, o pequeñuelas bien vestidas, que ya desnudan el alma, o irlandesillos avarientos, que alzan del lodo blas-

* Fechada en Nueva York, el 17 de febrero de 1882, y publicada en *La Opinión Nacional,* Caracas, 4 de marzo de 1882.

femando el sombrero agujereado que perdieron en la lucha. Y vienen carros nuevos, y luchas nuevas. Y los que alcanzan periódicos, no saben cómo darlos a tiempo a los compradores ansiosos que los asedian. Y la muchedumbre, temblando en la lluvia, busca en los lienzos de noticias que clavan en sus paredes los diarios famosos, las nuevas del combate. Y lee el hijo, en el diario que trae a casa el padre, a qué ojo fue aquel golpe, y cuán bueno fue aquel otro que dio con el puño en la nariz del adversario, y con éste en tierra, y cómo se puede matar empujando gentilmente hacia atrás el rostro del enemigo, y dándole con la otra mano junto al cerebro, por el cuello. Y publican los periódicos los retratos de los peleadores, y sus banderas de combate, y diseños de los golpes. Y se cuenta en la mesa de comer de la familia, que este amigo perdió unos cien duros y aquél ganó un millar, y otro otros mil, porque apostaron a que ganaría el gigante, y sucedió que ganó el mozo. Eso era Nueva York la tarde de la lucha.

. . . .

5. CARTA DE NUEVA YORK

SUMA DE SUCESOS. LOS TRABAJADORES: SUS FUERZAS; SUS OBJETOS; SUS CAUDILLOS; EUROPEOS Y AMERICANOS. HONORES A KARL MARX, QUE HA MUERTO *

(Fragmentos)

Por tabernas sombrías, salas de pelear y calles obscuras se mueve ese mocerío de espaldas anchas y manos de maza, que vacía de un hombre la vida como de un vaso la cerveza. Mas las ciudades son como los cuerpos, que tienen vísceras nobles, e inmundas vísceras. De otros soldados está lleno el ejército colérico de los trabajadores. Los hay de frente ancha, melena larga y descuidada, color pajizo, y mirada que brilla, a los aires del alma en rebeldía, como hoja de Toledo, y son los que dirigen, pululan, anatematizan, publican periódicos, mueven juntas, y hablan. Los hay de frente estrecha, cabello hirsuto, pómulos salientes, encendido color, y mirada que ora reposa, como quien duda, oye distintos vientos, y examina, y ora se inyecta, crece e hincha, como de quien embiste y arremete: son los pacientes y afligidos, que oyen y esperan. Hay entre ellos fanáticos por amor, y fanáticos por odio. De unos no se ve más que el diente. Otros, de voz ungida y apariencia hermosa, son bellos, como los caballeros de la Justicia. En sus campos, el francés no odia al alemán, ni éste al ruso, ni el italiano abomina del austriaco; puesto que a todos los reúne un odio común. De aquí la flaqueza de sus instituciones, y el miedo que inspiran; de aquí que se mantengan lejos de los campos en que se combate por ira, aquellos que saben que la Justicia misma no da hijos, ¡sino es el amor quien los engendra! La conquista del porvenir ha de hacerse con las manos blancas. Más cauto fuera el trabajador de los Estados Unidos, si no le vertieran en el oído sus heces de odio los más apenados y coléricos de Europa. Alemanes, franceses y rusos guían estas jornadas. El americano tiende a resolver en sus reuniones el caso concreto: y los de allende, a subirlo al abstracto. En los de acá, el buen sentido, y el haber nacido en cuna libre, dificulta el paso a la cólera. En los de allá, la excita y mueve a estallar, porque las sofoca y la concentra, la esclavitud prolongada. Mas no ha de ser —¡aunque pudiera ser!— que la manzana podrida corrompa el cesto sano. ¡No han de ser tan poderosas las excrecencias de la monarquía, que pudran y roan como veneno, el seno de la Libertad!

Ved esta gran sala. Karl Marx ha muerto. Como se puso del lado de los débiles, merece honor. Pero no hace bien el que señala el daño, y arde en ansias generosas de ponerle remedio, sino el que enseña remedio blando al daño. Espanta la tarea de echar a los hombres sobre los hombres. Indigna el forzoso abestiamiento de unos hombres en provecho de otros. Mas se ha de hallar

---

* Fechada en Nueva York, 29 de marzo de 1883, y publicada en *La Nación*, Buenos Aires, 13 de mayo de 1883.

salida a la indignación, de modo que la bestia cese, sin que se desborde, y espante. Ved esta sala: la preside, rodeado de hojas verdes, el retrato de aquel reformador ardiente, reunidor de hombres de diversos pueblos, y organizador incansable y pujante. La Internacional fue su obra: vienen a honrarlo hombres de todas las naciones. La multitud, que es de bravos braceros, cuya vista enternece y conforta, enseña más músculos que alhajas, y más caras honradas que paños sedosos. El trabajo embellece. Remoza ver a un labriego, a un herrador, o a un marinero. De manejar las fuerzas de la naturaleza, les viene ser hermosos como ellas.

. . . .

6. CARTA DE NUEVA YORK

EL HOMBRE DEL OESTE Y EL NEOYORKINO. LA RAZA PURITANA *

. . . .

Y aquí nos salta entre las puntas de la pluma uno de los fenómenos actuales de la vida nacional norteamericana: se está rehaciendo, como se rehace la de la tierra, la capa nacional. El aluvión ha traído de todas partes, y ha echado sobre el substrato yanqui, la tierra fértil nueva. Ni la religión puritana, ni el gobierno republicano mismo primitivo, prenden bien en el nuevo terreno: terreno exuberante, pero lleno de ortigas europeas, y de plantas glotonas.

Tenía su asiento en el Este, del que venía siendo cabeza tradicional el Estado de Massachusetts, aquel americano de raza vieja, sobrio en el vestir, zancudo en el andar, en las obras mañoso y astuto, provinciano en ademanes y lenguaje, y amigo de poner los ambos pies por centinelas de los platos de su mesa, y sazonar con aguardiente de maíz, ya una plática con damas de pomposa pollera en los salones presidenciales, ya un robusto y monumental debate en la solemne rotonda del Senado.

Ahora tienen su asiento en el Oeste y en Nueva York, y cercan de una y otra parte al americano viejo, que por su sabiduría a veces se impone, pero que por todos lados pierde puesto, avalanchas de los nuevos americanos, producto reciente y abundante de la emigración, que desde hace medio siglo se está vaciando acá a barcadas. De Europa repleta y turbada de odios vienen rugiendo, blasfemando, empujando. Se ven dueños de sí, como jamás se vieron. Sólo de poner el pie en esta tierra, ya les parece que tienen encima de la frente una corona. Se dan con embriaguez al goce de comer, beber, procrear y poseer. La posesión los afina y aquilata. Los que se sueltan por el campo se nutren de la savia nueva de la tierra; y crean esos americanos del Oeste sanguíneos, estentóreos y ciclópeos. No parece que explotan minas sino que las traen a cuestas. Parecen hechos para abatir los búfalos que aún pueblan los bosques. Los que se quedan arrinconados por las ciudades, vendiendo frutas, merodeando por suburbios, o desecándose en populosos talleres, engendran esos neoyorkinos desgoznados, de piernas corvas y entecas, de rostro zorruno, flacos, viciosos, amarillos y enfermizos.

Los hombres del Oeste se vienen encima, montados, como en sus corceles naturales, en ciudades inmensas, rompiendo como los bárbaros, acostando las selvas. Los de New York fuman y silban, de todo despreocupados, de sí propios, de la Nación y de la vida, y si, con ligerísima carga de escrúpulos, acaparan fortuna, que al aire echan como del aire les viene, o logran como un caballo en un pesebre, un quehacer fijo y un tanto holgado, viven indiferentes y se extinguen alegres, como

* Fechada en Nueva York el 28 de abril de 1884, y publicada en *La Nación*, Buenos Aires, 6 de junio de 1884.

si la grandiosa vida universal se encerrase en el fuego de su chimenea, o en el humo de su cocina. Persiste, sin embargo, y ahora mismo lucha hermosamente por erguirse y afianzarse, lo cual acaso, mejorada con el sedimento bueno de la inmigración consiga, la antigua y hermosa raza puritana, a quien sólo ha faltado ser generosa para ganar puesto entre las más simpáticas y gloriosas de la tierra.

7. CARTA DE NUEVA YORK

UN DOMINGO DE JUNIO. NUEVA YORK EN VERANO.
LOS BARRIOS DE POBRES *

(Fragmentos)

Señor Director de *La Nación:*

En domingo se escribe esta carta; un sofocante domingo de verano. Los pueblos de campo y las playas vecinas tienen hoy más fieles que las iglesias: rebosan los trenes pasajeros acalorados que van a ver las regatas de los remadores desde las barandas del Puente Alto; y los vapores pasean por los ríos, luciendo banderas de todas las naciones, a multitudes aseadas y gozosas. Se abren los nidos en el campo y el amor en las almas.

. . . .

Los niños que en Nueva York gustan más de pelotas y pistolas que de libros, porque en las escuelas las maestras que no ven en la enseñanza su carrera definitiva, no les enseñan de modo que el estudio los ocupe y enamore —y de las casas, los padres acostumbran feamente empujarlos, como para que no les enojen con sus travesuras y enredos, a las calles—; los niños, ¡válgame Dios!, o se detienen en las esquinas, lo que no es del todo mal, a trocar coqueterías con damiselillas pizpiretas de diez o doce años que con mirada y aire de mujer van solas; o se entran a la callada, a escondidas de la policía, en un patio a jugar a la pelota, o salen de las cigarrerías, que por esta maldad debieran ser tapiadas con el cigarrero adentro, ostentando en los labios sin bozo, encendidos pitillos. Y si se va por los barrios pobres, es usual ver cómo en las barbas del gendarme, que suele no ir muy seguro sobre sus pies, unos chicuelos descalzos empinan por turno una botella de cerveza, y hacen burla a un Rinconete de diez años, que pasa ebrio y tambaleando, mal sujeto del brazo por un Cortadillo balbuciente. ¡Válganos Dios, decimos! ¿No estarían mejor los fieles de las iglesias levantando estas almas, y calzando a estos desnudos, y apartando estas botellas de los labios, que oyendo comentarios sobre la bestia del Apocalipsis, y regocijándose en los picotazos que se dan los pastores de los templos rivales del distrito? ¿Quieren levantar templo? Que hagan casas para los pobres. ¿Salvar almas quieren? Pues bájense a este infierno, no con limosnas que envilecen, sino con las artes del ejemplo, puesto que la naturaleza humana, esencialmente buena, apenas ve junto a sí modelo noble, se levanta hasta él.

Envíense conversadores de alma sana por esos barrios bajos; regálenseles periódicos amenos, que no les enojen con pláticas sermoníacas de virtudes catecismales, sino que lleven la virtud invisible envuelta en las cosas que al pueblo interesan, de manera que no vean que está allí, y sospechen que se la quieren im-

* Fechada en Nueva York, el 7 de junio de 1884, y publicada en *La Nación,* Buenos Aires, 16 de julio de 1884.

poner, porque entonces no la aceptarán. Se curan las llagas en el pecho, y no se curan esos suburbios en las ciudades. En los Ateneos se habla mucho de progresos insignes, y en los editoriales de los diarios; pero no se ve que se está haciendo en casi todas partes el pan nacional con levadura de tigres. Esto sobre todo cs pcligroso, en países donde, como éste, el tigre manda. Así, las repúblicas van a los tiranos. Quien no ayuda a levantar el espíritu de la masa ignorante y enorme, renuncia voluntariamente a su libertad.

—"Nos parece que el obispo Potter, en su lindo palacio gótico de Broadway, lleno de altas ventana de vidrios de colores, hace mu buen obispo" —dijo uno así est mañana, tropezando con los roseto nes de mármol que en el atrio de templo protestante aguardan a qu los suban a completar la torre altí sima con que la iglesia american quiere dar celos a la catedral cató lica.

Y otro que oyó, dijo:

—"El mejor obispo ha sido Pete Cooper." —Nación que no cuida d ennoblecer a sus masas, se cría par los chacales.

. . . .

8. CARTA DE NUEVA YORK

HISTORIA DE LA CAÍDA DEL PARTIDO REPUBLICANO EN LOS ESTADOS UNIDOS Y DEL ASCENSO AL PODER DEL PARTIDO DEMÓCRATA. ANTECEDENTES, TRANSFORMACIONES Y SIGNIFICACIÓN ACTUAL DE LOS PARTIDOS*

(Fragmento)

Señor Director de *La Nación:*

Yo esculpiría en pórfido las estatuas de los hombres maravillosos que fraguaron la Constitución de los Estados Unidos de América: los esculpiría, firmando su obra enorme, en un grupo de pórfido. Abriría un camino sagrado de baldosas de mármol sin pulir, hasta el templo de mármol blanco que los cobijase, y cada cierto número de años, establecería una semana de peregrinación nacional, en otoño, que es la estación de la madurez y la hermosura, para que, envueltas las cabezas reverentes en las nubes de humo oloroso de las hojas secas, fueran a besar la mano de piedra de los patriarcas, los hombres, las mujeres y los niños. El tamaño no me deslumbra. La riqueza no me deslumbra. No me deslumbra la prosperidad material de un pueblo libre, más fuerte que sus vecinos débiles, aislado de rivales peligrosos, favorecido con la cercanía de tierras fértiles necesitadas de comprarles sus productos, y al que afluye, al amor de la libertad y a la facilidad para el trabajo, lo que tiene de más enérgico y emprendedor la Europa sobrancera de habitantes, lo que tienen de más puro y entusiasta los partidos humanitarios de las naciones que no han roto aún la cáscara del feudo.

Los hombres no me deslumbran, ni las novedades, ni los brillantes atrevimientos, ni las colosales cohortes; y sé que de reunir a tanta gente airada y hambrienta de pueblos distintos que no se abrazan en el amor a éste en que no nacieron y cuyo espíritu no llevan en las venas, ni del miedo a la vida, acumulado en ellos por los padecimientos heredados y los propios, sacan otro amor y cuidado que no sean los de sí, sé que de reunir a tanta gente egoísta y temerosa, ha sucedido que la República esté en su mayor parte poblada de ciudadanos interesados o indiferentes, que votan en pro de sus intereses, y cuando no los ven en riesgo no votan, con lo que el gobierno de la nación se ha ido escapando de las manos de los ciudadanos, y quedando en las de grandes traíllas que con él comercian. Sé que las causas mismas que producen la prosperidad, producen la indiferencia. Sé que cuando los pueblos dejan caer de la mano sus riendas, alguien las recoge, y los azota y amarra con ellas, y se sienta en su frente. Sé que cuando los hombres descuidan, en los quehaceres ansias y peligros del lujo, el ejercicio de sus derechos, sobrevienen terribles riesgos, laxas pasiones y desordenadas justicias, y tras ellas, y como para refrenarlas, cual lobos vestidos

* Fechada en Nueva York el 15 de marzo de 1885, y publicada en *La Nación*, Buenos Aires, el 9 de mayo de 1885.

de piel de mastines, la centralización política, so pretexto de refrenar a los inquietos, y la centralización religiosa, so pretexto de ajustarla; y los hijos aceptan como una salvación ambos dominios, que los padres aborrecían como una afrenta.

Sé que el pueblo que no cultiva las artes del espíritu aparejadamente con las del comercio, engorda, como un toro, y se saldrá por sus propias sienes, como un derrame de entrañas descompuestas, cuando se le agoten sus caudales. Sé que a esta nación enorme hacen falta honradez y sentimiento. Pero cuando se ve esta majestad del voto, y esta nueva realeza de que todo hombre vivo, guitón o auriteniente, forma parte, y este monarca hecho todo de cabezas, que no puede querer hacerse daño, porque es tan grande como todo su dominio, que es él mismo; cuando se asiste a este acto unánime de voluntad de diez millones de hombres, se siente como si se tuviera entre las rodillas un caballo de luz, y en los ijares le apretásemos los talones alados, y dejásemos tras de nosotros un mundo viejo en ruinas, y se hubiesen abierto, a que lo paseemos y gocemos, las puertas de un universo decoroso: en los umbrales, una mujer, con una urna abierta al lado, lava la frente rota o enlodada de los hombres que entran.

A los que en ese universo nuevo levantaron y clavaron en alto con sus manos serenas, el sol del decoro, a los que se sentaron a hacer riendas de seda para los hombres, y las hicieron y se las dieron; a los que perfeccionaron el hombre, esculpiría yo, bajo un templo de mármol, en estatuas de pórfido. Y abriría para ir a venerarlos un camino de mármol, ancho y blanco.

9. CARTA DE NUEVA YORK

LAS GRANDES HUELGAS EN LOS ESTADOS UNIDOS. ASPECTOS DEL PROBLEMA SOCIAL. CAUSAS DE LA DEPRESIÓN INDUSTRIAL. LAS ANGUSTIAS DEL GRAN TÍO SAM *

Señor Director de *La Nación:*

No ha abierto esta vez la primavera con lilas y heliotropos, sino con rosas; ni están de acuerdo los cielos y las mentes inquietas.

Este mes ha visto el planteamiento, aún burdo y desordenado, del problema social con que, en este lado del mar como en el otro, parece quiere cerrar sus angustias el siglo en que vivimos; como se cierra la noche, en cuyas entrañas negras relampaguean los ojos de las fieras: con el alba.

Es lícito deducir de movimientos simultáneos universales en una misma vía, la existencia de un malestar universal. El buen vivir y el ligero pensar son cosa grata y cómoda; pero no bastan a espantar los problemas de los tiempos, que se sientan mal de nuestro grado en el festín como el fantasma de Banquo.

El siglo tiene las paredes carcomidas, como una marmita en que han hervido mucho los metales. Los trabajadores, martillo en mano, cuando no Winchester al hombro, han comenzado ya a palpar las hendiduras, y a convertir en puertas anchas los agujeros, por donde entren a gozar en paz, aunque se les manchen los vestidos de la sangre propia, o ajena, de un estado nuevo en que el trabajo sea remunerado a un precio suficiente para sustentar la casa sin miseria y amparar la vejez, sin esa dependencia de la avaricia o capricho extraño en que ahora viven.

En los Estados Unidos se presenta el problema, como acá se presenta todo, y como lo da el país: colosal y súbito.

Acá, cuando hay fuerza, hay mucha: cuando hay hambre, hay mucha. Ni están aquí los excesos que esos tres elementos acarrean, templados por aquel amor arraigado y tradicional al propio país, que como voz de madre detiene en las entrañas de los más justicieros o coléricos, los malos hechos; porque esta población revuelta, ya se sabe, sólo tiene de americana la última capa, la última generación, y en muchas partes ni ésa tiene, de modo que, sin los frenos del patriotismo que aun en los ruines puede tanto esta mezcla de irlandeses, de escoceses, de alemanes, de suecos, de gente que come carne y bebe cerveza, y tiene espaldas y manos atlánticas, va rápida y sin bridas, sin más bridas que las de su miedo o instinto de conservación, a conquistar lo que cree suyo: su derecho a una parte mayor en los productos de una riqueza de que se estima el principal factor, y no es el aprovechador principal.

Pudiera detenerse, en muchos casos con justicia, a esa masa que adelanta. Pudiera hacérsele pensar en que si ella es una parte indispensable a la producción de la riqueza, lo es de otra parte la acumulación del

* Fechada en Nueva York, 27 de abril de 1886, y publicada en *La Nación*, Buenos Aires, el 4 de junio de 1886.

capital contra cuyos abusos odiosos justamente se coliga. Pudiera traérsela a entender que no es sólo un mal ajuste de la distribución de los productos de la industria lo que en muchos casos tiene sin empleo, o en empleo de poco salario a los industriales; sino lo enorme de la producción por el trabajo acelerado de las máquinas, el exceso de lo producido sobre lo necesitado, la competencia entre los países rivales que es mortal para aquellos que como los Estados Unidos cobran por sus importaciones derechos altos, y los errores de esa misma industria que alimenta a la masa obrera, la cual, con el miedo de ser invadida en su propio mercado, por los frutos de los países de importación libre, aboga por la continuación de los derechos altos de entrada, que le impiden producir con baratura suficiente para salir a competir con éxito en los mercados rivales.

Este gran Tío Samuel se aprieta los tirantes, se mesa la barbilla, se pasa de mano en mano el sombrero con copa alta, se enjuga con su pañuelo de algodón el sudor de la frente, que ya empieza a dar gotas de sangre y a fuerza de haberse protegido tanto a sí mismo, se halla enfrente de este problema formidable.

El Tío Samuel se lo fabrica todo; montes de fábricas de toda especie tiene el Tío Samuel, pero tiene que comprarse él mismo todo lo que fabrica; ¿y dónde lo pone?, ¿y qué hace con tanto?, ¿y con qué dinero seguirá alimentando sus fábricas?, ¿y qué hará con sus millones de trabajadores, que no se paran a ver este problema, sino que ven a las empresas ricas, y se ven pobres, y quieren más salario, más seguridad y más respeto?

El Tío Samuel, la nación americana, se revuelve inquieto, y ya con señales de mucho malestar, entre sus fábricas de tejidos de lana, que hoy no se venden en la cuarta parte de lo que costaron; de armas, montadas para hacer mucho más de lo que los ejércitos naturalmente consumen; de máquinas, que por lo caro del hierro, o producir más de lo que se necesita, yacen en ocio, o disimulan su pobreza o trabajan con pérdidas, tristes y descompuestas como cíclopes con hambre.

Ese es el problema: hambre de cíclope. Y ese malestar industrial, cuyas causas —exceso de producción, exceso de población obrera—, no son todas remediables, tiene en zozobra al país, y sin sus recursos y fe habituales, en los momentos en que, sintiéndose ya por la fortaleza de la hermandad más poderosa, la gente trabajadora, ha decidido trancar su fuerza.

Eso pudiera decirse a la masa obrera para contenerla, o demorar para ocasión más propicia sus demandas de reorganización industrial.

Pero como ellos se han hecho ya su código de derechos, que tienen muy cimentados en razones; como ellos ven que sus males provienen en parte visible de la insolencia y desdén del capital organizado, de las combinaciones ilegítimas de éste, del sistema de desigual distribución de las ganancias que mantiene al trabajador en un perpetuo estado de limosnero; como ellos no hallan justo que los salarios de los trabajadores de ferrocarril no pasen de un mendrugo y una mala colcha, para que puedan repartirse entre sí dividendos gargantuescos los cabecillas y favorecidos de las compañías, que por cada mil pesos de gasto real en la empresa emitieron veinte mil en acciones, de modo que como los provechos están naturalmente en relación al capital empleado, nunca hay bastante con el producto de los mil para pagar los dividendos de los veinte mil; como el santo veneno de la dignidad humana ya no quiere salirse de las venas de los hombres, y los hincha e impulsa, resulta que con una justicia acá, y allá una violencia, los trabajadores se han puesto en pie, decididos a no sentarse sino mano a mano con el capital que los emplea.

Y más resulta, y ésa es la desdicha: nadie más que los siervos sienten la necesidad de ser señores; y como la gente trabajadora ha tenido tanto que sufrir del señorío de los que la emplean, le han entrado veleidades de disputa, y no se contenta con hermanarse con los que la han hecho penar, sino que, yendo más allá de toda razón, quiere ponerse encima de ellos, quiere sujetarlos a los términos que impedirían a los empleadores la misma dignidad y libertad humana que los empleados para sí reclaman.

Ahí está su debilidad, en su injusticia; y por esta vez al menos, ahí está su derrota.

....

V

DIVERGENCIA DE HISTORIA Y DE TEMPERAMENTO ENTRE LAS DOS AMERICAS

Discurso pronunciado en la velada de la Sociedad Literaria Hispanoamericana de Nueva York, el 19 de diciembre de 1889, a la cual asistieron los delegados a la Conferencia Internacional Americana de aquel año.

(Fragmento)

....

De lo más vehemente de la libertad nació en días apostólicos la América del Norte. No querían los hombres nuevos, coronados de luz, inclinar ante ninguna otra su corona. De todas partes, al ímpetu de la frente, saltaba hecho pedazos, en las naciones nacidas de la agrupación de pueblos pequeños, el yugo de la razón humana, envilecida en los imperios creados a punta de lanza, o de diplomacia, por la gran república que se alocó con el poder; nacieron los derechos modernos de las comarcas pequeñas y autóctonas; que habían elaborado en el combate continuo su carácter libre y preferían las cuevas independientes a la prosperidad servil, A fundar la república le dijo al rey que venía, uno que no se le quitaba el sombrero y le decía de tú. Con mujeres y con hijos se fían al mar, y sobre la mesa de roble del camarín fundan su comunidad, los cuarenta y uno de la "Flor de Mayo". Cargan mosquetes, para defender las siembras; el trigo que comen, lo aran; suelo sin tiranos es lo que buscan, para el alma sin tiranos. Viene, de fieltro y blusón, el puritano intolerante e integérrimo, que odia el lujo, porque por él prevarican los hombres; viene el cuáquero, de calzas y chupa, y con los árboles que derriba, levanta la escuela; viene el católico, perseguido por su fe, y funda un Estado donde no se puede perseguir por su fe a nadie; viene el caballero, de fusta y sombrero de plumas, y su mismo hábito de mandar esclavos le da altivez de rey para defender su libertad. Alguno trae en su barco una negrada que vender, o un fanático que quema a las brujas, o un gobernador que no quiere oír hablar de escuelas; lo que los barcos traen es gente de universidad y de letras, suecos, místicos, alemanes fervientes, hugonotes francos, escoceses altivos, bátavos económicos; traen arados, semillas, telares, arpas, salmos, libros. En la casa hecha por sus manos vivían, señores y siervos de sí propios; y de la fatiga de bregar con la naturaleza se consolaba el colono valeroso al ver venir, de delantal y cofia, a la anciana del hogar, con la bendición en los ojos, y en la mano la bandeja de los dulces caseros, mientras una hija abría el libro de los himnos, y preludiaba otra en el salterio o en el clavicordio. La escuela era de memoria y azotes; pero el ir a ella por la nieve era la escuela mejor. Y cuando, de cara al viento, iban de dos en dos por los caminos, ellos de cuero y escopeta, ellas de bayeta y devocionario, a oír iban al reverendo nuevo, que le negaba al gobernador el poder en las cosas privadas de la religión; iban a elegir sus jueces, o a residenciarlos. De afuera no venía la casta inmunda. La autoridad era de todos, y la daban a quien se la querían dar. Sus ediles elegían, y sus gobernadores. Si le pesaba al gobernador convocar el consejo, por sobre él lo convocaban los "hombres libres". Allá, por los bosques, el aventurero taciturno caza hombres y lobos, y no duerme bien sino cuando tiene de almohada un tronco recién caído o un indio muerto. Y en las mansiones solariegas del Sur todo es minué y bujías, y coro de negros cuando viene el coche del señor, y copa de plata para el buen Madera. Pero no había acto de la vida que no fuera pábulo de la libertad en las colonias republicanas que, más que cartas reales, recibieron del rey certificados de independencia. Y cuando el inglés, por darla de amo, les impone un tributo que ellas no se quieren imponer, el guante que le echaron al rostro las colonias fue el que el inglés mismo había puesto en sus manos. A su héroe, le traen el caballo a la puerta. El pueblo que luego había de negarse a ayudar, acepta ayuda. La libertad que triunfa es como él, señorial y sectario, más de la localidad que de la humanidad, una libertad que bambolea, egoísta e injusta, sobre los hombros de una raza esclava, que antes de un siglo echa en tierra las andas de una sacudida; ¡y surge, con un hacha en la mano, el leñador de ojos piadosos, entre el estruendo y el polvo que levantan al caer las cadenas de un millón de hombres emancipados! Por entre los cimientos desencajados en la estupenda convulsión se pasea, codiciosa y soberbia, la victoria; reaparecen, acentuados por la guerra, los factores que constituyeron la nación; y junto al cadáver del caballero, muerto sobre sus esclavos, luchan por el predominio en la república, y en el universo, el peregrino que no consentía señor sobre él, ni criado bajo él, ni más conquistas que la que hace el grano en la tierra y el amor en los corazones, y el aventurero sagaz y ra pante, hecho a adquirir y adelant en la selva, sin más ley que su deseo, ni más límite que el de su brazo, compañero solitario y temible del leopardo y el águila.

Y ¿cómo no recordar, para gloria de los que han sabido vencer a pesar de ellos, los orígenes confusos y manchados de sangre de nuestra América, aunque al recuerdo leal, y hoy más que nunca necesario, le pueda poner la tacha de vejez inoportuna aquel a quien la luz de nuestra gloria, de la gloria de nuestra independencia, estorbase para el oficio de comprometerla o rebajarla? Del arado nació la América del Norte, y la Española, del perro de presa. Una guerra fanática sacó de la poesía de sus palacios aéreos al moro debilitado en la riqueza, y la soldadesca sobrante, criada con el vino crudo y el odio a los herejes, se echó, de coraza y arcabuz, sobre el indio de peto de algodón. Llenos venían los barcos de caballeros de media loriga, de segundones desheredados, de alféreces rebeldes, de licenciados y clérigos hambrones. Traen culebrinas, rodelas, picas, quijotes, capacetes, espaldares, yelmos, perros. Ponen la espada a los cuatro vientos, declaran la tierra del rey, y entran a saco en los templos de oro. Cortés atrae a Moctezuma al palacio que debe a su generosidad o a su prudencia, y en su propio palacio lo pone preso. La simple Anacaona convida a su fiesta a Ovando, a que viera el jardín de su casa, y sus danzas alegres, y sus doncellas; y los soldados de Ovando se sacan de debajo del disfraz las espadas, y se quedan con la tierra de Anacaona. Por entre las divisiones y celos de la gente india adelanta en América el conquistador; por entre aztecas y tlaxcaltecas llega Cortés a la canoa de Cuauhtémoc; por entre quichés y zutujiles vence Alvarado en Guatemala; por entre tunjas y bogotáes adelanta Quesada en Colombia; por entre los de Atahualpa y los de Huáscar pasa Pizarro en el Perú; en el pecho del último indio valeroso clavan, a la luz de los templos incendiados, el estandarte rojo del Santo Oficio. Las mujeres, las roban. De cantos tenía sus caminos el indio libre, y después del español no había más caminos que el que abría la vaca husmeando el pasto, o el indio que iba llorando en su treno la angustia de que se hubiesen vuelto hombres los lobos. Lo que come el encomendero, el indio lo trabaja; como flores que se quedan sin aroma, caen muertos los indios; con los indios que mueren se ciegan las minas. De los recortes de las casullas se hace rico un sacristán. De paseo van los señores; o a quemar en el brasero el estandarte del rey; o a cercenarse las cabezas por peleas de virreyes y oidores, o celos de capitanes; y al pie del estribo lleva el amo dos indios de pajes, y dos mozos de espuela. De España nombran el virrey, el regente, el cabildo. Los cabildos que hacían, los firmaban con el hierro con que herraban las vacas. El alcalde manda que no entre el gobernador en la villa, por los males que le tiene hechos a la república, y que los regidores se persignen al entrar en el cabildo, y que al indio que eche el caballo a galopar se le den veinticinco azotes. Los hijos que nacen, aprenden a leer en carteles de toros y en décimas de salteadores. "Quimeras despreciables" les enseñan en los colegios de entes y categorías. Y cuando la muchedumbre se junta en las calles, es para ir de cola de las tarascas que llevan el pregón; o para hablar, muy quedo, de las picanterías de la tapada y el oidor; o para ir a la quema del portugués; cien picas y mosquetes van delante, y detrás los dominicos con la cruz blanca, y los grandes de vara y espadín, con la capilla bordada de hilo de oro; y en hombros los baúles de huesos, con llamas a los lados; y los culpables con la cuerda al cuello, y las culpas escritas en la coroza de la cabeza; y los contumaces con el sambenito pintado de imágenes del enemigo; y la prohombría, y el señor obispo, y el clero mayor; y en la iglesia, entre dos tronos, a la luz vívida de los cirios, el altar negro; afuera, la hoguera. Por la noche, baile. ¡El glorioso criollo cae bañado en sangre, cada vez que busca remedio a su vergüenza, sin más guía ni modelo que su honor, hoy en Caracas, mañana en Quito, luego con los comuneros del Socorro; o compra, cuerpo a cuerpo, en Cochabamba el derecho de tener regidores del país; o muere, como el admirable Antequera, profesando su fe en el cadalso del Paraguay, iluminado el rostro por la dicha; o al desfallecer al pie del Chimborazo, "exhorta a las razas a que afiancen su dignidad". El primer criollo que le nace al español, el hijo de la Malinche, fue un rebelde. La hija de Juan de Mena, que lleva el luto de su padre, se viste de fiesta con todas sus joyas, porque es día de honor para la humanidad, el día en que Arteaga muere. ¿Qué sucede de pronto, que el mundo se para a oír, a maravillarse, a venerar? ¡De debajo de la capucha de Torquemada sale, ensangrentado y acero en mano, el continente redimido! Libres se declaran los pueblos todos de América a la vez. Surge Bolívar, con su cohorte de astros. Los volcanes, sacudiendo los flancos con estruendo, lo aclaman y publican. ¡A caballo, la América entera! Y resuenan en la noche, con todas las estrellas encendidas, por llanos y por montes, los cascos redentores. Hablándoles a sus indios va el clérigo de México. Con la lanza en la boca pasan la corriente desnuda los indios venezolanos. Los rotos de Chile marchan juntos, brazo en brazo, con los cholos del Perú. Con el gorro frigio del liberto van los negros cantando, detrás del estandarte azul. De poncho y bota de potro, ondeando las bolas, van a escape de triunfo, los escuadrones de gauchos. Cabalgan, suelto el cabello, los pehuenches resucitados, voleando sobre la cabeza la chuza emplumada. Pintados de guerrear vienen tendidos sobre el cuello los araucos, con la lanza de tacuarilla coronada de plumas de colores; y al alba, cuando la luz virgen se derrama por los despeñaderos, se ve a San Martín, allá sobre la nieve, cresta del monte y corona de la revolución, que va, envuelto en su capa de batalla, cruzando los Andes. ¿A dónde va la América, y quién la junta y guía? Sola, y como un solo pueblo, se levanta. Sola pelea. Vencerá, sola.

¡Y todo ese veneno lo hemos trocado en savia! Nunca, de tanta oposición y desdicha, nació un pueblo más precoz, más generoso, más firme. Sentina fuimos, y crisol comenzamos a ser. Sobre las hidras, fundamos. Las picas de Alvarado, las hemos echado abajo con nuestros ferrocarriles. En las plazas donde se quemaba a los herejes, hemos levantado bibliotecas. Tantas escuelas tenemos como familiares del Santo Oficio tuvimos antes. Lo que no hemos hecho, es porque no hemos tenido tiempo para hacerlo, por andar ocupados en arrancarnos de la sangre las impurezas que nos legaron nuestros padres. De las misiones, religiosas e inmorales, no quedan ya más que paredes descascaradas, por donde asoma el buho el ojo, y pasea melancólico el lagarto. Por entre las razas heladas y las ruinas de los conventos y los caballos de los bárbaros se ha abierto paso el americano nuevo, y convida a la juventud del mundo a que levante en sus campos la tienda. Ha triunfado el puñado de apóstoles. ¿Qué importa que, por llevar el libro delante de los ojos, no viéramos, al nacer como pueblos libres, que el gobierno de una tierra híbrida y original, amasada con españoles retaceros y aborígenes torvos y aterrados, más sus salpicaduras de africanos y menceyes, debía comprender, para ser natural y fecundo, los elementos todos que, en maravilloso tropel y por la política superior escrita en la Naturaleza, se levantaron a fundarla? ¿Qué importan las luchas entre la ciudad universitaria y los campos feudales? ¿Qué importa el desdén, repleto de guerras, del marqués lacayo al menestral mestizo? ¿Qué importa el duelo, sombrío y tenaz, de Antonio de Nariño y San Ignacio de Loyola? Todo lo vence, y clava cada día su pabellón más alto, nuestra América capaz e infatigable. Todo lo conquista, de sol en sol, por el poder del alma de la tierra, armoniosa y artística, creada de la música y beldad de nuestra naturaleza, que da su abundancia a nuestro corazón y a nuestra mente la serenidad y altura de sus cumbres; por el influjo secular con que este orden y grandeza ambientes ha compensado el desorden y mezcla alevosa de nuestros orígenes; y por la libertad humanitaria y expansiva, no local, ni de raza, ni de secta, que fue a nuestras repúblicas en su hora de flor, y ha ido después, depurada y cernida, de las cabezas del orbe —libertad que no tendrá, acaso, asiento más amplio en pueblo alguno— ¡pusiera en mis labios el porvenir el fuego que marca! —que el que se les prepara en nuestras tierras sin límites para el esfuerzo honrado, la solicitud leal y la amistad sincera de los hombres.

De aquella América enconada y turbia, que brotó con las espinas en la frente y las palabras como lava, saliendo, junto con la sangre del pecho, por la mordaza mal rota, hemos venido, a pujo de brazo, a nuestra América de hoy, heroica y trabajadora a la vez, y franca y vigilante, con Bolívar de un brazo y Herbert Spencer de otro; una América sin suspicacias pueriles, ni confianzas cándidas, que convida sin miedo a la fortuna de su hogar a las razas todas, porque sabe que es la América de la defensa de Buenos

Aires y de la resistencia del Callao, la América del Cerro de las Campanas y de la Nueva Troya. ¿Y preferiría a su porvenir, que es el de nivelar en la paz libre, sin codicias de lobo ni prevenciones de sacristán, los apetitos y los odios del mundo; preferiría a este oficio grandioso el de desmigajarse en las manos de sus propios hijos, o desintegrarse en vez de unirse más, o por celos de vecindad mentir a lo que está escrito por la fauna y los astros y la Historia, o andar de zaga de quien se le ofreciese de zagal, o salir por el mundo de limosnera, a que le dejen caer en el plato la riqueza temible? ¡Sólo perdura, y es para bien, la riqueza que se crea, y la libertad que se conquista con las propias manos! No conoce a nuestra América quien eso ose temer. Rivadavia, el de la corbata siempre blanca, dijo que estos países se salvarían: y estos países se han salvado. Se ha arado en la mar. También nuestra América levanta palacios y congrega el sobrante útil del universo oprimido; también doma la selva, y le lleva el libro y el periódico, el municipio y el ferrocarril; también nuestra América, con el sol en la frente, surge sobre los deisertos coronada de ciudades. Y al reaparecer en esta crisis de elaboración de nuestros pueblos los elementos que lo constituyeron, el criollo independiente es el que domina y se asegura, no el indio de espuela, marcado de la fusta, que sujeta el estribo y le pone adentro el pie, para que se vea más de alto a su señor.

Por eso vivimos aquí, orgullosos de nuestra América, para servirla y honrarla. No vivimos, no, como siervos futuros ni como aldeanos deslumbrados, sino con la determinación y la capacidad de contribuir a que se la estime por sus méritos, y se la respete por sus sacrificios; porque las mismas guerras que de pura ignorancia le echan en cara los que la conocen, son el timbre de honor de nuestros pueblos, que no han vacilado en acelerar con el abono de su sangre el camino del progreso, y pueden ostentar en la frente sus guerras como una corona. En vano —faltos del roce y estímulo diario de nuestras luchas y de nuestras pasiones, que nos llegan ¡a mucha distancia! del suelo donde no crecen nuestros hijos—, nos convida este país con su magnificencia, y la vida con sus tentaciones, y con sus cobardías el corazón, a la tibieza y al olvido. ¡Donde no se olvida, y donde no hay muerte, llevamos a nuestra América, como luz y como hostia; y ni el interés corruptor, ni ciertas modas nuevas de fanatismo, podrán arrancárnosla de allí! Enseñemos el alma como es a estos mensajeros ilustres que han venido de nuestros pueblos, para que vean que la tenemos honrada y leal, y que la admiración justa y el estudio útil y sincero de lo ajeno, el estudio sin cristales de présbita ni de miope, no nos debilita el amor ardiente, salvador y santo de lo propio; ni por el bien de nuestra persona, si en la conciencia sin paz hay bien, hemos de ser traidores a lo que nos manda hacer la naturaleza y la humanidad. Y así, cuando cada uno de ellos vuelva a las playas que acaso nunca volvamos a ver, podrá decir, contento de nuestro decoro, a la que es nuestra dueña, nuestra esperanza y nuestra guía: "¡Madre América, allí encontramos hermanos! ¡Madre América, allí tienes hijos!"

VI

ESCENAS EUROPEAS

1. GAMBETTA SILBADO *

(Fragmento)

Nueva York, 20 de agosto de 1881.

Señor Director de *La Opinión Nacional:*

Un hecho inesperado agita a Francia, aflige a los hombres sensatos, regocija a los odiadores vulgares y determina de una manera resuelta y marcada la política futura del imponente jefe de la democracia francesa: Gambetta ha sido silbado en París. El tumulto ha rugido a sus pies; el odio y la envidia le echaron encima una traílla de canes rabiosos; sus adversarios, no pudiendo vencer su voz, han querido ahogarla; unos cuantos centenares de agitadores redujeron al silencio a ese orador pujante, cuya energía cejó domada ante las vociferaciones de un turba rebelde. ¿Cómo ha sido esto? ¿Es acaso la gloria del hombre la que nos conturba? ¿Peligran, por ventura, la majestad y la fortaleza de la causa que defiende? ¿Es el pueblo francés el que así injuria a quien con más fortuna, moderación y habilidad le sirve? No es el pueblo francés. El orador lo dijo, haciendo tronar al fin su voz por sobre la muchedumbre encrespada a sus plantas: —"Ciudadanos —exclamó—: sois diez mil, y os dejáis reducir a la impotencia por un puñado de exaltados." Y volviéndose a los grupos vociferadores: "Yo os conozco —decía—: sois cobardes pagados para conduciros como lo hacéis. Queréis ahogar la discusión porque no podéis responder a nuestros argumentos. Yo os encontraré el domingo. La justicia tendrá su día". Pero la ola crecía; los indiferentes y los tímidos dejaron obrar a los coléricos y a los revoltosos; veinte minutos de inútiles esfuerzos no bastaron a sofocar aquellas iras, y en medio de vocerío acusador y tremendo, Gambetta abandonó al fin, vencido y airado, la tribuna.

¡Tumultuoso término de una brillante campaña! El discurso que Gambetta no pudo pronunciar era el tercero que había preparado para que sirviese como de molde y guía en las elecciones que hoy conmueven a Francia. La oratoria de este hombre llega a la grandeza, no por señalada elevación del pensamiento arrebatado en uno u otro instante de exaltación sobrehumana, sino por la peculiar nitidez de sus conceptos, la arrogante franqueza con que los exhibe, y la sólida bondad de cada uno de ellos. Es una grandeza singular, totalmente nueva: no viene de la excelsitud, del fuego imaginativo, del fervor apostólico, del colorido poético: viene del perfecto ajuste y admirable engranaje de las diversas porciones del discurso, y de la constante elevación relativa de todos los pensamientos que lo forman. Allí nada tiene ala; pero todo tiene peso. Es un león en reposo. Tiene la prudencia de la autoridad y la fuerza de la calma. Como dice

* Crónica fechada en Nueva York, 20 de agosto de 1881, y publicada en *La Opinión Nacional,* 6 de septiembre de 1881. (Caracas.)

lo que es cierto, cuando dice, manda. Costea, dirige, esclarece, prepara la mente de los que lo oyen para recibir sus fórmulas sonoras y lucientes; y cuando éstas llegan, provocan adhesiones irreprensibles y ardorosas porque gracias a la habilidad del orador, su pensamiento tenía ya esa misma forma en la mente de los que le oyen. Les hace creer que obedece a sus pensamientos, cuando en realidad se los incauta y esclaviza.

. . . .

2. GAMBETTA ELECTO *

(Fragmento)

Nueva York, 3 de septiembre de 1881.

Señor Director de *La Opinión Nacional:*

A pesar de los esfuerzos frenéticos de sus encarnizados enemigos; a pesar de la terrible guerra, movida contra él, en el distrito en que más influencia ejercen las teorías dislocadas de los ultrarreformistas franceses; a pesar de la reunión escandalosa en que el orador atlético bajó vencido entre denuestos injuriosos de la tribuna en que levanta la voz que mejor sirve a la época moderna, Gambetta fue electo en la casa misma de sus febriles adversarios: desafió a la pantera en su agujero, y venció a la pantera.

Este ha sido el lance más ameno de estas reñidas elecciones: en el resto de Francia, tan bella, tan generosa, tan admirable, tan cuerda, las elecciones se han llevado a cabo con una precisión, desembarazo y rapidez que acusan privilegiadas dotes para el ejercicio de sí mismos en los nobles franceses. Esta es la conquista del hombre moderno: ser mano y no masa; ser jinete y no corcel; ser su rey y su sacerdote; regirse por sí propio. Ni una acusación de fraude, ni una querella de violencia, ni un acto de artería o medio indirecto y reprobado de triunfo se señalan en los ámbitos de Francia; la lucha es mortal pero honrada: desde que no tiene rey este pueblo, es en verdad un pueblo-rey. ¿Qué tienen que hacer aquellas elecciones sanas, claras y francas, donde se conquista el voto con la persuasión, donde se cautiva el sufragio por una propaganda abierta y lícita, donde se asegura el triunfo, por una actividad simpática y honesta, con esas otras elecciones españolas en que, como lisonjero espejo pasivo, la masa electoral refleja la figura que predomina en el poder, o con aquellas otras elecciones norteamericanas en que los avarientos inmigrantes extranjeros, lisonjeados o heridos en los más bajos intereses, deciden comúnmente de la suerte del país que los nativos degenerados abandonan a los especuladores y los intrusos? ¡Salve el Dios de la paz, que es un Dios a quien se invoca demasiado poco, a ese pueblo trabajador e inteligente que piensa, se estima, se salva y se manda!

Pero ha cambiado súbitamente la faz de la política francesa. La garantía de las repúblicas está en la cantidad numerosa de voluntades que entran en su gobierno. Una inesperada aceleración ha venido a suceder a la grandiosa y segura política de calma, merced a la cual fortificándose para el día de la ejecución de los propósitos que han de asentar definitivamente al mundo nuevo, trabajador y libre, sobre el mundo antiguo, irregular e irritante, dejaba Gambetta espacio a que se fuesen creando aquellos intereses salvadores, y avigorándose aquellas verdades indispensables, y robustiéndo-

* Crónica fechada en Nueva York, 3 de septiembre de 1881, y publicada en *La Opinión Nacional*, Caracas, 17 de septiembre de 1881.

se aquellos hábitos de dominio de sí propio sin los cuales toda república es nube de incienso y humo de colores que esparce y barre sin esfuerzo el primer viento enemigo. Cimentar: he aquí la tarea de este agitador, y he aquí su gloria. Los hombres políticos de estos tiempos han de tener dos épocas: la una, de derrumbe valeroso de lo innecesario; la otra, de elaboración paciente de la sociedad futura con los residuos del derrumbe. El conservador ha de completar siempre al liberal, sin el cual será un mal liberal; mas ha de conservar no las esperanzas de los vencidos, sino las libertades conquistadas. Así como el hombre no tiene en su magnífica carrera más obstáculos que el hombre, así el único obstáculo de la libertad es ella misma.

. . . .

3. UN GRAN POETA MUERTO. EL VESUBIO EN LLAMAS. UN CANÓNIGO DE SAN PEDRO ABJURA LA FE CATÓLICA. DIVICIÓN DE LOS NOBLES ROMANOS *

(Fragmento)

Nueva York, 16 de septiembre de 1881.

Señor Director de *La Opinión Nacional:*

Nutrida está la quincena italiana de cosas nuevas y brillantes: el Vesubio, despierto, mueve al cielo sus lenguas de llamas; un muerto ilustre, que había adquirido con una vida útil y gloriosa el derecho de morir, es llevado en triunfo al cementerio de Roma; y Venecia, remozada y coqueta, corona de flores su alto Campanille rosado, resucita sus fiestas antiguas, adereza a la margen del Lido, y a la sombra de sus pintorescos emparrados, los sabrosos mariscos que sirvieron tantas veces de almuerzo a Teophile Gautier, e inunda con sus gondolas los canales, con sus mujeres de ojos negros los puentes, y con sus gallardos pilluelos, sus acróbatas ambulantes, y sus adivinadores de lotería y decidores de buena fortuna, la resplandeciente plaza de San Marcos, ¡este paisaje de ónix!

En tanto que esta luz de día, como si desde la cresta del Vesubio reflejase la lumbre flameante sobre la ciudad náyade, inunda la nueva Italia —una defección y un desacato enlutan el palacio papal. Un canónigo de la catedral de San Pedro abjuró, en la noche del 14 de septiembre, de su fe católica en la capilla metodista, y al devolver sus paños de encaje, que tantas veces han rozado el ara madre de la Santa Iglesia Romana, al cardenal Borromeo, prefecto de la Congregación, el rebelde sacerdote Campello afirma que se aparta de la comunión católica porque no cabe, a su juicio, en Iglesia de paz política de guerra, ni en corazón italiano sentimiento más vivo que el amor a Italia, y porque le entristece y descontenta la hostilidad continuada con que a su entender trata el Sumo Pontífice a Italia redimida. Y no hace muchos días, y ni con tan graves razones, moral, hábitos y obediencia desafió un anciano príncipe romano, siempre fiel y piadoso, que con abandono de su casa, ha regalado con un palacio, y aderezos y tronos suntuosos, a una de las bailarinas del teatro Costarizi, con los que León XIII, lastimado ya por la ausencia del Vaticano de los más jóvenes y brillantes miembros de la aristocracia romana que han ido a alistarse en las banderas del rey nacional, ha tenido un motivo de grave pesadumbre que comparte con los leales nobles legitimistas, que le dan guardia, en pintorescos y arrogantes uniformes, y le tributan sumiso respeto y admiración.

Gran funeral fue en Roma el de un poeta famoso, que por sus enérgicas estrofas, reformador empuje, tamaños trágicos y numerosas obras,

* Crónica fechada en Nueva York, el 16 de septiembre de 1881, y publicada en *La Opinión Nacional,* Caracas, 3 de octubre de 1881.

gozaba de muchos años ya universal renombre: Pietro Cossa. Como extinguido parecía el teatro italiano, e iluminado sólo de vez en cuando por soles extranjeros: pasajeras rapsodias políticas, vulgares pinturas de costumbres, o pálidas elucubraciones académicas lo alimentaban, cuando, como ahora hacen el elegantísimo Carducci con la poesía lírica, y el donoso seductor Amicis con la prosa, un aliento de vida y un aire de resurrección entraron en la escena con la arrebatada inspiración y rebelde genio del dramático Cossa. Los relámpagos de la espada de Garibaldi herían su lira. La nación tuvo en él soldado y poeta. Así el pueblo agradecido que le ha llevado en triunfo; los dramaturgos que lo acataban como a maestro; los fundadores del nuevo reino que vieron siempre sus amarguras compartidas y sus hazañas loadas por el bardo; los actores que del laurel que le daba sombra han arrancado durante las últimas décadas coronas para sus frentes, todos seguían, confundidos en un dolor vivo, y común, el cuerpo frío donde estuvo aposentada tan grande alma, y donde, como en lira sonora, hallaron robusto eco los clamores de angustia e himnos de esperanzas de la patria. Iba el féretro cubierto de coronas, y ramas de laurel, y botones de mirto. Allí todas las sociedades, todas las academias, todos los gremios; allí las compañías teatrales, de riguroso duelo; allí los cuerpos de ejército, el Congreso, el Ministerio mismo, como en sanción de que las grandes conquistas humanas, de que es la nueva Italia padrón elocuentísimo, no son en suma más que la realización de los anuncios y el logro de los votos y la victoria de los cantos de los poetas. Llevaban los cordones del palio Virginia Marini, que con la dulce Pasquali y la inspirada Pezzana comparte hoy en Italia la fama trágica; Menotti Garibaldi, tan generoso, tan bravo y tan inteligente; Alberto Mario, Petroni, y diputados y ministros. Roma entera reunida en torno al féretro, parecía como querer revivir con el calor de su amor al bardo muerto.

....

4. LA REVUELTA EN EGIPTO INTERESANTE PROBLEMA *

(Fragmento)

Nueva York, 16 de septiembre 1881.

Señor Director de *La Opinión Nacional:*

No es una simple noticia extranjera, sino un grave suceso que mueve a Europa, estremece a Africa, y encierra interés grandísimo para los que quieren darse cuenta del movimiento humano, la última revuelta del Egipto, totalmente vencedora, militar y concreta en apariencia, y en realidad social y religiosa.

Uno es el problema, dicho brevemente: se tiende a una gran liga muslímica, y a la supresión del poder europeo en la tierra árabe. Arranca de Constantinopla, invade el Istmo, llena a Trípoli y agita a Túnez la ola mahometana, detenida, no evaporada, al fin de la Edad Media.

Inglaterra y Francia tienen vencido a Egipto: sus representantes manejan, por acuerdo con el jedive, y en representación y garantía de los tenedores de bonos egipcios en Europa, la desmayada hacienda egipcia. A los contratos fraudulentos, para la tierra del felá ruinosos y para Europa muy beneficiosos, ajustados en el tiempo infausto del jedive Ismail, seguía una esclavitud poco disimulada, en todo acto nacional asentida y servida por Riasz Pachá, el primer ministro del actual jedive.

De súbito estalla un formidable movimiento con ocasión de una orden de cambio de residencia de un regimiento, expedida precisamente para evitar el motín que se entreveía. El motín ha triunfado: el ministerio llamado europeo ha desaparecido: el primer ministro deseado por el ejército ha reemplazado al primer ministro expulso. La victoria ha sido rápida, imponente y absoluta para el partido nacional. Este partido representado por la milicia de Egipto, y triunfador en toda tentativa, acepta sumiso toda ley que de Turquía le venga; mas resiste, como si agitara a quince mil pechos un sentimiento mismo, todo desembarque de tropas cristianas, toda intervención europea; y principalmente, toda intervención inglesa. Aunque se les debía paga de 20 meses, no se han alzado por paga. Aunque aman a su jedive, se han levantado contra él, y obrado y hablado como aquellos nobles de Aragón, que valían uno a uno tanto como el rey, y todos juntos más que el rey.

Fue el motín como invasión de mar. Lo encabezó un robusto coronel, dotado de condiciones populares, lleno del espíritu egipcio, muslímico e independiente: hecho al manejo de las armas y a la existencia de los campamentos: Achmet Arabi Bajá.

. . . .

* Crónica fechada en Nueva York el 16 de septiembre de 1881, y publicada en *La Opinión Nacional,* Caracas, 10 de octubre de 1881.

5. EN ESPAÑA Y EN CUBA. EL DISCURSO DEL REY. EL MONARCA JOVEN Y EL MINISTRO HÁBIL *

(Fragmento)

Nueva York, 1 de octubre de 1881.

Señor Director de *La Opinión Nacional:*

La Corte está animada; el rey confiado y contento; Sagasta vigoroso y pujante; las Cámaras abiertas, tras un discurso de la Corona, hábil y caluroso; el Congreso de Americanistas, lleno de sabios y honrado con fiestas; los sudamericanos, vistos con mucho agrado en el Palacio Real; y en Barcelona, los socialistas, congregados. Arde en Cuba de nuevo —anunciada por la aparición de partidas en Cienfuegos, amenazas de muerte en las ciudades, destierro de periodistas, déficit de 20.000.000 de pesos, y suspensión de las ficticias garantías constitucionales— aquella guerra admirable que no llegó a término, ni está hoy mismo aún bien preparada, por el desacuerdo, ambición e intereses de los hombres. Mas son la gloria y la libertad como el Guadiana, que corre escondido largas leguas por bajo de tierra, y luego sale a la superficie, caudaloso y potente, cerca ya del mar. En España, con el invierno alegre que comienza, los teatros que preparan sus comedias nuevas, las luchas de las Cámaras, que se han iniciado con brillantez andaluza y vigor corso; y los banquetes y las fiestas a los huéspedes de Madrid, que han ido allá de lejos a revolver fósiles, desempolvar archivos, y reconstruir vértebras rotas del mundo americano —no hay plaza al fastidio, ni hora que no sea una nueva fiesta. Abriéronse las Cortes el día 20, y dijo el rey su usual discurso; mas no fue un discurso de cuello de hierro, como los que hacía Cánovas, discursos malhumorados, tonantes, huecos y jovinos, en que se hacía gala de burlar la pública ansiedad, y se pagaba como de mal grado ese tributo de respeto a la Nación; fue un discurso animado, humano, vivo, que entró de lleno en los problemas patrios, que anunció una política juvenil, oportuna, activa y práctica. Y fue en suma, el discurso, como si de seda brillantemente reteñida se hubiera hecho un manto nuevo a un cuerpo viejo; con lo que va el cuerpo como nuevo, galano y remozado; mas durará el aspecto de novedad lo que tarde en desteñirse el manto. No es con ardides políticos, no es con pláticas de liberalismo formal, no es con alardes de reorganización del ejército, no es con halagos a las fuerzas mercantiles del país, con lo que ha de reconstruirse aquella trabajada nación; ni la reconstrucción depende, sino en parte, de la forma de gobierno. Con el empleo del menguado erario en obras públicas, con la renovación progresista, pero tenaz y radical, de los orígenes de vida; con la conversión rápida del pueblo ignorante e indolente en pueblo conocedor y laborioso, con el sacudimiento de los campos, como petrificados de es-

* Crónica fechada en Nueva York, 1 de octubre de 1881, y publicada en *La Opinión Nacional*, Caracas, el 18 de octubre de 1881.

panto desde su esfuerzo en las comunidades y germanías, y amenos y risueños como los campos árabes; con esta sana y reconstructora política de nación, con la enfermiza política de ciudad, habrá de reconstruirse la península gallarda. Están los pueblos ahora, como si un brazo enorme, rompiendo su corteza, hubiera sacudido y removido sus entrañas, y escondido en lo hondo, como para renovarlas, las fuerzas cansadas que batallan estérilmente por la vida en la superficie, y sacado a la superficie las nuevas fuerzas que hervían en las entrañas.

Halaga el Primer Ministro los sueños del monarca; habla al joven español de expediciones de conquista, de numerosos ejércitos, de tierras de color de fuego, y espadas de relámpagos de plata. El rey, enamorado de su Ministro, y fatigado de su antiguo austero tutor, despliega alegre al aire el estandarte nuevo y está ya como montado a caballo, camino de la Arabia luminosa. "Para vos, señor, pelear a los rayos de aquel sol caliente, de modo que se dore y recomponga el trono lastimado, y seáis vos, glorioso, y la monarquía fuerte; para mí, señor, dar a vuestro reino el color, los matices, los equilibrios, los caracteres trabajadores y humildes de un trono moderno." Así parece, que a despecho de su propio vidente juicio, que ha de hablarle de la necesidad del combate en lo interior por la transformación y el mejoramiento, más que de la necesidad falsa y egoísta de perseguir pueblos libres, y remendar el manto real con trozos de albornoz, así parece que, para tenerlo cautivo, y llevarlo de la mano, y echarlo por donde no puede ya volverse atrás a mirar a Cánovas, ha hablado al rey Alfonso, el habilísimo Sagasta. Es una regla fija: manda quien halaga.

....

6. GIBRALTAR PARA ESPAÑA *

(Fragmento)

. . . .

En el Senado alzó un senador cubano gran tormenta. Y no fue a propósito de Cuba, que es nido de ellas, sino a propósito de Gibraltar. Ni sorprende ni estremece más el rayo al labriego, que la pregunta de Güell y Renté, senador por la Universidad de La Habana, sorprendió y estremeció al Ministerio. Como de un fantasma huía de la pregunta el Ministro de Relaciones Exteriores. "¿Por qué, por qué —preguntaba el senador Güell— no se intenta ya que Gibraltar, llave de España, y de un mar llamado a ver hazañas españolas, vuelva a poder de España?" Mayor sorpresa causó al Ministerio la interpelación de Güell, porque, a pesar de la convencional fraternidad que el gobierno alardea para con los representantes de Cuba, y de no dejar ocasión sin decir que son hijos de la nación, e hijos amados, paréceles faena de intrusos, o hurto de sus derechos, que un representante de la Antilla piense y proponga en cosas de la nación.

Los sufren, como testigos necesarios. Los rechazan, como compañeros libres. De desdeñosa, de iracunda, tuvo la respuesta del severo marqués de Vega Armijo, que, en vez de afrontar valerosamente el caso grave, o aprovecharse de él para dar al país, como materia de pensamiento la idea osada y justa, increpó con aspereza al interpelante, doliéndose de la materia de la interpelación, y díjole con señalada descortesía, y notoria imprudencia, que los recursos de España y su posición en Europa, no justificaban sino hacían extrañar que a miembro alguno del Senado ocurriese poner mano en asunto tan delicado. Brusca, bien se ve, que fue la proposición —mas no inoportuna, ni violadora de derechos ni hostil a España. De amar de sobra a la metrópoli vienen sobre los colonos estas ásperas respuestas ministeriales, y de estimar como reales derechos nominales. El siervo no ha de valerse del permiso que para hablar le dé el señor, que como señor recordará que lo es, y padecerá el siervo. Güell y Renté es brioso, y hombre de sano corazón y puros pensamientos. Es muy estudiador y emparentado por su hermano con los reyes. Ha decidido a despecho de la ruda censura del noble Ministro, llevar la cuestión del recobro de Gibraltar al tribunal público, y mover la opinión, y agitar la prensa por si estiman aprovechable su proyecto, que consiste en ofrecer a Inglaterra en cambio del peñón valiosísimo alguna rica colonia en la costa de Marruecos. ¡Pero a fe que es curioso! ¡No hay quien no piense en voz baja en España lo que el senador dijo en voz alta y véase qué espanto movió el buen senador! Ni pueblos ni hombres han de ser tan medrosos que lleguen a tener miedo de sí mismos. En buen hora que la política sea artística, y pocas ciencias requieren tanto arte y mesura y estudio y buen gusto como ella. Pero ha de ser sincera. Demorar un problema, no es más que agravarlo. Fuera de España no ha parecido mal el exabrupto del honrado Güell

. . . .

* Crónica fechada en Nueva York el 10 de diciembre de 1881, y publicada en *La Opinión Nacional*, Caracas, el 28 de diciembre de 1881.

7. LA CALLE DEL FLORÍN. LACAYOS, GENERALES Y MINISTROS *

(Fragmento)

Nueva York, 1 de abril de 1882.

Señor Director de *La Opinión Nacional:*

Ya está animada la calle del Florín, que es ancha calle, a la cual dan las ventanas que fueron tribuna de los oradores republicanos el día en que de buen grado dejó el trono el buen rey Amadeo, y entró la nación a ser hacienda, y la aventaron, cual suele con la riqueza no trabajada el rico nuevo. Ya se cierran las puertas misteriosas tras de los elegantes caballeros, en quienes se adivina señorío, ora porque les venga de creer que se los da lo viejo de su casa, ora porque lo tengan en sí, que es el mejor, ora porque lo hayan de encarnar en sí los votos y deseos de las personas mayores que los alzaron diputados por el distrito. Ya, rapados de cabeza, ligeros de pies, y solemnes como arúspices, recadean y mandadean los rugosos ujieres, que huelgan, como pastor en su traje de domingo, en las luengas levitas azules, esmaltadas de botones de oro, que les visten el cuerpo provinciano. Ya, como chispas del yunque de Vulcano, que debió ser rudo y torcido, vuelan palabras quemantes de los labios macizos de Cánovas. Ya, a manera de comisario del imperio, o de prestidigitador hábil, que llama la atención sobre sí para que no vean los espectadores curiosos las partes flacas del juego de la escena, vocea patria desde su banco de Ministro el ponderoso isleño, que administra las Islas, y se llama, como si para sí hubiera escogido nombres, León y Castillo. Y, a cada riesgo que, como una red, sale al paso de los ataraceados liberales, pone en alto el Ministro de las Islas el estandarte brillador y toca en torno pitos y tambores, como los ujieres de la Universidad de Zaragoza en días solemnes, y anuncia que del lado acá del mar está llena la tierra de menguados herejes, que osan cansarse de poner la cabeza abatida en almohada de cadenas, y de comer pan de Santander, y de sentarse en cumbre de volcán que oyen rugir, contra cuyos grandísimos culpables sacude el estandarte el isleño bravío, para que con los juegos del sol encendido en el rojo damasco y áureos flecos, y con el eco sonante de sus voces, que hablan de honra y peligro de la patria, que es modo de aturdir y de llamar, se diviertan los ojos y se distraigan los oídos de los clamores católicos hostiles, retos de mercaderes enojados, murmuraciones de secuaces descontentos, y secas voces de Palacio, que son cosas que traen como en pilares de cera el edificio sagastino, y en susto y en vaivén a sus inquietos moradores: que se saben desleales a la monarquía, y más sus sepultureros que sus médicos y aguardan a su vez de su monarca, más que remedio, sepultura. Son los guantes de los palacios reales como aquellos de Catalina de Médicis: perfumados con veneno. Y puesto que esas cosas van dichas, queda dicho que están ya abiertas las Cortes.

. . . .

* Crónica fechada en Nueva York el 1 de abril de 1882, y publicada en *La Opinión Nacional*, Caracas, en día no determinado de aquel año.

8. LAS PASCUAS EN ESPAÑA *

. . . .

No son (las fiestas norteamericanas de Christmas) fiestas de pavo y lechoncillo, ni días de siega de lechugas y aderezo de atunes y besugos. Óyense allá por todas partes, en los contornos de la ancha Plaza Mayor, chirimías y dulzainas; y una madre gentil ha puesto alas de cera a su hijo alegre, y la otra, cachucha de soldado, y éste compra tambor y aquél zampoña, y la señora Petra está celosa porque no tiene en su ventorrillo un tan galano nacimiento, hecho de cartón pardo y polvo de oro, como el que luce cerca de ella la corpulenta señora María. Vense debajo de las espaciosas capas, descomunales prominencias, y son pavos; y asoman por la cesta repleta, como diablillos retozones, los rábanos frondosos. El duque y el teniente cenan a la vez y la costurera y la chulilla, y con igual afán se acicalan en la taberna de Botino los conejos famosos; como se salpican de rojo pimentón en la tienda de pasteles y chorizos que está junto al teatro del Príncipe, cual la vieja España bajo el ala de la nueva, los embutidos extremeños y las farinetas salmantinas; como el suntuoso Fornos saca de su bodega los añejos vinos, y dejan en las botellas señales del polvo nobiliario, a que luego la viertan manos blancas sobre las trufas de Perigord, gustosas y aromadas, y el hígado de ganso de Estrasburgo. La fiesta es la escena que remata en misa.

. . . .

* Pasaje de la *Carta de Nueva York*, de 24 de diciembre de 1881, publicada en *La Opinión Nacional*, Caracas, el 6 de enero de 1882, sobre las fiestas norteamericanas de Christmas, lo que sirve de ocasión a Martí para intercalar este breve cuadro de las Pascuas en Madrid.

VII

AUTORRETRATO IDEAL

EL AUTOR EN UNO DE SUS PERSONAJES

1. AMISTAD FUNESTA *

(Fragmento)

Juan Jerez era noble criatura. Ri-
:o por sus padres, vivía sin el enco-
;imiento egoísta que desluce tanto
un hombre joven, mas sin aquella
ngustiosa abundancia, siempre me-
or que los gastos y apetitos de sus
ueños, con que los ricuelos de poco
entido malgastan en empleos estú-
idos, a que llaman placeres, la ha-
ienda de sus mayores. De sí propio,
con asiduo trabajo, se había ido
reando una numerosa clientela de
bogado, en cuya engañosa profe-
ión, entre nosotros perniciosamente
sparcida, le hicieron entrar, más
ue su voluntad, dada a más activas
generosas labores, los deseos de
u padre, que en la defensa de casos
mpios de comercio había acrecen-
ado el haber que aportó al matri-
onio su esposa. Y así Juan Jerez,
quien la Naturaleza había puesto
quella coraza de luz con que reviste
los amigos de los hombres, vino,
or esas preocupaciones legendarias
ue desfloran y tuercen la vida de
s generaciones nuevas en nuestros
aíses, a pasar, entre lances de curia
ue a veces le hacían sentir ansias
vuelcos, los años más hermosos
e una juventud sazonada e impa-
ente, que veía en las desigualdades
e la fortuna, en la miseria de los infelices, en los esfuerzos estériles de una minoría viciada por crear pueblos sanos y fecundos, de soledades tan ricas como desiertas, de poblaciones cuantiosas de indios míseros, objeto más digno que las controversias forenses del esfuerzo y calor de un corazón noble y viril.

Llevaba Juan Jerez en el rostro pálido, la nostalgia de la acción, la luminosa enfermedad de las almas grandes, reducida por los deberes corrientes o las imposiciones del azar a oficios pequeños; y en los ojos llevaba como una desolación, que sólo cuando hacía un gran bien o trabajaba en pro de un gran objeto, se le trocaba, como un rayo de sol que entra en una tumba, en centelleante júbilo. No se le dijera entonces un abogado de estos tiempos, sino uno de aquellos trovadores que sabían tallarse, hartos ya de sus propias canciones, en el mango de su guzla la empuñadura de una espada. El fervor de los cruzados encendía en aquellos breves instantes de heroica dicha su alma buena, y su deleite, que le inundaba de una luz parecida a la de los astros, era sólo comparable a la vasta amargura, con que reconocía a poco que en el mundo no encuentran auxilio, sino cuando convienen a algún interés que las vicia, las obras de pureza. Era de la raza selecta de los que no trabajan para el éxito, sino contra él. Nunca, en esos pequeños pueblos nuestros donde los hombres se encorvan tanto, ni a cambio de provechos ni de vanaglorias, cedió Juan un ápice de lo que creía sagrado en sí, que era su juicio de hombre y su

---

* La novela fue publicada en Nueva York
1885, en la revista quincenal *El Latino
mericano*, con el seudónimo de "Adelaida
al" que se refiere a Adelaida Baralt, quien,
biendo recibido la petición de redactarla,
trasladó a Martí. Perdidos los ejemplares
la citada revista, Gonzalo de Quesada y
óstegui hubo de encontrar en los papeles
Martí la parte correspondiente a la no-
la, y al mismo Quesada y Aróstegui, alba-
a literario de Martí, se debe la noticia de
berle confirmado Martí que era el autor
relato, así como las circunstancias de su
dacción y publicación.

deber de no ponerlo con ligereza o por paga al servicio de ideas o personas injustas; sino que veía Juan su inteligencia como una investidura sacerdotal, que se ha de tener siempre de manera que no noten en ella la más pequeña mácula los feligreses, y se sentía Juan, allá en sus determinaciones de noble mozo, como un sacerdote de todos los hombres, que uno a uno tenía que ir dándoles perpetua cuenta, como si fuesen sus dueños, del buen uso de su investidura.

Y cuando veía que, como entre nosotros sucede con frecuencia, un hombre joven, de palabra llameante y talento privilegiado, alquilaba por la paga o por el puesto aquella insignia divina que Juan creía ver en toda superior inteligencia, volvía los ojos sobre sí como llamas que le quemaban, tal como si viera que el ministro de un culto, por pagarse la bebida o el juego, vendiese las imágenes de sus dioses. Estos soldados mercenarios de la inteligencia lo tachaban por eso de hipócrita, lo que aumentaba la palidez de Juan Jerez, sin arrancar de sus labios una queja. Y otros decían, con más razón aparente —aunque no en el caso de él—, que aquella entereza de carácter no era grandemente meritoria en quien, rico desde la cuna, no había tenido que bregar por abrirse camino, como tantos de nuestros jóvenes pobres, en pueblos donde por viejas tradiciones coloniales, se da a los hombres una educación literaria, y aún ésta descosida e incompleta, que no halla luego natural empleo en nuestros países despoblados y rudimentarios, exuberantes, sin embargo, en fuerzas vivas, hoy desaprovechadas o trabajadas apenas, cuando para hacer prósperas a nuestras tierras y dignos a nuestros hombres no habría más que educarlos de manera que pudiesen sacar provecho del suelo providísimo en que nacen. A manejar la lengua hablada y escrita le enseñan, como único modo de vivir, en pueblos en que las artes delicadas que nacen del cultivo del idioma no tienen el número suficiente, no ya de consumidores, de apreciadores siquiera, que recompensen, con el precio justo de estos trabajos exquisitos, la labor intelectual de nuestros espíritus privilegiados. De modo que, como con el cultivo de la inteligencia vienen los gustos costosos, tan naturales en los hispanoamericanos como el color sonrosado en las mejillas de una niña quinceañera; como en las tierras calientes y floridas, se despierta temprano el amor, que quiere casa, y lo mejor que haya en la ebanistería para amueblarla, y la seda más joyante y la pedrería más rica para que a todos maraville y encele su dueña; como la ciudad, infecunda en nuestros países nuevos, retiene en sus redes suntuosas a los que fuera de ella no saben ganar el pan ni en ella tienen cómo ganarlo, a pesar de sus talentos, bien así como un pasmoso cincelador de espadas de taza, que sabría poblar éstas de castellanas de larga amazona desmayadas en brazos de guerreros fuertes y otras sutiles lindezas en plata y en oro, no halla empleo en un villorrio de gente labriega, que vive en paz, o al puñal o a los puños remite el término de sus contiendas; como con nuestras cabezas hispanoamericanas, cargadas de ideas de Europa y Norte América, somos en nuestros propios países a manera de fruto sin mercado, cual las excrecencias de la tierra, que le pesan y estorban, y no como su natural florecimiento, sucede que los poseedores de la inteligencia, estéril entre nosotros por su mala dirección, y necesitados para subsistir de hacerla fecunda, la dedican con exceso exclusivo a los combates políticos, cuando más nobles, produciendo así un desequilibrio entre el país escaso y su política sobrada. o, apremiad por las urgencias de la vida, sirven al gobernante fuerte que los paga y corrompe, o trabajan por volcarle cuando, molestado aquél por nuevos menesterosos, les retira la paga abundante de sus funestos servicios. De estas pesadumbres públicas venían hablando el de la barba larga, el anciano de rostro triste y Juan Jerez, cuando éste, ligado desde niño por amores a su prima Lucía, se entró por el zaguán de baldosas de mármol pulido, espaciosas y blancas como sus pensamientos.

La bondad es la flor de la fuerza. Aquel Juan brioso, que andaba siempre escondido en las ocasiones de fama y alarde, pero visible apenas se sabía de una prerrogativa de la patria desconocida o del decoro y albedrío de algún hombre hollados; aquel batallador temible y áspero, a quien jamás se atrevieron a llegar, avergonzadas de antemano, las ofertas y seducciones corruptoras a que otros vociferantes de temple venal habían prestado oídos; aquel que llevaba siempre en el rostro pálido y enjuto como el resplandor de una luz alta y desconocida y en los ojos el centelleo de la hoja de una espada; aquel que no veía desdicha sin que creyese deber suyo remediarla, y se miraba como un delincuente cada vez que no podía poner remedio a una desdicha; aquel amantísimo corazón, que sobre todo desamparo vaciaba su piedad inagotable, y sobre toda humildad, energía o hermosura, prodigaba apasionadamente su amor, había cedido, en su vida de libros y abstracciones, a la dulce necesidad, tantas veces funesta, de apretar sobre su corazón una manecita blanca. La de ésta o la de aquélla le importaban poco, y él, en la mujer, veía más el símbolo de las hermosuras ideadas que un ser real.

Lo que en el mundo corre con el nombre de buenas fortunas, y no son, por lo común, de una parte o de otra, más que odiosas vilezas, habían salido, una y otra vez, al camino de aquel joven rico a cuyo rostro venía, de los adentros del alma, la irresistible belleza de un noble espíritu. Pero esas buenas fortunas, que en el primer instante llenan el corazón de los efluvios trastornadores de la primavera, y dan al hombre la autoridad confiada de quien posee y conquista; esos amoríos de ocasión, miel en el borde, hiel en el fondo, que se pagan con la moneda más valiosa, y más cara, la de la propia limpieza; esos amores irregulares y sobresaltados, elegante disfraz de bajos apetitos, que se aceptan por desocupación o vanidad, y roen luego la vida, como úlceras, sólo lograron en el ánimo de Juan Jerez despertar el asombro de que so pretexto o nombre de cariño vivan hombres y mujeres, sin caer muertos de odio a sí mismos, en medio de tan torpes liviandades. Y no cedía a ellas, porque la repulsión que le inspiraba, cualesquiera que fuesen sus gracias, una mujer que cerca de la mesa de trabajo de su esposo o junto a la cuna de su hijo no temblaba de ofrecerlas, era mayor que las penosas satisfacciones que la complicidad con una amante liviana produce a un hombre honrado.

Era la de Juan Jerez una de aquellas almas infelices que sólo pueden hacer lo grande y amar lo puro. Poeta genuino, que sacaba de los espectáculos que veía en sí mismo, y de los dolores y sorpresas de su espíritu unos versos extraños, adoloridos y profundos, que parecían dagas arrancadas de su propio pecho, padecía de esa necesidad de la belleza que como un marchamo ardiente, señala a los escogidos del canto. Aquella razón serena, que los problemas sociales o las pasiones comunes no oscurecían nunca, se le ofuscaba hasta hacerle llegar a la prodigalidad de sí mismo, en virtud de un inmoderado agradecimiento.

Había en aquel carácter una extraña y violenta necesidad del martirio, y si por la superioridad de su alma le era difícil hallar compañeros que se la estimaran y animasen, él, necesitado de darse, que en su bien propio para nada se quería, y se veía a sí mismo como una propiedad de los demás que guardaba él en depósito, se daba como un esclavo a cuantos parecían amarle y entender su delicadeza o desear su bien.

VIII

EL HOMBRE Y EL ESCRITOR EN SU EPISTOLARIO INTIMO

1. CARTA A MANUEL MERCADO

Guatemala, 30 de marzo de 1878

(Fragmentos)

Hermano Mercado:

Se va por Acapulco, con prisa de llegar, un señor Escandón, y con él, porque llegue a usted más pronto, le envió esta carta. Recibí, con la última de usted —por lo tardía más deseada que otra alguna— la injusta y amorosa carta de mi madre. Realmente, se cree que yo las he sacrificado a mi bienestar; ¡me vieran vivir, con angustias semejantes a las que pasé en México y no pensarían de esta manera! ¿Habrá algún provecho en que nos muriéramos de pobreza todos juntos? ¿Se me abría en México algún camino? ¿Caben por el de Guatemala, en el que escasísimamente cabemos hoy dos, las dos familias que forman hoy mi casa? Ni tienen fe en mí, ni conocen las fuerzas de mi alma que los obligan a tenerla. Esta es una viva amargura que no llegará nunca a ellas. Yo trabajaré para pagar mis deudas este año, y una vez que vivamos libres de ellas, si la suerte no me es enemiga, ayudaré a los que nunca han sabido lo que tienen en mí. Mi pobre padre, el menos penetrante de todos, es el que más justicia ha hecho a mi corazón. La verdad es que yo he cometido un gran delito: no nacer con alma de tendero. Mi madre tiene grandezas, y se las estimo, y la amo —usted lo sabe— hondamente, pero no me perdona mi salvaje independencia, mi brusca inflexibilidad, ni mis opiniones sobre Cuba. Lo que tengo de mejor es lo que es juzgado por más malo. Me aflige, pero no tuerce mi camino. Sea por Dios.

. . . .

Voy a publicar aquí un periódico, en el que tendré que desfigurarme mucho para ponerme al nivel común. Donde hay muchas cabezas salientes, no llama la atención una cabeza más, pero donde hay pocas que sobresalgan, vastas llanuras sin montes, una cabeza saliente es un crimen. Los conservadores me hacen la cruz, y están en su derecho: yo debo parecerles un diablo con levita cruzada. Los liberales sedicentes, que de inteligencia y corazón aquí no los hallo, se resisten a estrecharse más. No saben que los que viven del cielo comen muy poco de la tierra. No toman de ella más que lo necesario, para vengarse de ella porque los retiene. Se han explotado mis vehemencias, y ocultado mis prudencias: se ha pintado mi silencio como hostilidad: mi reserva como orgullo; mi pequeña ciencia como soberbia fatuidad. Es una guerra de zapa en la que yo, soldado de la luz, estoy vencido de antemano. Pero yo lucho cuanto decorosamente puedo: a esto responde mi periódico. Mi libro, por cuya llegada tengo vivo anhelo, me ayudará.

. . . .

Aquí, por celos inexplicables del Rector de la Universidad, hombrecillo de cuerpo y alma, a quien no he hecho más mal que elogiar en un discurso mío otro discurso-lectura suyo que no merecía elogio, me he quedado siendo catedrático platónico de Historia de la Filosofía, con alumnos a quienes no se permite la entrada en clase; y sin sueldo. En cambio, se me anuncia que se me nombrará catedrático de Ciencia de la Legislación. Se me abriría con esto un vasto campo, y yo sembraría en él la mayor cantidad de alma posible. Doy gratuitamente una clase de filosofía: el mejor sueldo es la gratitud de mis discípulos. Hubo reformas económicas, y creyendo ellos que mis clases serían víctima de las economías, anunciaron que saldrían en masa del Colegio donde los educa el Gobierno. El día de mi santo me regalaron los pobres una bonita leontina. Con esto: con mi propósito de pagar aquí, esclavo de mis deudas un año, e irme; y con que Carmen cante a mi lado tan gozosamente como ahora canta, paso este año negro y espero otros años azules. ¡Quien sabe si el permanente azul no es de la tierra!

....

2. CARTA A MANUEL MERCADO

Desde La Habana. Sin consignar la fecha

(Fragmentos)

Hermano mío:

Va al fin carta mía de La Habana. ¡Más me valiera ir yo mismo! El alma se me sale de esta tierra, no sé si porque halla aquí pocas cosas que la halaguen, o porque se avergüenza de sí misma, al no obrar como brava y como buena. Pero mi mala fortuna, que echó tanto peso humano sobre mis hombros, me defenderá si se me acusa por no haberlo echado en el gran día triste, lejos de mí.

¿Soy, sin embargo, ingrato? Me rodean solicitudes amorosas: tengo cuanto es menester; nada ha de hacerme falta, en tanto que llega, legalizado a la española, mi título de España: pero éstas son para mí, si deudas del corazón, comodidades amargas. Quisiera yo arrancar súbitamente a mi familia de la situación —si no miserable— trabajosa en que hoy la veo; y crearme pronto una pequeña fortuna para que mi mujer y mi hijo, porque en diciembre lo tendré, afrontasen las naturales consecuencias de mi rebelde y duro carácter. Pero es terrible martirio este de ver necesaria una gran obra, sentirse con fuerzas para llevarla a cabo, y no poder llevarla.

En cuanto a México: ni mi insistente inquisición ha logrado saber nada de cierto. Sentí lo de Escobedo, y pensaba al sentirlo más en usted que en él.

. . . .

En Ocaranza pensaba hace pocos días. Si yo pudiera llamarlo, a casa que no es mía, sino ajena —y él fuera pintor retratista—, yo le hubiera invitado ya a venir. Job Carrillo vivió, y no vivió mal. Es lo que aquí, donde el arte no tiene sacerdotes, ni templo, ni concurrentes al templo, produce algo. Sin embargo, yo quisiera hacer una tentativa. Quisiera que me enviase a La Habana, dos cuadritos ligeros, pequeños, donde hubiera —con mi pensamiento de los suyos, picaresco y profundo—, uno o dos tipos mexicanos: cosa de poco trabajo, para ver si consigo que, bien entre amigos míos, bien dándolos al público en casa de Mazón y Valdés, despierten la curiosidad y se inaugure el que pudiera seguir siendo un mercado para este género de cuadros. Viveza y gracia importan en esto más que conciencia y estudio. Lo de Lope, y me duele porque ésta, aunque manchada, es tierra mía: a cada uno ha de hablársele en su lengua.

Lo que sí deseo que no deje de la mano, o de la mente, si no lo ha puesto en obra todavía, es el asunto del prior de Veracruz. Anda mal mi memoria, y toda clase de penas —menos las de amor— me la traen mal barajada; pero me parece recordar que, en carta mía de Guatemala, le envié copia de unos renglones del libro de Gage, divertidísimo por cierto, que me sugirieron este pensamiento. Sería un cuadrito que bien pudiera ir a París: intencionado por el asunto —y como pocos— ocasionado a multiplicidad y riqueza de detalles. Y a estudios de expresión: ante un prior mundano un neófito candoroso.

Mudar de tierra no quiere decir mudar de alma: sobre todo en mí, que más que de aire, vivo de afectos.

Pasando ríos y durmiendo en chozas, en días tranquilos y en días azarosos —en todo día y ocasión hablamos de ustedes y como Carmen, si no fuera mi alma esposa, sería mi alma gemela—, la conversación no es más que un solo voto: ¡cuando los volveremos a ver! ¡cuando los veremos venturosos!

Como tengo sobre mí los males de mi pueblo y los míos, y aquéllos tal vez con más gravedad que éstos, déjeme que calle, que importa poco decir lo que se siente, cuando no se puede hacer lo que se debe.

. . . .

3. CARTA A MANUEL MERCADO

Desde La Habana, 17 de enero de 1879

(Fragmentos)

Hermano mío:

Grandes cosas nos han debido pasar a usted y a mí, para que hayamos estado sin saber el uno del otro tanto tiempo: en cuanto a mí al menos, no hacen los días más que realzar ante nuestros ojos la imagen de nuestro más constante amigo.

Yo lo hago a usted de vuelta en México, lleno el corazón de leales esperanzas y de rumores de Uruapan. Yo, ni Uruapan —que ya no lo es mi Cuba—, ni esperanzas tengo. Cuanto predije, está cumplido. Cuantas desdichas esperé, tantas me afligen. Primera debilidad, y error grave de mi vida: la vuelta a Cuba. Hoy, mi pobre Carmen, que tanto lloró por volver, se lamenta de haber llorado tanto. Nadie quiere convencerse de que prever es ver antes que los demás. Todo me lo compensan mi mujer heroica, y mi lindísimo hijo bastante bello y bastante precoz —¡mi nube humana de 2 meses!— para consolar todas mis penas. Pero aquí me veo, sin alegrías para el espíritu, queda la pluma y aherrojados los labios, arrastrando difícilmente una vida que se me hace cada día más trabajosa. Yo no he nacido para vivir en estas tierras. Me hace falta el aire del alma. Hay que refugiarse en la sombra, allí donde está el sol lleno de manchas. La vida española, después de vivir la vida americana. ¡El rebajamiento de los caracteres, después de haber visto tantos bosques y tan grandes ríos! ¡El destierro en la patria, mil veces más amargo para los que como yo, han encontrado una patria en el destierro! Aquí ni hablo, ni escribo, ni fuerzas tengo para pensar. So pretextos pueriles, me han negado el permiso para ejercer como abogado hasta que venga ratificado mi título de España. Tengo clases, y ahora corre trámites, con peligro de tener la misma solución, mi petición de que me habiliten mi título de Filosofía y Letras. A mí me falta la intrepidez donde no corre aire simpático. Aquí las exigencias sociales aumentan, y mis medios de vida disminuyen. Y a mí como a todos. Aquí todos los ojos están empañados, y no quieren ver las serenas figuras luminosas. Los graves condenan con su conducta a los no graves.

. . . .

Alfredo Torroella se me ha estado muriendo en los brazos en estos tres últimos días. Me tiene moribundo un cariño que parece que data de otra vida. Hago con él lo que los hombres afectuosos que se mueren, necesitan. Y lo que conmigo hicieron. Ayer resucitó, casi sin habla, de un terrible ataque que duró tres días. Dispuestos estaban ya su entierro, y los honores que el Liceo de Guanabacoa, que hoy renace, y tanto valió en otro tiempo, quiere tributarle. Por cierto que acabo de leer en los periódicos que la Sección de Literatura del Liceo, a la que perteneció cuanto de bueno ha habido y hay en Cuba, me nombra su Secretario. Para hablar: pero ¡hablar en tierra esclava! No sabré qué decir, y parecerá que hablo muy mal. Yo cobraré mis aires, y mis alas. Si no fuera Cuba tan infortunada, querría más a México que a Cuba. Alfredo, cuya muerte se espera desde hace un mes a cada instante, me recibió con grandes muestras de gozo, y ¡extraña y leal memoria!, diciéndome cosas exageradas y recitando versos míos. Y la noche antes había recibido los óleos. Su mujer me ha enseñado lo que sabía yo ya por Lola: en resignación y en amor, las mujeres mexicanas son hermanas de nuestras cubanas. Heroicamente le asiste: los pequeñuelos me atormentan. Cuando deja uno desamparados a sus hijos, debe uno desear llevárselos consigo a la muerte. Es terrible esta deuda no pagada.

....

4. CARTA A MANUEL MERCADO

Desde Nueva York, 13 de septiembre, sin consignarse el año

(Fragmento)

Mi amigo queridísimo:

Recibí del señor Polignac su carta última, y en ella la mala noticia de que se volvió a México con otra anterior de usted por no hallarme: en New York estaba; pero lleno de agitaciones y dudas, y a punto ¡quién nos lo hubiera dicho! de ir por quince días a México. Grandes empeños me llevaban; porque yo soy siempre aquel loco incorregible que cree en la bondad de los hombres y en la sencillez y naturalidad de la grandeza; pero ¿por qué no he de decirle que tanto como mi frustrada empresa, y agradecido a ella porque me devolvía a usted, me animaba y tenía lleno de júbilo el pensamiento de volver a verlo? Porque usted se me entró por mi alma en mi hora de mayor dolor, y me la adivinó toda sin obligarme a la imprudencia de enseñársela, y desde entonces tiene usted en ella asiento real. ¿Que para qué iba yo a México? Usted sabe con qué serenidad abandoné cinco años hace, por no poder sufrir sin bochorno nuestra ignominiosa vida pública, la situación bonancible y brillante que, amorosa como una madre, me ofrecía mi patria —que lejos de ella, y con mi ejemplo y fe, he esperado, con una paciencia parecida a la agonía, el instante en que abatidas ya todas las falsas esperanzas de nuestra gente, se decidiesen a dejar campo a los que no ven más manera de salvar al país que arrebatarlo de sus dueños; y en todas estas labores yo no tenía el pensamiento en mí, que sé que todo poder y todo provecho me están vedados por mi carácter austero en el mundo; ni aspiraba a más gozo que al de hacer algo difícil y desinteresado, y acabar. Vinieron hasta New York, esperanzados en el éxito de un movimiento de armas con la exasperación, angustia e ira reinantes en el país, dos de los jefes más probados, valientes y puros de nuestra guerra pasada, y con estos calores míos, me puse a la obra con ellos: de esta tierra no espero nada, ni para ustedes ni para nosotros, más que males: ciertos medios, ya hay; pero necesitamos más; y yo veía llegada la hora memorable y dolorosa de ir a implorar, con lágrimas y con razones, el cariño y la ayuda de todos los pueblos, pobres y generosos, de nuestra América. De las dificultades no me hable, que ya me las sabía; pero tal brío llevaba en mí, y tal fe en la nobleza humana, que de antemano estaba orgulloso de mi éxito: ¿por dónde había de empezar si no por México? Acordamos planes y fechas: señalé el 20 de octubre para partir: no tenía más modo de vivir que lo que me producía el Consulado del Uruguay, en que hacía de Cónsul interino, y como el Uruguay está en amistad con España, renuncié con el Consulado a mi único modo de vivir: Carranza llegó a afligirme y pesar sobre mí de tal manera que, alabado en esto por todos, tuve al fin que abandonarle, hará unos cuatro meses: y para que mi familia viviese durante mi ausencia, tenía concertadas unas cartas de viaje con el "Sun", siempre bueno para mí: sentía que renacía, yo, que desde hace años recojo a cada mañana de tierra mis propios pedazos, para seguir viviendo; cuando de súbito vi que, por torpeza o interés, los jefes con quienes entraba en esta labor no tenían aquella cordialidad de miras, aquel olvido de la propia persona, aquel pensar exclusivo y previsor en el bien patrio, aquel acatamiento modesto a la autoridad de la prudencia y de la razón sin las que un hombre honrado, que piensa y prevé, no puede echar sobre sí la responsabilidad de traer a un pueblo tan quebrantado como el nuestro a una lucha que ha de ser desesperada y larga. ¿Ni a qué echar abajo la tiranía ajena, para poner en su lugar, con todos los prestigios del triunfo, la propia? No vi, en suma, más que a dos hombres decididos a hacer de esta guerra difícil a que tantos contribuyen, una empresa propia: ¡a mí mismo, el único que los acompañaba con ardor y los protegía con el respeto que inspiro; llegaron, apenas se creyeron seguros de mí, a tratarme con desdeñosa insolencia! A nadie jamás lo diga, ni a cubanos, ni a los que no lo sean; que así como se lo digo a usted, a nadie se lo he dicho: pero de ese modo fue: ¿cómo, en semejante compañía, emprender sin fe y sin amor, y punto menos que con horror, la campaña que desde años atrás venía preparando tiernamente; con todo acto y palabra mía, como una obra de arte? Pues si he estado, ya con el alma rota, en comunicación constante, con todas nuestras tierras; si desdeñando glorias y provechos que otros, y no yo, consideran más apetecibles, he movido la pluma para todas esas tierras, cuando no podía mover el alma; si me he complacido en sentir, en pago de mi cariño, amorosa para mí a la mejor gente de todos esos países, ¿por qué era, sobre que ese amor a ellos es en mí natural, si no porque el cariño que personalmente había tenido la fortuna de inspirar, podía ponerlo luego al servicio de mi patria? De estas alas caí, como si hubieran sido de humo: el pensamiento de lo que no pierdo en autoridad, y en beneficio de mi fama, siendo como es posible hoy la guerra, con apartarme de los que la conducen, y conmigo habían comenzado a allegar los medios de hacerla realizable, no podía bastar en mí, que nada sé hacer contra mi concepto de lo justo, para entrar en una campaña incompleta, y funesta si no cambia de espíritu, sin más estímulo que el de mi provecho personal futuro, que es el único estímulo que para mí no lo es jamás. ¿Ni cómo contribuir yo a una tentativa de alardes despóticos, siquiera sea con un glorioso fin; tras del cual nos quedarían males de que serían responsables los que los vieron, y los encubrieron, y, con su protesta y alejamiento al menos, no trataron de hacerlos imposibles? Y no he ido a México, ni voy a ninguna parte, por el delito de no saber intentar la gloria como se intenta un delito: como un cómplice. Renuncié bruscamente, aunque en sigilo, a toda participación activa en estas labores de preparación que en su parte mayor caían sobre mí. Renuncié a dejar verlo. Me quedé sin modos de vida. Pero he hecho bien: y recomienzo mi faena. En mi tierra, lo que haya de ser será: y el puesto más difícil, y que exija desinterés mayor, ése será el mío. No me asombro de lo que me ha sucedido, aunque me duele: ¡Sé ya de tan viejo que a los hombres les es enojosa la virtud! Y esto que yo, si tengo alguna, procuro no enseñarla, para que no me la vean: pero obrar contra ella, no puedo. Y de esto me viene siempre mal.

. . . .

5. A MIGUEL F. VIONDI

Desde Nueva York, 8 de enero de 1880

(Fragmentos)

....

Nada más he de decirle para justificar una demanda que en esta carta le hago, sino que en estos instantes se juega la felicidad de toda mi existencia, y que usted ha de ayudarme con un pequeño servicio a ganar esta terrible partida. Yo creí poder llamar a mi lado a mi mujer para abril, luego de haber echado alguna raíz en esta tierra, y me veo, con razón muy sobrada, obligado a hacerla venir sin demora alguna. Aquí vislumbro campo, y viviré. Intentaré todo lo honrado, y me ayudarán de buena voluntad. ¿Cuál no será mi pena, cuando aun antes de hallar trabajo, y en la lucha natural de no hallarlo conforme a mis necesidades, envío a buscar a mi mujer? ¡Y ni puedo ni quiero dejar de enviar a buscarla! "Y ¿cómo ha podido usted —bolsa en ruinas— hacer esta maravilla?", me dirá usted. Allá le va el billete de pasaje de La Habana a Nueva York. Y usted, amigo mío, como favor único, a pedir el cual —después de tantos otros inolvidables— sólo me creo autorizado por mi presente y honda angustia ¿podrá enviar a mi mujer por el primer vapor que luego de recibida esta carta, salga para Puerto Príncipe, cuatro onzas de oro? O, si fuese para usted sacrificio demasiado grande, ¿podrá enviarle al menos, el precio de su pasaje del Príncipe a La Habana —y en La Habana recibirla— y hacer que alguna persona que no sea usted me la acompañe en los instantes del embarque? Jamás tan pavorosa pena hizo tan gran estrago en mi agitada vida. ¿A qué hablarle de mi amargura, al tener que quebrar mis hábitos, y pedir a usted este servicio de dinero? ¿A qué encomiarle más la urgencia del caso, si se lo pido? No hablo a Carmen de mi verdadera situación, ni deseo que le hable usted de ella en La Habana, porque espero tenerla en parte conjurada, y porque deseo que nada estorbe el logro de la resolución que he tomado. ¿Bastará mi energía para abrirme un humilde hueco en esta tierra? En mi fortaleza y en mi voluntad espero. Pero los brazos se mueven mal, y caen perezosos a los lados, cuando no los dirige un espíritu tranquilo. Y el mío, bajo aparentes sonrisas, anda ahora airado: ¡nubes de enero!

Lo de mi padre, cada día más enfermo, me tiene loco. ¡Ah, terrible deber! ¡Ah, pobre viejo! ¡Y yo más pobre!

....

A no tener mi espíritu tan seriamente sacudido, hubiera escrito a Cheíto, a quien viva y profundamente estimo. No le diga usted esto, puesto que quiero que le diga otra cosa. En La Habana está Néstor Ponce, que ha de volver. Una imprenta amiga puede ser para mí un gran recurso. Puedo ser en ella, para abrigar del frío a mi pequeñuelo, desde corrector de pruebas hasta autor de libros. Y pienso seriamente en unos sobre América, biográficos, históricos y artísticos, para todos interesantes, por todos entendibles, libros pequeños, amenos, cómodos y baratos. Desearía yo que Cheíto hablase a Ponce de mí, y si a su juicio tengo aptitudes útiles, se las recomiende tan eficazmente que pudiera ser ésta para mí una vía cierta de trabajo. En el Almanaque de México de 1897, anda un juicio sobre mí como hombre de imprenta. Vea usted que me recomiendo a mí mismo, y que me voy haciendo americano. ¿Ve usted, amigo mío, la sonrisa debajo de la cual anda airado el espíritu? De manera, que yo espero en usted, para reconquistar mi calma. Que usted me atenderá a Carmen. Que usted me guardará hasta que ella venga un abriguito y un sombrero que envío a mi hijo —gasto en salvas de amor mis últimos cartuchos—. Y que, como mi regalo de año nuevo, me enviará usted una palabra por telégrafo, para apaciguar mi fiera inquietud, tan pronto como usted sepa que Carmen sale del Príncipe.

....

6. A MIGUEL F. VIONDI

Desde Nueva York, 5 de febrero de 1880

(Fragmento)

Amigo mío:

Pudiera extrañar no haber recibido aún carta de usted. Sé que me quiere, y no lo extraño. Envío al fin para mi hijo, puesto que Carmen viene, sus chucherías de abrigo. Las recibirá usted en el bufete. Como sin duda ha de ver a Carmen en La Habana; le ruego que se las entregue.

. . . .

7. A MIGUEL F. VIONDI

Desde Nueva York, 24 de abril de 1880

(Fragmento)

Amigo mío:

Escribí a usted tan de ligero por el correo pasado que tengo miedo de que imagine usted que no tenía más cosas que aquellas que decirle. De vapores del alma y decaimientos del cuerpo, le contaría muchas, pero ni éstos me afligen, ni aquélla ha de debilitárseme jamás. Tengo pensado escribir, para cuando me vaya sintiendo escaso de vida, un libro que así ha de llamarse: *El concepto de la vida*. Examinaré en él esa vida falsa que las convenciones humanas ponen en frente de nuestra verdadera naturaleza, torciéndola y afeándola, y ese cortejo de ansias y pasiones, vientos del alma. Digo esto porque me preparaba ya a escribirlo. Pero puede ser que la alegría que el resultado de labores de más activo género ha de causarme, y me causa, y esa sabia casualidad que le hace a uno vivir hasta que deja de ser capitalmente útil, me llenen de aire nuevo los pulmones y me limpien las venas obstruidas de mi corazón. En tanto, caben en él los mismos vivísimos afectos, y vehementes gratitudes que usted le ha conocido. Carmen me fue mensajera de cariños de usted —y de bondades suyas—. Estas vinieron a hacerme más llevaderas las amarguras de una existencia seriamente difícil, donde —llena la mente de fieras ideas que perturban; y el día de graves y generales quehaceres—, tengo, sin embargo, que distraer todas mis pobres fuerzas, y buscar modo de emplearlas para mi propia vida en un mundo, y contra un mundo, completamente nuevo. No es esto lo que me debilita. La herida me viene de la soledad que sentí. No la siento ya ahora, pero las raíces, aun luego de bien arrancadas, dejan largo tiempo su huella en la tierra.

Yo temo que no me quieran bien. Por cariño le callé mi cariño en el mes que siguió a la llegada de Carmen. Y cuando me creía ya olvidado, y me preparaba a enojarme, una linda criatura, América Goicuría, me dijo que usted se acordaba de mí. No es detalle perdible, éste de recibir un recado de amistad de labios que de seguro no han de expresarla mal. Las frases quedan flojas cuando no son completas.

Me ve frecuentemente Gustavo Varona; por usted le envío a Javier buenas memorias, y aunque usted se me resista a dárselas, le envío también buenas nuevas. Estoy, en esto, contento. Es admirable el poder de la voluntad —tenez y honrada— usted sabe que, por imaginativo y exaltable que yo sea, he sufrido y pensado bastante para que en mi corazón no quepa gozo que mi razón no crea completamente justo. Lo imposible, es posible. Los locos, somos cuerdos. Aunque yo, amigo mío, no cobijaré mi casa con las ramas del árbol que siembro.

¡Si me viera usted luchando por dominar este hermoso y rebelde inglés! Tres o cuatro meses y haré camino.

. . . .

8. A SU HERMANA AMELIA

Desde Nueva York, 1880

Tengo delante de mí, mi hermosa Amelia, como una joya rara y de luz blanda y pura, tu cariñosa carta. Ahí está tu alma serena, sin mancha, sin locas impaciencias. Ahí está tu espíritu tierno, que rebosa de ti como la esencia de las primeras flores de mayo. Por eso quiero yo que te guardes de vientos violentos y traidores, y te escondas en ti a verlos pasar: que como las aves de rapiña por los aires, andan los vientos por la tierra en busca de la esencia de las flores. Toda la felicidad de la vida, Amelia, está en no confundir el ansia de amor que se siente a tus años con ese amor soberano, hondo y dominador que no florece en el alma sino después del largo examen, detenidísimo conocimiento, y fiel y prolongada compañía de la criatura en quien el amor ha de ponerse. Hay en nuestra tierra una desastrosa costumbre de confundir la simpatía amorosa con el cariño decisivo e incambiable que lleva a un matrimonio que no se rompe, ni en las tierras donde esto se puede, sino rompiendo el corazón de los amantes desunidos. Y en vez de ponerse el hombre y la mujer que se sienten acercados por una simpatía, agradable, nacida a veces de la prisa que tiene el alma en flor por darse al viento, y no de que otro nos inspire amor, sino del deseo que tenemos nosotros de sentirlo; en vez de ponerse doncel y doncella como a prueba, confesándose su mutua simpatía y distinguiéndola del amor que ha de ser cosa distinta, y viene luego, y a veces no nace, ni tiene ocasión de nacer, sino después del matrimonio, se obligan las dos criaturas desconocidas a un afecto que no puede haber brotado sino de conocerse íntimamente. Empiezan las relaciones de amor en nuestra tierra por donde debieran terminar. Una mujer de alma severa e inteligencia justa debe distinguir entre el placer íntimo y vivo, que semeja el amor sin serlo, sentido al ver a un hombre que es en apariencia digno de ser estimado, y ese otro amor definitivo y grandioso, que, como es el apegamiento inefable de un espíritu a otro, no puede nacer sino de la seguridad de que el espíritu al que el nuestro se une tiene derecho, por su fidelidad, por su hermosura, por su delicadeza, a esta consagración tierna y valerosa que ha de durar toda la vida. Ve que yo soy un excelente médico de almas, y te juro, por la cabecita de mi hijo, que eso que te digo es un código de ventura, y que quien olvide de mi código no será venturoso. He visto mucho en lo hondo de los demás, y mucho en lo hondo de mí mismo. Aprovecha mis lecciones. No creas, mi hermosa Amelia, en que los cariños que se pintan en las novelas vulgares, y apenas hay novela que no lo sea, por escritores que escriben novelas porque no son capaces de escribir cosas más altas —copian realmente la vida, ni son ley de ella. Una mujer joven que ve escrito que el amor de todas las heroínas de sus libros, o el de sus amigas que los han leído como ella, empieza a modo de relámpago, con un poder devastador y eléctrico supone, cuando siente la primera dulce simpatía amorosa, que le tocó su vez en el juego humano, y que su afecto ha de tener las mismas formas, rapidez e intensidad de esos afectillos de librejos, escritos —créemelo Amelia— por gentes incapaces de poner remedio a las tremendas amarguras que origina su modo convencional e irreflexivo de describir pasiones que no existen, o existen de una manera diferente de aquella con que las describen. ¿Tú ves cuánto tarda en colgar la naranja dorada, o la granada roja, de la rama gruesa? Pues, ahondando en la vida, se ve que todo sigue el mismo proceso. El amor, como el árbol, ha de pasar de semilla a arbolillo, a flor, y a fruto. Cuéntame, Amelia mía, cuanto pase en tu alma. Y dime de todos los lobos que pasen a tu puerta; y de todos los vientos que anden en busca de perfume. Y ayúdate de mí para ser venturosa, que yo no puedo ser feliz, pero sé la manera de hacer feliz a los otros.

No creas que aquí acabo mi carta. Es que hacía tiempo que quería decirte eso, y he empezado por decírtelo. De mí, te hablaré otro jueves. En éste sólo he de decirte que ando como piloto de mí mismo, haciendo frente a todos los vientos de la vida, y sacando a flote un noble y hermoso barco. tan trabajado ya de viajar, que va haciendo agua. A papá que te explique esto que él es un valoroso marino. Tú no sabes, Amelia mía, toda la veneración y respeto ternísimo que merece nuestro padre. Allí donde lo ves, lleno de vejeces y caprichos, es un hombre de una virtud extraordinaria. Ahora que vivo, ahora sé todo el valor de su energía y todos los raros y excelsos méritos de su naturaleza pura y franca. Piensa en lo que te digo. No se paren en detalles, hechos para ojos pequeños. Ese anciano es una magnífica figura. Endúlcenle la vida. Sonrían de sus vejeces. El nunca ha sido viejo para amar.

Ahora, adiós de veras.

Escríbeme sin tasa y sin estudio, que yo no soy tu censor, ni tu examinador, sino tu hermano. Un pliego de letra desordenada y renglones mal hechos, donde yo sienta palpitar tu corazón y te oiga hablar sin reparos ni miedos, me parecerá más bella que una carta esmerada, escrita con el temor de parecerme mal. Ve: el cariño es la más correcta y elocuente de todas las gramáticas. Dí ¡ternura! y ya eres una mujer elocuentísima.

Nadie te ha dado nunca mejor abrazo que éste que te mando.

¡Que no tarde el tuyo!

Tu hermano
J. MARTÍ

9. A ENRIQUE JOSÉ VARONA

Desde Nueva York, 28 de julio de 1882

Amigo mío:

Le debo respuesta, y se la pago con placer y cariño. Bien veo que hizo cuanto cupo por dejar prenda de su cortesía a mi amigo Bonalde. El fue ya conociéndolo, y sabe que usted le buscó, por lo que le queda agradecido.

No he hallado modo de leer el tomo que publicó usted, en que andan juntas sus conferencias. Lo que usted hace regocija y nutre: bien que yo lamento no haberlo aún visto. De su olvido de mí —puesto que a haberme recordado más, bien pudo enviármelo— me vengo ahora, con mala venganza, enviándole, ya que anda por La Habana sin que yo lo haya mandado, mi librito de versos a mi hijo, que es cosa que saqué a luz por empeño ajeno, y que envío a los que estimo, mas no pongo a la venta, porque me parece que es quitar su perfume a esa flor vaga. Me ha entrado una grandísima vergüenza de mi libro, luego que lo he visto impreso.

De intento di esa forma humilde a aquel tropel de mariposas que, en los días en que lo escribí, me andaban dando vueltas por la frente. Fue como una visita de rayos de sol. Mas ¡ay! que luego que los vi puestos en papel, vi que la luz era ida.

Perdóneme, en gracia del empeño con que trabajo en cosas más serias, este pecado.

Le saluda afectuosamente su amigo.

José Martí.

10. A SU ESPOSA CARMEN ZAYAS BAZÁN

Desde Nueva York. Fragmento de un borrador.
Probablemente de 1881

... si estallan las persecuciones que el partido español, asustado en La Habana de los... de los autonomistas inicia sin esbozo; y, ¿quién devolverá a mi ... vida o la libertad que puedo perder?, ¿quién amparará a mi hijo y a mis padres...?, ¿quién, si salgo en salvo, me reparará de los años empleados en una tarea sin fruto, quebrada al comenzar?, ¿quién habrá de negarme que esas cosas pueden suceder?, ¿quién librarme de los males que me vengan a suceder?, ¿quién podrá garantizarme que no sucederá? No hay garantía posible, y yo no debo sin ella emprender viaje semejante. ¿No es más probable que suceda eso, que deje de suceder?

Pues siendo mayor, o siendo igual, o siendo simplemente alguna la posibilidad de que suceda, yo no debo exponerme a males que no tienen remedio, contra la posibilidad de que no sucedan, dejando una situación cuyos males son todos remediables. No hay en mí una duda, un solo instante de vacilación. Amo a mi tierra intensamente. Si fuera dueño de mi fortuna, lo intentaría todo por su beneficio: lo intentaría todo. Mas, no soy dueño, y apago todo sol, y quiebro el ala a toda águila. Cuando te miro y me miro, y veo qué terribles penas ahogo, y qué vivas penas sufres, me das tristeza. Hoy, sobre el dolor de ver perdida para siempre la almohada en que pensé que podría reclinar mi cabeza, tengo el dolor inmenso de amar con locura a una tierra a la que no puedo ya volver. Me dices que vaya; ¡si por morir al llegar, daría alegre la vida! No tengo, pues, que violentarme para ir; sino para no ir. Si lo entiendes, está bien. Si no ¿qué he de hacer yo? Que no lo estimas, ya lo sé. Pero no he de cometer la injusticia de pedirte que estimes una grandeza meramente espiritual, secreta e improductiva.

11. A LA MADRE

Desde Nueva York, 1892

Madre mía:

Todavía no me siento con fuerzas para escribir. No es nada, no es ninguna enfermedad; no es ningún peligro de muerte; la muerte no me mata, caí unos días cuando la infamia fue muy grande; pero me levanté. La gente me quiere, y me ha ayudado a vivir. Mucho la necesito; mucho pienso en usted: nunca he pensado tanto en usted: nunca he deseado tanto tenerla aquí. No puede ser. Pobreza. Miedo al frío. Pena del encierro en que la habría de tener. Pena de tenerla y no poderla ver, con este trabajo que no acaba hasta las diez y media de la noche. Bueno: los tiempos son malos, pero su hijo es bueno. Nada más ahora: usted lo sabe todo: esta palabra de hijo me quema. Lea ese libro de versos:* empicce a leerlo por la página 51. Es pequeño —es mi vida. Pero no crea que se afloja, ni que corre riesgo ninguno, ni que está en salud peor de lo que estaba este hijo que nunca la ha querido tanto como ahora.

* Se refiere a sus *Versos Sencillos*, y en particular a los que recuerdan los sucesos del Teatro Villanueva.

J. MARTÍ.

12. A SU HIJO

Desde Montecristi, República Dominicana, 1 de abril de 1895

Hijo:

Esta noche salgo para Cuba: salgo sin ti, cuando debieras estar a mi lado. Al salir, pienso en ti. Si desaparezco en el camino, recibirás con este carta la leontina que usó en vida tu padre. Adiós. Sé justo.

Tu

JOSÉ MARTÍ.

13. A SU MADRE

Desde Montecristi, 25 de marzo de 1895

Madre mía:

Hoy, 25 de marzo, en vísperas de un largo viaje, estoy pensando en usted. Yo sin cesar pienso en usted. Usted se duele, en la cólera de su amor, del sacrificio de mi vida; y ¿por qué nacía de usted con una vida que ama el sacrificio? Palabras, no puedo. El deber de un hombre está allí donde es más útil. Pero conmigo va siempre, en mi creciente y necesaria agonía, el recuerdo de mi madre.

Abrace a mis hermanas, y a sus compañeros. ¡Ojalá pueda algún día verlos a todos a mi alrededor, contentos de mí! Y entonces sí que cuidaré yo de usted con mimo y con orgullo. Ahora, bendígame, y crea que jamás saldrá de mi corazón obra sin piedad y sin limpieza. La bendición.

Su

J. Martí.

Tengo razón para ir más contento y seguro de lo que usted pudiera imaginarse. No son inútiles la verdad y la ternura. No padezca.

14. CARTA A GONZALO DE QUESADA Y ARÓSTEGUI [1]

Desde Montecristi, 1 de abril de 1895

Gonzalo querido:

De mis libros no le he hablado. Consérvenlos; puesto que siempre necesitará la oficina, y más ahora, a fin de venderlos para Cuba en una ocasión propicia, salvo los de la Historia de América, o cosas de América —geografía, letras, etc.— que usted dará a Carmita a guardar, por si salgo vivo, o me echan, y vuelvo con ellos a ganar el pan. Todo lo demás lo vende en una hora oportuna. Usted sabrá cómo. Envíemele a Carmita los cuadros, y ella irá a recoger todos los papeles. Usted aún no tiene casa fija, y ella los unirá a los que ya me guarda. Ni ordene los papeles, ni saque de ellos literaturas; todo eso está muerto, y no hay aquí nada digno de publicación, en prosa ni en verso: son meras notas. De lo impreso, caso de necesidad, con la colección de *La Opinión Nacional,* la de *La Nación,* la del *Partido Liberal,* la de la *América* hasta que cayó en Pérez y aun luego la del *Economista* podría irse escogiendo el material de los seis volúmenes principales. Y uno o dos de discursos y artículos cubanos. No desmigaje el pobre *Lalla Rookk* que se quedó en su mesa. Antonio Batres, de Guatemala, tiene un drama mío, o borrador dramático, que en unos cinco días me hizo escribir el gobierno sobre la independencia guatemalteca. *La Edad de Oro,* o algo de ella sufriría reimpresión. Tengo mucha obra perdida en periódicos sin cuento: en México del 75 al 77; en la *Revista Venezolana,* donde están los artículos sobre Cecilio Acosta y Miguel Peña; en diarios de Honduras, Uruguay y Chile; en no sé cuántos prólogos; a saber. Si no vuelvo, y usted insiste en poner juntos mi papeles, hágame los tomos como pensábamos:

I. Norteamericanos.
II. Norteamericanos.
III. Hispanoamericanos.
IV. Escenas Norteamericanas.
V. Libros sobre América.
VI. Letras, Educación y Pintura.

Y de versos podría hacer otro volumen: *Ismaelillo, Versos Sencillos,* y lo más cuidado o significativo de unos *Versos libres,* que tiene Carmita. No me los mezcle a otras formas borrosas, y menos características.

De los retratos de personajes que cuelgan en mi oficina escoja dos usted y otros dos Benjamín. Y a Estrada [2] Wendell Phillips.

Material hallará en las fuentes que le digo para otros volúmenes: el IV podría doblarlo, y el VI.

Versos míos, no publique ninguno antes del *Ismaelillo:* ninguno vale un ápice. Los de después, al fin, ya son unos y sinceros.

Mis Escenas, núcleo de dramas, que hubiera podido publicar o hacer representar así, y son un buen número, andan tan revueltos, y en tal taquigrafía, en reversos de cartas y

[1] Carta conocida como el *testamento literario* de Martí.

[2] Tomás Estrada Palma.

papelucos, que sería imposible sacarlas a luz.

Y si usted me hace, de puro hijo, toda esa labor, cuando yo ande muerto, y le sobre de los costos, lo que será maravilla, ¿qué hará con el sobrante? La mitad será para mi hijo Pepe, la otra mitad para Carmita [3] y María [4].

Ahora pienso que del *Lalla Rookk* se podría hacer tal vez otro volumen. Por lo menos, la *Introducción* podría ir en el volumen VI. Andará usted apurado para no hacer más que un volumen del material del VI. *El Dorador* pudiera ser uno de sus artículos, y otro *Vereschagin* y una reseña de los pintores *Impresionistas*, y el *Cristo* de Munkacsy. Y el prólogo de Sellén —y el de Bonalde, aunque es tan violento— y aquella prosa aún no había cuajado, y estaba como vino al romper. Usted sólo elegirá por supuesto lo durable y esencial.

De lo que podría componerse una especie de *espíritu,* como decían antes a esta clase de libros, sería de las salidas más pintorescas y jugosas que usted pudiera encontrar en mis artículos ocasionales. ¿Qué habré escrito sin sangrar, ni pintado sin haberlo visto antes con mis ojos? Aquí han guardado los *En Casa* en un cuaderno grueso: resultan vivos y útiles.

De nuestros hispanoamericanos recuerdo a *San Martín, Bolívar, Páez, Peña, Heredia, Cecilio Acosta, Juan Carlos Gómez, Antonio Bachiller.*

De los norteamericanos: *Emerson, Beecher, Cooper, W. Phillips, Grant, Sheridan, Whitman.* Y como estudios menores, y más útiles tal vez, hallará, en mis correspondencias a *Arthur, Hendricks, Hancock, Conkling, Alcott,* y muchos más.

De *Garfield* escribí la emoción del encierro, pero el hombre no se ve, ni lo conocía yo, así que la celebrada descripción no es más que un párrafo de gacetilla. Y mucho hallará de *Longfellow* y *Lanier,* de *Edison* y *Blaine,* de poetas y políticos y artistas y generales menores. Entre en la selva y no cargue con rama que no tenga fruto.

De Cuba ¿qué no habré escrito?: y ni una página me parece digna de ella: sólo lo que vamos a hacer me parece digno. Pero tampoco hallará palabra sin idea pura y la misma ansiedad y deseo de bien. En un grupo puede poner hombres: y en otro, aquellos discursos tanteadores y relativos de los primeros años de edificación, que sólo valen si se les pega sobre la realidad y se ve con qué sacrificio de la literatura se ajustaban a ella. Ya usted sabe que servir es mi mejor manera de hablar. Esto es lista y entretenimiento de la angustia que en estos momentos nos posee. ¿Fallaremos también en la esperanza de hoy, ya con todo al cinto? Y para padecer menos, pienso en usted y en lo que no pienso jamás, que es en mi papelería.

Y falló aquel día la esperanza —el 25 de marzo. Hoy 1 de abril, parece que no fallará. Mi cariño a Gonzalo es grande, pero me sorprende que llegue, como siento ahora que llega, hasta a moverme a que le escriba, contra mi natural y mi costumbre, mis emociones personales. De ser mías sólo, las escribiría; por el gusto de pagarle la ternura que le debo: pero en ellas habrían de ir las ajenas, y de eso no soy dueño. Son de grandeza en algunos momentos, y en los más, de indecible y prevista amargura. En la cruz murió el hombre en un día; pero se ha de aprender a morir en la cruz todos los días. Martí no se cansa, ni habla. ¿Conque ya le queda una guía para un poco de mis papeles?

De la venta de mis libros, en cuanto sepa usted que Cuba no decide que vuelva, o cuando —aun indeciso esto— el entusiasmo pudiera producir con la venta un dinero necesario, usted la dispone, con Ben-

[3] Carmita Miyares de Mantilla.
[4] María Mantilla.

jamín hermano, sin salvar más que los libros sobre nuestra América —de historia, letras o arte— que me serán base de pan inmediato, si he de volver, o si caemos vivos. Y todo el producto sea de Cuba, luego de pagada mi deuda a Carmita: $22. Estos libros han sido mi vicio y mi lujo, esos pobres libros casuales, y de trabajo. Jamás tuve los que deseé, ni me creí con derecho a comprar los que no necesitaba para la faena. Podría hacer un curioso catálogo, y venderlo, de anuncio y aumento de la venta. No quisiera levantar la mano del papel, como si tuviera la de usted en las mías; pero acabo, de miedo de caer en la tentación de poner en palabras cosas que no caben en ellas.

Su
J. MARTÍ.

Escenas Norteamericanas

De guía para este volumen pudiera servir la idea matriz de elegir para él entre las correspondencias aquéllas que describen un aspecto singular, o momento característico de la vida de Norteamérica. Recuerdo ahora, por ejemplo:

Un boxeo, tal vez primera correspondencia que se publicó en *La Nación.*

La Exposición de vacas en Madison Garden, y Lechería.

El terremoto de Charleston.

La nevada.

La ocupación de Oklahoma.

Los anarquistas de Chicago.

Una elección de Presidente.

La inundación de Yorktown.

El linchamiento de los italianos en N. Orleans.

El negro quemado.

El centenario de Washington.

El centenario de la Constitución.

La Estatua de la Libertad.

Y temas así, culminantes y durables, y de valor humano.

En las correspondencias de *La Nación,* que hay sueltas, o en cuadernos en la oficina, sólo hay una parte de las escritas al periódico, y faltan algunas que en la colección serían esenciales.

15. A BERNARDA TORO DE GÓMEZ

Esposa del Generalísimo Máximo Gómez

Desde Montecristi, el 11 de abril de 1895

Ianana querida:

Yo sólo quiero que estas letras íías le lleguen como prueba de que n las penas que pueda reservarnos ste mundo, tienen ustedes por don-equiera que ande yo en pie, un igilante compañero.

Toda esa casa es mía, y son mías us obligaciones. Hemos padecido, y amos venciendo, y en este instante os sentimos más seguros que nun-a: por todas partes con esa ternura el peligro que usted conoce tam-ién, siento que van con nosotros, que las tranquilizo, y que les ha-lo. Me parece que las voy defen-liendo, y eso me da ingenio y fuerza. Vamos cosidos uno a otro, el padre yo, con un solo corazón, y la nayor amistad y dulzura que da a compañía cariñosa en las cosas lifíciles. Entre los compañeros no a una sola alma repulsiva ni hos-il. El padre va robusto, y con la fe usta que nos anima a todos: de uando en cuando, sin que nadie nás que yo lo note, vuelve los ojos las costas donde ustedes viven: y o lo noto, porque los vuelvo yo tam-ién. Ustedes son míos.

De afuera, Manana querida, no enga temor. Si hacemos lo que pen-samos, es en condiciones de la ma-yor seguridad posible, y de mucha seguridad, porque si no, no se nos o permitiría hacer: y a esta hora stá casi hecho. De adentro, sabe-nos ya mucho más, y habrá menos riesgos y agonía, y tardaremos mu-cho menos, que en los diez años de usted, los diez años que dan tal dignidad, tal majestad, tal obliga-ción, en la vida, a los hijos que le nacieron a usted del seno de ellos. El mundo marca, y no se puede ir, ni hombre ni mujer, contra la marca que nos pone el mundo. A Clemen-cia me le dice que en el lugar donde la vida es más débil, llevo de am-paro una cinta azul, y que la her-manita va sentada a la cabecera de mi barco, mirándome y conversando. A Pancho, que la pureza de su últi-mo beso me ha hecho un hombre mejor. Y Máximo, que ayudará a sostener la casa; que de seguro ha sentido ya, desde el día del sacrifi-cio de su padre, como que entraba en una vida augusta y nueva, y las llevaba a ustedes de la mano, y era todo hombre. Urbano ardiente y ser-vicial, no se me quita de los ojos, ni Bernardo bueno, que debe seguir aprendiendo a maestro, ni Andrés lindo, que va a pensar de prisa, y necesita, en cuanto crezca más, de mucho estudio de cosas verdaderas; ni la Mariposita, que me he traído pegada al corazón: cierro los ojos, y la veo. ¿Y cree usted de veras, Manana querida, que cercada así el alma, va a sucedernos nada, ni al padre, con quien yo voy, y lleva así dos vidas?

No siento como quien va a correr riesgo; sino como el trabajador, que sale alegre a su trabajo, y trabajara todo el día, y luego vuelve a su casa, al lado de sus hijos y su mujer. Ya yo sé dónde tengo hijos, donde tengo hermanos.

Sientan en las suyas el calor de mi mano. A Clemencia alta, a Pancho padre, a Máximo trabajador, a todos mi ternura. Y a mi Margarita. Y por usted, Manana, aunque no fuera por él, querré y miraré siempre al compañero de su vida.

Su
MARTÍ.

Un recuerdo a las tías.

16. A CARMEN MANTILLA

Desde Cabo Haitiano, Haití, al partir para Cuba,
el 9 de abril de 1895

armita hija:

Todavía un abrazo, de este lado el mar, antes de irme lejos. ¿Y tu lma, que no corre más peligro que l de ser demasiado piadosa? Que e gane, a vida útil, el caballero ue te haya de merecer. Si no, no. uien quiere, gana. Quien no se esuerza, no quiere. La esposa, carada del santo hijo, necesita apoarse en el esposo creador. En la ida de dos no hay ventura sino uando no se lleva demasiada venaja, o resalta con demasiada difeencia, uno de los dos. Tú eres honada, laboriosa, compasiva, sencilla, nérgica. No podrás querer sino a uien sea como tú: honrado, laboioso, compasivo, sencillo, enérgico. o creo en tu felicidad, porque tú ienes razón sólida. La bondad es la ecilidad, cuando no se la exagera, omo yo la exageré. Los chinos dien que en nada debe haber exageación: ni en las virtudes. La dignilad de un hombre es su independenia: y la de una mujer se mide por os esfuerzos que inspira para conquistarla. Tú piensas en mí, y en esto, aunque por tu vida no has de temer, si vivo yo, porque mientras tenga yo brazos, ahí tienes tú tu nido.

Adiós. Ve como, al poner otra vez el pie en la mar, pienso en ti. Para ti como para María es la carta larga. Anímate y ayúdenle la vida a tu madre amada. Estudia y pon la escuela, y desde el verano prepárala bien, que es modo de vivir fácil y decoroso. Dile al buen Soto mi confianza en que, por su voluntad propia, sabrá demostrar que vale más de lo que los suyos suponen, y que la energía de su decoro iguala en él la claridad de su inteligencia y la bondad de su alma. Que se ponga en pie, y luzca en un año. Que aprenda y... prenda... Que imagine... el mundo, a ti en peligro, y a él salvándote con la fuerza de sus brazos. Que inspire respeto, como a ti y a mí nos inspira cariño. Y adiós la hija. ¡Quién sabe hasta cuándo!

Tu
MARTÍ.

17. A CARMEN MANTILLA

Sin precisar fecha y lugar. Evidentemente de fecha próxima a la de la carta anterior

Sociedad de Beneficencia Hispano-Americana de Nueva York

Mi Carmita buena:

Con tu cartica sentí como un beso en la frente. Bien lo necesita mi mucha pena. Es bueno sufrir, para ver quien nos quiere y para agradecerlo. Cuando te vuelva a ver, te he de tener mucho tiempo abrazada, aunque esto es siempre así, aunque tú no lo sientas, porque yo velo por ti, y estoy siempre junto a ti, y te defenderé de todas las penas de la vida. Quiere mucho a tu madre, que no he conocido en este mundo mu jer mejor. No puedo, no podré nun ca, pensar en ella sin conmoverme y ver más clara y hermosa la vida Cuida bien este tesoro. El libro de citas —tú verás cómo va a alejar de mí todo peligro— lo llevaré siempre del lado del corazón.

A Soto, que estudie, hasta que s padre lo respete.

A Ernesto, que me ha de acom pañar mucho en esta vida.

Un beso en la mano de tu

J. M.

IX

IDEAS ESTETICAS Y EJEMPLOS DE CRITICA

1. CARTA A JOSÉ JOAQUÍN PALMA *

ılma amigo:

Te devuelvo tu libro de versos: ıo te lo quisiera devolver! Gustan s pobres peregrinos de oír cerca : sí, en la larguísima jornada, ru-or del árbol lejano, canción del opio mal, ruido del patrio río. ien hayan siempre los versos, hi-s del recuerdo, creadores de la peranza! ¡Bien hayan siempre los ɔetas, que en medio a tanta hu-ana realidad anuncian y prometen venidera realidad divina! Lejos ɔs lleva el duelo de la patria: ape-ıs si, de tanto sufrir, nos queda en el pecho fuego para calentar nuestra mujer y nuestros hijos. ero puesto que la poesía ungió tus bios con las mieles del verso, can-, amigo mío, el mar tormentoso, mejante al alma; el relámpago, se-ejante a la justicia de los hombres; rayo que quebranta nuestras pal-as; los bravos pechos que llenan ɔn su sangre nuestros arroyos. uando te hieran, ¡canta! Cuando desconozcan, ¡canta! Canta cuan-ɔ te llamen errante y vagabundo, ıe este vagar no es pereza, sino sdén. Canta siempre, y cuando ueras, para seguir probablemente jos de aquí cantando, deja tu lira tu hijo, y di como Sócrates a sus scípulos en la tragedia de Giaco-etti: "¡Suona, e l'anima canta!"

Tú naciste para eso. El rocío bri-ı; el azahar perfuma; el espíritu ciende; canta el bardo. Trabaja ıhorabuena; pero cuando dejes la ıma, toma la lira, ¿No ves qué concierto de simpatías levantan unos cuantos versos tuyos? ¿Qué cortejo de amigos te sigue? ¿Cuántos ojos de mujer te miran? ¡Miradas de mujer, premio gratísimo! Es que lleva el poeta en su alma excelsa la esencia del alma universal.

Tú eres poeta en Cuba, y lo hubieras sido en todas partes. Mudan con los tiempos las cosas pequeñas: las grandezas son unas y constantes. Tal fue el hombre viejo, tal el nuevo. Ni lágrimas más amargas que las que llora Homero, ni sacrificio más noble que el de Leandro. Safo dio el salto de Léucades: porque lo den desde el Sena, ¿es menos heroico el salto de las modernas numerosas Safos?

Tú, Palma, hubieras sido aeda en Grecia, scalder en Escocia, trovador en España, rimador de amores en Italia. ¡Rimador de amores! Tú eres de los que leen en las estrellas, de los que ven volar las mariposas, de los que espían amores en las flores, de los que bordan sueños en las nubes. Se viene acá a la tierra unas cuantas veces cada día, y el resto ¡oh, amigo! se anda allá arriba en compañía de lo que vaga. ¡Rimador de amores!, a ti, poeta tierno, no conviene el estruendo de la guerra, ni el fragor dantesco de los ayes, las balas y los miembros. Tú tienes más del azul de Rafael que del negro de Goya. Tu mundo son los olas del mar; azules, rumorosas, claras, vastas. Tus mujeres son náyades suaves, tus hombres, remembranzas de otros tiempos.

Tú llevas levita, y no la entiendes. Tú necesitas la banda del cruzado. Vives de fe; mueres de amor.

* Esta carta desde Guatemala, 1878, fue blicada después como prólogo a las poe-ıs de Palma, edición de Tegucigalpa, Hon-ras, 1882.

Si estuviéramos en los dichosos tiempos mitológicos —¡en aquellos en que se creía!— tú creerías de buena voluntad que dentro del pecho llevabas una alondra. Nosotros, los que te oímos, sabemos que la llevas en los labios.

Hay versos que se hacen en el cerebro: éstos se quiebran sobre el alma: la hieren, pero no la penetran. Hay otros que se hacen en el corazón. De él salen y a él van. Sólo lo que del alma brota en guerra, en elocuencia, en poesía, llega al alma. Hay poetas discutidos. Tú eres un poeta indiscutible. Cabrá mayor corrección en una estrofa, no más gracia y blandura; parecerán una palabra o giro osados; pero como el espíritu anima las facciones, la poesía, espíritu tuyo, anima tus versos.

Tus versos parecen hechos a la sombra del cinamomo de la Biblia. El genio poético es como las golondrinas: posa donde hay calor. Cierras el Evangelio de San Mateo, y ora envuelto en el fantástico albornoz, ora ceñida la invencible cota, cantas trovas dulcísimas, como aquellas que debió oír en los jardines de la Alhambra Lindaraja. Tienes en tus versos el encaje de las espadas de taza de nuestros abuelos; los vivos y coloreados arabescos, menudas flores de piedras, sutil blonda de mármol de la Aljafería y de los alcázares. Eres perezoso como un árabe, bueno como un cristiano, galante como un batallador de la Edad Media.

Tú no conoces el río de hiel en que empapaba su estilo Juvenal; no te visita el Genio de la Tormenta; no turba tus sueños la sombría visión apocalíptica, coronada de relámpagos, segadora de malvados, sembradora de truenos. Los romanos te dieron su elegía; los mártires, su unción; los árabes su décima y su guzla.

Comprimida en la forma, habrá un momento en que la dureza del
lenguaje no exprese bien la delic
deza de tu espíritu. Aquí un co
sonante, allí un pie largo: la frag
no está templada siempre a igu
calor. Pero estas cosas, que te l
diga un crítico. Yo soy tu amig
Cuando tengo que decir bien, habl
Cuando mal, callo. Este es el mo
mío de censurar.

Y luego, tú tienes un gran mérit
Nacido en Cuba, eres poeta cuban
Es nuestra tierra, tú lo sabes bie
un nido de águilas; y como no h
aire allí para las águilas; como cer
de los cadalsos no viven bien m
que los cuervos, tendemos, apen
nacidos, el vuelo impaciente a l
peñascos de Heidelberg, a los fris
del Partenón, a la casa de Plini
a la altiva Sorbona, a la agrieta
y muerta Salamanca. Hambrient
de cultura, la tomamos donde
hallamos más brillante. Como n
vedan lo nuestro, nos empapamos
lo ajeno. Así, cubanos, henos troc
dos, por nuestra forzada educaci
viciosa, en griegos, romanos, esp
ñoles, franceses, alemanes. Tú nac
te en Bayamo, y eres poeta bayam
No corre en tus versos el aire fr
del Norte; no hay en ellos la ama
gura postiza de Lied, el mal culp
ble de Byron, el dolor perfumado
Musset. Lloren los trovadores de l
monarquías sobre las estatuas de s
reyes, rotas a los pies de los caball
de las revoluciones; lloren los trov
dores republicanos sobre la cu
apuntalada de sus repúblicas de gé
menes podridos; lloren los bardos
los pueblos viejos sobre los cet
despedazados, los monumentos d
rruidos, la perdida virtud, el de
aliento aterrador: el delito de hab
sabido ser esclavo, se paga siéndo
mucho tiempo todavía. Nosotros t
nemos héroes que eternizar, heroín
que enaltecer, admirables pujanz
que encomiar: tenemos agraviada
la legión gloriosa de nuestros má
tires que nos pide, quejosa de no
otros, sus trenos y sus himnos.

Dormir sobre Musset; apegarse a las almas de Víctor Hugo; herirse con el cilicio de Gustavo Bécquer; arrojarse en las cimas de Manfredo; abrazarse a las ninfas del Danubio; ser propio y querer ser ajeno; desdeñar el sol patrio, y calentarse al viejo sol de Europa; trocar las palmas por los fresnos, los lirios del Cautillo por la amapola pálida del Darro, vale tanto, ¡oh, amigo mío! tanto como apostatar. Apostasías en Literatura, que preparan muy flojamente los ánimos para las venideras y originales luchas de la patria. Así comprometeremos sus destinos, torciéndola a ser copia de historia y pueblos extraños.

Nobles son, pues, tus musas: patria, verdad, amores. ¿Quién no te ha dicho que tus versos susurran, ruedan, gimen, rumorean? No hay en ti fingidos vuelos, imágenes altisonantes, que mientras más luchan por alzarse de la tierra, más arrastran por ellas sus alas de plomo. No hay en ti las estériles prepotencias de lenguaje, exuberante vegetación vacía de fruto, matizada apenas por solitaria y, entre las hojas, apagada flor. En un jardín, tus versos serían violetas. En un bosque, madreselvas. No son renglones que se suceden: son ondas de flores.

Tú eres honrado, crees en la vida futura: tienes en tu casa un coro de ángeles; vuelas cada verano para llevarles su provisión de cada invierno. Tú naciste con la ira a la espalda, el amor en el corazón, y los versos en los labios. ¿A qué decirte más? Deja que otros te lo digan mejor.

En tanto, está contento, porque has sabido ser en estos días de conflictos internos, de vacilaciones apóstatas, de graves sacrificios, y tremendas penas, poeta del hogar, poeta de la amistad, poeta de la patria.

Tu amigo
José Martí.

2. EL "POEMA DEL NIÁGARA" *

. . . .

Y fatigado de buscar en vano hazañas de los hombres, fue el poeta a saludar la hazaña de la naturaleza.

Y se entendieron. El torrente prestó su voz al poeta; el poeta su gemido de dolor a la maravilla rugidora. Del encuentro súbito de un espíritu ingenuo y de un espectáculo sorprendente, surgió este poema palpitante, desbordado, exuberante, lujoso. Acá desmaya, porque los labios sajan las ideas, en vez de darles formas. Allá se encumbra, porque hay ideas tales, que pasan por sobre los labios como por sobre valla de carrizos. El poema tiene el alarde pindárico, el vuelo herediano, rebeldes curvas, arrogantes reboses, lujosos alzamientos, cóleras heroicas. El poeta ama, no se asombra. No se espanta, llama. Riega todas las lágrimas del pecho. Increpa, golpea, implora. Yergue todas las soberbias de la mente. Empuñaría sin miedo el cetro de la sombra. Ase la niebla, rásgala, penétrala. ¡Evoca al Dios del antro, húndese en la cueva limosa: enfríase en torno suyo el aire; resurge coronado de luz; canta el hosanna! La Luz es el gozo supremo de los hombres. Ya pinta el río sonoro, turbulento, despeñado, roto en polvo de plata, evaporado en humo de colores. Las estrofas son cuadros: ora ráfagas de ventisquero, ora columnas de fuego, ora relámpagos. Ya Luzbel, ya Prometeo, ya Icaro. Es nuestro tiempo, enfrente de nuestra naturaleza. Ser eso es dado a pocos. Contó a la Naturaleza los dolores del hombre moderno. Y fue pujante, porque fue sincero. Montó en carroza de oro.

Este poema fue impresión, choque, golpe de ala, obra genuina, rapto súbito. Vese aún a trechos al estudiador que lee, el cual es personaje importuno en estos choques del hombre y la Naturaleza; pero por sobre él salta, por buena fortuna, gallardo y atrevido, el hombre. El gemido asoma, pero el sentidor vehemente vence. Nada le dice al torrente, que lo dice todo; pero a poco pone bien el oído, y a despecho de los libros de duda, que le alzan muralla, lo oye todo. Las ideas potentes se enciman, se precipitan, se cobijan, se empujan, se entrelazan. Acá el consonante las magulla; el consonante magulla siempre; allá las prolonga, con lo cual las daña; por lo común, la idea abundosa y encendida encaja noblemente en el verso centelleante. Todo el poeta se salió a estos versos; la majestad evoca y pone en pie todo lo majestuoso. Su estrofa fue esta vez como la ola que nace del mar agitado, y crece al paso con el encuentro de otras olas, y se empina, y se enrosca, y se despliega ruidosamente, y va a morir en espuma sonante y círculos irregulares y rebeldes no sujetos a forma ni extensión; acá enseñoreándose de la arena y tendiéndose sobre ella como triunfador que echa su manto sobre la prisionera que hace su cautiva; allá besando mansamente los bordes cincelados de la piedra marina caprichosa; quebrándose acullá en haces de polvo contra la arista enhiesta de las rocas. Su irregularidad le viene de su fuerza. La per-

* Ensayo publicado como prólogo a la obra de M. Pérez Bonalde, Nueva York, 1883.

fección de la forma se consigue casi siempre a costa de la perfección de la idea. Pues el rayo ¿obedece a marcha precisa en su camino? ¿Cuándo fue jaca de tiro más hermosa que potro en la dehesa? Una tempestad es más bella que una locomotora. Señálanse por sus desbordes y turbulencias las obras que arrancan derechamente de lo profundo de las almas magnas.

Y Pérez Bonalde ama su lengua, y la acaricia, y la castiga; que no hay placer como este de saber de dónde viene cada palabra que se usa, y a cuánto alcanza; ni hay nada mejor para agrandar y robustecer la mente que el estudio esmerado y la aplicación oportuna del lenguaje. Siente uno, luego de escribir, orgullo de escultor y de pintor. Es la dicción de este poema redonda y hermosa; la factura amplia; el lienzo extenso; los colores a prueba de sol. La frase llega a alto, como que viene de hondo, y cae rota en colores, o plegada con majestad, o fragorosa como las aguas que retrata. A veces, con la prisa de alcanzar la imagen fugitiva, el verso queda sin concluir o concluido con premura. Pero la alteza es constante. Hay ola, y ala. Mima Pérez Bonalde lo que escribe; pero no es, ni quiere serlo, poeta cincelador. Gusta, por descontado, de que el verso brote de su pluma sonoro, bien acuñado, acicalado, mas no se pondrá como otro, frente al verso, con martillo de oro y buril de plata, y enseres de cortar y de sajar, a mellar aquí un extremo, a fortificar allí una juntura, a abrillantar y redondear la joya, sin ver que si el diamante sufre talla, moriría la perla de ella. El verso es perla. No han de ser los versos como la rosa centifolia, toda llena de hojas, sino el jazmín del Malabar, muy cargado de esencias. La hoja debe ser nítida, perfumada, sólida, tersa. Cada vasillo suyo ha de ser un vaso de aromas. El verso, por dondequiera que se quiebre, ha de dar luz y perfume. Han de podarse de la lengua poética, como del árbol, todos los retoños entecos, o amarillentos, o mal nacidos, y no dejar más que los sanos y robustos, con lo que, con menos hojas, se alza con más gallardía la rama, y pasea en ella con más libertad la brisa y nace mejor el fruto. Pulir es bueno, mas dentro de la mente y antes de sacar el verso al labio. El verso hierve en la mente, como en la cuba el mosto. Mas ni el vino mejora, luego de hecho, por añadirle alcoholes y taninos; ni se aquilata el verso, luego de nacido, por engalanarlo con aditamentos y aderezos. Ha de ser un hecho de una pieza y de una sola inspiración, porque no es obra de artesano que trabaja a cordel, sino de hombre en cuyo seno anidan cóndores, que ha de aprovechar el aleteo del cóndor. Y así brotó de Bonalde este poema, y es una de sus fuerzas: fue hecho de una pieza.

. . . .

¡Oh! ¡Esa tarea de recorte, esa mutilación de nuestros hijos, ese trueque de plectro del poeta por el bisturí del disector! Así quedan los versos pulidos: deformes y muertos. Como cada palabra ha de ir cargada de su propio espíritu y llevar caudal suyo al verso, mermar palabras es mermar espíritu, y cambiarlas es rehervir el mosto, que, como el café, no ha de ser rehervido. Se queja el alma del verso, como maltratada, de estos golpes de cincel. Y no parece cuadro de Vinci, sino mosaico de Pompeya. Caballo de paseo no gana batallas. No está en el divorcio el remedio de los males del matrimonio, sino en escoger bien la dama y en no cegar a destiempo en cuanto a las causas reales de la unión. Ni en el pulimento está la bondad del verso, sino en que nazca ya alado y sonante. No se dé por hecho el verso en espera de acabarle luego, cuando aún no esté acabado; que luego se le rematará en apariencia, mas no verdaderamente ni con ese encanto de cosa virgen que tiene el verso que no ha sido sajado ni trastrojado. Porque el trigo es más fuerte que el verso, y se quiebra y amala cuando lo cambian muchas veces de troje. Cuando el verso quede por hecho ha de estar armado de todas armas, con coraza dura y sonante, y de penacho blanco rematado el buen casco de acero reluciente.

3. "SEIS CONFERENCIAS" *

(Fragmentos)

POR: ENRIQUE JOSÉ VARONA

Rara vez tienen las colecciones de estudios sueltos, donde el filósofo hace hoy lo que con el diálogo hicieron antes Platón, Diderot y Shaftsbury, el interés, elevación y unidad que el cubano Varona ha sabido dar a sus seis conferencias, forma propia de la energía intelectual en un país donde ésta es tan decidida y robusta como áspero el régimen que la coarta, y donde los hombres superiores, que la isla produce en abundancia notable, luchan por acomodar su fuerza inútil a un pueblo tan imperfecto y heterogéneo como amado. Al relámpago de la indignación, o a la llamarada de la vergüenza, no puede la mano impaciente escribir con el acopio y regalo del libro. De la hoja que pasa, del poeta que muere y de la fiesta fugaz toma ocasión el escritor honrado para hablar con la majestad del arte a la patria que ya ostenta la de la desventura, para sacar de los fórnices a las conciencias. Y Varona ha hecho esto con tal belleza, erudición y sensatez, que sus seis conferencias vienen a ser tipo cabal de los difíciles trabajos de esta especie, cuyo mérito no está en revestir con lenguaje aparatoso un tema violento o desproporcionado, ni en reconocer materiales ajenos, sino en agrupar los elementos del asunto, de modo que, enriqueciendo con sus consecuencias y relaciones, tienda con cada palabra u omisión al fin certero y noble, que es el secreto del vigor y la garantía del éxito.

. . . .

Suele la erudición, si es más que el talento, deslucirlo en vez de realzarlo; o se despega de él si es mera ciencia de prólogo, mal habida a última hora, cuando llaman al circo los clarines dorados, y no de oro, de la fama; pero lo mucho que sabe Varona no le estorba, porque lo sabe bien, y se ve en todo el libro aquella paz mental que sólo viene del saber seguro, y da a lo escrito autoridad y hechizo. Ni es tampoco en Varona la imaginación, más embarazosa que apetecible para las tareas críticas, de aquella especie que va engarzando, con terquedad de tábano, alusiones que pudieran desmontarse del discurso, como las piedras de una joya; sino aquel otro modo del imaginar, tal vez superior, que percibe las leyes supremas, y con el auxilio posterior de la ciencia las afirma y compulsa; pues ¿cuándo el decorador fue más apreciado que el arquitecto? Y de ese conocimiento, desapasionado como todo saber real, y de la gloria que inunda la mente subida por el saber a aquella cúspide serena donde se ve lo uno de todo, viene a este cubano admirable la condición esencial para los trabajos de examen fecundo y juicios definitivos, que es la de conocer la razón de cuanto es, puesto que es, y la mera apariencia de lo contradictorio, y la unidad cierta, venturosa

* Estudio publicado en *El Economista Americano*, Nueva York, enero de 1888.

y lumínea de lo que, por vanidad de los sofistas o por requerimiento de estado, resulta opuesto o insensato en la Naturaleza.

Y el lenguaje, al que es el pensamiento lo que la salud a la tez, llega por esas dotes en este escritor a una lozanía y limpieza que recuerdan la soberana beldad de las mujeres, épicas y sencillas, de la tierra del Camagüey, donde nació Varona. De la fijeza del conocimiento le viene la seguridad del estilo, de su certidumbre del valor de cada detalle la flexibilidad y la majestad de la que indudablemente tiene en sí, acrecentada con su noción bella y sólida de la del mundo. Cada conferencia ostenta un caudal de voces propio, escogidas sin esfuerzo de entre la flor del vocabulario conveniente al asunto; y la misma lengua, que en ciertos párrafos del estudio sobre la Scudery va de chupa de seda y sombrero de paja, como los caballeros enamorados de las pastorales de Boucher, estalla en algunos períodos del estudio sobre Víctor Hugo como imagen de mármol que el sacerdote deshace contra el pavimento, al ver el templo invadido por la turba maldita de los profanadores. La excelencia de su estilo es aquella difícil que proviene, no de supercherías brillantes o genialidades espasmódicas, sino del perpetuo fulgor del pensamiento, tal como el vino celeste de que habla el falso Profeta, que era de piedras ricas derretidas. Y no es que deje de usar palabras que parecen nuevas a los que no las conocen, por lo cual dicen éstos al punto que están mal usadas, sino que las engasta con tal propiedad en la frase, y con conocimiento tal de su valor, que lo que en otro pareciera adorno de relumbrón, en él parece pasamanería de lo más fino. Sólo flaquea el estilo cuando alguna nota local o paso de ocasión lo sacan, siempre por pocos momentos, de su natural altura.

Pero este libro a pesar de las condiciones de mérito constante que por sus seis discursos se confirman, no se hubiera librado acaso de cierto desmayo común a las colecciones de trabajos de temas diversos, si en todo él no resplandeciese, sin pecar una vez sola contra la moderación artística, aquel purísimo amor al país, mayor en la desgracia, que es la expresión más bella y vehemente del amor al hombre. Fundar, más que agitar, quiere Varona, como cumple, aun en las épocas más turbulentas, a aquellos a quienes el desinterés aconseja el único modo útil de amar a la patria, en Cuba —como en todas partes— menesterosa de espíritus creadores: infundir como el aire, la decisión de vivir puro en todos los corazones. ¡Más que estremecer sin sentido, fortificar, sembrar, unir como una red de almas la tierra!

Y lo que, con superior unidad, liga esos diversos estudios aún más que el amor a la patria, con ser tan ferviente, es aquel paternal y doloroso cariño, don peculiar de las almas ilustres, por la humanidad débil o infeliz, que sólo en la hora suprema de amargura vuelve los ojos, para lapidar después, a los que acaso no viven sino porque en sí llevan, prémieseles o no, el mandato de servirla. En todo es Cuba desdichada, menos en el esplendor de su naturaleza, la bondad de sus mujeres y el mérito de sus hijos.

4. HEREDIA *

(Fragmento)

El primer poeta de América es Heredia. Sólo él ha puesto en sus versos la sublimidad, pompa y fuego de su naturaleza. Él es volcánico como sus entrañas, y sereno como sus alturas.

Ni todos sus asuntos fueron felices y propios de su genio; ni se igualó con Píndaro cuantas veces se lo propuso; ni es el mismo cuando imita, que no es tanto como parece, o cuando vacila, que es poco, o cuando trata temas llanos, que cuando en alas de la pasión deja ir el verso sin moldes ni recamos, ni más guía que el águila; ni cabe comparar con sus odas al Niágara, al Teocalli de Cholula, al sol, al mar, o sus epístolas a Emilia y Elpino y la estancia sexta de los Placeres de la Melancolía, los poemas que escribió más tarde pensando en Young y en Delille, y como émulo de Voltaire y Lucrecio más apasionado que dichoso; ni campea en las composiciones rimadas, sobre todo en las menores, con la soberanía de aquellos cantos en que celebra en verso suelto al influjo de las hermosas, el amor de la patria y las maravillas naturales. Suele ser verboso. Tiene versos rellenos de adjetivos. Cae en los defectos propios de aquellos tiempos en que al sentimiento se decía sensibilidad: hay en casi todas sus páginas versos débiles, desinencias cercanas, asonantes seguidos, expresiones descuidadas, acentos mal dispuestos, diptongos ásperos, aliteraciones duras; ésa es la diferencia que hay entre un bosque y un jardín: en el jardín todo está pulido, podado, enarenado, como para morada de la flor y deleite del jardinero: ¿quién osa entrar en un bosque con el mandil y las podaderas?

El lenguaje de Heredia es otra de sus grandezas, a pesar de esos defectos que no han de excusársele, a no ser porque estaban consentidos en su tiempo, y aun se tenían por gala: porque a la poesía, que es arte, no vale disculparla con que es patriótica o filosófica, sino que ha de resistir como el bronce y vibrar como la porcelana: y bien pudo Heredia evitar en su obra entera lo que evitó en aquellos pasajes donde despliega con todo su lujo su estrofa amplia, en que no cuelgan las imágenes como dijes, sino que van con el pensamiento, como en el diamante va la luz, y producen por su nobleza, variedad y rapidez la emoción homérica. Los cuadros se suceden. El verso triunfa. No van los versos encasacados, adonde los quiere llevar el poeta de gabinete, ni forjados a martillo, aunque sea de cíclope, sino que le nacen del alma con manto y corona. Es directo y limpio como la prosa aquel verso llameante, ágil y oratorio, que ya pinte, ya describa, ya fulmine, ya narre, ya evoque, se desata o enfrena al poder de una censura sabia y viva, que con más ímpetu y verdad que la de Quintana, remonta la poesía, como

* Estudio publicado en *El Economista Americano,* Nueva York, julio de 1888.

quien la echa al cielo de un bote, o la sujeta súbito, como auriga que dé un reclamo para la cuadriga. La estrofa, se va tendiendo como la llanura, encrespando como el mar, combando como el cielo. Si desciende, es como una exhalación. Suele rielar como la luna; pero más a menudo se extingue como el sol poniente, entre carmines vívidos y negrura pavorosa.

Nunca falta, por supuesto, quien sin mirar en las raíces de cada persona poética, ni pensar que los que vienen de igual raíz han de enseñarlo en la hoja, tenga por imitación o idolatría el parecimiento de un poeta con otro que le sea análogo por el carácter, las fuentes de la educación o la naturaleza del genio; como si el roble que nace en Pekín hubiera de venir del de Aranjuez, porque hay un robledal en Aranjuez. Así, por apariencias, llegan los observadores malignos o noveles a ver copia servil donde no hay más que fatal semejanza. Ni Heredia ni nadie se libra de su tiempo, que por mil modos sutiles influye en la mente, y dicta, sentado donde no se le puede ver ni resistir, los primeros sentimientos, la primera prosa. Tan ganosa de altos amigos está siempre el alma poética, y tan necesitada de la beldad, que apenas la ve asomar, se va tras ella, y revela por la dirección de los primeros pasos la hermosura a quien sigue, que suele ser menor que aquella que despierta. De esos impulsos viene vibrando el genio, como mar de ondas sonoras, de Homero a Whitman. Y por eso, y por algunas imitaciones confesas, muy por debajo de lo suyo original, ha podido decirse de ligero que Heredia fuese imitador de éste o aquél, y en especial de Byron, cuando lo cierto es que la pasión soberbia de éste no se avenía con la más noble de Heredia; ni en los asuntos que trataron en común hay la menor semejanza esencial; ni cabe en juicio sano tener en menos las maravillas de la *Tempestad* que las estrofas que Byron compuso "durante una tormenta"; ni en el *No me recuerdes,* que es muy bello, hay arranques que puedan compararse con el ansia amorosa del *Desamor,* y aun de *El Rizo de Pelo;* ni por los países en que vivió, y lo infeliz de su raza en aquel tiempo, podía Heredia, grande por lo sincero, tratar los asuntos complejos y de universal interés, vedados por el azar del nacimiento a quien viene al mundo donde sólo llega de lejos, perdido y confuso, el fragor de sus olas. Porque es el dolor de los cubanos, y de todos los hispanoamericanos que aunque hereden por el estudio y aquilaten con su talento natural las esperanzas e ideas del universo, como es muy otro el que se mueve bajo sus pies que el que llevan en la cabeza, no tienen ambiente ni raíces ni derecho propio para opinar en las cosas que más les conmueven e interesan, y parecen ridículos e intrusos si, de un país rudimentario, pretenden entrarse con gran voz por los asuntos de la humanidad, que son los del día en aquellos pueblos donde no están en las primeras letras como nosotros, sino en toda su animación y fuerza. Es como ir coronado de rayos y calzado con borceguíes. Este es de veras un dolor mortal, y un motivo de tristeza infinita. A Heredia le sobraron alientos y le faltó mundo.

Esto no es juicio, sino unas cuantas líneas para acompañar un retrato. Pero si no hay espacio para analizar, por su poder y el de los accidentes que se lo estimularon o torcieron, el vigor primitivo, elementos nuevos y curiosos, y formas varias de aquel genio poético que puso en sus cantos, sin más superior que la creación, el movimiento y la luz de sus mayores maravillas, y descubrió en un pecho cubano el secreto perdido que en las primicias del mundo dio sublimidad a la epopeya, antes le faltaría calor al corazón que orgullo y agradecimiento para recordar que fue hijo de Cuba aquel de cuyos labios salieron algunos de los acentos más bellos que haya modulado la voz del hombre, aquel que murió joven, fuera de la patria que quiso redimir, del dolor de buscar en vano en el mundo el amor y la virtud.

5. EMERSON *

(Fragmentos)

. . . .

Su mente era sacerdotal; su ternura, angélica; su cólera, sagrada. Cuando vio hombres esclavos, y pensó en ellos, habló de modo que pareció que sobre las faldas de un nuevo monte bíblico se rompían de nuevo en pedazos las Tablas de la Ley. Era moisíaco su enojo. Y se sacudía así las pequeñeces de la mente vulgar, como se sacude un león, tábanos. Discutir para él era robar tiempo al descubrimiento de la verdad. Como decía lo que veía, le irritaba que pusiesen en duda lo que decía. No era cólera de vanidad, sino de sinceridad. ¿Cómo había de ser culpa suya que los demás no poseyesen aquella luz esclarecedora de sus ojos? ¿No ha de negar la oruga que el águila vuela? Desdeñaba la argucia, y como para él lo extraordinario era lo común, se asombraba de la necesidad de demostrar a los hombres lo extraordinario. Si no le entendían, se encogía de hombros: la naturaleza se lo había dicho: él era un sacerdote de la naturaleza. Él no fingía revelaciones; él no construía mundos mentales; él no ponía voluntad ni esfuerzo de su mente en lo que en prosa o en verso escribía. Toda su prosa es verso. Y su verso y su prosa, son como ecos. Él veía detrás de sí al Espíritu creador que a través de él hablaba a la naturaleza. Él se veía como pupila transparente que lo veía todo, lo reflejaba todo, y sólo era pupila. Parece lo que escribe trozos de luz quebrada que daban en él, y bañaban su alma, y la embriagaban de la embriaguez que da la luz, y salían de él.

. . . .

En Concord vivía, que es como Túsculo, donde viven pensadores, eremitas y poetas. Era su casa, como él, amplia y solemne, cercada de altos pinos como en símbolo del dueño, y de umbrosos castaños. En el cuarto del sabio, los libros no parecían libros, sino huéspedes: todos llevaban ropas de familia, hojas descoloridas, lomos usados. Él lo leía todo, como águila que salta. Era el techo de la casa alto en el centro, cual morada de aquél que vivía en permanente vuelo a lo alto. Y salían de la empinada techumbre penachos de humo, como ese vapor de ideas que se ve a veces surgir de una gran frente pensativa. Allí leía a Montagne, que vio por sí, y dijo cosas ciertas; a Swedenborg el místico, que tuvo mente oceánica; a Plotino, que buscó a Dios y estuvo cerca de hallarlo; a los hindúes, que asisten trémulos y sumisos a la evaporación de su propia alma, y a Platón, que vio sin miedo, y con fruto no igualado, en la mente divina. O cerraba sus libros, y los ojos del cuerpo, para darse el supremo regalo de ver con el alma. O se paseaba agitado e inquieto, y como quien va movido de voluntad que no es la suya, y llameante, cuando, ganosa de expresión precisa, azotaba sus labios, como presa entre breñas que pugna por abrirse paso al aire, una idea. O se sentaba fatigado, y son-

* Ensayo que constituye una de sus cartas de Nueva York, publicado en *La Opinión Nacional*, Caracas, 19 de mayo de 1882.

reía dulcemente, como quien ve cosa solemne, y acaricia agradecido su propio espíritu que la halla. ¡Oh, qué fruición, pensar bien! ¡Y qué gozo, entender los objetos de la vida! —¡gozo de monarca!—. Se sonríe a la aparición de una verdad, como a la de una hermosísima doncella. Y se tiembla, como en un misterioso desposorio. La vida que suele ser terrible, suele ser inefable. Los goces comunes son dotes de bellacos. La vida tiene goces suavísimos, que vienen de amar y de pensar. Pues, ¿qué nubes hay más bellas en el cielo que las que se agrupan, ondean y ascienden en el alma de un padre que mira a su hijo? Pues ¿qué ha de envidiar un hombre a la santa mujer, no porque sufre, ni porque alumbre, puesto que un pensamiento, por lo que tortura antes de nacer, y regocija después de haber nacido, es un hijo? La hora del conocimiento de la verdad es embriagadora y augusta. No se siente que se sube, sino que se reposa. Se siente ternura filial y confusión en el padre. Pone el gozo en los ojos brillo extremo; en el alma, calma; en la mente, alas blandas que acarician. ¡Es como sentirse el cráneo poblado de estrellas; bóveda interior, silenciosa y vasta, que ilumina en noche solemne la mente tranquila! Magnífico mundo. Y luego que se viene de él, se aparta con la mano blandamente, como con piedad de lo pequeño, y ruego de que no perturbe el recogimiento sacro, todo lo que ha sido obra de hombre. Uvas secas, parecen los libros que poco ha parecían montes. Y los hombres, enfermos a quienes se trae cura. Y parecen los árboles, y las montañas, y el cielo inmenso, y el mar pujante, como nuestros hermanos, o nuestros amigos. Y se siente el hombre un tanto creador de la naturaleza. La lectura estimula, enciende, aviva, y es como soplo de aire fresco sobre la hoguera resguardada, que se lleva las cenizas, y deja al aire el fuego. Se lee lo grande, y si se es capaz de lo grandioso, se queda en mayor capacidad de ser grande. Se despierta el león noble, y de su melena, robustamente sacudida, caen pensamientos como copos de oro.

Era veedor sutil, que veía cómo el aire delicado se transformaba en palabras melodiosas y sabias en la garganta de los hombres, y escribía como veedor, y no como meditador. Cuanto escribe, es máxima. Su pluma no es pincel que diluye, sino cincel que esculpe y taja. Deja la frase pura, como deja el buen escultor la línea pura. Una palabra innecesaria le parece una arruga en el contorno. Y al golpe de su cincel, salta la arruga en pedazos, y queda nítida la frase. Aborrecía lo innecesario. Dice, y agota lo que dice. A veces, parece que salta de una cosa a otra, y no se halla a primera vista la relación entre dos ideas inmediatas. Y es que para él es paso natural lo que para otros es salto. Va de cumbre en cumbre, como gigante, y no por las veredas y caminillos por donde andan, cargados de alforjas, los peatones comunes, que como miran desde tan abajo, ven pequeño al gigante alto. No escribe en períodos, sino en elencos. Sus libros son sumas, no demostraciones. Sus pensamientos parecen aislados, y es que ve mucho de una vez, y quiere de una vez decirlo todo, y lo dice como lo ve, a modo de lo que se lee a la luz de un rayo, o apareciese a una lumbre tan bella, que se sabe que ha de desaparecer. Y deja a los demás que desenvuelvan: él no puede perder tiempo; el anuncia. Su estilo no es lujoso, sino límpido. Lo depuraba, lo acrisolaba, lo aquilataba, lo ponía a hervir. Tomaba de él la médula. No es su estilo montículo verde, lleno de plantas florecidas y fragantes: es monte de basalto. Se hacía servir de la lengua, y no era siervo de ella. El lenguaje es obra del hombre, y el hombre no ha de ser esclavo del lenguaje. Algunos no le entienden bien; y es que no se puede medir un monte a pulgadas. Y le acusan de oscuro; mas, ¿cuándo no fueron acusados de tales los grandes de la mente? Menos mortificante es culpar de inentendible lo que se lee, que confesar nuestra incapacidad para entenderlo. Emerson no discute: establece. Lo que le enseña la naturaleza le parece preferible a lo que le enseña el hombre. Para él un árbol sabe más que un libro; y una estrella enseña más que una universidad; y una hacienda es un evangelio; y un niño de la hacienda está más cerca de la verdad universal que un anticuario. Para él no hay cirios como los astros, ni altares como los montes, ni predicadores como las noches palpitantes y profundas. Emociones angélicas le llenan si ve desnudarse de entre sus velos, rubia y alegre, la mañana. Se siente más poderoso que monarca asirio o rey de Persia, cuando asiste a una puesta de sol, o a un alba riente. Para ser bueno no necesita más que ver lo bello. A esas llamas, escribe. Caen sus ideas en la mente como piedrecillas blancas en un mar luminoso: ¡qué chispazos! ¡qué relampagueos! ¡qué venas de fuego! Y se siente vértigo, como si se viajara en el lomo de un león volador. Él mismo lo sintió, y salió fuerte de él. Y se aprieta el libro contra el seno, como a un amigo bueno y generoso; o se le acaricia tiernamente, como a la frente limpia de una mujer leal.

Pensó en todo lo hondo. Quiso penetrar el misterio de la vida; quiso descubrir las leyes de la existencia del Universo. Criatura, se sintió fuerte, y salió en busca del Creador. Y volvió del viaje contento, y diciendo que lo había hallado. Pasó el resto de su vida en la beatitud que sigue a este coloquio. Tembló como hoja de árbol en esas expansiones de su espíritu, y vertimientos en el espíritu universal; y volvía a sí, fragante y fresco como hoja de árbol. Los hombres le pusieron delante al nacer todas esas trabas que han acumulado los siglos, habitados por hombres presuntuosos, ante la cuna de los hombres nuevos. Los libros están llenos de venenos sutiles, que inflaman la imaginación y enferman el juicio. Él apuró todas esas copas y anduvo por sí mismo, tocado apenas del veneno. Es el tormento humano que para ver bien se necesita ser sabio, y olvidar que se lo es. La posesión de la verdad no es más que la lucha entre las revelaciones impuestas de los hombres. Unos sucumben y son meras voces de otro espíritu. Otros triunfan, y añaden nueva voz a la de la naturaleza. Triunfó Emerson: he ahí su filosofía *Naturaleza* se llama su mejor libro: en él se abandona a esos deleites exquisitos, narra esos paseos maravillosos, se revuelve con magnífico brío contra los que piden ojos para ver, y olvidan sus ojos; y ve al hombre señor, y al Universo blando y sumiso, y a todo lo vivo surgiendo de un seno y yendo al seno, y sobre todo lo que vive, al Espíritu que vivirá, y al hombre en sus brazos. Da cuenta de sí, y de lo que ha visto. De lo que no sintió, no da cuenta. Prefiere que le tengan por inconsistente que por imaginador. Donde ya no ven sus ojos, anuncia que no ve. No niega que otros vean; pero mantiene lo que ha visto. Si en lo que vio hay cosas opuestas, otro comente, y halle la distinción: él narra. Él no vé más que analogías: él no halla contradicciones en la naturaleza: él ve que todo en ella es símbolo del hombre, y todo lo que hay en el hombre lo hay en ello. Él ve que la naturaleza influye en el hombre, y que éste hace a la naturaleza alegre, o triste, o elocuente, o muda, o ausente, o presente, a su capricho. Ve la idea humana señora de la materia universal. Ve que la hermosura física vigoriza y dispone el espíritu del hombre a la hermosura moral.

. . . .

6. EL POETA WALT WHITMAN *

(Fragmentos)

. . . .

Hay que estudiarlo, porque si no es el poeta de mejor gusto, es el más intrépido, abarcador y desembarazado de su tiempo. En su casita de madera, que casi está al borde la miseria, luce en una ventana, orlado de luto, el retrato de Víctor Hugo; Emerson, cuya lectura purifica y exalta, le echaba el brazo por el hombro y le llamó su amigo; Tennyson, que es de los que ven las raíces de las cosas, envía desde su silla de roble en Inglaterra, ternísimos mensajes al "gran viejo"; Robert Buchanan, el inglés de palabra briosa, "¿qué habéis de saber de letras —grita a los norteamericanos—, si estáis dejando correr, sin los honores eminentes que le corresponden, la vejez de vuestro colosal Walt Whitman?"

. . . .

Acaso una de las producciones más bellas de la poesía contemporánea es la mística trenodia que Whitman compuso a la muerte de Lincoln. La Naturaleza entera acompaña en su viaje a la sepultura el féretro llorado. Los astros lo predijeron. Las nubes venían ennegreciéndose un mes antes. Un pájaro gris cantaba en el pantano un canto de desolación. Entre el pensamiento y la seguridad de la muerte viaja el poeta por los campos conmovidos, como entre dos compañeros. Con arte de músico agrupa, esconde y reproduce estos elementos tristes en una armonía total de crepúsculo. Parece, al acabar la poesía, como si la Tierra toda estuviese vestida de negro, y el muerto la cubriera desde un mar al otro. Se ven las nubes, la Luna cargada que anuncia la catástrofe, las alas largas del pájaro gris. Es mucho más hermoso, extraño y profundo que *El Cuervo* de Poe. El poeta trae al féretro un gajo de lilas.

Su obra entera es eso.

Ya sobre las tumbas no gimen los sauces; la muerte es "la cosecha, la que abre la puerta, la gran reveladora"; lo que está siendo, fue y volverá a ser; en una grave y celeste primavera se confunden las oposiciones y penas aparentes; un hueso es una flor. Se oye de cerca el ruido de los soles que buscan con majestuoso movimiento su puesto definitivo en el espacio; la vida es un himno; la muerte es una forma oculta de la vida; santo es el sudor y el entozoario es santo; los hombres, al pasar, deben besarse en la mejilla; abrácense los vivos en amor inefable; amen la yerba, el animal, el aire, el mar, el dolor, la muerte; el sufrimiento es menos para las almas que el amor posee; la vida no tiene dolores para el que entiende a tiempo su sentido; del mismo germen son la miel, la luz y el beso; ¡en la sombra que esplende en paz como una bóveda maciza de estrellas, levántase con música suavísima, por sobre los mundos dormidos como canes a sus pies, un apacible y enorme árbol de lilas!

* En una de sus "cartas" a *La Nación*, de Buenos Aires, en donde fue publicado el ensayo el 26 de junio de 1887.

Cada estado social trae su expresión a la literatura, de tal modo, que por las diversas fases de ella pudiera contarse la historia de los pueblos, con más verdad que por sus cronicones y sus décadas. No puede haber contradicciones en la Naturaleza; la misma aspiración humana a hallar en el amor, durante la existencia, y en lo ignorado después de la muerte, un tipo perfecto de gracia y hermosura, demuestra que en la vida total han de ajustarse con gozo los elementos que en la porción actual de vida que atravesamos parecen desunidos y hostiles. La literatura que anuncie y propague el concierto final y dichoso de las contradicciones aparentes; la literatura que, como espontáneo consejo y enseñanza de la Naturaleza, promulgue la identidad en una paz superior de los dogmas y pasiones rivales que en el estado elemental de los pueblos los dividen y ensangrientan; la literatura que inculque en el espíritu espantadizo de los hombres una convicción tan arraigada de la justicia y belleza definitivas que las penurias y fealdades de la existencia no las descorazonen ni acibaren, no sólo revelará un estado social más cercano a la perfección que todos los conocidos, sino que, hermanando felizmente la razón y la gracia, proveerá a la Humanidad, ansiosa de maravilla y de poesía, con la religión que confusamente aguarda desde que conoció la oquedad e insuficiencia de sus antiguos credos.

. . . .

El es de todas las castas, credos y profesiones, y en todas encuentra justicia y poesía. Mide las religiones sin ira; pero cree que la religión perfecta está en la Naturaleza. La religión y la vida están en la Naturaleza. Si hay un enfermo, "idos", dice al médico y al cura, "yo me apegaré a él, abriré las ventanas, le amaré, le hablaré al oído; ya veréis cómo sana, vosotros sois palabra y yerba, pero yo puedo más que vosotros, porque soy amor". El Creador es "el verdadero amante, el camarada perfecto"; los hombres son "camaradas", y valen más mientras más aman y creen, aunque todo lo que ocupe su lugar y su tiempo vale tanto como cualquiera; más vean todos el mundo por sí, porque él, Walt Whitman, que siente en sí el mundo desde que éste fue creado, sabe, por lo que el sol y el aire libre le enseñan, que una salida de sol le revela más que el mejor libro. Piensa en los orbes, apetece a las mujeres, se siente poseído de amor universal y frenético; oye levantarse de las escenas de la creación y de los oficios del hombre un concierto que le inunda de ventura, y cuando se asoma al río, a la hora en que se cierran los talleres y el sol de puesta enciende el agua, siente que tiene cita con el Creador, reconoce que el hombre es definitivamente bueno y ve que de su cabeza, reflejada en la corriente, surgen aspas de luz.

. . . .

Así, celebrando el músculo y el arrojo; invitando a los transeúntes a que pongan en él, sin miedo, su mano al pasar; oyendo, con las palmas abiertas al aire, el canto de las cosas; sorprendiendo y proclamando con deleite fecundidades gigantescas; recogiendo en versículos édicos las semillas, las batallas y los orbes; señalando a los tiempos pasmados las colmenas radiantes de hombres que por los valles y cumbres americanos se extienden y rozan con sus alas de abeja la fimbria de la vigilante libertad; pastoreando los siglos amigos hacia el remanso de la calma eterna, aguarda Walt Whitman, mientras sus amigos le sirven en manteles campestres la primera pesca de la Primavera rociada con champaña, la hora feliz en que lo material se aparte de él, después de haber revelado al mundo un hombre veraz, sonoro y amoroso, y en que, abandonado a los aires purificadores, germine y arome en sus ondas, "¡desembarazado, triunfante, muerto!"

7. ESPADERO[1]

(Fragmentos)

Señoras y señores:

Muchos años hace, porque los años que se pasan lejos del suelo nativo son años muy largos, en una tarde de Mayor en que estallaban al sol tierno las primeras lilas, vi al gentío de seda y encajes, de petimetres y marquesas, de generales canosos y de duques, levantarse entusiastas de sus asientos, vitorear una música entrañable y conmovedora, proclamar, en el aire lloroso, al que enviaba a la corte feliz el dolor de la noche, la queja de las sombras, la plegaria de los cañaverales. Era Madrid; la sala famosa de los conciertos de Madrid, que aclamaba *El Canto del Esclavo,* de Espadero. La Sociedad Literaria hace, pues, bien en tejer, con las rosas de su casa, una corona más para aquel que aprisionó en sus notas, como en red de cristal fino, los espíritus dolientes, que velan y demandan desde el éter fulguroso y trémulo del cielo americano. La Sociedad Literaria no podía cerrar sus puertas, abiertas de par en par a la gloria, cuando llamaba a ellas una noble mano de mujer[2] pidiendo con derecho de hermana, la caridad de una flor para la tumba del genio austero y compasivo.

. . . .

No he de decir aquí, porque todo el mundo lo sabe, que el músico creador a quien rendimos homenaje, no fue artista de mera habilidad, que saca del marfil jadeante y estrujado, una música sin alma: ni lacayo de su tiempo, que al esqueleto de su patria le pone sobre la oreja una moña de colores, o de gritos salvajes compone un baile impuro, para que lo bailen, coronados de adormideras en el gozo del fango: sino salterio sensible, que en la limpieza de la soledad, cuando cae sobre el mundo lentamente el bálsamo de la noche, ve alzarse de las maravillas, volando de onda en onda, el alma de la flor, y danzar sobre el río, con la nota en los labios, a las doncellas de agua y luz, y a las palmeras, como madres deshechas de amor, acoger en sus ramas a los espíritus que huyen de la tierra con el rostro cubierto, sangrando y despavorido: era arpa magnífica, que en la fiereza del silencio, entona un himno fúnebre a todo lo que muere; ¡saluda con alborozo de aurora a lo que nace; recoge en acordes estridentes los gritos de la tierra, cuando triunfa la tempestad y viene la luz del rayo!

De lo que sí no se puede dejar de hablar, porque por ahí se medirá más tarde la alteza del hombre, es del montaraz sigilo en que cuentan que vivía aquel domador de notas. ¿Ni cómo había de vivir, siendo sincero, aquel peregrino que pasaba por la tierra, como todo artista que de veras lo es, con la ira y desdén de quien ve luces, que no ven los que le rodean, y entreoye acentos que la zahúrda vulgar no le deja oír, y se revuelve áspero, contra los que

[1] Palabras pronunciadas en velada de la Sociedad Literaria Hispanoamericana, el 3 de marzo de 1891.

[2] Se refiere a la distinguida pianista señora Isabel Caballero de Salazar, quien organizó esta velada.

no le dan tiempo, con el bufido de los fuelles y el martilleo de las forjas, a levantar, en el encanto de la luna, su torre de aspas, de estrellas y de cristales? ¿Cómo, sino tétrico y fuera de sí, había de vivir, con su poder de unir encantos, las voces del conjunto, y en una nota un haz de esperanzas y de penas, quien no vino al mundo en aquellas edades en que las almas, afinadas en coro, remedaban con su unidad en esta vida la plenitud de la otra, sino en época y tierra de retazo, donde ni la música de lo interior ni la de la ciencia de afuera, hallaban en torno suyo armonía y estímulo, sino perturbación, fealdad y espanto?

¡Bien hace, de veras, la Sociedad Literaria en llevar con este concierto de espíritus, un alivio póstumo a la tumba de quien acaso sacó su música más bella del choque del espíritu excelso, con la vida que se lo ofendía y acorralaba! ¡Bien hacen estas manos caritativas de mujer, en poner en la tumba del artista desconsolado la limosna de una flor!

8. GOYA *

(Fragmento)

Nunca negros ojos de mujer, ni encendida mejilla, ni morisca ceja, ni breve, afilada y roja boca —ni lánguida pereza, ni cuanto de bello y deleitoso el pecaminoso pensamiento del amor andaluz, sin nada que pretenda revelarlo exteriormente, ni lo afee—, halló expresión más rica que en La Maja. No piensa en un hombre; sueña. ¿Quiso acaso Goya, vencedor de toda dificultad, vestir a Venus, darle matiz andaluz, realce humano, existencia femenil, palpable, cierta? Helo aquí.

¡Luego, qué desafío el de esas piernas, osadamente tendidas, paralelas, la una junto a la otra, separadas y unidas a la vez por un pliegue oportuno de la dócil gasa! Sólo que esas piernas, en Goya delicadamente consumidas, y convenientemente adelgazadas, porque así son más bellas, y más naturales en la edad juvenil y apasionado de esta Venus, recuerdan por su colocación las piernas de la más hermosa de las Venus reclinadas de Tiziano.

No se le niega a esa Maja —brusco y feliz rompimiento con todo lo convencional—, existencia humana. Si se levanta de sus almohadones, viene a nosotros y nos besa, pareciera naturalísimo suceso, y buena ventura nuestra, no germánico sueño, ni vaporización fantástica. ¡Pero no mira a nadie!

Piélago son de distraído amor sus ojos. No se cansa uno de buscarse en ellos. En esto estuvo la delicadeza del pintor: voluptuosidad sin erotismo.

Había hecho Goya gran estudio al pie de los cadalsos, por entre los sayones de Corpus Christi y de Semana Santa. Gusta de pintar agujeros por ojos, puntos gruesos rojizos por bocas, divertimientos feroces por rostros. Donde no hay apenas colores, vese un sorprendente efecto de coloración, por el feliz concierto de los que usa. Como para amontonar dificultades, suele usar los vivos. Ama y prefiere los oscuros; gris, pardo, castaño, negro, humo, interrumpidos por manchas verdes, amarillas, rojas, osadas, inesperadas y brillantes. Nadie pide a Goya líneas, que ya en La Maja demostró que sabe encuadrar en ellas gentilísima figura. Tal como en noche de agitado sueño danzan por el cerebro infames fantasmas, así los vierte al lienzo, ora en El entierro de la sardina —donde lo feo llega a lo hermoso, y parecen, gran lección y gran intuición, no nobles seres vivos, sino cadáveres desenterrados y pintados los que bailen—, ora en La Casa de Locos donde casi con una sola tinta, que amenaza absorber con la negruzca de las paredes la pardoamarillosa —con tintes rosados— de los hombres. En ese extraño lienzo de desnudos, uno ora; otro gruñe; éste ¡feliz figura! se coge un pie, sostiene en otra mano la flauta, y se corona de barajas; el otro se finge obispo, lleva una mitra de latón, y echa bendiciones; éste, con una mano se mesa el cabello, y con la

* Notas de un libro de apuntes fechados en 1879, por lo que parece evidente que fueron escritas durante la segunda deportación de Martí a España.

otra empuña un asta; aquél, señalando con airado ademán la puerta, luce un sombrero de tres puntas y alas vueltas; tal se ha pintado el rostro de bermellón, y va como un iroqués, coronado de enhiestas plumas; bésale la mano una cana mujer de faz grosera, enhiesta la cabeza con un manto; a aquél le ha dado por franciscano; a éstos por inflar un infeliz soplándole en el vientre. Estos cuerpos desnudos, ¿no son tal vez las miserias sacadas a la plaza? ¿Las preocupaciones, las vanidades, los vicios humanos? ¿Qué otra forma hubiera podido serle permitida? Reúnelos a todos en un tremendo y definitivo juicio. Religión, monarquía, ejército, cultos del cuerpo, todo parece aquí expuesto, sin ropas, de lo que son buen símbolo esos cuerpos sin ellas, a la meditación y a la vergüenza. Ese lienzo es una página histórica y una gran página poética. Aquí más que la forma sorprende el atrevimiento de haberla desdeñado. El genio embellece las incorrecciones en que incurre, sobre todo cuando voluntariamente, y para mayor grandeza del propósito, incurre en ellas. ¡El genio embellece los monstruos que crea!

. . . .

X

LO SOCIAL Y LO HUMANO EN LA PROSA ARTISTICA

1. LOS ABANICOS EN LA EXHIBICIÓN BARTHOLDI *

La cosa más pequeña, insignificante en sí, adquiere valor sumo, como símbolo de tiempo. El espíritu de los hombres afectado de uno o de otro modo, según las influencias que en él actúan, se refleja con todos sus accidentes en cada uno de los objetos que imagina para el adorno o para el uso. El pueblo chino, replegado en sí, libre de las grandes y borrascosas ocupaciones que traen el comercio íntimo y la marcha acorde con los demás pueblos de la tierra, con tiempo sobrado, y sin fecundos fines públicos a que consagrar su actividad, hará encaje sutil del marfil duro, y lo calará y lo bordará con arte tanta, que no habrá hoja de árbol más flexible que un abanico chino. En los tiempos de Luis XIV y Luis XV, en que la virtud llegó a parecer imbécil, y el crimen sólo empleo digno de las gentes de buen tono; en aquellos tiempos abominables y seductores, en que una mujer acabada de vivir, era como esos duraznos apetitosos que caen en manos de una clase en la escuela, y muestran en su piel mustia dentelladas de todos los hambrientos escolares; en aquellos tiempos de perfume y olvido, de hermosura y embriaguez, de infamia y gracia, no hay abanico que ya en seda, ya en papel no muestre travesuras risueñas o mitológicos deleites de amores.

Y en nuestros tiempos —en que el abanico es acaso más bello y elegante, ya que no más rico y laboreado que en época alguna—, la vida de arrebato y de colores, la vida de teatros y de circos, la vida de zozobras y novedades, que hace, en las cosas bellas, volver los ojos con frecuencia a lo pasado, palpita, envuelta en luz y pintada a ráfagas, en los paisajes amplios y lujosos de los abanicos que la incitan y ocultan.

En la exhibición preparada para auxiliar a la colecta de los costos del pedestal de la estatua de Bartholdi, aunque sin concierto ni interdependencia de épocas, veíanse de una vez, en los abanicos que las retratan, las recámaras doradas de los delfines y las modernas fiestas circenses, de toros y caballos; cruzábanse, en abanicos del siglo XV, miradas de abades petimetres y sacerdotisas de la Fronda, y en seda de nuestros días —con ocasión de un bautizo en pueblo español—, reticencias del secretario de un ayuntamiento de lugar y serpeantes miradas de joven madre andaluza, a quien con los ojos tacha el secretario de callar verdades cuando dice que el pecador de aquel lindo pecado no es el meloso don Lucas que cree ver en el rechoncho bautizante renovados sus verdes inviernos. Este paisaje que describimos era del pintor Borrás.

Había abanicos de varillaje de carey; por lo que, con ignorancia graciosa, como si el carey fuera sólo producto de mares de Cuba, los llamaban "cubanos", y uno de palma fina y muy entretejida, que los visitantes buscaban mucho, porque rezaba el catálogo que era abanico "de los trópicos", y otro del humilde camalote, que con tanta gracia tejen y con tan mal consejo descuidan las guajiras cubanas, que de esta sencilla industria pudieran sacar fruto.

* Crónica publicada en *La América*, enero, sin consignarse el día por los editores de las obras de Martí de 1884.

Conocíanse de lejos los abanicos españoles por lo amplio del paisaje, sólido y limpio de las varillas, y alegre y convidador de los colores. Y notábase, por esa ley de analogía que en lo mínimo como en lo máximo rige a la tierra, que eran los abanicos franceses, en los tiempos galantísimos de Francia, todos de paisaje estrecho y varilla alta y ornada con floreos de plata y oro sobre marfil o nácar, como en correspondencia de los talles altos y pomposas sayas que era de uso entre aquellas fugaces marquesas. Y cuando bajaron los talles, bajaron los paisajes de los abanicos. Y cuando Fenelón escribía el Telémaco, que con grande y cuasi insolente lujo se imprimía "para uso del delfín", todo era pintar sobre pergamino a Mentor y a Telémaco, o llenar de rosas, sobre blanca seda la gruta amable de Calipso.

Entre los abanicos más curiosos, los que llaman de "Vernis de Martín" sacaban palmas, con sus escenas virgilianas o bíblicas, y sus desbordes extraños de colores, que se saltan del paisaje como si no cupieran en él —así como el pensamiento errante se salta gozoso a cada momento de la vida—, y se tienden en guirnaldas de rosas, en olas de mar, en celajes espesos azules por sobre las varillas, por sobre las junturas, por cuanto espacio blanco ofrecen el pergamino o el hueso: así sobre sus marcos admirables concluye ahora sus cuadros impacientes el festoso Michetti, que no ve el aire italiano, tal cual lo ven los comunes, a modo de hervoroso vapor de amantes estrellas, sino como poblado de diminutos geniecillos de colores resplandecientes y varios, encapuchonados de rojo, vestidos de verde, alados de azul, tocados de amarillo: y los toma a manadas, y los aprisiona en sus lienzos. Así los viejos abanicos de "Vernis de Martín".

Y había un abanico elegantísimo. Por de contado, era sencillo: sobre delgadas varillas de marfil, salpicadas de ligerísimos puntos de color, tendíase sin un relieve duro, sin una ramazón vistosa, un admirable encaje, fino, sereno, exquisito, no interrumpido, candoroso, como esos velos primeros en que aparece envuelto el amor a los ojos de las niñas.

Excitaba mucho la curiosidad un ejemplar feo y notable. El paisaje es una copia dura del Vesubio en lava: todo él es sombrío. Napoleón lo llevó de Italia a Francia, para que en sus fiestas de coronación lo ostentase aquella, más que reina suya, reina y triunfo en su colosal juego de barajas, Josefina.

Pero no se detenían mucho los visitantes ante el armario donde se enseñaban abiertas esas reliquias de arte antiguo, aquí muy celebradas, e inferiores, sin embargo, a los suntuosos abanicos de nácar, recamado de metales preciosos, que con poética piedad guardan aún, junto a escarpines diminutos, y floreados mitones, nuestras fieles abuelas.

Los abanicos estaban siempre llenos de miradas. Valla viva oponían al observador indiferente las visitantes ansiosas. Cuál preferiría un Luis Leloir; cuál un torero, de garboso vestido verde y plata, matizado de sangre; cuál unas grandes rosas, de una francesa que las pinta bien; cuál encomiaba un fogosísimo Detaille, de tal modo perfecto, que pintando una carrera de caballos, no parece paisaje de abanico, sino extenso campo: por cierto que esta joya valiosa pertenece a una dama de nuestra raza, la señora Delmonte. Se ve en él la distancia entre los postes; se toma parte en la pasión que anima a los rostros de los competidores; podía ponerse en cifra la distancia que cada un caballo saca al otro. Los caballos se van de frente, lo que aumenta la dificultad, y el triunfo; pero por arte magno del pintor, que sabe que cada ápice de una obra artística debe estar hecho en atención a su tendencia y conjunto, los caballos, que parece que arrancan de un centro común, se esparcen y abren al saltar la cerca, como se extiende al abrirse el abanico. El genio es lo completo; está a lo sumo y a lo ínfimo, y saca grandeza de la armonía y perfección de lo pequeño. La fantasía, que tiene sus monstruos, los hermosea cuando los encadena. La buena fantasía, es la que, cuando se sale del orden lógico visible a los ojos vulgares, se conserva dentro del orden lógico de más alto grado que rige al Universo en junto, y es perceptible sólo a las almas máximas. La armonía de lo perfecto conseguida contra la misma armonía aparente, por los hijos mejores de la naturaleza, hiere de un modo grato y satisfactorio la mente común, que por el hecho de ser natural no puede resistirse a reconocer lo que lo es. Este es el secreto de la popularidad, de los genios sutiles y complicados como Dante a través de los tiempos diversos, poblados de masas vulgares. La fantasía desbordada, es un caballo loco, se puede echar a volar un león; pero se ha de ir cabalgando sobre él, y se le ha de tener perennemente de la rienda.

Este y un Leloir, en que unos pintores, de joyantes y pomposos vestidos, retratan a una dama francesa en los tiempos en que no era pecado el amor, fueron las dos bellas prendas que a aquellos armarios concurridos llevó el arte moderno.

2. UN FUNERAL CHINO. LOS CHINOS EN NUEVA YORK *

(Fragmentos)

(1888)

Nueva York, octubre 29 de 1888.

Señor Director de *La Nación:*

Por un instante cesó el afán de la política, y abrió paso Nueva York a los chinos vestidos de colores que con magnas honras, a usanza asiática, seguían el féretro del general ilustre de los Pabellones Negros, de Li-In-Du, que les ha muerto en los brazos. Pasen lejos ahora las procesiones de los partidos, las carretas de oratoria transeúnte, las músicas electorales. Hoy hay música extraña, la música de los funerales de Li-In-Du. Vamos, con Nueva York curiosa, a oírla.

Li-In-Du fue persona valiente: derrotó a Francia en Tonquín: usó de su prestigio para favorecer a los amigos de la libertad; ni el prestigio le valió contra la persecución de los autoritarios, que no quieren sacar a China de su orden de clases: con la vida escapó apenas, seguido hasta San Francisco de algunos tenientes fieles: no peregrinó en el ocio, como tanto espadón de nuestra raza, que cree que el haber sido hombre una vez, defendiendo a la patria, le autoriza a dejar de serlo, viviendo de ella. ¡La libertad tiene sus bandidos! Y Li-In-Du no quiso ser de ellos, sino que se empleó en traficar en cosas de su tierra, que es, con lavar ropa y servir de comer, en lo que por acá permiten a los chinos ocuparse. Porque si se ocupan en minas o en ferrocarriles, como a fieras los persiguen, los echan de sus cabañas a balazos, y los queman vivos.

Mott es en Nueva York la calle de ellos, donde tienen sus bancos, su bolsa, sus sastres y peluquerías, sus fondas y sus vicios. Hay el chino abate, sabichoso y melifluo, de buenas carnes y rosas en el rostro, de poco pómulo y boca glotona, de ojo diestro y vivo. Hay el chino de tienda, terroso de color, de carnes fofas y bolsudas, remangados la blusa y los calzones, el pelo corto hirsuto, el ojo ensangrentado, la mano cebada y uñosa, la papada de tres pisos, caída al pecho como ubre; y por bigotes dos hilos. Hay el chino errante, acorralado, áspero, y fosco, que cargó espada o pluma y vive de memorialista y hombre bueno, mudo y locuaz por turnos, sujeto a ración por el rico ignorante que halla gusto en vengarse así de quien tiene habitada la cabeza. Y hay el chino de las lavanderías que suele ser mozo e ingenuo, alto y galán de cara, con brazaletes de ágata en los pulsos; pero más es canijo y desgarbado, sin nobleza en la boca o la mirada, manso y deforme; o rastrea en vez de andar, combo y negruzco, con dos vidrios por ojos, y baboso del opio.

Pero hoy las tarimas del opio están vacías; los lavanderos tienen cerrada la tienda; no hay puerta a las

* Crónica fechada en Nueva York —una de sus *Cartas de Nueva York*— el 29 de octubre de 1888, y publicada en *La Nación*, Buenos Aires, 16 diciembre 1888.

cosas de comestibles; llevan banda de luto en los balcones las farolas con que se anuncian las fondas. Mott y sus alrededores están llenos de gente de Asia, congregada para llevar a la tumba con honor a su prohombre Li-In-Du; lleno de los irlandeses e italianos, que comparten con ellos aquel barrio lodoso y fétido; lleno de curiosos de todas partes del mundo, que a millas repletan las calles por donde va a pasar la procesión. El hombre amarillo lleva el ojo de la fiera cazada: va mirando a su alrededor, como para precaverse de una ofensa: va blasfemando a media voz, lleno el ojo de fuego; va con la cabeza baja, como para que le perdonen la culpa de vivir. Van en grupos, hacia la casa funeral: van de dos en dos, chato el sombrero negro, veste y calzón de paño azul oscuro, las manos cruzadas al pecho, los pies en las zapatillas de cordón, sobre las que danzan, como enaguas, los calzones: van entrando en la sala mortuoria, que es una caballeriza forrada hoy de negro, y en el techo dos fajas en cruz, negra una, y otra blanca; van, de dos en dos, postrándose ante el altar encendido, a los pies del cadáver, junto a dos mesas cargadas de la cabra, de los corderos, de las naranjas y pastelería cercadas de flores, que se servirán tres días después a los amigos del muerto en el banquete cinerario, que se celebra en silencio, y a la hora callada de la noche. De dos en dos van tomando ante el altar de las siete luces las tazas de óleo, y arroz santo que les dan por comunión los sacerdotes de la túnica blanca, con banda y casquete negros. Y vierten las tazas de dos en dos en la cuba que aguarda la ofrenda al pie del ataúd, junto al tiesto donde arden en tierra fresca las velas del alma.

Y el muerto está en su ataúd de paño rico y mucha argentería, descubierto de la cintura a la cabeza de hombre firme, ojos hondos y metidos hacia la nariz, nariz de fosas anchas, boca fina apretada, la trenza de atrás traída como corona por la frente; y una mano al pecho, cubierto de papel moneda de Asia, para pagar el portazgo del cielo. En tazas de bronce humean en torno los perfumes sagrados: la vela del alma de humo espeso de cera: a la cabeza del ataúd, en un pendón, están, en círculos blancos, los pecados del difunto, que ha de domar para ascender al elíseo que los corona, representado por una mancha negra. Ya no caben en las mesas las pilas de frutas, los cestos de nuez, las fuentes de limones, las torres del pastel funeral. Ya no tienen espacio los que llegan para abrirse camino hasta el altar, y prosternarse tres veces seguidas, y dejar en la cuba los óleos, y en las mesas las flores.

Pero no se mesan el cabello, ni se desgarran los vestidos, ni se descubren la cabeza, ni cesan de fumar, ni muestran pena por el cambio de estado del que les defendió tan bien la tierra, al pie de la gran bandera roja. El que ha hecho mil y trescientas obras buenas, ¿no es inmortal por la ley de Tao, en los cielos? ¡Vencer al francés fue más que hacer trescientas obras buenas, que es lo que se necesita para ser como teniente de la inmortalidad, o inmortal en la tierra! La vida es como la pared de la jarra, que contiene el vacío útil, el vacío que se llena con leche, con vino, con miel, con perfume; pero más que la pared, vale en la jarra el vacío, como la eternidad, dichosa y sin límites, vale más que la existencia donde el hombre no puede hacer triunfar la libertad. Morir ¿no es volver a lo que se era en principio? La muerte es azul, es blanca, es color de perla, es la vuelta al gozo perdido, es un viaje. ¡Para eso lleva bastantes provisiones!

Y con las manos hundidas en sus blusas de invierno, hablan de que Li-In-Du era general terrible, que en la batalla parecía un pilar con alas, un pilar de los que el chino erige para espantar los demonios, de que mató mucho francés, aunque Tao dice que no se ha de pisar un insecto ni cortar un árbol, porque es destruir la vida; de que era gran comerciante en drogas y telas, y tés y comestibles, aunque la ley de Tao es que no se persigan los falsos honores de la vanidad ni las riquezas del mundo.

¡Ese era el Tao viejo, que ya tiene en el cielo la barba helada!

....

¿Es ejército o es funeral? Por entre el gentío pasean sobre las cabezas faroles y pendones. Se ven caballos blancos. Los jinetes van descubiertos, con la trenza envuelta en percal negro, traída a la frente como una diadema. La gran bandera roja, graciosa y soberbia, ondea por sobre todo. Arremete riendo sobre ella la gente agresiva.

....

Tras dos farolas blancas siguen en tunicelas de colores varios, con banda al pecho y lazo al codo y al costado, los que traen en astiles rojos, recortadas en cartón con dibujos de oro y flores, las ocho insignias puras, los mandamientos de la ley de Tao, que Tao mismo dio al caudillo Gwin-Li-Du, en el monte luminoso de Tien-San, y la santa fruta que Tao comió en el monte, antes de su transfiguración, y la espada con que Gwin defendió la ley divina, y el hacha celeste que cae airada sobre el mundo cuando el malo impera, y la flauta apacible, y el vivaz wooyin con que acompañan su dicha los genios redimidos, y las flores celestes que dan olor de té y ni se secan ni se ajan, y la urna blanca de la vida eterna.

Y detrás, ante el féretro, de la mano de un palafrenero, va, sin jinete en la silla de cuero ribeteada de bronce, un caballo blanco. Luego el carro, con un limosnero de túnica ceniza en el pescante, dejando caer sobre la multitud de trecho en trecho papel moneda del imperio, para que dejen al muerto el paso libre.

Luego el doliente, el sobrino Li-Yung, de manto blanco y banda negra, con la cabeza descubierta. Luego, en dos diligencias negras y amarillas, la música china, chillona y discorde, sin notas ni frases, sonando más que un duelo, a triunfo y alegría. Y luego el séquito de chinos masones, de gabán y sombrero de pelo, con el mandil de las tres letras, y mil chinos más de dos en dos, con los brazos cruzados.

....

Y al dispersarse la gente apiñada, se vio el túmulo compuesto al uso celestial: a la cabeza, como respaldo, clavado en tierra todo el astil, el corazón masónico: luego, enclavadas también, las dos farolas blancas: de allí a los pies, simulando urnas y cojines, rosas blancas y amarillas: a los pies, el remate de los lados, las siete velas místicas; y junto a ellas tazas de arroz, platos de col, bollos de pan, montones de tierra regada con vino, buñuelos y pasteles, y dos pollos asados, que es el banquete que disponen en cuclillas los amigos de Li-In-Du, para que no pase penas de hambre en su viaje difícil a la mansión de los genios donde va a ser djinn venturoso e inmortal, viendo de cerca en su espíritu puro a los que amó en vida, intercediendo porque el hombre sea bueno y China libre, y favoreciendo a sus conocidos y parientes con dádivas y milagros.

JOSÉ MARTÍ.

XI

LITERATURA PARA LOS NIÑOS

A LOS NIÑOS QUE LEAN "LA EDAD DE ORO" *

Para los niños es este periódico, y para las niñas, por supuesto. Sin las niñas no se puede vivir, como no puede vivir la tierra sin luz. El niño ha de trabajar, de andar, de estudiar, de ser fuerte, de ser hermoso; el niño puede hacerse hermoso aunque sea feo; un niño bueno, inteligente y aseado es siempre hermoso. Pero nunca es un niño más bello que cuando trae en sus manecitas de hombre fuerte una flor para su amiga, o cuando lleva del brazo a su hermana, para que nadie se la ofenda; el niño crece entonces, y parece un gigante; el niño nace para caballero, y la niña para madre. Este periódico se publica para conversar una vez al mes, como buenos amigos, con los caballeros de mañana, y con las madres de mañana; para contarles a las niñas cuentos lindos con que entretener a sus visitas y jugar con sus muñecas; y para decirles a los niños lo que deben saber para ser de veras hombres. Todo lo que quieran saber les vamos a decir, y de modo que lo entiendan bien, con palabras claras y con láminas finas. Les vamos a decir cómo está hecho el mundo; les vamos a contar todo lo que han hecho los hombres hasta ahora.

Para eso se publica "La Edad de Oro", para que los niños americanos sepan cómo se vivía antes, y se vive hoy, en América, y en las demás tierras, y cómo se hacen tantas cosas de cristal y de hierro, y las máquinas de vapor, y los puentes colgantes, y la luz eléctrica; para que cuando el niño vea una piedra de color sepa por qué tiene colores la piedra y qué quiere decir cada color; para que el niño conozca los libros famosos donde se cuentan las batallas y las religiones de los pueblos antiguos. Les hablaremos de todo lo que se hace en los talleres, donde suceden cosas más raras e interesantes que en los cuentos de magia, y son magia de verdad, más linda que la otra; y les diremos lo que se sabe del cielo y de lo hondo del mar y de la tierra; y les contaremos cuentos de risa y novelas de niños, para cuando hayan estudiado mucho, o jugado mucho, y quieran descansar. Para los niños trabajamos, porque los niños son los que saben querer, porque los niños son la esperanza del mundo. Y queremos que nos quieran, y nos vean como cosa de su corazón.

Cuando un niño quiera saber algo que no esté en "La Edad de Oro", escríbanos como si nos hubiera conocido siempre, que nosotros le contestaremos. No importa que la carta venga con faltas de ortografía. Lo que importa es que el niño quiera saber. Y si la carta está bien escrita, la publicaremos en nuestro correo con la firma al pie, para que se sepa que es un niño que vale. Los niños saben más de lo que parece, y si les dijeran que escribiesen lo que saben, muy buenas cosas que escribirían. Por eso "La Edad de Oro" va a tener, cada seis meses, una competencia, y el niño que le mande el trabajo mejor, que se conozca de veras que es suyo, recibirá un buen premio de libros, y diez ejemplares del número de "La Edad de Oro" en que se publique su composición,

* Artículo inicial de la revista dedicada a los niños de América, "La Edad de Oro" redactada por Martí en Nueva York (1889).

que será sobre cosas de su edad, para que puedan escribirla bien porque para escribir bien una cosa, hay que saber de ella mucho. Así queremos que los niños de América sean: hombres que digan lo que piensan, y lo digan bien: hombres elocuentes y sinceros.

Las niñas deben saber lo mismo que los niños, para poder hablar con ellos como amigos cuando vayan creciendo; como que es una pena que el hombre tenga que salir de su casa a buscar con quién hablar, porque las mujeres de la casa no sepan contarle más que de diversiones y de modas. Pero hay cosas muy delicadas y tiernas que las niñas entienden mejor, y para ellas las escribiremos de modo que les gusten; porque "La Edad de Oro" tiene su mago en la casa, que le cuenta que en las almas de las niñas sucede algo parecido a lo que ven los colibríes cuando andan curioseando por entre las flores. Les diremos cosas así, como para que las leyesen los colibríes, si supiesen leer. Y les diremos cómo se hace una hebra de hilo, cómo nace una violeta, cómo se fabrica una aguja, cómo tejen las viejecitas de Italia los encajes. Las niñas también pueden escribirnos sus cartas, y preguntarnos cuanto quieran saber, y mandarnos sus composiciones para la competencia cada seis meses. ¡De seguro que van a ganar las niñas!

Lo que queremos es que los niños sean felices, como los hermanitos de nuestro grabado; y que si alguna vez nos encuentra un niño de América por el mundo nos apriete mucho la mano, como a un amigo viejo, y diga donde todo el mundo lo oiga: "¡Este hombre de 'La Edad de Oro' fue mi amigo!"

TRES HÉROES *

Cuentan que un viajero llegó un día a Caracas al anochecer, y sin sacudirse el polvo del camino, no preguntó dónde se comía ni se dormía, sino cómo se iba a donde estaba la estatua de Bolívar. Y cuentan que el viajero, solo con los árboles altos y olorosos de la plaza, lloraba frente a la estatua, que parecía que se movía, como un padre cuando se le acerca un hijo. El viajero hizo bien, porque todos los americanos deben querer a Bolívar como a un padre. A Bolívar, y a todos los que pelearon como él porque la América fuese del hombre americano. A todos: al héroe famoso y al último soldado, que es un héroe desconocido. Hasta hermosos de cuerpo se vuelven los hombres que pelean por ver libre a su patria.

Libertad es el derecho que todo hombre tiene a ser honrado, y a pensar y a hablar sin hipocresía. En América no se podía ser honrado, ni pensar ni hablar. Un hombre que oculta lo que piensa o no se atreve a decir lo que piensa, no es un hombre honrado. Un hombre que obedece a un mal gobierno, sin trabajar para que el gobierno sea bueno, no es un hombre honrado. Un hombre que se conforma con obedecer a leyes injustas, y permite que pisen el país en que nació, los hombres que se lo maltratan, no es un hombre honrado. El niño, desde que puede pensar, debe pensar en todo lo que ve, debe padecer por todos los que no pueden vivir con honradez, debe trabajar porque puedan ser honrados todos los hombres, y debe ser un hombre honrado. El niño que no piensa en lo que sucede a su alrededor y se contenta con vivir, sin saber si vive honradamente, es como un hombre que vive del trabajo de un bribón y está en camino de ser bribón. Hay hombres que son peores que las bestias, porque las bestias necesitan ser libres para vivir dichosas; el elefante no quiere tener hijos cuando vive preso; la llama del Perú se echa en la tierra y se muere, cuando el indio le habla con rudeza o le pone más carga de la que puede soportar. El hombre debe ser, por lo menos, tan decoroso como el elefante y como la llama. En América se vivía antes de la libertad, como la llama que tiene mucha carga encima. Era necesario quitarse la carga o morir.

Hay hombres que viven contentos aunque vivan sin decoro. Hay otros que padecen como en agonía cuando ven que los hombres viven sin decoro a su alrededor. En el mundo ha de haber cierta cantidad de decoro, como ha de haber cierta cantidad de luz. Cuando hay muchos hombres sin decoro, hay siempre otros que tienen en sí el decoro de muchos hombres. Esos son los que se rebelan con fuerza terrible contra los que les roban a los pueblos su libertad, que es robarles a los hombres su decoro. En esos hombres van miles de hombres, va un pueblo entero, va la dignidad humana. Esos hombres son sagrados. Estos tres hombres son sagrados: Bolívar, de Venezuela; San Martín, del Río de la Plata; Hidalgo, de México. Se les deben perdonar sus errores, porque el bien que hicieron fue más que sus faltas. Los hombres no pueden ser más perfectos que el sol. El sol

* (De "La Edad de Oro").

quema con la misma luz con que calienta. El sol tiene manchas. Los desagradecidos no hablan más que de las manchas. Los agradecidos hablan de la luz.

Bolívar era pequeño de cuerpo. Los ojos le relampagueaban y las palabras se le salían de los labios. Parecía como si estuviera esperando siempre la hora de montar a caballo. Era su país, su país oprimido que le pesaba en el corazón y no le dejaba vivir en paz. La América entera estaba como despertando. Un hombre solo no vale nunca más que un pueblo entero; pero hay hombres que no se cansan, cuando su pueblo se cansa, y que se deciden a la guerra antes que los pueblos, porque no tienen que consultar a nadie más que a sí mismos, y los pueblos tienen muchos hombres y no pueden consultarse tan pronto. Ese fue el mérito de Bolívar, que no se cansó de pelear por la libertad de Venezuela, cuando parecía que Venezuela se cansaba. Lo habían derrotado los españoles, lo habían echado del país. El se fue a una isla, a ver su tierra de cerca, a pensar en su tierra.

Un negro generoso lo ayudó cuando ya no lo quería ayudar nadie. Volvió un día a pelear con trescientos héroes, con los trescientos libertadores. Libertó a Venezuela. Libertó a la Nueva Granada. Libertó al Ecuador. Libertó al Perú. Fundó una nación nueva, la nación de Bolivia. Ganó batallas sublimes con soldados descalzos y medio desnudos. Todo se estremecía y se llenaba de luz a su alrededor. Los generales peleaban a su lado con valor sobrenatural. Era un ejército de jóvenes. Jamás se peleó tanto, ni se peleó mejor, en el mundo por la libertad. Bolívar no defendió con tanto fuego el derecho de los hombres a gobernarse por sí mismos, como el derecho de América a ser libre. Los envidiosos exageraron sus defectos. Bolívar murió de pesar del corazón, más que de mal del cuerpo, en la casa de un español en Santa Marta. Murió pobre y dejó una familia de pueblos.

México tenía mujeres y hombres valerosos, que no eran muchos, pero valían por muchos; media docena de hombres y una mujer preparaban el modo de hacer libre a su país. Eran unos cuantos jóvenes valientes, el esposo de una mujer liberal y un cura de pueblo que quería mucho a los indios, un cura de sesenta años. Desde niño fue el cura Hidalgo de la raza buena, de los que quieren saber. Los que no quieren saber son de la raza mala. Hidalgo sabía francés, que entonces era cosa de mérito, porque lo sabían pocos. Leyó los libros de los filósofos del siglo XVIII, que explicaron el derecho del hombre a ser honrado, y a pensar y a hablar sin hipocresía. Vio a los negros esclavos, y se llenó de horror. Vio maltratar a los indios, que son tan mansos y generosos, y se sentó entre ellos como un hermano viejo, a enseñarles las artes finas que el indio aprende bien: la música, que consuela; la cría del gusano, que da la seda; la cría de la abeja, que da miel. Tenía fuego en sí, y le gustaba fabricar: creó hornos para cocer los ladrillos. Le veían lucir mucho, de cuando en cuando, los ojos verdes. Todos decían que hablaba muy bien, que sabía mucho nuevo, que daba muchas limosnas el señor cura del pueblo de Dolores. Decían que iba a la ciudad de Querétaro una que otra vez, a hablar con unos cuantos valientes y con el marido de una buena señora. Un traidor le dijo a un comandante español que los amigos de Querétaro trataban de hacer a México libre. El cura montó a caballo, con todo su pueblo, que lo quería como a su corazón; se le fueron juntando los caporales y los sirvientes de las haciendas, que eran la caballería; los indios iban a pie, con palos y flechas o con hondas y lanzas. Se le unió un regimiento y tomó un convoy de pólvora que iba para los españoles. Entró triunfante en Celaya, con músicas y vivas. Al otro día juntó el Ayuntamiento, lo hicieron general y empezó un pueblo a nacer. El fabricó lanzas y granadas de mano. El dijo discursos que dan calor y echan chispas, como decía un caporal de las haciendas. El declaró libres a los negros. El les devolvió sus tierras a los indios. El publicó un periódico que llamó "El Despertador Americano". Ganó y perdió batallas. Un día se le juntaban siete mil indios con flechas y al otro día lo dejaban solo. La mala gente quería ir con él para robar en los pueblos y para vengarse de los españoles. El les avisaba a los jefes españoles que si los vencía en la batalla que iba a darles, los recibiría en su casa como amigos. ¡Eso es ser grande! Se atrevió a ser magnánimo, sin miedo a que lo abandonase la soldadesca, que quería que fuese cruel. Su compañero Allende tuvo celos de él, y él le cedió el mando a Allende. Iban juntos buscando amparo en su derrota cuando los españoles les cayeron encima. A Hidalgo le quitaron uno a uno, como para ofenderlo, los vestidos de sacerdote. Lo sacaron detrás de una tapia y le dispararon los tiros de muerte a la cabeza. Cayó vivo, revuelto en la sangre, y en el suelo lo acabaron de matar. Le cortaron la cabeza y la colgaron en una jaula, en la Alhóndiga misma de Granaditas, donde tuvo su gobierno. Enterraron los cadáveres descabezados. Pero México es libre.

San Martín fue el libertador del sur, el padre de la República Argentina, el padre de Chile. Sus padres eran españoles, y a él lo mandaron a España para que fuese militar del rey. Cuando Napoleón entró en España con su ejército, para quitarles a los españoles la libertad, los españoles todos pelearon contra Napoleón: pelearon los viejos, las mujeres, los niños; un niño valiente, un catalancito, hizo huir una noche a una compañía, disparándole tiros y más tiros desde un rincón del monte; al niño lo encontraron muerto, muerto de hambre y de frío; pero tenía en la cara como una luz, y sonreía, como si estuviese contento. San Martín peleó muy bien en la batalla de Bailén, y lo hicieron teniente coronel. Hablaba poco; parecía de acero; miraba como un águila; nadie lo desobedecía; su caballo iba y venía por el campo de pelea, como el rayo por el aire. En cuanto supo que América peleaba para hacerse libre, vino a América; ¿qué le importaba perder su carrera, si iba a cumplir con su deber? Llegó a Buenos Aires; no dijo discursos; levantó un escuadrón de caballería; en San Lorenzo fue su primera batalla; sable en mano se fue San Martín detrás de los españoles, que venían muy seguros, tocando el tambor, y se quedaron sin tambor, sin cañones y sin bandera. En los otros pueblos de América los españoles iban venciendo: a Bolívar lo había echado Morcillo el cruel de Venezuela: Hidalgo estaba muerto: O'Higgins salió huyendo de Chile; pero donde está San Martín siguió siendo libre la América. Hay hombres así, que no pueden ver esclavitud. San Martín no podía; y se fue a libertar a Chile y al Perú. En diez y ocho días cruzó con su ejército los Andes altísimos y fríos: iban los hombres como por el cielo, hambrientos, sedientos; abajo, muy abajo, los árboles parecían yerba, los torrentes rugían como leones. San Martín se encuentra al ejército español y lo deshace en la batalla de Chacabuco, lo derrota para siempre en la batalla de Maipú. Liberta a Chile. Se embarca con su tropa, y va a libertar al Perú. Pero en el Perú estaba Bolívar, y San Martín le cede la gloria. Se fue a Europa triste, y murió en brazos de su hija Mercedes. Escribió su testamento en una cuartilla de papel, como si fuera el parte de una batalla.

Le habían regalado el estandarte que el conquistador Pizarro trajo hace cuatro siglos, y él le regaló el estandarte en el testamento al Perú. Un escultor es admirable, porque saca una figura de la piedra bruta; pero esos hombres que hacen pueblos son como más que hombres. Quisieron algunas veces lo que no debían querer; pero ¿qué no le perdonará un hijo a su padre? El corazón se llena de ternura al pensar en esos gigantescos fundadores. Esos son héroes: los que pelean para hacer a los pueblos libres, o los que padecen en pobreza y desgracia por defender una gran verdad. Los que pelean por la ambición, por hacer esclavos a otros pueblos, por tener más mando, por quitarle a otro pueblo sus tierras, no son héroes, sino criminales.

LOS ZAPATICOS DE ROSA *

A Mademoiselle Marie

José Martí.

Hay sol bueno y mar de espuma
Y arena fina, y Pilar
Quiere salir a estrenar
Su sombrerito de pluma.

—"¡Vaya la niña divina!"
Dice el padre, y le da un beso:
'Vaya mi pájaro preso
A buscarme arena fina".

—"Yo voy con mi niña hermosa".
Le dijo la madre buena:
'¡No te manches en la arena
Los zapaticos de rosa!".

Fueron las dos al jardín
Por la calle del laurel,
La madre cogió un clavel
Y Pilar cogió un jazmín.

Ella va de todo juego,
Con aro, y balde, y paleta;
El balde es color violeta;
El aro es color de fuego.

Vienen a verlas pasar,
Nadie quiere verlas ir;
La madre se echa a reír,
Y un viejo se echa a llorar.

El aire fresco despeina
a Pilar, que viene y va
Muy oronda: —"¡Dí, mamá!"
¿Tú sabes qué cosa es reina?

Y por si vuelven de noche
De la orilla de la mar,
Para la madre y Pilar
Manda luego el padre el coche.

Está la playa muy linda;
Todo el mundo está en la playa;
Lleva espejuelos el aya
De la francesa Florinda.

Está Alberto, el militar
Que salió en la procesión
Con tricornio y con bastón
Echando un bote a la mar.

¡Y qué mala, Magdalena,
Con tantas cintas y lazos,
A la muñeca sin brazos
Enterrándola en la arena!

Conversan allá en las sillas,
Sentadas con los señores,
Las señoras, como flores,
Debajo de las sombrillas.

Pero está con estos modos
tan serios, muy triste el mar;
Lo alegre es allá, al doblar,
En la barranca de todos.

Dicen que suenan las olas
Mejor allá en la barranca,
Y que la arena es muy blanca
Donde están las niñas solas.

Pilar corre a su mamá:
—"¡Mamá, yo voy a ser buena;
Déjame ir sola a la arena;
Allá, tú me ves, allá!"

—"¡Esta niña caprichosa!
No hay tarde que no me enojes;
Anda, pero no te mojes
Los zapaticos de rosa".

* (De "La Edad de Oro")

Le llega a los pies la espuma;
Gritan alegres las dos;
Y se va, diciendo adiós,
La del sombrero de pluma.

¡Se va allá, donde ¡muy lejos!
Las aguas son más salobres,
Donde se sientan los pobres,
Donde se sientan los viejos!

Sc fue la niña a jugar,
La espuma blanca bajó,
Y pasó el tiempo, y pasó
Un águila por el mar.

Y cuando el sol se ponía
Detrás de un monte dorado,
Un sombrerito callado
Por las arenas venía.

Trabaja mucho, trabaja
Para andar: ¿qué es lo que tiene
Pilar que anda así, que viene
Con la cabecita baja?

Bien sabe la madre hermosa
Por qué le cuesta el andar:
—"¿Y los zapatos, Pilar,
Los zapaticos de rosa?

"¡Ah, loca! ¿En dónde estarán?
¡Dí dónde, Pilar!" —"¡Señora",
Dice una mujer que llora:
"Están conmigo, aquí están!"

"Yo tengo una niña enferma
Que llora en el cuarto oscuro
Y la traigo al aire puro
A ver el sol, y a que duerma.

"Anoche, soñó, soñó
Con el cielo, y oyó un canto,
Me dio miedo, me dio espanto,
Y la traje, y se durmió.

"Con sus dos brazos menudos
Estaba como abrazando;
Y yo mirando, mirando
Sus piececitos desnudos.

"Me llegó al cuerpo la espuma,
Alcé los ojos, y vi
Esta niña frente a mí
Con su sombrero de pluma".

—"¡Se parece a los retratos
Tu niña! dijo: ¿Es de cera?
¿Quiere jugar? ¡Si quisiera!...
¿Y por qué está sin zapatos?

"Mira, ¡la mano le abrasa,
Y tiene los pies tan fríos!
¡Oh, toma, toma los míos,
Yo tengo más en mi casa!"

"No sé bien, señora hermosa,
Lo que sucedió después;
¡Le vi a mi hijita en los pies
Los zapaticos de rosa!"

Se vio sacar los pañuelos
A una rusa y a una inglesa;
El aya de la francesa
Se quitó los espejuelos.

Abrió la madre los brazos,
Se echó Pilar en su pecho,
Y sacó el traje deshecho,
Sin adornos y sin lazos.

Todo lo quiere saber
De la enferma la señora;
¡No quiere saber que llora
De pobreza una mujer!

—"¡Sí, Pilar, dáselo! ¡y eso
También! ¡tu manta! ¡tu anillo!"
Y ella le dio su bolsillo,
Le dio el clavel, le dio un beso.

Vuelven calladas de noche
A su casa del jardín;
Y Pilar va en el cojín
De la derecha del coche.

Y dice una mariposa
que vio desde su rosal
Guardados en un cristal
Los zapaticos de rosa.

XII

OBRA POETICA

DE "VERSOS LIBRES" (1882)

MIS VERSOS

Estos son mis versos. Son como son. A nadie los pedí prestados. Mientras no pude encerrar íntegras mis visiones en una forma adecuada a ellas, dejé volar mis visiones: ¡oh, cuánto áureo amigo que ya nunca ha vuelto! Pero la poesía tiene su honradez, y yo he querido siempre ser honrado. Recortar versos, también sé, pero no quiero. Así como cada hombre trae su fisonomía, cada inspiración trae su lenguaje. Amo las sonoridades difíciles, el verso escultórico, vibrante como la porcelana, volador como un ave, ardiente y arrollador como una lengua de lava. El verso ha de ser como una espada reluciente, que deja a los espectadores la memoria de un guerrero que va camino al cielo, y al envainarla en el Sol, se rompe en alas.

Tajos son éstos de mis propias entrañas —mis guerreros—. Ninguno me ha salido recalentado, artificioso, recompuesto, de la mente; sino como las lágrimas salen de los ojos y la sangre sale a borbotones de la herida.

No zurcí de éste y aquél, sino sajé en mí mismo. Van escritos, no en tinta de academia, sino en mi propia sangre. Lo que aquí doy a ver lo he visto antes (yo lo he visto, yo), y he visto mucho más, que huyó sin darme tiempo que copiara sus rasgos. De la extrañeza, singularidad, prisa, amontonamiento, arrebato de mis visiones, yo mismo tuve la culpa, que las he hecho surgir ante mí como las copio. De la copia yo soy el responsable. Hallé quebrados los vestidos, y otros no, y usé de estos colores. Ya sé que no son usados. Amo las sonoridades difíciles y la sinceridad, aunque pueda parecer brutal.

Todo lo que han de decir, ya lo sé, y me lo tengo contestado. He querido ser leal, y si pequé, no me avergüenzo de haber pecado.

HIERRO

Ganado tengo el pan: hágase el verso,
Y en su comercio dulce se ejercite
La mano, que cual prófugo perdido
Entre oscuras malezas, o quien lleva
A rastra enorme peso, andaba ha poco
Sumas hilando y revolviendo cifras.
Bardo ¿consejo quieres? Pues descuelga
De la pálida espalda ensangrentada
El arpa dívea, acalla los sollozos
Que a tu garganta como mar en furia
Se agolparán, y en la madera rica
Taja plumillas de escritorio y echa
Las cuerdas rotas al movible viento.

¡Oh, alma! ¡oh, alma buena! ¡mal oficio
Tienes!: ¡póstrate, calla, cede, lame
Manos de potentado, ensalza, excusa
Defectos, ténlos —que es mejor manera
De excusarlos—, y mansa y temerosa
Vicios celebra, encumbra vanidades:
Verás entonces, alma, cual se trueca
En plato de oro rico tu desnudo
Plato de pobre!

Pero guarda, ¡oh alma
Que usan los hombres hoy oro empañado!
Ni de esos cures, que fabrican de oro
Sus joyas el bribón y el barbilindo:
Las armas no —¡las armas son de hierro!

Mi mal es rudo; la ciudad lo encona;
Lo alivia el campo inmenso. ¡Otro más vasto
Lo aliviará mejor! —Y las obscuras
Tardes me atraen, cual si mi patria fuera
La dilatada sombra.

¡Oh, verso amigo,
Muero de soledad, de amor me muero!
No de amor de mujer; estos amores
Envenenan y ofuscan. No es hermosa
La fruta en la mujer, sino la estrella.
La tierra ha de ser luz, y todo vivo
Debe en torno de sí dar lumbre de astro.
¡Oh, estas damas de muestra! ¡Oh, estas copas
De carne! ¡Oh, estas siervas, ante el dueño

Que las enjoya o estremece echadas!
¡Te digo, oh verso, que los dientes duelen
De comer de esta carne!

Es de inefable
Amor del que yo muero, del muy dulce
Menester de llevar, como se lleva
Un niño tierno en las cuidosas manos,
Cuanto de bello y triste ven mis ojos.

Del sueño, que las fuerzas no repara
Sino de los dichosos, y a los tristes
El duro humor y la fatiga aumenta,
Salto, al sol, como un ebrio. Con las manos
Mi frente oprimo, y de los turbios ojos
Brota raudal de lágrimas. ¡Y miro
El sol tan bello y mi desierta alcoba,
Y mi virtud inútil, y las fuerzas
Que cual tropel famélico de hirsutas
Fieras saltan de mí buscando empleo;
Y el aire hueco palpo, y en el muro
Frío y desnudo el cuerpo vacilante
Apoyo, y en el cráneo estremecido
En agonía flota el pensamiento,
Cual leño de bajel despedazado
Que el mar en furia a playa ardiente arroja!

¡Sólo las flores del paterno prado
Tienen olor! ¡Sólo las ceibas patrias
Del sol amparan! ¡Como en vaga nube
Por suelo extraño se anda; las miradas
Injurias nos parecen, y el Sol mismo,
Más que en grato calor, enciende en ira!
¡No de voces queridas puebla el eco
Los aires de otras tierras; y no vuelan
Del arbolar espeso entre las ramas
Los pálidos espíritus amados!
¡De carne viva y profanadas frutas
Viven los hombres, ¡ay!, mas el proscripto
De sus entrañas propias se alimenta!
¡Tiranos: desterrad a los que alcanzan
El honor de vuestro odio: ya son muertos!
Valiera más ¡oh bárbaros que al punto
De arrebatarlos al hogar, hundiera
En lo más hondo de su pecho honrado
Vuesto esbirro más cruel su hoja más dura!
Grato es morir; horrible vivir muerto.
Mas ¡no! mas ¡no! La dicha es una prenda
De compasión de la fortuna al triste
Que no sabe domarla. A sus mejores
Hijos desgracias da Naturaleza:
¡Fecunda el hierro al llano, el golpe al hierro!

Nueva York, 4 de agosto.

HOMAGNO

Homagno sin ventura
La hirsuta y retostada cabellera
Con sus pálidas manos se mesaba.
"Máscara soy, mentira soy, decía:
Estas carnes y formas, estas barbas
Y rostro, estas memorias de la bestia,
Que como silla a lomo de caballo
Sobre el alma oprimida echan y ajustan,
Por el rayo de luz que el alma mía
En la sombra entreveé, —¡no son Homagno!

Mis ojos sólo, los mis caros ojos,
Que me revelan mi disfraz, son míos.
Queman, me queman, nunca duermen, oran,
Y en mi rostro los siento y en el cielo,
Y le cuentan de mí, y a mí dél cuentan.
¿Por qué, por qué, para cargar en ellos
Un grano ruin de alpiste mal trojado
Talló el Creador mis colosales hombros?
Ando, pregunto, ruinas y cimientos
Vuelco y sacudo; a sorbos delirantes
En la Creación, la madre de mil pechos,
Las fuentes todas de la vida aspiro.

Con demencia amorosa su invisible
Cabeza con las secas manos mías
Acaricio y destrenzo; por la tierra
Me tiendo compungido, y los confusos
Pies, con mi llanto baño y con mis besos,
Y en medio de la noche, palpitante,
Con mil voraces ojos en el cráneo
Y en sus órbitas anchas encendidos,
Trémulo, en mí plegado, hambriento espero,
Por si al próximo sol respuestas vienen.
Y a cada nueva luz, de igual enjuto
Modo y ruin, la vida me aparece,
Como gota de leche que en cansado
Pezón, al terco ordeño, titubea,
Como carga de hormiga, como taza
De agua añeja en la jaula de un jilguero."
De mordidas y rotas, ramos de uvas
Estrujadas y negras, las ardientes
Manos del triste Homagno parecían.

Y la tierra en silencio, y una hermosa
Voz de mi corazón, me contestaron.

DE "ISMAELILLO" (1882)

Dedicatoria

Hijo: Espantado de todo, me refugio en ti. Tengo fe en el mejoramiento humano, en la vida futura, en la utilidad de la virtud, y en ti.

Si alguien te dice que estas páginas se parecen a otras páginas, diles que te amo demasiado para profanarte así. Tal como aquí te pinto, tal te han visto mis ojos. Con esos arreos de gala te me has aparecido. Cuando he cesado de verte en una forma, he cesado de pintarte. Esos riachuelos han pasado por mi corazón.

¡Lleguen al tuyo!

PRINCIPE ENANO

Para un príncipe enano
Se hace esta fiesta.
Tiene guedejas rubias,
Blandas guedejas;
Por sobre el hombro blanco
Luengas le cuelgan.
Sus dos ojos parecen
Estrellas negras:
¡Vuelan, brillan, palpitan,
Relampaguean!
Él para mí es corona,
Almohada, espuela,
Mi mano, que así embrida
Potros y hienas,
Va, mansa y obediente,
Donde él la lleva.
Si el ceño frunce, temo;
Si se me queja,
Cual de mujer, mi rostro
Nieve se trueca;
Su sangre, pues, anima
Mis flacas venas:
¡Con su gozo mi sangre
Se hincha, o se seca!
Para un príncipe enano
Se hace esta fiesta.

¡Venga mi caballero
por esta senda!
¡Éntrese mi tirano

Por esta cueva!
Tal es, cuando a mis ojos
Su imagen llega,
Cual si en lóbrego antro
Pálida estrella,
Con fulgores de ópalo,
Todo vistiera.
A su paso la sombra
Matices muestra,
Como al Sol que las hiere
Las nubes negras.
¡Heme ya, puesto en armas,
En la pelea!
Quiere el príncipe enano
Que a luchar vuelva:
¡Él para mí es corona,
Almohada, espuela!
Y como el Sol, quebrando
Las nubes negras,
En banda de colores
La sombra trueca,
Él, al tocarla, borda
En la onda espesa,
Mi banda de batalla
Roja y violeta.
¿Conque mi dueño quiere
Que a vivir vuelva?
¡Venga mi caballero
Por esta senda!
¡Éntrese mi tirano
Por esta cueva!
¡Déjeme que la vida
A él, a él ofrezca!
Para un príncipe enano
Se hace esta fiesta.

MI CABALLERO

Por las mañanas
Mi pequeñuelo
Me despertaba
Con un gran beso.
Puesto a horcajadas
Sobre mi pecho,
Bridas forjaba
Con mis cabellos.
Ebrio él de gozo,
De gozo yo ebrio,
Me espoleaba
Mi caballero:
¡Qué suave espuela

Sus dos pies frescos!
¡Cómo reía
Mi jinetuelo!
Y yo besaba
Sus pies pequeños,
¡Dos pies que caben
En sólo un beso!

MI REYECILLO

Los persas tienen
un rey sombrío;
Los hunos foscos
Un rey altivo;
Un rey ameno
Tienen los íberos;
Rey tiene el hombre,
Rey amarillo:
¡Mal van los hombres
Con su dominio!
Más yo vasallo de otro rey vivo,
Un rey desnudo,
Blanco y rollizo;
Su cetro —¡un beso!
Mi premio —¡un mimo!
¡Oh! cual los áureos
Reyes divinos
De tierras muertas,
De pueblos idos
—¡Cuando te vayas,
Llévame, hijo!—
Toca en mi frente
Tu cetro omnímodo;
Úngeme siervo,
Siervo sumiso:
¡No he de cansarme
De verme ungido!
¡Lealtad te juro,
Mi reyecillo!
Sea mi espalda
Pavés de mi hijo;
Pasa en mis hombros
El mar sombrío:
Muera al ponerte
En tierra vivo:
Mas si amar piensas
El amarillo
Rey de los hombres,
¡Muere conmigo!
¿Vivir impuro?
¡No vivas, hijo!

DE "VERSOS SENCILLOS" (1891)

(Fragmentos)

Dedicatoria

Mis amigos saben cómo se me salieron estos versos del corazón. Fue aquél invierno de angustia, en que por ignorancia, o por fe fanática, o por miedo, o por cortesía, se reunieron en Washington, bajo el águila temible, los pueblos hispanoamericanos. ¿Cuál de nosotros ha olvidado aquel escudo, el escudo en que el águila de López y de Walker, apretaba en sus garras los pabellones todos de la América? Y la agonía en que viví, hasta que pude confirmar la cautela y el brío de nuestros pueblos; y el horror y vergüenza en que me tuvo el temor legítimo de que pudiéramos los cubanos, con manos parricidas, ayudar el plan insensato de apartar a Cuba, para bien único de un nuevo amo disimulado, de la patria que la reclama y en ella se completa, de la patria hispanoamericana, que quitaron las fuerzas mermadas por dolores injustos. Me echó el médico al monte: corrían arroyos, y se cerraban las nubes: escribí versos. A veces ruge el mar, y revienta la ola, en la noche negra, contra las rocas del castillo ensangrentado: a veces susurra la abeja, merodeando entre las flores.

¿Por qué se publica esta sencillez, escrita como jugando, y no mis encrespados *Versos Libres,* mis endecasílabos hirsutos, nacidos de grandes miedos, o de grandes esperanzas, o de indómito amor de libertad, o de amor doloroso a la hermosura, como riachuelo de oro natural, que va entre arena y aguas turbias y raíces, o como hierro caldeado, que silba y chispea, o como surtidores candentes? ¿Y mis *Versos Cubanos,* tan llenos de enojo, que están mejor donde no se les ve? ¿Y tanto pecado mío escondido, y tanta prueba ingenua y rebelde de literatura? ¿Ni a qué exhibir ahora, con ocasión de estas flores silvestres, un curso de mi poética, y decir por qué repito un consonante de propósito, o los gradúo y agrupo de modo que vayan por la vista y el oído al sentimiento, o salto por ellos, cuando no pide rimas ni soporta repujos la idea tumultuosa? Se imprimen estos versos porque el afecto con que los acogieron, en una noche de poesía y amistad, algunas almas buenas, los ha hecho ya públicos. Y porque amo la sencillez y creo en la necesidad de poner el sentimiento en formas llanas y sinceras.

Nueva York: 1891.

I

Yo soy un hombre sincero
De donde crece la palma,
Y antes de morirme quiero
Echar mis versos del alma.

Yo vengo de todas partes,
Y hacia todas partes voy:
Arte soy entre las artes
En los montes, monte soy.

Yo sé los nombres extraños
De las yerbas y las flores,
Y de mortales engaños,
Y de sublimes dolores.

Yo he visto en la noche oscura
Llover sobre mi cabeza
Los rayos de lumbre pura
De la divina belleza.

Alas nacer ví en los hombros
De las mujeres hermosas:
Y salir de los escombros,
Volando las mariposas.

He visto vivir a un hombre
Con el puñal al costado,
Sin decir jamás el nombre
De aquélla que lo ha matado.

Rápida como un reflejo,
Dos veces ví el alma, dos:
Cuando murió el pobre viejo,
Cuando ella me dijo adiós.

Temblé una vez —en la reja,
A la entrada de la viña—,
Cuando la bárbara abeja
Picó en la frente a mi niña.

Gocé una vez, de tal suerte
Que gocé cual nunca: —cuando
La sentencia de mi muerte
Leyó el alcaide llorando.

Oigo un suspiro, a través
De las tierras y la mar,
Y no es un suspiro—; es
Que mi hijo va a despertar.

Si dicen que del joyero
Tome la joya mejor,
Tomo a un amigo sincero
Y pongo a un lado el amor.

Yo he visto al águila herida
Volar al azul sereno,
Y morir en su guarida
La víbora del veneno.

Yo sé bien que cuando el mundo
Cede, lívido, al descanso,
Sobre el silencio profundo
Murmura el arroyo manso.

Yo he puesto la mano osada,
De horror y júbilo yerta,
Sobre la estrella apagada
Que cayó frente a mi puerta.

Oculto en mi pecho bravo
La pena que me lo hiere:
El hijo de un pueblo esclavo
Vive por él, calla y muere.

Todo es hermoso y constante,
Todo es música y razón,
Y todo, como el diamante,
Antes que luz es carbón.

Yo sé que el necio se entierra
Y que no hay fruta en la tierra
Como la del camposanto.
Como la del camposanto.

Callo, y entiendo, y me quito
La pompa del rimador:
Cuelgo de un árbol marchito
Mi muceta de doctor.

III

Odio la máscara y vicio
Del corredor de mi hotel:
Me vuelvo al manso bullicio
De mi monte de laurel.

Con los pobres de la tierra
Quiero yo mi suerte echar:
El arroyo de la sierra
Me complace más que el mar.

Denle al vano el oro tierno
Que arde y brilla en el crisol:
A mí denme el bosque eterno
Cuando rompe en él el Sol.

Yo he visto el oro hecho tierra
Barbullendo en la redoma:
Prefiero estar en la sierra
Cuando vuela una paloma.

Busca el obispo de España
Pilares para su altar;
¡En mi templo, en la montaña,
El álamo es el pilar!

Y la alfombra es puro helecho,
Y los muros abedul,
Y la luz viene del techo
Del techo de cielo azul.

El obispo, por la noche,
Sale, despacio, a cantar:
Monta, callado, en su coche,
Que es la piña de un pinar.

Las jacas de su carroza
Son dos pájaros azules:
Y canta el aire y retoza,
Y cantan los abedules.

Duermo en mi cama de roca
Mi sueño dulce y profundo:
Roza una abeja mi boca
Y crece en mi cuerpo el mundo.

Brillan las grandes molduras
Al fuego de la mañana,
Que tiñe las colgaduras
De rosa, violeta y grana.

El clarín, solo en el monte,
Canta al primer arrebol:
La gasa del horizonte
Prende, de un aliento, el Sol.

¡Díganle al obispo ciego,
Al viejo obispo de España
Que venga, que venga luego,
A mi templo, a la montaña!

IX

Quiero, a la sombra de un ala,
Contar este cuento en flor;
La niña de Guatemala,
La que se murió de amor.

Eran de lirios los ramos
Y las orlas de reseda
Y de jazmín: la enterramos
En una caja de seda.

...Ella dio al desmemoriado
Una almohadilla de olor:
Él volvió, volvió casado:
Ella se murió de amor.

Iban cargándola en andas
Obispos y embajadores:
Detrás iba el pueblo en tandas,
Todo cargado de flores.

...Ella, por volverlo a ver,
Salió a verlo al mirador:
Él volvió con su mujer:
Ella se murió de amor.

Como de bronce candente
Al beso de despedida
Era su frente ¡la frente
Que más he amado en mi vida!

...Se entró de tarde en el río,
La sacó muerta el doctor:
Dicen que murió de frío:
Yo sé que murió de amor.

Allí, en la bóveda helada,
La pusieron en dos bancos:
Besé su mano afilada,
Besé sus zapatos blancos.

Callado, al oscurecer,
Me llamó el enterrador:
¡Nunca más he vuelto a ver
A la que murió de amor!

XXXIX

Cultivo una rosa blanca,
En julio como en enero,
Para el amigo sincero
Que me da su mano franca.

Y para el cruel que me arranca
El corazón con que vivo,
Cardo ni ortiga cultivo:
Cultivo la rosa blanca.

XLIII

Mucho, señora, daría
Por tender sobre tu espalda
Tu cabellera bravía,

Tu cabellera de gualda:
  Despacio la tendería,
  Callado la besaría.

  Por sobre la oreja fina
Baja lujoso el cabello,
Lo mismo que una cortina
Que se levanta hacia el cuello.
  La oreja es obra divina
  De porcelana de China.

  Mucho, señora, te diera
Por desenredar el nudo
De tu roja cabellera
Sobre tu cuello desnudo:
  Muy despacio la esparciera
  Hilo por hilo la abriera.

XLVI

  Vierte, corazón, tu pena
Donde no se llegue a ver,
Por soberbia, y por no ser
Motivo de pena ajena.

  Yo te quiero, verso amigo,
Porque cuando siento el pecho
Ya muy cargado y deshecho
Parto la carga contigo.

  Tú me sufres, tú aposentas
En tu regazo amoroso,
Todo mi amor doloroso,
Todas mis ansias y afrentas.

  Tú, porque yo pueda en calma
Amar y hacer bien, consientes
En enturbiar tus corrientes
Con cuanto me agobia el alma.

  Tú, porque yo cruce fiero
La tierra, y sin odio, y puro,
Te arrastras, pálido y duro,
Mi amoroso compañero.

  Mi vida así se encamina
Al cielo limpia y serena,
Y tú me cargas mi pena
Con tu paciencia divina.

Y porque mi cruel costumbre
De echarme en ti te desvía
De tu dichosa armonía
Y natural mansedumbre:

Porque mis penas arrojo
Sobre tu seno, y lo azotan,
Y tu corriente alborotan,
Y acá lívido, allá rojo.

Blanco allá como la muerte,
Ora arremetes y ruges,
Ora con el peso crujes
De un dolor más que tú fuerte.

¿Habré, como me aconseja
Un corazón mal nacido,
De dejar en el olvido
A aquel que nunca me deja?

¡Verso, nos hablan de un Dios
A donde van los difuntos:
Verso, o nos condenan juntos,
O nos salvamos los dos!

XIII

EL ULTIMO "DIARIO", DE MONTECRISTI A DOS RIOS

(1895)

(Fragmentos)

9 de abril.

Lola, jolongo, llorando en el balcón. Nos embarcamos.

10 de abril.

Salimos del Cabo.—Amanecemos en Inagua. Izamos vela.

11 de abril.

Bote. Salimos a las 11. Pasamos rozando a Maisí, y vemos la farola. Yo en el puente. A las 7.30, oscuridad. Movimiento a bordo. Capitán conmovido. Bajan el bote. Llueve grueso al arrancar. Rumbamos mal. Ideas diversas y revueltas en el bote. Más chubasco. El timón se pierde. Fijamos rumbo. Llevo el remo de proa. Salas rema seguido. Paquito Borrero y el General ayudan de popa. Nos ceñimos los revólveres. Rumbo al abra. La luna asoma, roja, bajo una nube. Arribamos a una playa de piedras, *La Playita* (al pie de *Cajobabo*). Me quedo en el bote el último vaciándolo. Salto. Dicha grande. Viramos el bote, y el garrafón de agua. Bebemos Málaga. Arriba por piedras, espinas y cenegal. Oímos ruido, y preparamos, cerca de una talanquera. Ladeando un sitio, llegamos a una casa. Dormimos cerca, por el suelo.

14 de abril.

Día mambí.—Salimos a las 5. A la cintura cruzamos el río, y recruzamos por él —bayas altas a la orilla. Luego, a zapato nuevo, bien cargado, la altísima loma, de yaya de hoja fina, majagua de Cuba, y cupey, de piña estrellada. Vemos, acurrucada en un lechero, la primera jutía. Se descalza Marcos, y sube. Del primer machetazo la degüella: *"Está aturdida"; "Está degollada"*. Comemos naranja agria, que José coge, retorciéndolas con una vara: "¡qué dulce!" Loma arriba. Subir lomas hermana hombres. Por las lomas llegamos al Sao del Nejesial: lindo rincón, claro en el monte, de palmas viejas, mangos y naranjas. Se va José. Marcos viene con el pañuelo lleno de cocos. Me dan la manzana Guerra y Paquito de guardia. Descanso en el campamento. César me cose el tahalí. Lo primero fue coger yaguas, tenderlas por el suelo. Gómez con el machete corta y trae hojas, para él y para mí. Guerra hace su rancho; cuatro horquetas: ramas en colgadizo: yaguas encima.

. . . .

La guerrilla de Ruenes, Félix Ruenes, Galano, Rubio, los 10.—Ojos resplandecientes.

. . . .

Rica miel, en panal.—Y en todo el día, ¡qué luz, qué aire, qué lleno el pecho, qué ligero el cuerpo angustiado! Miro del rancho afuera, y veo, en lo alto de la cresta atrás, una paloma y una estrella. El lugar se llama Vega de la. . .

15 de abril.

Amanecemos entre órdenes. Una comisión se mandará a las Veguitas, a comprar en la tienda española. Otra al parque dejando en el camino. Otra a buscar práctico.

. . . .

Gómez, al pie del monte, en la vereda sombreada de plátanos, con la cañada abajo, me dice, bello y enternecido, que aparte de reconocer en mí al Delegado, el Ejército Libertador, por él su Jefe, electo en consejo de jefes, me nombra Mayor General. Lo abrazo. Me abrazan todos.

. . . .

17 de abril.

La mañana en el campamento.—Mataron res ayer y al salir el sol, ya están los grupos a los calderos. Domitila, ágil y buena, con su pañuelo egipcio, salta al monte y trae un acopio de tomates, culantro y orégano. Uno me da un chopo de malanga. Otro, en taza caliente, guarapos y hojas.—Muelen un mazo de cañas. Al fondo de la casa, la vertiente con sus sitieríos cargados de cocos y plátanos, de algodón y tabaco silvestre: al fondo, por el río, el cuajo de potreros; y por los claros, naranjos, alrededor los montes, redondos, apacibles; y el infinito azul arriba con esas nubes blancas, y surcan perdidas... detrás la noche. Libertad en lo azul. Me entristece la impaciencia. Saldremos mañana. Me meto la Vida de Cicerón en el bolsillo en que llevo 50 cápsulas. Escribo cartas.

. . . .

18 de abril.

. . . .

A machete abrimos claro. De tronco a tronco tendemos las hamacas: Guerra y Paquito —por tierra. La noche bella no deja dormir. Silba el grillo; el lagartijo quinquea, y su coro le responde; aún se ve, entre la sombra, que el monte es de cupey y de *paguá,* la palma corta y espinada; vuelan despacio en torno las *animitas;* entre los nidos estridentes, oigo la música de la selva, compuesta y suave, como de finísimos violines; la música ondea, se enlaza y desata, abre el ala y se posa, titila y se eleva, siempre sutil y mínima —es la miriada del son fluido: ¿qué alas rozan las hojas? ¿qué violín diminuto, y oleadas de violines, sacan son, y alma, a las hojas? ¿qué danza de almas de hojas? Se nos olvidó la comida; comimos salchichón y chocolate y una lonja de *chopo* asado. La ropa se secó a la fogata.

24 de abril.

Por el cañadón, por el monte de Acosta, por el roncaral de piedra roída, con sus pozos de agua limpia en que bebe el sinsote y su cama de hojas secas, halamos, de sol a sol, el camino fatigoso. Se siente el peligro. Desde el Palenque nos van siguiendo de cerca las huellas. Por aquí pueden caer los indios de Garrido.

. . . .

25 de abril.

Jornada de guerra. A monte puro vamos acercándonos, ya en las garras de Guantánamo, hostil en la primera guerra, hasta Arroyo Hondo. Perdíamos el rumbo. Las espinas, nos tajaban. Los bejucos nos ahorcaban y azotaban. Pasamos por un bosque de jigüeras, verdes, puyadas al tronco desnudo, o tramo ralo. La gente va vaciando jigüeras, y emparejándoles la boca. A las once, redondo tiroteo. Tiro graneado, que retumba; contra tiros velados y secos. Como a nuestros mismos pies es el combate; entran, pesadas, tres balas que dan en los troncos. "¡Qué bonito es un tiroteo de lejos!", dice el muchachón agraciado de San Antonio, un niño. "Más bonito es de cerca", dice el viejo. Siguiendo nuestro camino subimos a la margen del arroyo. El tiroteo se espesa. Magdaleno, sentado contra un tronco, recorta adornos en su jigüera nueva. Almorzamos huevos crudos, un sorbo de miel y chocolate de "La Imperial" de Santiago de Cuba. A poco, las noticias nos vienen del pueblo. Y ya han visto entrar un muerto, y 25 heridos. Maceo vino a buscarnos, y espera en los alrededores: a Maceo, alegremente. Dije en carta a Carmita: "En el camino mismo del combate nos esperaban los cubanos triunfadores: se echan de los caballos abajo; los caballos que han tomado a la guardia civil; se abrazan y nos vitorean: nos suben a caballo y nos calzan la espuela", ¿cómo no me inspira horror, la mancha de sangre que vi en el camino? ¿ni la sangre a medio secar, de una cabeza que ya está enterrada, con la cartera que le puso de descanso un jinete nuestro? Y al sol de la tarde emprendimos la marcha de victoria, de vuelta al campamento.

A las 12 de la noche habían salido, por ríos y cañaverales y espinales, a salvarnos; acababan de llegar, ya cerca, cuando le caen encima al español: sin almuerzo pelearon las 2 horas, y con galletas engañaron el hambre del triunfo: y emprendían el viaje de 8 leguas, con tarde primera alegre y clara, y luego, por bóvedas de púas, en la noche oscura. En filas de uno a uno iba la columna larga. Los vemos, caballos y de a pie, en los altos ligeros. Entra al cañaveral, y cada soldado sale con una caña de él. (Cruzamos el ancho ferrocarril; oímos los pitazos del oscurecer en los ingenios: vemos, al fin del llano, los faros eléctricos.) "Párese la columna, que hay un herido atrás". Uno hala una pierna travesada, y Gómez lo monta a su grupa. Otro herido no quiere: "No amigo: yo no estoy muerto" y con la bala en el hombro sigue andando. ¡Los pobres pies, tan cansados! Se sientan, rifle al lado, al borde del camino; y nos sonríen gloriosos. Se oye algún ¡ay! y más risas, y el habla contenta. "Abran camino" y llega montado el recio Cartagena, Teniente Coronel que lo ganó en la guerra grande, con un hachón prendido de cardona clavado como una lanza, al estribo de cuero. Y otros hachones, de tramos en tramos... encienden los árboles secos, que escaldan y chisporrotean, y echan al cielo su fuste de llama y una pluma de humo. El río nos canta.

Aguardamos a los cansados. Ya están a nuestro alrededor, los yareyes en la sombra. Tal la última agua, y del otro lado el sueño. Hamacas, candelas, calderadas, el campamento ya duerme; al pie de un árbol grande iré luego a dormir, junto al machete y el revólver, y de almohada mi capa de hule; ahora hurgo el jolongo y saco de él la medicina para los heridos. Cariñosas las estrellas, a las 3 de la madrugada.

....

26 de abril.

A formar, con el sol. A caballo, soñolientos. Cojea la gente, aún no repuesta. Apenas comieron anoche. Descansamos, a eso de las 10, a un lado y otro del camino. De la casita pobre envían de regalo una gallina al "general Matías" —y miel. De tarde y noche escribo, a New York, a Antonio Maceo que está cerca e ignora nuestra llegada; y la carta de Manuel Fuentes al World, que acabé con lápiz sobre la mano, al alba. A ratos ojeé ayer el campamento tranquilo y dichoso: llama la corneta; traen cargas de plátanos al hombro; mugen las reses cogidas, y las degüellan; Victoriano Garzón, el negro juicioso de bigote y perilla, y ojos fogosos, me cuenta, humilde y ferviente, desde su hamaca, su asalto triunfante al Ramón de las Yaguas; su palabra es revuelta e intensa, su alma bondadosa y su autoridad natural: mima, con verdad, a sus ayudantes blancos, a Mariano Sánchez y a Rafael Portuondo; y si yerran en un punto de disciplina, les levanta el yerro. De carnes seco, dulce de sonrisa: la camisa azul y negro el pantalón: cuida, uno a uno de sus soldados.—José Maceo, formidable, pasea el alto cuerpo: aún tiene las manos arpadas, de la maraña del pinar y del monte, cuando se abrió en alas la expedición perseguida de Costa Rica, y a Flor lo mataron, y Antonio llevó a dos consigo, y José quedó al fin solo; hundido bajo la carga, moribundo de frío en los pinos húmedos, los pies gordos y rotos; y llegó, y ya vence.

4 de mayo.

Se va Bryson. Poco después, el consejo de guerra de Masabó. Violó y robó. Rafael preside, y Mariano acusa. Masabó sombrío, niega: rostro brutal. Su defensor invoca nuestra llegada, y pide merced. A muerte. Cuando leían la sentencia, al fondo del gentío, un hombre pela una caña. Gómez arenga: "Este hombre no es nuestro compañero: es un vil gusano". Masabó, que no se ha sentado, alza con odio los ojos hacia él. Las fuerzas, en gran silencio, oyen y aplauden: "¡Que viva!" Y mientras ordenan la marcha, en pie queda Masabó, sin que se le caigan los ojos, ni en la caja del cuerpo se vea miedo: los pantalones, anchos y ligeros, le vuelan sin cesar, como a un viento rápido. Al fin van, la caballería, el reo, la fuerza entera, a un bajo cercano; al sol. Grave momento, el de la fuerza callada, apiñada. Suenan los tiros, y otro más, y otro de remate. Masabó ha muerto valiente. "Cómo me pongo, Coronel, ¿de frente o de espalda?" "De frente". En la pelea era bravo.

5 de mayo.

Maceo nos había citado para Bocucy, a donde no podremos llegar a las 12, a la hora que nos cita. Fue anoche el propio, a que espere en su campamento. Vamos, con la fuerza toda. De pronto, unos jinetes. Maceo, con un caballo dorado, en traje de holanda gris: ya tiene plata la silla, airosa y con estrellas. Salió a buscarnos, porque tiene a su gente de marcha al ingenio cercano; a Mejorana, va Maspon a que adelante almuerzo para cien. El ingenio nos ve como de fiesta: a criados y trabajadores se les ve el gozo y la admiración: el amo, anciano colorado y de patillas, de jipijapa y pie pequeño, trae Vermouth, tabacos, ron, malvasía. "Maten tres, cinco, diez, catorce gallinas". De seno abierto y chancleta viene una mujer a ofrecernos aguardiente verde, de yerbas: otra trae ron puro. Va y viene el gentío. De ayudante de Maceo lleva y trae, ágil y verboso, Castro Palomino. Maceo y G. hablan bajo, cerca de mí: me llaman a poco, allí en el portal: que Maceo tiene otro pensamiento de gobierno: una junta de los generales con mando, por sus representantes —y una Secretaría General—: la patria, pues, y todos los oficios de ella, que crea y anima al ejército, como Secretaría del ejército. Nos vamos a un cuarto a hablar. No puedo desenredarle a Maceo la conversación: "pero usted ¿se queda conmigo o se va con Gómez?" Y me habla, cortándome las palabras, como si fuese yo la continuación del gobierno leguleyo, y su representante. Lo veo herido "lo quiero —me dice— menos de lo que lo quería" —por su reducción a Flor en el encargo de la expedición, y gasto de sus dineros. Insisto en deponerme ante los representantes que se reúnen a elegir gobierno. No quiere que cada jefe de Operaciones mande el suyo, nacido de su fuerza: él mandará las cuatro de Oriente: "dentro de 15 días estarán con usted —y serán gentes que no me las pueda enredar allá el Doctor Martí". En la mesa, opulenta y premiosa, de gallina y lechón, vuélvese al asunto: me hiere, y me repugna; comprendo que he de sacudir el cargo, con que se me intenta marcar, de defender ciudadanesco de las trabas hostiles al movimiento militar. Mantengo, rudo: el Ejército, libre, y el país, como país y con toda su dignidad representado. Muestro mi descontento de semejanza indiscreta y forzada conversación, a mesa abierta, en la prisa de Maceo por partir. Que va a caer la noche sobre Cuba, y ha de andar seis horas. Allí cerca, están sus fuerzas; pero no nos lleva a verlas: las fuerzas reunidas de Oriente —Rabí, de Jiguaní, Busto, de Cuba, las de José, que trajimos. A caballo, adiós rápido. "Por ahí se van ustedes" —y seguimos, con la escolta mohina; ya entrada la tarde, sin los asistentes que quedaron con José, sin rumbo cierto, a un galpón del camino, donde no desensillamos. Van por los asistentes: seguimos a otro rancho fangoso, fuera de los campamentos, abierto a ataque. Por carne manda G. al campo de José: la traen los asistentes. Y así, como echados, y con ideas tristes, dormimos... *

(9 de mayo).

. . . .

De los llanos de la protesta, salimos al borde alto, del rancho abandonado, de donde se ve el brazo del río, aún seco ahora, con todo el cauce de yerbal y los troncos caídos cubiertos de bejuco, con flores azules y amarillas, y luego de un recodo, la súbita bajada: "¡Ah, Cauto —dice Gómez—, cuánto tiempo hacía que no te veía!" Las barrancas feraces y elevadas penden, desgarradas a trechos, hacia el cauce, estrecho aún, por donde corren, turbias y revueltas las primeras lluvias.

De suave reverencia se hincha el pecho y cariño poderoso, ante el vasto paisaje del río amado. Lo cruzamos, por cerca de una ceiba, y, luego del saludo a una familia mambí, muy gozosa de vernos, entramos al bosque claro, de sol dulce, de arbolado ligero, de hoja acuosa. Como por sobre alfombra van los caballos, de lo mucho del césped. Arriba el curujeyal da al cielo, o la palma nueva, o el dagame que da la flor más fina, amada de la abeja, o la guásima, o la jatía. Todo es festón y hojeo, y por entre los claros, a la derecha, se ve el verde del limpio, a la otra margen, abrigado y espeso. Veo allí el ateje, de copa alta y menuda, de parásitas y curujeyes; el caguarán, "el palo más fuerte de Cuba", el grueso júcaro, el almácigo, de piel de seda, la jagua, de hoja ancha, la preñada güira, el jigüe duro, de negro corazón para bastones, y cáscara de curtir, el jubabán, de fronda leve, cuyas hojas capa a capa, "vuelven raso el tabaco", la caoba, de corteza brusca, la quiebrahacha, de tronco estriado, y abierto en ramos recios, cerca de raíces (el caimitillo y el cupey y la pica-pica) y la yamagua, que estanca la sangre:

. . . .

15 de mayo.

La lluvia, de la noche, el fango, el baño en el Contramaestre: la caricia del agua que corre: la seda del agua. A la tarde; viene la guerrilla: que Masó anda por la Sabana, y nos lo buscan: traen un convoy, cogido en La Ratonera. Lo vacían a la puerta: lo reparte Bellito: vienen telas, que Bellito mide al brazo: tanto a la escolta —tanto a Pacheco, al Capitán del convoy, a la gente de Bellito—, tanto al Estado Mayor: velas, una pieza para la mujer de Rosalío, cebollas y ajos, y papas y aceitunas para Valentín.

. . . .

* Faltan las hojas correspondientes al 6 de mayo.

ÍNDICE

I

POR CUBA: "CON TODOS Y PARA EL BIEN DE TODOS"

II

HÉROES DE LA GUERRA DE INDEPENDENCIA DE CUBA

III

HISPANOAMÉRICA

IV

NORTEAMÉRICA. "CARTAS DE NUEVA YORK"

V

DIVERGENCIA DE HISTORIA Y DE TEMPERAMENTO ENTRE LAS DOS AMÉRICAS

VI

ESCENAS EUROPEAS

VII

AUTORRETRATO IDEAL. EL AUTOR EN UNO DE SUS PERSONAJES

VIII

EL HOMBRE Y EL ESCRITOR EN SU EPISTOLARIO ÍNTIMO

Se acabó de imprimir esta obra
el día 4 de enero de 1982, en los talleres de

OFFSET UNIVERSAL, S. A.
Av. Año de Juárez, 177, Granjas San Antonio
México 13, D. F.

Esta impresión consta de 5,000 ejemplares
más sobrantes para reposición.

COLECCIÓN "SEPAN CUANTOS..." *

128. **ALARCÓN, Pedro A. de:** *El Escándalo.* Prólogo de Juana de Ontañón. *Rústica* $ 60.00

134. **ALARCÓN, Pedro A. de:** *El niño de la bola. El sombrero de tres picos. El capitán veneno.* Notas preliminares de Juana de Ontañón. *Rústica* 60.00

225. **ALAS "Clarín" Leopoldo:** *La Regenta.* Introducción de Jorge Ibargüengoitia. *Rústica* 90.00

126. **ALCOTT, Louisa M.:** *Mujercitas. Más cosas de Mujercitas. Rústica* 60.00

273. **ALCOTT, Louisa M.:** *Hombrecitos. Rústica* 50.00

182. **ALEMÁN, Mateo:** *Guzmán de Alfarache.* Introducción de Amancio Bolaño e Isla. 75.00

229. **ALFONSO EL SABIO:** *Cantigas de Santa María. Cantigas profanas. Primera crónica general. General e grand estoria. Espéculo. Las siete partidas. El setenario. Los libros de astronomía. El lapidario. Libros de ajedrez, dados y tablas. Una carta y dos testamentos. Antología.* Con un estudio preliminar de Margarita Peña y un vocabulario. *Rústica* 60.00

15. **ALIGHIERI, Dante:** *La Divina Comedia. La vida nueva.* Introducción de Francisco Montes de Oca. *Rústica* 60.00

61. **ALTAMIRANO, Ignacio M.:** *El Zarco, La Navidad en las Montañas.* Introducción de María del Carmen Millán. *Rústica* 50.00

62. **ALTAMIRANO, Ignacio M.:** *Clemencia. Cuentos de Invierno. Rústica* 50.00

275. **ALTAMIRANO, Ignacio M.:** *Paisajes y Leyendas. Tradiciones y costumbres de México.* Introducción de Jacqueline Covo. *Rústica* 70.00

43. **ALVAR, Manuel:** *Poesía tradicional de los judíos españoles. Rústica* 75.00

122. **ALVAR, Manuel:** *Cantares de Gesta medievales. Cantar de Roncesvalles. Cantar de los Siete Infantes de Lara. Cantar del Cerco de Zamora. Cantar de Rodrigo y el rey Fernando. Cantar de la Campana de Huesca. Rústica* 75.00

151. **ALVAR, Manuel:** *Antigua poesía española lírica y narrativa. Jarchas. Libro de Infancia y muerte de Jesús. Vida de Santa María Egipcíaca. Disputa del alma y el cuerpo. Razón de amor con los denuestos del agua y el vino. Elena y María (disputa del clérigo y el caballero). El planto ¡ay Jerusalén! Historia troyana en prosa y verso. Rústica* 75.00

174. **ALVAR, Manuel:** *El romancero viejo y tradicional. Rústica* 80.00

244. **ALVAREZ QUINTERO, Serafín y Joaquín:** *Malvaloca. Amores y Amoríos. Puebla de las mujeres. Doña Clarines. El genio alegre.* Prólogo de Ofelia Garza de Del Castillo. *Rústica* 60.00

131. **AMADÍS DE GAULA:** Introducción de Arturo Souto. *Rústica* 60.00

157. **AMICIS, Edmundo:** *Corazón.* Prólogo de María Elvira Bermúdez. *Rústica* 60.00

83. **ANDERSEN, Hans Christian:** *Cuentos.* Prólogo de María Edmée Álvarez. *Rústica* 60.00

301. **AQUINO, Tomás de:** *Tratado de la Ley. Tratado de la Justicia. Opúsculo sobre el gobierno de los Príncipes.* Traducción y estudio introductivo por Carlos Ignacio González, S. J. *Rústica* 150.00

317. **AQUINO, Tomás de:** *Suma Contra los Gentiles.* Traducción y estudio introductivo por Carlos Ignacio González, S. J. *Rústica* 280.00

76. **ARCIPRESTE DE HITA:** *Libro del Buen Amor.* Versión antigua, con prólogo y versión moderna de Amancio Bolaño e Isla. *Rústica* 70.00

67. **ARISTÓFANES:** *Las once comedias.* Versión directa del griego con introducción de Ángel María Garibay K. *Rústica* 90.00

70. **ARISTÓTELES:** *Ética Nicomaquea. Política.* Versión española e introducción de Antonio Gómez Robledo. *Rústica* 75.00

* Los números que aparecen a la izquierda corresponden a la numeración de la Colección.

120. **ARISTÓTELES:** *Metafísica.* Estudio introductivo, análisis de los libros y revisión del texto por Francisco Larroyo. *Rústica* .... $ 70.00

124. **ARISTÓTELES:** *Tratado de Lógica (El Organón).* Estudio introductivo, preámbulos a los tratados y notas al texto por Francisco Larroyo. *Rústica* 120.00

32. **ARRANGOIZ, Francisco de Paula de:** *México desde 1808 hasta 1867.* Prólogo de Martín Quirarte. *Rústica* 300.00

195. **ARROYO, Anita:** *Razón y pasión de Sor Juana. Rústica* 80.00

327. AUTOS SACRAMENTALES. (El auto sacramental antes de Calderón.) LOAS: Dice al Sacramento. A un pueblo. Los del Auto de acusación contra el género humano. LÓPEZ DE YANGUAS: Farsa sacramental. ANÓNIMOS: Farsa sacramental de 1521. Los amores del alma con el Príncipe de la luz. Farsa sacramental de la residencia del Hombre. Auto de los Hierros de Adán. Farsa del entendimiento niño. SÁNCHEZ DE BADAJOZ: Farsa de la iglesia. TIMONEDA: Auto de la oveja perdida. Auto de la fuente de los siete sacramentos. Farsa del sacramento llamada premática del Pan. Auto de la Fe. LOPE DE VEGA: la adúltera perdonada. La siega. El pastor lobo y cabaña celestial. VALDIVIELSO: El hospital de los locos. La amistad en el peligro. El peregrino. La Serrana de Plasencia. TIRSO DE MOLINA: El colmenero divino. Los hermanos parecidos. MIRA DE AMESCUA: Pedro Telonario.—Selección, introducción y notas de Ricardo Arias. *Rsútica* 120.00

293. **BACON, Francisco:** *Instauratio Magna. Novum Organum. Nueva Atlántida.* Estudio introductivo y análisis de las obras por Francisco Larroyo. *Rústica* 75.00

200. **BALBUENA, Bernardo de:** *La grandeza mexicana y Compendio apologético en alabanza de la poesía.* Prólogo de Luis Adolfo Domínguez. *Rústica* 50.00

53. **BALMES, Jaime L.:** *El Criterio.* Estudio preliminar de Guillermo Díaz-Plaja. *Rústica* 50.00

241. **BALMES, Jaime:** *Filosofía Elemental.* Estudio preliminar por Raúl Cardiel. *Rústica* 70.00

112. **BALZAC, Honorato de:** *Eugenia Grandet. La Piel de Zapa.* Prólogo de Carmen Galindo. *Rústica* 60.00

314. **BALZAC, Honorato de:** *Papá Goriot.* Prólogo de Rafael Solana. Versión y notas de F. Benach. *Rústica* 60.00

335. **BARREDA, Gabino:** *La Educación Positivista.* Selección, estudio introductivo y preámbulos por Edmundo Escobar 75.00

334. *Batallas de la Revolución y sus Corridos.* Prólogo y preparación de Daniel Moreno. *Rústica* 70.00

17. **BECQUER, Gustavo Adolfo:** *Rimas, leyendas y narraciones.* Prólogo de Juana de Ontañón. *Rústica* 60.00

55. **BERCEO, Gonzalo de:** *Milagros de Nuestra Señora. Vida de Santo Domingo de Silos. Vida de San Millán de la Cogolla. Vida de Santa Oria. Martirio de San Lorenzo.* Versión antigua y moderna. Prólogo y versión moderna de Amancio Bolaño e Isla. *Rústica* 90.00

BESTEIRO, Julián. (Véase HESSEN, Juan.)

278. **BOTURINI BENADUCI, Lorenzo:** *Idea de una Nueva Historia General de la América Septentrional.* Estudio preliminar por Miguel León-Portilla. *Rúbrica* 200.00

119. **BRONTE, Emily:** *Cumbres Borrascosas.* Prólogo de Sergio Pitol. *Rústica* 60.00

104. **CABALLERO, Fernán:** *La Gaviota. La familia de Alvareda.* Prólogo de Salvador Reyes Nevares. *Rústica* 65.00

41. **CALDERÓN DE LA BARCA, Pedro:** *La Vida es sueño. El alcalde de Zalamea.* Prólogo de Guillermo Díaz-Plaja. *Rústica* 50.00

331. **CALDERÓN DE LA BARCA, Pedro:** *Autos Sacramentales: La cena del Rey Baltasar. El gran Teatro del Mundo. La hidalga del valle. Lo que va del hombre a Dios. Los encantos de la culpa. El divino Orfeo. Sueños hay que verdad son. La vida es sueño. El día mayor de los días.* Selección, introducción y notas de Ricardo Arias. *Rústica* 120.00

222. **CALDERÓN, Fernando:** *A ninguna de las tres. El torneo. Ana Bolena. Herman o la vuelta del cruzado.* Prólogo de María Edmée Álvarez. *Rústica* 60.00

74. **CALDERÓN DE LA BARCA, Madame:** *La vida en México.* Traducción y prólogo de Felipe Teixidor. *Rústica* 110.00

252. **CAMOENS, Luis de:** *Los Lusíadas.* Traducción, prólogo y notas de Ildefonso-Manuel Gil. *Rústica* 60.00

329. **CAMPOAMOR, Ramón de:** *Doloras. Poemas.* Introducción de Vicente Gaos. *Rústica* 85.00

279. **CANTAR DE ROLDAN, EL:** Versión de Felipe Teixidor. *Rústica* 60.00

285. **CANTAR DE LOS NIBELUNGOS, EL:** Traducción al español e introducción de Marianne Oeste de Bopp. *Rústica* .... $ 65.00

307. **CARLYLE, Tomás:** *Los Héroes. El culto a los héroes y Lo heroico de la historia.* Estudio preliminar de Raúl Cardiel Reyes. *Rústica* 55.00

215. **CARROLL, Lewis:** *Alicia en el país de las maravillas. Al otro lado del espejo.* Ilustrado con grabados de John Terniel. Prólogo de Sergio Pitol. *Rústica* 55.00

57. **CASAS, Fr. Bartolomé de las:** *Los Indios de México y Nueva España.* Antología. Edición, prólogo, apéndices y notas de Edmundo O'Gorman; con la colaboración de Jorge Alberto Manrique. *Rústica* 100.00

318. *Casidas de amor profano y místico.* Ibn Zaydun. Ibn Arabi. Estudio y traducción de Vicente Cantarino. *Rústica* 75.00

223. **CASONA, Alejandro:** *Flor de leyendas. La Sirena varada. La dama del alba. La barca sin pescador.* Prólogo de Antonio Magaña Esquivel. *Rústica* 60.00

249. **CASONA, Alejandro:** *Otra vez el diablo. Nuestra Natacha. Prohibido suicidarse en primavera. Los árboles mueren de pie.* Prólogo de Antonio Magaña Esquivel. *Rústica* 60.00

305. **CASTERA, Emilio:** *Discursos. Recuerdos de Italia.* Ensayo. Selección e introducción de Arturo Souto A. *Rústica* 65.00

263. **CASTRO, Guillén de:** *Las mocedades del Cid.* Prólogo de María Edmée Álvarez. *Rústica* 55.00

25. **CERVANTES DE SALAZAR, Francisco:** *México en 1554 y Túmulo Imperial.* Edición, prólogo y notas de Edmundo O'Gorman. *Rústica* 70.00

6. **CERVANTES SAAVEDRA, Miguel de:** *El ingenioso hidalgo Don Quijote de la Mancha.* Prólogo y esquema biográfico por Américo Castro. *Rústica* 100.00

9. **CERVANTES SAAVEDRA, Miguel de:** *Novelas ejemplares.* Comentario de Sergio Fernández. *Rústica* 55.00

98. **CERVANTES SAAVEDRA, Miguel de:** *Entremeses.* Introducción de Arturo Souto. *Rústica* 55.00

20. **CÉSAR, Cayo Julio:** *Comentarios de la guerra de las Galias. Guerra civil.* Prólogo de Xavier Tavera 60.00

320. **CETINA, Gutierre de:** *Obras.* Introducción de Dr. D. Joaquín Hazañas y la Rúa. Presentación de Margarita Peña. *Rústica* 150.00

230. **CICERÓN:** *Los oficios o los deberes. De la vejez. De la amistad.* Prólogo de Joaquín Antonio Peñalosa. *Rústica* 60.00

234. **CICERÓN:** *Tratado de la República. Tratado de las leyes. Catilinaria. Rústica* ... 60.00

CID: Véase *Poema de Mío Cid.*

137. **CIEN MEJORES POESÍAS LÍRICAS DE LA LENGUA CASTELLANA (LAS)** Selección y Advertencia Preliminar de Marcelino Menéndez y Pelayo. *Rústica* ... 60.00

29. **CLAVIJERO, Francisco Javier:** *Historia antigua de México.* Edición y prólogo de Mariano Cuevas. *Rústica* 150.00

143. **CLAVIJERO, Francisco Javier:** *Historia de la Antigua o Baja California.* **PALOU, Fr. Francisco:** *Vida de Fr. Junípero Serra y Misiones de la California Septentrional.* Estudios preliminares por Miguel León-Portilla. *Rústica* 150.00

60. **COLOMA, P. Luis:** *Boy.* Prólogo de Joaquín Antonio Peñalosa. *Rústica* 50.00

91. **COLOMA, P. Luis:** *Pequeñeces. Jeromín.* Prólogo de Joaquín Antonio Peñalosa. *Rústica* 70.00

167. **COMENIO, Juan Amós:** *Didáctica Magna.* Prólogo de Gabriel de la Mora. *Rústica* 80.00

340. **COMTE, Augusto:** *La filosofía positiva.* Proemio, estudio introductivo, selección y análisis de los textos por Francisco Larroyo. *Rústica* 85.00

341. **CONAN DOYLE, Arthur:** *Aventuras de Sherlock Holmes.* Un crimen extraño. El intérprete griego. Triunfos de Sherlock Holmes. Los tres estudiantes. El mendigo de la cicatriz. K.K.K. La muerte del coronel. Un protector original. El novio de Miss Sutherland. Las aventuras de una ciclista. El misterio de Boscombe. Policía fina. El casado sin mujer. La diadema de Berilos. El carbúnculo azul. "Silver Blaze". Un empleo extraño. El ritual de los musgrave. El Gloria Scott. El documento robado. Prólogo de María Elvira Bermúdez 75.00

343. **CONAN DOYLE, Arthur:** *Aventuras de Sherlock Holmes:* El perro de Barskerville La marca de los cuatro. El pulgar del ingeniero. La banda moteada. Nuevos triunfos de Sherlock Holmes. El enemigo de Napoleón. El campeón de Foot-Ball. El cordón de la campanilla. Los Cunningham's. Las dos manchas de sangre 75.00

345. **CONAN DOYLE, Arthur:** *Aventuras de Sherlock Holmes:* La resurrección de Sherlock Holmes. Nuevas y últimas aventuras de Sherlock Holmes. La caja de laca. El embudo de cuero, etc. 75.00

7. **CORTÉS, Hernán:** *Cartas de relación.* Nota preliminar de Manuel Alcalá. Ilustraciones. Un mapa plegado. *Rústica* .... $ 60.00

181. **COULANGES, Fustel de:** *La ciudad antigua. (Estudio sobre el culto, el derecho y las instituciones de Grecia y Roma.)* Estudio preliminar de Daniel Moreno. *Rústica* 300.00

313. **CORTINA, Martín:** *Un Rosillo Inmortal.* (Leyenda de los llanos.) *Un tlacuache Vagabundo. Maravillas de Altepepan.* (Leyendas Mexicanas.) Introducción de Andrés Henestrosa. *Rústica* 55.00

342. **CUENTOS RUSOS:** Gógol - Turguéñev - Tolstoi - Garín - Chéjov - Gorki - Andréiev - Kuprin - Artsibachev - Dimov - Tasin - Surguchov - Korolenko - Goncharov - Sholojov. Introducción de Rosa María Phillips 70.00

100. **CRUZ, Sor Juana Inés de la:** *Obras completas.* Prólogo de Francisco Monterde. *Rústica* 75.00

256. **CUYAS ARMENGOL, Arturo:** *Hace falta un muchacho.* Libro de orientación en la vida, para los adolescentes. Ilustrada por Juez. *Rústica* 60.00

143. **CHÁVEZ, Ezequiel A.:** *Sor Juana Inés de la Cruz.* Ensayo de Psicología y de estimación del sentido de su vida para la historia de la cultura y de la formación de México. *Rústica* 75.00

42. **DARÍO, Rubén:** *Azul... El Salmo de la pluma. Cantos de vida y esperanza. Otros poemas.* Edición de Antonio Oliver. *Rústica* 50.00

140. **DEFOE, Daniel:** *Aventuras de Robinson Crusoe.* Prólogo de Salvador Reyes Nevares. *Rústica* 60.00

154. **DELGADO, Rafael:** *La Calandria.* Prólogo de Salvador Cruz. *Rústica* 60.00

280. **DEMÓSTENES:** *Discursos.* Estudio preliminar de Francisco Montes de Oca. *Rústica* 70.00

177. **DESCARTES:** *Discurso del método. Meditaciones metafísicas. Reglas para la dirección del espíritu. Principios de la filosofía.* Estudio introductivo, análisis de las obras y notas al texto por Francisco Larroyo. *Rústica* 55.00

5. **DÍAZ DEL CASTILLO, Bernal:** *Historia verdadera de la conquista de la Nueva España.* Introducción y notas de Joaquín Ramírez Cabañas. Con un mapa. *Rústica* 120.00

127. **DICKENS, Carlos:** *David Copperfield.* Introducción de Sergio Pitol. *Rústica* ... 80.00

310. **DICKENS, Carlos:** *Canción de Navidad. El grillo del hogar. Historia de dos ciudades.* Estudio preliminar de María Edmée Álvarez. *Rústica* 60.00

28. **DON JUAN MANUEL:** *El conde Lucanor.* Versión antigua y moderna e introducción de Amancio Bolaño e Isla. *Rústica* 55.00

84. **DOSTOIEVSKI, Fedor M.:** *El príncipe idiota. El sepulcro de los vivos.* Notas preliminares de Rosa María Phillips. *Rústica* 65.00

106. **DOSTOIEVSKI, Fedor M.:** *Los hermanos Karamazov.* Prólogo de Rosa María Phillips. *Rústica* 85.00

108. **DOSTOIEVSKI, Fedor M.:** *Crimen y Castigo.* Introducción de Rosa María Phillips. *Rústica* 75.00

259. **DOSTOIEVSKI, Fedor M.:** *Las noches blancas. El jugador. Un ladrón honrado.* Prólogo de Rosa María Phillips. *Rústica* 60.00

73. **DUMAS, Alejandro:** *Los tres Mosqueteros.* Prólogo de Salvador Reyes Nevares. *Rústica* 75.00

75. **DUMAS, Alejandro:** *Veinte años después.* *Rústica* 70.00

346. **DUMAS, Alejandro:** *El Conde de Monte-Cristo.* Prólogo de Mauricio González de la Garza 180.00

349. **DUMAS, Alejandro (hijo):** *La Dama de las Camelias.* Introducción de Arturo Souto A. 55.00

309. **ECA DE QUEIROZ:** *El misterio de la carretera de Cintra. La ilustre Casa de Ramírez.* Prólogo de Monserrat Alfau. *Rústica* 65.00

283. **EPICTETO:** *Manual y Máximas.* **MARCO AURELIO:** *Soliloquios.* Estudio preliminar de Francisco Montes de Oca. *Rústica* 60.00

99. **ERCILLA, Alonso de:** *La Araucana.* Prólogo de Ofelia Garza de Del Castillo. *Rústica* 80.00

233. **ESPINEL, Vicente:** *Vida de Marcos Obregón.* Prólogo de Juan Pérez de Guzmán. *Rústica* 70.00

202. **ESPRONCEDA, José de:** *Obras poéticas. El Pelayo. Poesías líricas. El estudiante de Salamanca. El diablo mundo.* Prólogo de Juana de Ontañón. *Rústica* 60.00

11. **ESQUILO:** *Las siete tragedias.* Versión directa del griego, con una introducción de Ángel María Garibay K. *Rústica* .... $ 60.00

24. **EURIPIDES:** *Las diecinueve tragedias.* Versión directa del griego, con una introducción de Ángel María Garibay K. *Rústica* 90.00

16. **FABULAS:** *(Pensador Mexicano. Rosas Moreno. La Fontaine. Samaniego. Iriarte. Esopo. Fedro, etc.).* Selección y notas de María de Pina. *Rústica* 55.00

1. **FERNÁNDEZ DE LIZARDI, José Joaquín:** *El Periquillo Sarniento.* Prólogo de J. Rea Spell. *Rústica* 80.00

71. **FERNÁNDEZ DE LIZARDI, José Joaquín:** *La Quijotita y su prima.* Introducción de María del Carmen Ruiz Castañeda. *Rústica* 50.00

173. **FERNÁNDEZ DE MORATÍN, Leandro:** *El sí de las niñas. La comedia nueva o el café. La derrota de los pedantes. Lección poética.* Prólogo de Manuel de Ezcurdia. *Rústica* 50.00

211. **FERRO GAY, Federico:** *Breve historia de la literatura italiana. Rústica* 125.00

352. **FLAUBERT, Gustavo:** *Madame Bovary. Costumbres de provincia.* Prólogo de José Arenas. *Rústica* 70.00

92. **FRÍAS, Heriberto:** *Tomochic.* Prólogo y notas de James W. Brown. *Rústica* ... 55.00

311. **GALVÁN, Manuel de J.:** *Enriquillo.* Leyenda histórica dominicana (1503-1533). Con un estudio de Concha Meléndez. *Rústica* 70.00

305. **GALLEGOS, Rómulo:** *Doña Bárbara.* Prólogo de Ignacio Díaz Ruiz. *Rústica* ... 60.00

251. **GARCÍA LORCA, Federico:** *Libro de Poemas. Poema del Cante Jondo. Romancero Gitano. Poeta en Nueva York. Odas. Llanto por Sánchez Mejía. Bodas de Sangre. Yerma.* Prólogo de Salvador Novo. *Rústica* 60.00

255. **GARCÍA LORCA, Federico:** *Mariana Pineda. La zapatera prodigiosa. Así que pasen cinco años. Doña Rosita la soltera. La casa de Bernarda Alba. Primeras canciones. Canciones.* Prólogo de Salvador Novo. *Rústica* 60.00

164. **GARCÍA MORENTE, Manuel:** *Lecciones Preliminares de Filosofía. Rústica* 60.00

22. **GARIBAY K., Ángel María:** *Panorama literario de los pueblos nahuas. Rústica* ... 60.00

31. **GARIBAY K., Ángel María:** *Mitología Griega. Dioses y héroes. Rústica* 75.00

21. **GOETHE, J. W.:** *Fausto. Werther.* Introducción de Francisco Montes de Oca. *Rústica* 60.00

132. **GOGOL, Nikolai V.:** *Las almas muertas. La tercera orden de San Vladimiro. (Fragmentos de comedia inconclusa).* Prólogo de Rosa María Phillips. *Rústica* ... 65.00

262. **GÓNGORA:** *Poesías, Romances. Letrillas. Redondillas. Décimas. Sonetos. Sonetos atribuidos. Soledades. Polifemo y Galatea. Panegérico. Poesías sueltas.* Prólogo de Anita Arroyo. *Rústica* 85.00

44. **GONZÁLEZ PEÑA, Carlos:** *Historia de la literatura mexicana. (Desde los orígenes hasta nuestros días.) Rústica* 75.00

254. **GORKI, Máximo:** *La madre. Mis confesiones.* Prólogo de Rosa María Phillips. *Rústica* 70.00

118. **GOYTORTÚA SANTOS, Jesús:** *Pensativa.* Premio "Lanz Duret" 1944. *Rústica* .. 60.00

315. **GRACIAN, Baltazar:** *El Discreto - El Criticón - El Héroe.* Introducción de Isabel C. Terán. *Rústica* 85.00

121. **GRIMM, CUENTOS DE:** Prólogo y selección de María Edmée Álvarez. *Rústica*.. 55.00

169. **GÜIRALDES, Ricardo:** *Don Segundo Sombra.* Prólogo de María Edmée Álvarez. *Rústica* 50.00

19. **GUTIÉRREZ NÁJERA, Manuel:** *Cuentos y Cuaresmas del Duque Job. Cuentos frágiles. Cuentos de color de humo. Primeros cuentos. Últimos cuentos. Prólogo y Capítulos de novelas.* Edición e introducción de Francisco Monterde. *Rústica* 65.00

187. **HEGEL:** *Enciclopedia de las ciencias filosóficas.* Estudio introductivo y análisis de la obra por Francisco Larroyo. *Rústica* 90.00

271. **HEREDIA, José María:** *Poesías completas.* Estudio preliminar de Raimundo Lazo. *Rústica* 60.00

216. **HERNANDEZ, José:** *Martín Fierro.* Ensayo preliminar por Raimundo Lazo. *Rústica* 50.00

176. **HERODOTO:** *Los nueve libros de la historia.* Introducción de Edmundo O'Gorman. *Rústica* 100.00

323. **HERRERA Y REISSIG, Julio:** *Poesías.* Introducción de Ana Victoria Mondada. *Rústica* 60.00

206. **HESÍODO:** *Teogonía. Los trabajos y los días. El escudo de Heracles. Idilios de Bión. Idilios de Mosco. Himnos órficos.* Prólogo de José Manuel Villalaz. *Rústica* 60.00

351. **HESSEN, Juan:** *Teoría del Conocimiento.* **MESSER, Augusto:** *Realismo crítico.* **BESTEIRO, Julián:** *Los juicios sintéticos "a priori".* Preliminar y estudio introductivo por Francisco Larroyo .... $ 50.00

156. **HOFFMAN, E. T. G.:** *Cuentos.* Prólogo de Rosa María Phillips. *Rústica* 60.00

2. **HOMERO:** *La Ilíada.* Traducción de Luis Segalá y Estalella. Prólogo de Alfonso Reyes. *Rústica* 55.00

4. **HOMERO:** *La Odisea.* Traducción de Luis Segalá y Estalella. Prólogo de Alfonso Reyes. *Rústica* 55.00

240 **HORACIO:** *Odas y Épodos. Sátiras. Epístolas. Arte Poética.* Estudio preliminar de Francisco Montes de Oca. *Rústica* 70.00

77. **HUGO, Víctor:** *Los miserables.* Nota preliminar de Javier Peñalosa. *Rústica* ... 200.00

294. **HUGO, Víctor:** *Nuestra Señora de París.* Introducción de Arturo Souto. *Rústica* 70.00

274. **HUGÓN, Eduardo:** *Las veinticuatro tesis tomistas.* Incluye, además: *Encíclica Aeterni Patris,* de León XIII. *Motu Proprio Doctoris Angelici,* de Pío X. *Motu Propio non multo post,* de Benedicto XV. *Encíclica Studiorum Ducem,* de Pío XI. Análisis de la obra precedida de un estudio sobre los orígenes y desenvolvimiento de la Noescolástica, por Francisco Larroyo. *Rústica* 80.00

39. **HUMBOLDT, Alejandro de:** *Ensayo político sobre el reino de la Nueva España.* Estudio preliminar, cotejos, notas y anexos de Juan A. Ortega y Medina. *Rústica* 300.00

326. **HUME, David:** *Tratado de la Naturaleza Humana.* Ensayo para introducir el método del razonamiento humano en los asuntos morales. Estudio introductivo y análisis de la obra por Francisco Larroyo. *Rústica* 150.00

78. **IBARGÜENGOITIA, Antonio:** *Filosofía Mexicana. En sus hombres y en sus textos. Rústica* 44.00

348. **IBARGÜENGOITIA CHICO, Antonio:** *Suma Filosófica Mexicana.* (Resumen de historia de la filosofía en México) 80.00

303. **IBSEN, Enrique:** *Peer Gynt. Casa de Muñecas. Espectros. Un enemigo del pueblo. El pato silvestre. Juan Gabriel Borkman.* Versión y prólogo de Ana Victoria Mondada. *Rústica* 70.00

47. **IGLESIAS, José María:** *Revistas Históricas sobre la Intervención Francesa en México.* Introducción e Índice de Materias de Martín Quirarte. *Rústica* 300.00

63. **INCLAN, Luis G.:** *Astucia. El jefe de los Hermanos de la Hoja o Los Charros Contrabandistas de la rama.* Prólogo de Salvador Novo. *Rústica* 125.00

267. **INDIA LITERARIA (LA):** *Mahabarata - Bagavad Gita - Los Vedas - Leyes de Manú - Poesía - Teatro - Cuentos - Apólogos y leyendas.* Antología prólogo, introducciones históricas, notas y un vocabulario de hinduismo por Teresa E. Rhode. *Rústica* 50.00

270. **INGENIEROS, José:** *El hombre mediocre.* Introducción de Raúl Carrancá y Rivas. *Rústica* 50.00

79. **IRVING, Washington:** *Cuentos de la Alhambra.* Introducción de Ofelia Garza de Del Castillo. *Rústica* 60.00

46. **ISAAC, Jorge:** *María.* Introducción de Daniel Moreno. *Rústica* 50.00

245. **JENOFONTE:** *La expedición de los diez mil. Recuerdos de Sócrates. El Banquete. Apología de Sócrates.* Estudio preliminar de Francisco Montes de Oca. *Rústica* ... 60.00

66. **JIMÉNEZ, Juan Ramón:** *Platero y Yo. Trescientos Poemas (1903-1953). Rústica* 39.00

23. **JOYAS DE LA AMISTAD ENGARZADAS EN UNA ANTOLOGIA.** Selección y nota preliminar de Salvador Novo. *Rústica* 75.00

203. **KANT, Manuel:** *Crítica de la razón pura.* Estudio introductivo y análisis de la obra por Francisco Larroyo. *Rústica* 80.00

212. **KANT, Manuel:** *Fundamentación de la metafísica de las costumbres. Crítica de la razón práctica. La paz perpetua.* Estudio introductivo y análisis de las obras por Francisco Larroyo. *Rústica* 65.00

246. **KANT, Manuel:** *Prolegómenos a toda Metafísica del Porvenir. Observaciones sobre el Sentimiento de lo Bello y lo Sublime. Crítica del Juicio.* Estudio introductivo y análisis de las obras por Francisco Larroyo. *Rústica* 80.00

30. **KEMPIS, Tomás de:** *Imitación de Cristo.* Introducción de Francisco Montes de Oca. *Rústica* 60.00

204. **KIPLING, Rudyard:** *El libro de las tierras vírgenes.* Introducción de Arturo Souto Alabarce. *Rústica* 55.00

155. **LAGERLOFF, Selma:** *El maravilloso viaje de Nils Holgersson.* Introducción de Palma Guillén de Nicolau. *Rústica* 60.00

272. **LAMARTINE, Alfonso de:** *Graziella. Rafael.* Estudio preliminar de Daniel Moreno. *Rústica* .... $ 65.00

93. **LARRA, Mariano José de, "Fígaro":** *Artículos.* Prólogo de Juana de Ontañón. *Rústica* 80.00

333. **LARROYO, Francisco:** *La Filosofía Iberoamericana.* Historia, Formas, Temas, Polémica. Realizaciones 85.00

34. **LAZARILLO DE TORMES (EL) (Autor desconocido).** *Vida del Buscón Don Pablos,* de Francisco de Quevedo. Estudio preliminar de ambas obras por Guillermo Díaz-Plaja. *Rústica* 55.00

33. **LAZO, Raimundo:** *Historia de la literatura hispanoamericana. El periodo colonial (1492-1780). Rústica* 75.00

65. **LAZO, Raimundo:** *Historia de la literatura hispanoamericana. El siglo XIX (1780-1914). Rústica* 75.00

179. **LAZO, Raimundo:** *La Novela Andina. (Pasado y futuro. Alcides Arguedas, César Vallejo, Ciro Alegría, Jorge Icaza, José María Arguedas. Previsible misión de Vargas Llosa y los futuros narradores.) Rústica* 60.00

184. **LAZO, Raimundo:** *El romanticismo. (Lo romántico en la lírica hispanoamericana, del siglo XVI a 1970.) Rústica* 75.00

226. **LAZO, Raimundo:***Bertrudis Gómez de Avellaneda. La mujer y la poetisa lírica. Rustica.* 60.00

103. **LECTURA EN VOZ ALTA.** La eligió Juan José Arreola. *Rústica* 50.00

321. **LEIBNIZ, Godofredo G.:** *Discurso de Metafísica. Sistema de la Naturaleza. Nuevo Tratado sobre el Entendimiento Humano. Monadología. Principios sobre la naturaleza y la gracia.* Estudio introductivo y análisis de las obras por Francisco Larroyo. *Rústica* 150.00

145. **LEÓN, Fray Luis de:** *La Perfecta Casada. Cantar de los Cantares. Poesías originales.* Introducción y notas de Joaquín Antonio Peñalosa. *Rústica* 60.00

247. **LE SAGE:** *Gil Blas de Santillana.* Traducción y prólogo de Francisco José de Isla. Y un estudio de Saint-Beuve. *Rústica* 85.00

48. **LIBRO DE LOS SALMOS.** Versión directa del hebreo y comentarios de José González Brown. *Rústica* 70.00

304. **LIVIO, Tito:** *Historia Romana. Primera Década.* Estudio preliminar de Francisco Montes de Oca. *Rústica* 100.00

276. **LONDON, Jack:** *El lobo de mar. El Mexicano.* Introducción de Arturo Souto Alabarce. *Rústica* 55.00

277. **LONDON, Jack:** *El llamado de la selva. Colmillo blanco. Rústica* 55.00

284. **LONGO:** *Dafnis y Cloe.* APULEYO: *El Amo de Oro.* Estudio preliminar de Francisco Montes de Oca. *Rústica* 55.00

12. **LOPE DE VEGA Y CARPIO, Félix:** *Fuenteovejuna. Peribáñez y el Comendador de Ocaña. El mejor alcalde, el Rey. El Caballero de Olmedo.* Biografía y presentación de las obras por J. M. Lope Blanch. *Rústica* 70.00

218. **LÓPEZ Y FUENTES, Gregorio:** *El indio.* Novela mexicana. Prólogo de Antonio Magaña Esquivel. *Rústica* 60.00

298. **LÓPEZ-PORTILLO Y ROJAS, José:** *Fuertes y Débiles.* Prólogo de Ramiro Villaseñor y Villaseñor. *Rústica* 60.00

297. **LOTI, Pierre:** *Las Desencantadas.* Introducción de Rafael Solana. *Rústica* 50.00

353. **LUMMIS, Carlos F.:** *Los Exploradores Españoles del Sigln XVI.* Prólogo de Rafael Altamira. *Rústica* ....

324. **MAETERLINCK, Maurice:** *El Pájaro Azul.* Introducción de Teresa del Conde. *Rústica* 40.00

178. **MANZONI, Alejandro:** *Los novios (Historia milanesa del siglo XVII).* Con un estudio de Federico Baráibar. *Rústica* 60.00

152. **MAQUIAVELO, Nicolás:** *El príncipe.* Precedido de *Nicolás Maquiavelo en su quinto centenario* por Antonio Gómez Robledo. *Rústica* 45.00

192. **MÁRMOL, José:** *Amalia.* Prólogo de Juan Carlos Ghiano, *Rústica* 80.00

141. **MARTÍ, José:** Hombre apostólico y escritor. *Sus Mejores Páginas.* Estudio, notas y selección de textos por Raimundo Lazo. *Rústica* 60.00

236. **MARTÍ, José:** *Ismaelillo. La edad de oro. Versos sencillos.* Prólogo de Raimundo Lazo. *Rústica* 60.00

338. **MARTÍNEZ DE TOLEDO, Alfonso:** *Arcipreste de Talavera o Corbacho.* Introducción de Arturo Souto Alabarce. Con un estudio del vocabulario del Corbacho y colección de refranes y alocuciones contenidos en el mismo por A. Steiger 80.00

214. **MARTÍNEZ SIERRA, Gregorio:** *Tú eres la paz. Canción de cuna.* Prólogo de María Edmée Álvarez. *Rústica* .... $ 50.00

193. **MATEOS, Juan A.:** *El Cerro de las campanas. (Memorias de un guerrillero.)* Prólogo de Clementina Díaz y de Ovando. *Rústica* 60.00

197. **MATEOS, Juan A.:** *El sol de mayo. (Memorias de la Intervención.)* Notas preliminar de Clementina Díaz y de Ovando. *Rústica* 60.00

344. **MATEOS MOCTEZUMA, Eduardo:** *El negrito poeta mexicano y el dominicano. ¿Realidad o fantasía?* Exordio de Antonio Pompa y Pompa 60.00

336. **MENÉNDEZ, Miguel Ángel:** *Nayar* (Novela). Ilustró Cadena M. 51.00

MESSER, Augusto (véase HESSEN, Juan).

18. **MIL Y UN SONETOS MEXICANOS.** Selección y nota preliminar de Salvador Novo. *Rústica* 60.00

136. **MIL Y UNA NOCHES LAS:** Prólogo de Teresa E. Rodhe. *Rústica* 75.00

194. **MILTON, John:** *El paraíso perdido.* Prólogo de Joaquín Antonio Peñalosa. *Rústica* 60.00

109. **MIRÓ, Gabriel:** *Figuras de la Pasión del Señor. Nuestro Padre San Daniel.* Prólogo de Juana de Ontañón. *Rústica* 70.00

68. **MISTRAL, Gabriela:** *Lecturas para Mujeres.* Gabriela Mistral (1922-1924) por Palma Guillén de Nicolau. *Rústica* 70.00

250. **MISTRAL, Gabriela:** *Desolación. Ternura. Tala. Lagar.* Introducción de Palma Guillén de Nicolau. *Rústica* 70.00

144. **MOLIÈRE:** *Comedias. (Tratado. El burgués gentilhombre. El misántropo. El enfermo imaginario.)* Prólogo de Rafael Solana. *Rústica* 55.00

149. **MOLIÈRE:** *Comedias. (El avaro. Las preciosas ridículas. El médico a la fuerza. La escuela de las mujeres. Las mujeres sabias.)* Prólogo de Rafael Solana. *Rústica* 55.00

32. **MOLINA, Tirso de:** *El vergonzoso en palacio. El condenado por desconfiado. El burlador de Sevilla. La prudencia en la mujer.* Edición de Juana de Ontañón. *Rústica* 65.00

208. **MONTALVO, Juan:** *Capítulos que se le olvidaron a Cervantes.* Estudio introductivo de Gonzalo Zaldumbide. *Rústica* 70.00

191. **MONTESQUIEU:** *Del espíritu de las leyes.* Estudio preliminar de Daniel Moreno. *Rústica* 90.00

282. **MORO, Tomás:** *Utopía.* Prólogo de Manuel Alcalá. *Rústica* 50.00

129. **MOTOLINIA, Fray Toribio:** *Historia de los Indios de la Nueva España.* Estudio crítico, apéndices, notas e índice de Edmundo O'Gorman. *Rústica* 120.00

286. **NATORP, Pablo:** *Propedéutica Filosófica. Kant y la Escuela de Marburgo. Curso de Pedagogía Social.* Presentación introductiva (el autor y su obra) y preámbulos a los capítulos por Francisco Larroyo. *Rústica* 90.00

171. **NERVO, Amado:** *Plenitud. Perlas Negros. Místicas. Los Jardines Interiores. El Estanque de los Lotos.* Prólogo de Ernesto Mejía Sánchez. *Rústica* 65.00

175. **NERVO, Amado:** *La amada inmóvil. Serenidad. Elevación. La última luna.* Prólogo de Ernesto Mejía Sánchez. *Rústica* 65.00

8. **OCHO SIGLOS DE POESÍA EN LENGUA ESPAÑOLA.** Introducción y compilación de Francisco Montes de Oca. *Rústica* 120.00

45. **O'GORMAN, Edmundo:** *Historia de las Divisiones Territoriales de México. Rústica* 100.00

316. **OVIDIO:** *Las Metamorfosis.* Estudio preliminar de Francisco Montes de Oca. *Rústica* 60.00

213. **PALACIO VALDÉS, Armando:** *La Hermana San Sulpicio.* Introducción de Joaquín Antonio Peñalosa. *Rústica* 60.00

125. **PALMA, Ricardo:** *Tradiciones peruanas.* Estudio y selección por Raimundo Lazo. *Rústica* 70.00

PALOU, Fr. Francisco: *Véase* Clavijero, Francisco Xavier.

266. **PARDO BAZÁN, Emilia:** *Los pazos de Ulloa.* Introducción de Arturo Souto Alabarce. *Rústica* 60.00

3. **PAYNO, Manuel:** *Los Bandidos de Río Frío.* Edición y prólogo de Antonio Castro Leal. *Rústica* 160.00

80. **PAYNO, Manuel:** *El fistol del Diablo. Novela de costumbres mexicanas.* Texto establecido y Estudio preliminar de Antonio Castro Leal. *Rústica* 180.00

64. **PEREDA, José María de:** *Peñas Arriba. Sotileza.* Introducción de Soledad Anaya Solórzano. *Rústica* 65.00

165. **PEREYRA, Carlos:** *Hernán Cortés.* Prólogo de Martín Quirarte. *Rústica* 50.00

188. **PÉREZ ESCRICH, Enrique:** *El Mártir del Gólgota.* Prólogo de Joaquín Antonio Peñalosa. *Rústica* .... $ 60.00

69. **PÉREZ GALDÓS, Benito:** *Miau. Marinela.* Prólogo de Teresa Silva Tena. *Rústica* 70.00

107. **PÉREZ GALDÓS, Benito:** *Doña Perfecta. Misericordia.* Nota preliminar de Teresa Silva Tena. *Rsútica* 65.00

117. **PÉREZ GALDÓS, Benito:** *Episodios Nacionales: Trafalgar. La corte de Carlos IV.* Prólogo de Teresa Silva Tena. *Rústica* 65.00

130. **PÉREZ GALDÓS, Benito:** *Episodios Nacionales: 19 de Marzo y el 2 de Mayo. Bailén.* Nota preliminar de Teresa Silva Tena. *Rústica* 65.00

158. **PÉREZ GALDÓS, Benito:** *Episodios Nacionales: Napoleón en Chamartín. Zaragoza.* Prólogo de Teresa Silva Tena. *Rústica* 65.00

166. **PÉREZ GALDÓS, Benito:** *Episodios Nacionales: Gerona. Cádiz.* Nota preliminar de Teresa Silva Tena. *Rústica* 65.00

185. **PÉREZ GALDÓS, Benito:** *Fortunata y Jacinta. (De historias de casadas.)* Introducción de Agustín Yáñez 120.00

289. **PÉREZ GALDÓS, Benito:** *Episodios Nacionales: Juan Martín el Empecinado. La Batalla de los Arapiles. Rústica* 65.00

231. **PÉREZ LUGÍN, Alejandro:** *La Casa de la Troya. Estudiantina. Rústica* 60.00

235. **PÉREZ LUGÍN, Alejandro:** *Currito de la Cruz. Rústica* 60.00

263. **PERRAULT, Cuentos de:** *Griselda. Piel de asno. Los deseos ridículos. La bella durmiente del bosque. Caperucita roja. Barba Azul. El gato con botas. Las hadas. Cenicienta. Riquete el del copete. Pulgarcito.* Prólogo de Ma. Edmée Álvarez. *Rústica* 55.00

308. **PESTALOZZI, Juan Enrique:** *Cómo Gertrudis enseña a sus hijos. Cartas sobre la educación de los niños. Libros de educación elemental.* Prólogos. Estudio introductivo y preámbulos de las obras por Edmundo Escobar. *Rústica* 60.00

221. **PEZA, Juan de Dios:** *Hogar y Patria. El Arpa del Amor.* Noticia preliminar de Porfirio Martínez Peñalosa. *Rústica* 60.00

224. **PEZA, Juan de Dios:** *Recuerdos y esperanzas. Flores del alma y versos festivos. Rústica* 60.00

248. **PÍNDARO:** *Olímpicas. Píticas. Nemeas. Ístmicas y fragmentos de otras obras de Píndaro. Otros líricos griegos. Arquíloco. Tirteo. Alceo. Safo. Simónides de Ceos. Anacreonte. Baquílides.* Estudio Preliminar de Francisco Montes de Oca. *Rústica* .. 50.00

13. **PLATÓN:** *Diálogos.* Estudio preliminar de Francisco Larroyo. Edición corregida y aumentada. *Rústica* 120.00

139. **PLATÓN:** *Las Leyes. Epinomis. El Político.* Estudio introductivo y preámbulos a los diálogos por Francisco Larroyo. *Rústica* 80.00

258. **PLAUTO:** *Comedias: Los mellizos. El militar fanfarrón. La olla. El gorgojo. Anfitrión. Los cautivos.* Estudio preliminar de Francisco Montes de Oca. *Rústica* ... 75.00

26. **PLUTARCO:** *Vidas paralelas.* Introducción de Francisco Montes de Oca. *Rústica* 70.00

210. **POE, Edgar Allan:** *Narraciones extraordinarias. Aventuras de Arturo Gordon Pym. El cuervo.* Prólogo de Elvira Bermúdez. *Rústica* 70.00

85. **POEMA DE MIO CID:** Versión antigua, con Prólogo y versión moderna de Amancio Bolaño e Isla. Seguido del *Romancero del Cid. Rústica* 50.00

102. **POESÍA MEXICANA.** Selección de Francisco Montes de Oca. *Rústica* 100.00

36. **POPOL VUH:** *Antiguas historias de los indios quichés de Guatemala.* Ilustradas con dibujos de los códices mayas. Advertencia, versión y vocabulario de Albertina Saravia E. *Rústica* 60.00

150. **PRESCOTT, William H.:** *Historia de la Conquista de México.* Anotada por don Lucas Alamán. Con notas, críticas y esclarecimientos de don José Fernando Ramírez. Prólogo y apéndices por Juana A. Ortega y Medina. *Rústica* 300.00

198. **PRIETO, Guillermo:** *Musa callejera.* Prólogo de Francisco Monterde. *Rústica* ... 70.00

54. **PROVERBIOS DE SALOMÓN Y SABIDURÍA DE JESÚS BEN SIRAK:** Versiones directas de los originales por Ángel María Caribay K. *Rútica* 65.00

QUEVEDO, Francisco de: Véase *Lazarillo de Tormes.*

332. **QUEVEDO Y VILLEGAS, Francisco de:** *Sueños. El sueño de las calaveras. El alguacil alguacilado. Las zahúrdas de Plutón. Visita de los chistes. El mundo por dentro. La hora de todos y la Fortuna con seso. Poesías.* Introducción de Arturo Souto Alabarce. *Rústica* 75.00

97. **QUIROGA, Horacio:** *Cuentos.* Selección, estudio preliminar y notas críticas e informativas por Raimundo Lazo. *Rústica* 50.00

347. **QUIROGA, Horacio:** *Más cuentos.* Introducción de Arturo Souto Alabarce .... $ 50.00

219. **RABINAL ACHI:** *El varón de Rabinal. Ballet-drama de los indios quichés de Buatemala.* Traducción y prólogo de Luis Cardoza y Aragón. *Rústica* 50.00

101. **RIVA PALACIO, Vicente:** *Cuentos del General.* Prólogo de Clementina Díaz y de Ovando. *Rústica* 50.00

162. **RIVAS, Duque de:** *Don Álvaro a la Fuerza del Sino. Romances históricos.* Prólogo de Antonio Magaña Esquivel. *Rústica* 50.00

172. **RIVERA, José Eustasio:** *La Vorágine.* Prólogo de Cristina Barros Stivalet. *Rústica* 50.00

87. **RODÓ, José Enrique:** *Ariel. Liberalismo y Jacobinismo.* Ensayos: *Rubén Darío, Bolívar, Montalvo.* Estudio preliminar, índice biográfico-cronológico y resumen bibliográfico por Raimundo Lazo. 50.00

115. **RODÓ, José Enrique:** *Motivos de Proteo y Nuevos motivos de Proteo.* Prólogo de Raimundo Lazo. *Rústica* 60.00

88. **ROJAS, Fernando de:** *La Celestina.* Prólogo de Manuel de Ezcurdia. Con una cronología y glosario. *Rústica* 50.00

328. **ROSTAND, Edmundo:** *Cyrano de Bergerac.* Prólogo, estudio y notas de Ángeles Mendieta Alatorre. *Rústica* 60.00

113. **ROUSSEAU, Juan Jacobo:** *El Contrato Social o Principios de Derecho Político. Discurso sobre las Ciencias y las Artes. Discurso sobre el Origen de la Desigualdad.* Estudio preliminar de Daniel Moreno. *Rústica* 60.00

159. **ROUSSEAU, Juan Jacobo:** *Emilio o de la Educación.* Estudio Preliminar de Daniel Moreno. *Rústica* 65.00

265. **RUEDA, Lope de:** *Teatro completo. Eufemia. Armelina. De los engañados. Medora. Colloquio de Camila. Colloquio de Tymbria. Diálogo sobre la invención de las Calças. El deleitoso. Registro de representantes. Colloquio llamado prendas de amor. Colloquio en verso. Comedia llamada discordia y questión de amor. Auto de Naval y Abigail. Auto de los desposorios de Moisén. Farsa del sordo.* Introducción de Arturo Souto Alabarce. *Rústica* 65.00

10. **RUIZ DE ALARCÓN, Juan:** *Cuatro comedias: Las paredes oyen. Los pechos privilegiados. La verdad sospechosa. Ganar amigos.* Estudio, texto y comentarios de Antonio Castro Leal. *Rústica* 60.00

51. **SABIDURIA DE ISRAEL:** *Tres obras de la cultura judía.* Traducciones directas de Ángel María Garibay K. *Rústica* 60.00

300. **SAHAGÚN, Fr. Bernardino de:** *Historia General de las cosas de Nueva España.* La dispuso para la prensa en esta nueva edición, con numeración, anotaciones y apéndices, Ángel Ma. Garibay K. *Rústica* 300.00

299. **SAINT-EXUPERY, Antoine de:** *El principito.* Nota preliminar y traducción de María de los Ángeles Porrúa. *Rústica* 45.00

322. **SAINT-PIERRE, Bernardino de:** *Pablo y Virginia.* Introducción de Arturo Souto Alabarce. *Rústica* 60.00

220. **SALGARI, Emilio:** *Sandokan. La mujer del pirata.* Prólogo de María Elvira Bermúdez. *Rústica* 50.00

239. **SALGARI, Emilio:** *Los piratas de la Malasia. Los estranguladores.* Nota preliminar de María Elvira Bermúdez. *Rústica* 50.00

242. **SALGARI, Emilio:** *Los dos rivales. Los tigres de la malasia.* Nota preliminar de María Elvira Bermúdez. *Rústica* 50.00

257. **SALGARI, Emilio:** *El rey del mar. La reconquista de Mompracem.* Nota preliminar de María Elvira Bermúdez. *Rústica* 50.00

264. **SALGARI, Emilio:** *El falso Bracmán. La caída de un imperio.* Nota preliminar de María Elvira Bermúdez. *Rústica* 50.00

267. **SALGARI, Emilio:** *En los junglares de la India. El desquite de Yáñez.* Nota preliminar de María Elvira Bermúdez. *Rústica* 50.00

292. **SALGARI, Emilio:** *El capitán Tormenta. El León de Damasco.* Nota preliminar de María Elvira Bermúdez. *Rústica* 50.00

296. **SALGARI, Emilio:** *El hijo del León de Damasco. La Galera del Bajá. Rústica* 50.00

302. **SALGARI, Emilio:** *El Corsario Negro. La Venganza.* Nota preliminar de María Elvira Bermúdez. *Rústica* 50.00

306. **SALGARI, Emilio:** *La reina de los caribes. Honorata de Wan Guld. Rústica* ... 50.00

312. **SALGARI, Emilio:** *Yolanda. Morgan. Rústica* 50.00

288. **SALUSTIO:** *La Conjuración de Catilina. La Guerra de Jugurta.* Estudio preliminar de Francisco Montes de Oca. *Rústica* 60.00

59. **SAN AGUSTIN:** *La Ciudad de Dios.* Introducción de Francisco Montes de Oca. *Rústica* 130.00

142. **SAN AGUSTÍN:** *Confesiones*. Versión, introducción y notas de Francisco Montes de Oca. *Rústica* .... $ 80.00

40. **SAN FRANCISCO DE ASÍS:** *Florecillas*. Introducción de Francisco Montes de Oca. *Rústica* 55.00

228. **SAN JUAN DE LA CRUZ:** *Subida del Monte Carmelo. Noche oscura. Cántico espiritual. Llama de amor viva. Poesías*. Prólogo de Gabriel de la Mora. *Rústica* 90.00

199. **SAN PEDRO, Diego de:** *Cárcel de amor. Arnalte e Lucenda. Sermón. Poesías. Desprecio de la fortuna*. Seguidas de *Questión de amor*. Introducción de Arturo Souto Alabarce. *Rústica* 55.00

50. **SANTA TERESA DE JESÚS:** *Las moradas; Libro de su Vida*. Biografía de Juana de Ontañón. *Rústica* 60.00

49. **SARMIENTO, Domingo F.:** *Facundo; Civilización y Barbarie. Vida de Juan Facundo Quiroga*. Ensayo preliminar e índice cronológico por Raimundo Lazo. *Rústica* 65.00

138. **SCOTT, Walter:** *Ivanhoe o El Cruzado*. Introducción de Arturo Souto. *Rústica* .. 60.00

281. **SÉNECA:** *Tratados Filosóficos. Cartas*. Estudio preliminar de Francisco Montes de Oca. *Rústica* 65.00

86. **SHAKESPEARE:** *Hamlet. Penas por amor perdidas. Los dos hidalgos de Verona. Sueño de una noche de verano. Romeo y Julieta*. Con notas preliminares y dos cronologías. *Rústica* 55.00

94. **SHAKESPEARE:** *Otelo. La fierecilla domada. A vuestro gusto. El rey Lear*. Con notas preliminares y dos cronologías. *Rústica* 55.00

96. **SHAKESPEARE:** *Macbeth. El mercader de Venecia. Las alegres comadres de Windsor. Julio César. La tempestad*. Con notas preliminares y dos cronologías. *Rústica* 55.00

160. **SIENKIEWICZ, Enrique:** *Quo Vadis?* Prólogo de José Manuel Villalaz. *Rústica* .. 70.00

146. **SIERRA, Justo:** *Juárez: su obra y su tiempo*. Introducción de Agustín Yáñez. *Rústica* 75.00

81. **SITIO DE QUERÉTARO:** *Según protagonistas y testigos*. Selección y notas introductorias de Daniel Moreno. *Rústica* 80.00

14. **SÓFOCLES:** *Las siete tragedias*. Versión directa del griego con una introducción de Ángel María Garibay K. *Rústica* 60.00

89. **SOLÍS Y RIVADENEIRA, Antonio de:** *Historia de la Conquista de México*. Prólogo y Apéndices de Edmundo O'Gorman. Notas de José Valero. *Rústica* 130.00

SOR JUANA INÉS DE LA CRUZ: Véase *Cruz, Sor Juana Inés de la*.

319. **SPINOZA:** *Ética. Tratado teológico-político*. Estudio introductivo, análisis de las obras y revisión del texto por Francisco Larroyo. *Rústica* 130.00

105. **STENDHAL:** *La Cartuja de Parma*. Introducción de Francisco Montes de Oca. *Rústica* 60.00

110. **STEVENSON, R. L.:** *La isla del Tesoro. Cuentos de los Mares del Sur*. Prólogo de Sergio Pitol. *Rústica* 60.00

72. **STOWE, Harriet Beecher:** *La cabaña del tío Tom*. Introducción de Daniel Moreno *Rústica* 60.00

196. **SWIFT, Jonathan:** *Viajes de Gulliver*. Traducción, prólogo y notas de Monserrat Alfau. *Rústica* 60.00

291. **TÁCITO, Cornelio:** *Anales*. Estudio preliminar de Francisco Montes de Oca. *Rústica* 60.00

33. **TAGORE, Rabindranath:** *La luna nueva. El jardinero. El cartero del Rey. Las piedras hambrientas y otros cuentos*. Estudio de Daniel Moreno. *Rústica* 60.00

232. **TARACENA, Alfonso:** *Francisco I. Madero*. *Rústica* 44.00

325. **TEATRO ESPAÑOL CONTEMPORÁNEO:** BENAVENTE: *Los intereses creados. La Malquerida*. MARQUINA: *En Flandes se ha puesto el Sol*. Hermanos ÁLVAREZ QUINTERO: *Malvaloca*. VALLE INCLÁN: *El Embrujado*. UNAMUNO: *Sombras de Sueño*. GARCÍA LORCA: *Bodas de Sangre*. Introducciones y anotaciones por Joseph W. Zdenek y Guillermo I. Castillo-Feliú. *Rústica* 90.00

330. **TEATRO ESPAÑOL CONTEMPORÁNEO:** LÓPEZ RUBIO: *Celos del aire*. MIHURA: *Tres sombreros de copa*. LUCA DE TENA: *Don José, pepe y pepito*. SASTRE: *La mordaza*. CALVO SOTELO: *La muralla*. PEMAN: *Los tres etcéteras de Don Simón*. NEVILLE: *Alta fidelidad*. PASO: *Cosas de papá y mamá*. OLMO: *La camisa*. RUIZ IRIARTE: *Historia de un adulterio*. Introducción y anotaciones por Joseph W. Zdenek y Guillermo I. Castillo-Feliú. *Rústica* 116.00

37. **TEOGONÍA E HISTORIA DE LOS MEXICANOS.** Tres opúsculos del siglo XVI. Edición de Ángel María Garibay K. *Rústica* 65.00

253. **TERENCIO:** *Comedias: La andriana. El eunuco. El atormentador de sí mismo. Los hermanos. La suegra. Formión.* Estudio preliminar de Francisco Montes de Oca. *Rústica* .... $ 60.00

201. **TOLSTOI, León:** *La Guerra y la Paz.* De "La Guerra y la Paz" por Alexandra Uchmany. *Rústica* 180.00

205. **TOLSTOI, León:** *Ana Kerenina.* Prólogo de Fedro Guillén. *Rústica* 100.00

295. **TOLSTOI, León:** *Cuentos Escogidos.* Prólogo de Fedro Guillén. *Rústica* 60.00

290. **TUCIDIDES:** *Historia de la Guerra del Peloponeso.* Introducción de Edmundo O'Gorman. *Rústica* 150.00

209. **TWAIN, Mark:** *Las aventuras de Tom Sawyer.* Introducción de Arturo Souto Alabarce. *Rústica* 60.00

337. **TWAIN, Mark:** *El príncipe y el mendigo.* Introducción de Arturo Souto Alabarce. Versión de F. Benach 50.00

237. **USIGLI, Rodolfo:** *Corona de Sombra. Corona de Fuego. Corona de Luz. Rústica* 60.00

52. **VALDÉS, Juan de:** *Diálogo de la Lengua.* Prólogo de Juan M. Lope Blanch. *Rústica* 50.00

56. **VALERA, Juan:** *Pepita Jiménez y Juanita la Larga.* Prólogo de Juana de Ontañón. *Rústica* 60.00

190. **VALMIKI:** *El Ramayana.* Prólogo de Teresa E. Rhode. *Rústica* 50.00

135. **VALLE-INCLÁN, Ramón del:** *Sonata de primavera. Sonata de estío. Sonata de otoño. Sonata de invierno. (Memorias del marqués de Bradomín).* Estudio preliminar de Allen W. Phillips. *Rústica* 70.00

287. **VALLE-INCLÁN, Ramón del:** *Tirano Banderas.* Introducción de Arturo Souto Alabarce. *Rústica* 60.00

55. **VARGAS MARTÍNEZ, Ubaldo:** *Morelos. Siervo de la Nación. Rústica* 55.00

95. **VARONA, Enrique José:** *Textos escogidos.* Ensayo de interpretación, acotaciones y selección de Raimundo Lazo. *Rústica* 60.00

217. **VELA, Arqueles:** *El Modernismo.* Su filosofía. Su estética. Su técnica. *Rústica* ... 65.00

243. **VELA, Arqueles:** *Análisis de la expresión literaria. Rústica* 75.00

339. **VÉLEZ DE GUEVARA, Luis:** *El diablo cojuelo. Reinar después de morir.* Introducción de Arturo Souto Alabarce 50.00

111. **VERNE, Julio:** *De la Tierra a la Luna. Alrededor de la Luna.* Prólogo de María Elvira Bermúdez. *Rústica* 55.00

114. **VERNE, Julio:** *Veinte mil leguas de viaje submarino.* Nota de María Elvira Bermúdez. *Rústica* 55.00

116. **VERNE, Julio:** *Viaje al centro de la Tierra. El doctor Ox Maese Zacarías. Un drama en los aires.* Nota de María Elvira Bermúdez. *Rústica* 55.00

123. **VERNE, Julio:** *La isla misteriosa.* Nota de María Elvira Bermúdez. *Rústica* 60.00

168. **VERNE, Julio:** *La vuelta al mundo en 80 días. Las tribulaciones de un chino en China. Rústica* 65.00

180. **VERNE, Julio:** *Miguel Strogoff.* Con una biografía de Julio Verne por María Elvira Bermúdez. *Rústica* 55.00

183. **VERNE, Julio:** *Cinco semanas en globo.* Prólogo de María Elvira Bermúdez. *Rústica* 55.00

186. **VERNE, Julio:** *Un capitán de quince años.* Prólogo de María Elvira Bermúdez. *Rústica* 55.00

189. **VERNE, Julio:** *Dos años de vacaciones.* Prólogo de María Elvira Bermúdez. *Rústica* 55.00

260. **VERNE, Julio:** *Los hijos del capitán Grant.* Nota preliminar de María Elvira Bermúdez. *Rústica* 55.00

163. **VIDA Y HECHOS DE ESTEBANILLO GONZÁLEZ.** Prólogo de Juana de Ontañón. *Rústica* 60.00

227. **VILLAVERDE, Cirilo:** *Cecilia Valdez.* Estudio crítico de Raimundo Lazo. *Rústica* 75.00

147. **VIRGILIO:** *Eneida. Geórgicas. Bucólicas.* Edición revisada por Francisco Montes de Oca. *Rústica* 60.00

261. **VITORIA, Francisco de:** *Relecciones. Del estado, De los indios, y Del derecho de la guerra.* Con una introducción de Antonio Gómez Robledo. Del Colegio Nacional. *Rústica* 80.00

27. **VOCES DE ORIENTE:** *Antología de textos literarios del cercano Oriente.* Traducciones, introducciones, compilación y notas de Ángel María Garibay K. *Rústica* ... 60.00

170. WALLACE, Lewis: *Ben-Hur*. Prólogo de Joaquín Antonio Peñalosa. *Rústica* ... $ 60.00

133. WILDE, Oscar: *El retrato de Dorian Gray. El príncipe feliz. El ruiseñor y la rosa. El crimen de Lord Arthur Saville. El fantasma de Canterville*. Traducción, prólogo y notas de Monserrat Alfau. *Rústica* 60.00

238. WILDE, Oscar: *La importancia de llamarse Ernesto. El abanico de Lady Windermere. Una mujer sin importancia. Un marido ideal. Salomé*. Traducción y prólogo de Monserrat Alfau. *Rústica* 65.00

161. WISEMAN, Cardenal: *Fabiola o la Iglesia de las Catacumbas*. Introducción de Joaquín Antonio Peñalosa. *Rústica* 60.00

90. ZARCO, Francisco: *Escritos literarios*. Selección, prólogo y notas de René Avilés. *Rústica* 75.00

269. ZEA, Leopoldo: *Conciencia y posibilidad del mexicano. El occidente y la conciencia de México*. Dos ensayos sobre México y lo mexicano. *Rústica* 60.00

58. ZORRILLA, José: *Don Juan Tenorio. El Puñal del Godo*. Prólogo de Salvador Novo. *Rústica* 50.00

153. ZORRILLA DE SAN MARTÍN, Juan: *Tabaré*. Estudio crítico por Raimundo Lazo. *Rústica* 60.00

PRECIOS SUJETOS A VARIACIÓN SIN PREVIO AVISO

EDITORIAL PORRUA, S. A.